发现历史

范式转换与路径选择

张 生 著

南京大学出版社

图书在版编目（CIP）数据

发现历史：范式转换与路径选择 / 张生著. —南京：南京大学出版社，2020.9
　　ISBN 978-7-305-23807-9

　　Ⅰ. ①发… Ⅱ. ①张… Ⅲ. ①史学—研究 Ⅳ. ①K0

中国版本图书馆 CIP 数据核字（2020）第 178203 号

出版发行	南京大学出版社
社　　址	南京市汉口路 22 号　　邮　编 210093
出 版 人	金鑫荣
书　　名	发现历史：范式转换与路径选择
著　　者	张　生
责任编辑	黄隽翀　　　　　　　编辑热线　025-83593947
照　　排	南京紫藤制版印务中心
印　　刷	徐州绪权印刷有限公司
开　　本	718×1000　1/16　印张 23.5　字数 339 千
版　　次	2020 年 9 月第 1 版　2020 年 9 月第 1 次印刷
ISBN	978-7-305-23807-9
定　　价	128.00 元
网　　址	http://www.njupco.com
官方微博	http://weibo.com/njupco
官方微信	njupress
销售咨询热线	025-83594756

* 版权所有，侵权必究

* 凡购买南大版图书，如有印装质量问题，请与所购图书销售部门联系调换

本书为教育部人文社会科学重点研究基地"南京大学中华民国史研究中心"重大项目"战时中国社会"（19JJD770006）阶段性成果。

序言一
民国前史：世界史在中国历史叙述中的进入

目前，中国绝大多数论家对中华民国创生之前——"民国前史"的叙述，都延伸到1840年鸦片战争前后，甚至更前。其学理渊源，在于"主权在民"的民族国家观念的兴起和资本主义全球化带来的历史叙述的革命性变化，并随着欧洲列强侵略中国，改变了中国的"天下观"和历史观。

对晚清的革命党人来说，欧美民族国家思想的沐浴提供了建构革命思想的基本材料，1840年的屈辱，被论述为国人觉醒的重要起点。"从民族国家拯救历史"，不仅是当年革命党人的革命主张，也是国民党人及相关谱系学者历史叙述的特点。而延续传统"正史"书写惯例的《清史稿》，不管是体例，还是其立场，都被断然摈弃，甚至一度被悬为"禁书"。

对中国大陆革命史观来说，在"原始社会—奴隶社会—封建社会—资本主义社会—社会主义社会"的历史发展规律中，必须论述资本主义在中国的发生和发展。1840年是资本主义全球化在中国的起点，作为"资产阶级共和国"的中华民国，须从其逻辑起点论述其诞生的必然。

不管这些观点内部存在怎样的紧张，中国被纳入世界资本主义体系，成为目前论述民国起点的共识，这其实是把"民国前史"作为世界史的一部分来看。如此，"民国前史"实际上是全球史的思路，改变了司马迁以来中国二十四史的基本叙述方法、架构和取向。

一、兹事体大：政治合法性来源的欧洲版本

历史成为人类之必需，是因为历史叙述系讨论政治合法性的必由之路。

以"主权在民"为核心政治准则的欧洲近代民族国家的创生过程是欧洲近代史的主要内容,欧洲强权借助资本主义的力量进行的全球扩张,催生了近代意义上的"世界史"。

本来,中世纪的欧洲,其政治合法性理论是"君权神授",国王的统治权力来自于上帝的授权。但是谁也没见过上帝,所以发明了一个制度,就是教会。这实际上是在世俗的政权和上帝之间设置一个"中介",由教会的领袖——教皇来代表上帝,给世俗政权一个授权,让它获得合法性。当然有人质疑过这一"中介",如神圣罗马帝国皇帝亨利四世,但他的结局是在卡诺莎的大雪中鹄立数日祈求原谅。这样的安排必须有一些其他的制度来予以配合,如垄断知识,用艰涩的拉丁文作为知识传播的主要工具;拉丁文的教育,局限在教士阶层。同时还实行愚民政策,将圣经的解释权集中在教会。挑战这一解释权的哥白尼、布鲁诺和伽利略等人,都受到了严厉制裁。

这个理论在中世纪末期遭到了严重挑战。首先是马丁·路德的宗教改革,这场改革中最重要的一条是:每个人都可以通过阅读《圣经》来见证上帝。这一理论,得到了其他因素的支持:古腾堡印刷术兴起以后,廉价的《圣经》开始走进欧洲的千家万户,老百姓有能力自己购买、阅读《圣经》。同时,欧洲各地原本是方言的英语、法语、德语,慢慢地扩大了影响,成为各个规模不等的政权的官方语言。

因为国民经济体系的形成、非拉丁语言的应用、各种语言文学经典的传播、世俗政权权力的壮大,一些族群也就是 ethnic group 聚居的区域慢慢地形成了。这些族群,还不是现代意义上的民族。民族怎么产生?需要一个契机:当一群人共同感受到外来的威胁时,一场民族主义运动就会发生。

欧洲因缘际会,在法国大革命发生之后,这个契机出现了。法国人砍掉了他们皇帝的脑袋,这对当时整个欧洲的君主制国家震动极大,他们联合起来干涉法国大革命。法国人感受到共同的威胁,四面八方的法国人开始向巴黎聚集,反抗外国的干涉。在这个过程当中,近代民族国家的一些基本象征符号出现了,如国旗——法国人民打出来了三色旗,这是近代意义上第一面民族国家的国旗;如国歌——《马赛曲》。

这里有个重要的问题:法国人民作出这么大的牺牲来反抗外国的侵略,他们的理由是什么?因为法国大革命对中世纪政治合法性理论作了颠覆性的改变,那就是从君权神授到主权在民:国家的所有主权属于人民,人民授权自己的代表来行使国家权力。因为这个国家是"自己"的,所以公民对这个国家负有无限的义务,在特殊的时期,可以献出生命。

法国大革命实际上标志着近代民族国家的兴起,它有两方面的内容。一方面,国家的主权属于人民,人民通过自己的代表来行使权利;另一方面,国家必须保护人民的自由和民主的基本权利,不通过法定的程序和法律,不可以剥夺人民的自由和权利。这是一体两面。所以在法国大革命当中就产生了关于民族、国家、人民的系统性的概念:公民或者国民,不分肤色、信仰、财富状况、教育程度,组成自己的国家。一个合法政权统治下公民的集合叫作民族。nation、state 和 people 是同义的,法国人民、法兰西民族和法国国家,事实上是同一回事。nation、state 和 people 的同义化过程,从学理来讲就是一个民族国家形成的过程。

法国大革命后不久,北美革命和拉丁美洲革命继续发扬法国革命的基本要义。主权在民的观念深入人心,彻底地改变了世界政治版图。这个浪潮非常巨大,而且在这个过程中,诞生了很多催人泪下的"英雄"经典,比如美国独立战争期间的内森·黑尔,他说,"我遗憾只能为我的国家奉献一次生命"。也有很多人在哲学上作了阐发,其中有我们很熟悉的黑格尔。黑格尔的哲学体系非常庞大,可就像马克思说的,它可以归结为:民族走过漫长的历史,来到自己的终点——国家。

从欧洲发源的民族国家理念,随着资本主义全球化的浪潮,向世界各地传播,逐步将各种自成体系、特点鲜明的"非欧洲"历史纳入近代世界史中。

二、受命于天:中国历史叙事的政治意涵和面临的挑战

中国封建时代的政治合法性来源跟欧洲有类似的地方,叫"受命于天"。怎么证明受命于天?中国的制度设计跟欧洲不一样:不需要中介。君主通过

各种祭祀仪式,比如说到天坛、地坛、四郊去祭祀,直接跟上天沟通,保持神秘、独占和关键的自我解释权。《左传》云:"国之大事,在祀与戎。"很早就点出了其中的深意。

"受命于天"理论需要历史叙述的加持。开了中国二十四史先河的《史记》,给出了两种模式:

1. 出生帝系,先天不凡。

《夏本纪》:

> 夏禹,名曰文命。禹之父曰鲧,鲧之父曰帝颛顼,颛顼之父曰昌意,昌意之父曰黄帝。

2. 神迹加持,异于常人。

《殷本纪》:

> 殷契,母曰简狄,有娀氏之女,为帝喾次妃。三人行浴,见玄鸟堕其卵,简狄取吞之,因孕生契。契长而佐禹,治水有功……
>
> 成汤,自契至汤八迁。汤始居亳,从先王居,作帝诰。

《周本纪》:

> 周后稷,名弃。其母有邰氏女,曰姜原。姜原为帝喾元妃。姜原出野,见巨人迹,心忻然说,欲践之,践之而身动如孕者。居期而生子,以为不祥,弃之隘巷,马牛过者皆辟不践;徙置之林中,适会山林多人,迁之;而弃渠中冰上,飞鸟以其翼覆荐之。姜原以为神,遂收养长之。初欲弃之,因名曰弃。

《史记》开创的这一历史叙事模式,在人迹昭昭的时代,仍然被继承。

《汉书·高帝纪》云:

> 高祖，沛丰邑中阳里人也，姓刘氏。母媪尝息大泽之陂，梦与神遇。是时雷电晦冥，父太公往视，则见交龙于上。已而有娠，遂产高祖。
>
> ……高祖被酒，夜径泽中，令一人行前。行前者还报曰：前有大蛇当径，愿还。高祖醉，曰：壮士行，何畏！乃前，拔剑斩蛇。蛇分为两，道开。行数里，醉困卧。后人来至蛇所，有一老妪夜哭。人问妪何哭，妪曰：人杀吾子。人曰：妪子何为见杀？妪曰：吾子，白帝子也，化为蛇当道，今者赤帝子斩之，故哭。人乃以妪为不诚，欲苦之，妪因忽不见。后人至，高祖觉。告高祖，高祖乃心独喜，自负。诸从者日益畏之。

"受命于天"，则"天子"的治下名"天下"。什么叫"天下"？具象地来说，"天子"所居之地叫京师。京师的周边地区叫京畿、京兆或者顺天府。顺天府周围叫直隶，明代南京做首都的时候有南直隶，北京做首都的时候有北直隶。直隶之外叫行省，行省之外是藩属，藩属通过朝贡体系，定期或者不定期地向中原王朝表示效忠，表示接受王化和召唤。藩属之外，是为不毛之地或者蛮夷之地。这样一种同心圆结构的天下观，跟民族国家概念大异其趣。

"天下"时代的中国，不存在欧洲近代意义上的民族国家概念。在资本主义全球化时代来临时，面对极大的挑战。中国对欧洲近代民族国家概念从被动接受，到被其形塑，这一进程构成中国近代史的重要内容。

这个漫长过程的第一个标志性事件是鸦片战争，英国战胜后和清政府签订《江宁条约》，强迫其割地赔款。但是这个不平等条约当中包含了一个预设，这个预设是欧洲人按照自己的民族国家观念投射到中国的政治和文化秩序之上的。他"预设"清政府是代表中国的合法政府，跟清政府签订条约方能够实现权力的让渡，这是极具悖论性的。众所周知，大清朝廷和近代意义上的政府并不是一回事，但此时，英国人把民族国家的基本政治架构套到了清朝头上，假定清政府有权代表中国人民。这里预设的内容含义丰富，也是中国从帝国转换成民族国家的关键外因之一。

但对这个观念很多人有不同意见,革命党人尤其反对。1894年孙中山第一次提出革命口号:驱逐鞑虏,恢复中国。在革命党人陈天华、邹容等人的著述中,所谓的"鞑虏",就是满洲人,在他们看来,满洲人跟欧美来的殖民者是一样的,而中国在明朝之后已经"亡国"了,所以要"恢复"中国。

为何产生这样的观念?因为早期的革命党人有很多受过欧美教育,或者是经过日本化的欧美教育。他们学习的知识在中国这块土地上经过置换或者投射后,想当然地就把汉人看成是一个民族,把满洲人看成另外一个来统治中国的"异族",是跟汉人不一样的民族。过去在历史研究中已经注意到这个现象:后起的民族国家在创生过程中,特别是较早觉醒的知识分子和知识型革命家,会自觉不自觉地把前近代族群作为素材来进行建构。

辛亥革命之际,中国这批思想家迅速完成思想的自我革命。从10月10号武昌起义到民国建立总共才两个多月,在这两个多月中,他们发现:如果驱逐"鞑虏",那就会导致"鞑虏"以及过去跟"鞑虏"同盟的那些族群从中国大家庭里分裂出去。所以他们提出"五族共和"概念,迅速消解帝国崩溃的重大后果。"五族共和"这个词,当时不光是革命党人这么说,立宪党人、袁世凯也这么说,连清帝退位的时候也接受了这个表述。隆裕太后诏书说:

> ……外观大势,内审舆情,特率皇帝,将统治权归诸全国,定为共和立宪国体,近慰海内厌乱望治之心,远协古圣天下为公之义……总期人民安堵,海宇乂安,仍合满、汉、蒙、回、藏五族完全领土,为一大中华民国,予与皇帝得以退处宽闲,优游岁月,长受国民之优礼,亲见郅治之告成,岂不懿欤?

1919年前后,孙中山等人发现"五族共和"这个词要进一步深化和科学化,他们采用一个全新的概念——"中华民族"。这个提法和宪法性质的《中华民国临时约法》精神完全一致。《中华民国临时约法》第一条:中华民国由中华人民组织之;第二条:中华民国之主权属于国民全体。从《中华民国临时约法》看得很清楚,这个新国家现在有了从根本上解决政治合法性来源的思路:从受命于天、君权神授,到主权在民。"民"和"国",成为基本的历史叙事关键词。

三、传统历史叙述的"反动"和民国前史叙述的新路径

1914年,中华民国北京政府设立清史馆。1927年,《清史稿》初步编成,全书536卷,其中本纪25卷,志142卷,表53卷,列传316卷。

《清史稿》延续了中国传统"正史"的撰写架构,主要撰稿人赵尔巽等均为前清遗老,其文字为桐城一脉,几与已经开始的"新文化运动"无涉,而政治立场站在清朝一边。其历史叙述,直接否定革命党人的合法性来源。关于武昌起义,称"八月甲寅,革命党谋乱于武昌,事觉,捕三十二人,诛刘汝夔等三人……丙辰,张彪以兵匪构变,弃营潜逃……嗣是行省各拥兵据地,号独立,举为魁者,皆称都督"。关于辛亥革命中被杀的清朝各大员,则溢美其"或慷慨捐躯,或从容就义,示天下以大节,垂绝纲常,庶几恃以复振焉"。关于南京临时政府,则称"甲戌,各省代表十七人开选举临时大总统选举会于上海,举临时大总统,立政府于南京,定号曰中华民国"。孙中山之名,在《清史稿》中只出现一次。

1929年,故宫博物院院长易培基呈文国民政府行政院,指责《清史稿》诸人"自诩忠于前朝,乃以诽谤民国为能事,并不顾其既食周粟之嫌,遂至乖谬百出,开千古未有之奇……故其体例文字之错谬百出,尤属指不胜屈。此书若任其发行,实为民国之奇耻大辱"。易培基反对《清史稿》,其用词却不乏前朝理念,他说,"若在前代,其身必受大辟,其书当然焚毁。现今我国民政府不罪其人,已属宽仁之至",至于其书,则"决不宜再流行海内,贻笑后人,为吾民国之玷","宜将背逆之《清史稿》一书永远封存,禁其发行"。

易培基的"永远封存"并未成为事实,如今《清史稿》是清史研究的必读书之一。但《清史稿》以纪传体为架构对民国前史的叙述方式,却几成绝唱。

在中国大陆,自郭沫若、范文澜、翦伯赞等人引入马克思主义线性进步史观以来,资本主义作为社会发展的一个必然的环节,被所有史家注意到。其

中,两套代表性的《中华民国史》如此开卷:

1. 张宪文等《中华民国史》(四卷本)第一卷第一章写道:

> 19世纪上半叶,清王朝逐步走上了衰败的道路,政治腐朽,财政拮据,国防虚弱,危机四伏。鸦片战争以后,西方资本主义冲开了中国闭关自守的大门,列强争先恐后地侵占中国领土。边疆危机接踵而至,大片国土沦丧。

其随后的篇章分别讨论"列强在中国的争夺""外国资本在中国""民族资本主义的初步发展""资产阶级社团的兴起""新型知识阶层的出现",也就是说,该书是在资本主义全球扩张、中国社会资本主义因素不断积累的逻辑中展开民国前史的。

2. 李新总编《中华民国史》,李新先生在序言中写道:

> 资本主义、帝国主义对中国的侵略,既是反清革命产生的根本原因之一,又是中华民国史的重要内容之一,所以必须从它的开始写起,一直写到他被中国人民赶走,它在中国的势力灭亡为止。
>
> 民族资本主义的产生和初步发展,是民族资产阶级领导的反清革命产生的前提。……这是因为民族资产阶级有了初步的发展,才产生了由资产阶级政党同盟会领导的反清革命,并于1911(辛亥)年取得推翻清朝封建专制政府的胜利。
>
> 在封建社会里,资本主义的出现是一种巨大的进步。在清政府的反动统治下,资产阶级的政治活动是有进步意义的。

其前六章分别为"清朝统治的衰落和资本主义列强的入侵""中国资本主义的产生和初步发展""资产阶级革命运动的兴起""清政府推行的'新政'和人民群众的自发斗争""中国同盟会的成立""中国同盟会成立后的革命斗争",其核心理路与上书是完全一致的。

序言一　民国前史：世界史在中国历史叙述中的进入

反观民国时人的民国前史叙述，早有头绪，1914 年，曾任南京临时政府参议院议员的谷钟秀即著《中华民国开国史》，其绪论歧见纷呈，但以"海通"为开国的起点，十分清晰：

> 我国地势平坦，利于统一。又自古环列皆小蛮夷，不足争雄长，无竞争故不能进化。君主专制，数千年未尝少变。海通以来，屡被侮于外人。中经咸丰庚申之难，英法联军蹂躏我京师，光绪甲申之辱，法人掠夺我越南，已情见势绌。至光绪甲午中日之役，庚子拳匪之乱，创巨痛深，遂茫然失其所恃。而日本挟欧化之潮流，激荡东亚大陆益猛。于是负笈求学，渡东瀛之士，岁达一万三千人之多。欧化亦于是跃黄海盛输于我国，而政治改革之声，嚣然遍国中矣。

在这一关于中华民国的早期论说中，列强侵华史，就是民国前史。而日本在其中承担了转输欧美观念的重要作用，于今人论述影响尤大。

在台湾，我们以张玉法 20 世纪 80 年代的《中华民国史稿》为例，其序言十分明确：

> 所谓"中国近代史"的"近代"年代问题，数十年来我们大都接受 1920 年代末蒋廷黻氏在南开大学首次讲授"中国近代史"的断代观点，指"近代"始自 1840 年代鸦片战争。蒋氏以来（至 1980 年时），中国近代史在台已有十余种不同版本，大都始自鸦片战争而止于民国肇造，亦有叙至抗日战争前夕的。我这里所指，乃自鸦片战争甚至应提前到乾隆五十八年（1793 年），拒绝英国特使马戛尔尼提出的要求。

不管是鸦片战争，还是更早的马戛尔尼来华，实际上都是以中国进入全球史为讨论民国前史的逻辑起点。

余 论

民国前史的叙述架构,流风所及,中国近现代史、革命史乃至党史等各种著述,均以鸦片战前后为起点,确凿地说明,近代以后的中国史,已经接受了世界史的进入,并实际上成为世界近代史的一部分,这体现了中国学界乃至各界晚清以来在世界史的时—空结构中认知中国历史,这一特点不可逆转地改变了《史记》以来纪传体历史叙述的主流操作。

然而,形式上似乎有反例,比如罗尔纲的《太平天国史》(四册本),全书154万余字,分八十八卷,五大部分。第一部分为"序论",第二部分为"纪年",第三部分为百官职爵表;第四部分为"志",含上帝教、政权、政体、食货、刑律、外交、文艺等20节,第五部分为"传",收太平天国将领83人,女官13人,省郡行政官5人,"洋兄弟"3人,会党领袖24人,"叛徒"23人。形式上颇有传统史学的风味,但看内容,则有新的变化:

第一部分 序言 太平天国史卷一
一 开宗明义的说明 二 金田起义的前夜 三 前期飞速发展的革命形势 四 反封建反侵略的纲领和政策 五 太平天国的兴亡和分水岭——天京事变 六 中外反动势力在反对太平天国中的结合 七 后期艰苦卓绝的战斗 八 太平天国革命永垂不朽

其在世界史的范畴中重新架构太平天国史的追求,完全不同于《清史稿》,而鸦片战争这一分水岭的标志意义,在太平天国"前史"中的含义亦被凸显。这一"反例",恰恰说明了"民国前史"追溯到鸦片战争前后的做法,对整个中国近现代史学界的深远影响。*

---

* 原文发表于《史地》第3辑,北京:社会科学文献出版社,2019年12月。收入本书时有所修改,下同。

序言二
穿行于"碎片"之中的历史学及其应有态度

历史研究的对象是过去。就像乔治·奥威尔所说：谁控制了过去，谁就控制了未来。就历史研究的重要性，马克思和恩格斯曾指出：我们仅仅知道一门唯一的科学，即历史科学。①"历史研究是一切社会科学的基础"②的论断，是习近平总书记在新的时代条件下，对此作了新的申说。

然而，历史研究也在不断遭遇挑战乃至危机，这是历史学反复跌入谷底又凤凰涅槃的契机，但应当明了其中很多危机是史学家亲手"制造"出来的，又必须由史学家亲手终结。历史和历史学家互相成全，又互相考验乃至敌对，在相互诘问中，历史学获得了永恒的生命。

"碎片化"是当下中国史学面对的诸多问题之一。有人认为"碎片化"不成其为问题："在中国历史学界，我怀疑碎片化是否真的成为了一个问题。"③这种意见并非没有共鸣，但现有的众多论说表明，大多数人将"碎片化"视为"问题"。例如章开沅说："'碎片'一词，易生误解。或许可以说，我们所已知者无非是历史的一鳞半爪，往往都是组成历史的碎片，然而却不能认为历史本身就是一堆杂乱无章的碎片。"他主张，"重视细节研究，同时拒绝'碎片化'"。④钱乘旦直陈"碎片化"为史学重大危机，认为"历史学受到后现代主义的巨大冲击，变得越来越碎片化……历史学正遭遇后现代主义，它的体系正

---

① 马克思、恩格斯：《德意志意识形态》，《马克思恩格斯选集》第1卷，北京：人民出版社，2012年，第146页下注①。
② 《习近平致中国社会科学院中国历史研究院成立的贺信》，《人民日报》2019年1月4日，第1版。
③ 王笛：《不必担忧"碎片化"》，《近代史研究》2012年第4期。
④ 章开沅：《重视细节，拒绝"碎片化"》，《近代史研究》2012年第4期。

在被解构。这就是历史学正在面临的重大危机"。①

何为"碎片化"？成因何在？为何成为问题？穿行于"碎片"之中的中国历史学应当如何？对此均有反思和论述的必要。

一、碎片、碎片性和碎片化

因为名词之间暧昧难明的联系，新近关于"碎片化"的讨论多从法国人弗朗索瓦·多斯1987年出版的《碎片化的历史学——从〈年鉴〉到"新史学"》开始立论，难怪多斯自许该书"已成为众多立论的源泉"②。其实，无论是问题提出之背景，所涉问题形成之过程，还是批评之对象，对史学未来之期许，当下中国史学界所讨论的"碎片化"和多斯当年所指，均非一事。

但多斯批评"年鉴学派"第三代沉溺于描绘和叙述，失去总体性、整体性、通贯性追求，甚至剥夺人类在史学研究中核心地位，这和中国史学界近来面临之情势有很多共同之处，语言的"所指"和"能指"错舛而奇特地构合，也算一景。

在中国史学界，"碎片化"作为问题的提出，先于"碎片"，因为前者是"问题"，而后者不是。但因为语言逻辑的关系，诸多论家，多从确定历史研究必须依赖"碎片"（即史料）开始铺陈。李金铮说："从主观愿望上讲，每一个历史学者都可能希望对历史现象'一网打尽'。但由于人类社会极其复杂，而人的生命、精力和智力又非常有限，不可能对所有历史内容进行全面研究，而只能选择具体，选择碎片。"③罗志田说："我们所面对的史料，不论古代近代，不论是稀少还是众多，相对于原初状态而言，其实都只是往昔所遗存的断裂片段……可以说，史学从来就是一门以碎片为基础的学问。"④在此语境下，史料

---

① 钱乘旦：《碎片化难免伤害历史学研究》，《北京日报》（理论周刊·文史）2019年3月18日，第15版。
② 弗朗索瓦·多斯：《碎片化的历史学——从〈年鉴〉到"新史学"》，马胜利译，北京：北京大学出版社，2008年，"再版序言"，第Ⅰ页。
③ 李金铮：《整体史：历史研究的"三位一体"》，《近代史研究》2012年第5期。
④ 罗志田：《非碎无以立通：简论以碎片为基础的史学》，《近代史研究》2012年第4期。

是"碎片",史料即"碎片",所以,从历史哲学层面上讲,历史研究无法回避"碎片"。

自然,"历史是一个巨系统,即使是这个世界一天的历史,要穷尽其中的所有,历史学家也是无能为力的"。历史研究确实是在无数"碎片"中穿行,但从逻辑上无法得出历史研究应当"碎片化"的结论。"我们迄今赖以研究历史的证据可能确实是历史身上抖落的'碎屑',但我们既然可以从一个细胞中找到隐藏生物体全部秘密的基因,从这些'碎屑'中找到历史传承的规律也非痴人说梦。"[①]相对于历史本体而言,史料本身所呈现出来的"碎片性",无碍于历史学家实践自己的伟大使命——"究天人之际",是空间维度;"通古今之变",是时间维度。从万古江河的沧海桑田之变中,史学家力图把握其中的结构,透视其间的因果,总结其中的规律,以为镜鉴。司马迁为史学家厘定的任务,抓住了人类作为生活在空间维度和时间维度中的智慧生物的本能。正因为如此,从全球史角度看,史学几乎是所有文明摆脱蒙昧之后的第一门精神性创造。

然而,"碎片化"研究在中国史学界已成事实。李长莉说:"其意指研究问题细小琐碎,且缺乏整体关联性与普遍意义内涵,因而缺乏意义与价值。"考虑到李长莉的学术背景,以下的批评尤其直率:"这种'碎片化'倾向尤其在近20多年来新兴的社会史和社会文化史(新文化史)领域表现最为突出。"[②]

回顾多斯对"碎片化"史学面目的描写,对照当下中国史学界的某些现象,是时时让人会心一笑的——"历史学家对一切都表现出好奇,他们把注意力转向社会边缘、公认价值的负面、疯人、巫师、离经叛道者";"史学家把历史上的重大时刻和人为的转折抛在一边,而唯独看重百姓日常生活的记忆。……同样,人们在描述村庄、妇女、移民或社会边缘人物时,也赋予其一种新的美学形态";"放弃布罗代尔的宏大经济空间,从社会退缩到象征性的

---

① 张生:《南京国民政府的税收(1927—1937)》,南京:南京出版社,2000年,"自序",第2、5页。
② 李长莉:《"碎片化":新兴史学与方法论困境》,《近代史研究》2012年第5期。

文化";"人类的脉动被归结为人类生存的生物或家族现象:出生、洗礼、结婚、死亡"。①

中国"新兴史学"②研究的"碎片化"现象,李长莉总结为:"论题小而微,缺乏大关怀与大问题";"论题细碎而零散,缺乏大联系与大序列";"论题小而平面化,缺乏大理论与大阐释"。③ 在当下的史学实践中,一些史学研究者把所发现的某一个村庄、某一座庙、某一个舞厅、某一个饭店、某一本家谱、某一份"必须"错缺的地图、某一个"足够"另类的乡贤的回忆,塑造成为自己的"敦煌",无限中心化其发现的价值,而其所在的时代、所处的自然和人文环境、重要的政治变迁、历史性事件的过程和震荡、经济社会的宏观变化,被策略性回避。于是,跑马圈地,成为一些人的狂欢;"邻猫生子"这类别人无从置喙之事,被当成绝学。史学在自我堕落中,"失去了乐队指挥的身份,而沦落为井下的矿工,其职责是为其他社会科学提供研究'原料'"④。

二、"碎片化"的成因

很清楚的逻辑是,史料的"碎片"性质,并不是"碎片化"研究的理由,当然也不是其成因。然而,新近的讨论中,无意中出现了一对误读:因为史学研究依赖碎片性的史料,所以史学研究自然会"碎片化";"碎片化"其实就是微观化、精细化。如有论者说:"历史研究中的<u>碎片化</u>问题在比较成熟的西方史学界也许存在,在当下中国大陆史学界,我们的<u>微观研究</u>现状远未达到需要警惕<u>细化</u>的程度。"⑤这种概念替代,在逻辑上,是需要仔细辨析的。

---

① 弗朗索瓦·多斯:《碎片化的历史学——从〈年鉴〉到"新史学"》,第154—155页。
② 李长莉使用这个名词的左右为难,是耐人寻味的。
③ 李长莉:《"碎片化":新兴史学与方法论困境》,《近代史研究》2012年第5期。
④ 弗朗索瓦·多斯:《碎片化的历史学——从〈年鉴〉到"新史学"》,第236页。
⑤ 张仲民:《理论、边界与碎片化检讨——新文化史研究的再思考》,《复旦学报》2016年第5期。张仲民分析了当下中国史学研究中的"碎片化"现象,认为这是低水平重复与拙劣模仿的问题,不应归结为"碎片化"问题,而且这是西方语境中微观史学所极力反对的。下划线为笔者所加。

从微观入手,对历史材料进行条分缕析的精细研究,是把握大历史、解决大问题的必要前提。梁启超评价明末清初学者阎若璩的历史性贡献称:"《尚书古文疏证》,专辨东晋晚出之《古文尚书》十六篇及同时出现之孔安国《尚书传》皆为伪书也。此书之伪,自宋朱熹、元吴澄以来,既有疑之者。顾虽积疑,然有所惮而莫敢断。自若璩此书出而谳乃定。夫辨十数篇之伪书,则何关轻重?殊不知此伪书者,千余年来,举国学子人人习之,七八岁便都上口,心目中恒视为神圣不可侵犯;历代帝王,经筵日讲,临轩发策,咸所依据尊尚。……而研究之结果,乃知畴昔所共奉为神圣者,其中一部分实粪土也,则人心之受刺激起惊愕而生变化,宜何如者?"梁启超称阎若璩的研究"诚思想界之一大解放"。① 阎若璩经考证而宣判伪《古文尚书》的死刑,在中国学术史、思想史、社会史乃至政治史上具有重大影响,其由"碎片"而始,却非"碎片化"指向,这在中外史学数千年演化历史中,实为百变常新的奥妙之一。事实上,即便是最严厉的"碎片化"批评者,也没有谁否定精细微观研究之价值,所以继续相关名词之纠缠实无必要。

笔者认为,"碎片化"的成因,其一在于时代变化所引起之史学变化。多斯在论述"年鉴"新晋流于"碎片化"研究时,分析了时代变局对史学研究的影响:"结构主义也在非殖民化的背景下风行起来,人种学的意识激发了对其他文明的关注,人们对这些社会的抵抗力、稳定结构和不同于西方的价值观产生了兴趣。对'他者'和人类真相的发现动摇了欧洲中心论。生活在别的空间的他者也上升为一种典型。"② 中国当下的"碎片化"成因不同于此,它直接肇因于先前过度用力的不当做法,即把几乎所有的历史简单地归结于几个问题,忽视了历史非线性的复杂化和多层次。有论者回顾了某一时期近代史研究中排他性叙述框架的形成及其缺失:"政治史的内容占了极大的比重,而关于社会生活、经济生活和文化的叙述分量很小,不能得到适当的地位。"③ 其实,不光近代史研究如此,整个历史学界都曾被限定在有限的议题内。"碎片

---

① 梁启超:《清代学术概论 儒家哲学》,天津:天津古籍出版社,2003 年,第 19—20 页。
② 弗朗索瓦·多斯:《碎片化的历史学——从〈年鉴〉到"新史学"》,第 153 页。
③ 徐秀丽:《中国近代史研究 70 年(1949—2019)》,《经济社会史评论》2019 年第 2 期。

化"研究,在某种意义上,是对这一现象的矫枉过正,乃至渐入歧路。

其二,史学家对近代以来知识特别是自然科学知识的爆炸性增长掌握不足,削弱了把握了整体历史发展的思维能力,在"碎片化"研究的"小确幸"中自承无力,耽于"小知识"的自赏。

史学启蒙时代,为后世垂范的大家,几乎掌握了当时所处时代大部分的知识,宏观处,通天彻地,微观处,芥子须弥。以《史记》言,内纳八书、十表、十二本纪、三十世家、七十列传,上下几千年,纵横数万里,而其中的八书记天文、历法、礼、乐、音律、封禅、水利、财用等,更有今日整体史的大模样。以西方"历史之父"希罗多德的《历史》言,九卷皇皇,其前半部,全面阐述地中海东部西亚、北非及希腊地区约20个古代国家的自然地理、民族分布、经济生活、政治制度、宗教信仰、历史变迁、风土人情;其后半部,主述波斯人和希腊人数十年间争战传奇。其取材之丰富,结构之宏大,取向之总体,说布罗代尔的《地中海与菲利普二世时代的地中海世界》祖述于此也不为过。

而今日之治史者,总的来说,只能围绕专业掌握有限的知识,这确实可以归因于知识的海量积累和增长。现代科学知识,尤其是近代以来物理学、天文学的飞速发展及其哲学含义,在史学界传播甚微。即使是习惯尝鲜的美、欧史学界,也不再能看到可以媲美前贤如牛顿、笛卡尔、玻尔、爱因斯坦那样的科学家兼思想家,几乎无人深究海森堡"不确定性原理"、"薛定谔的猫"、波粒二象性、"双缝实验"等的人文底色和哲学深度。无力感不仅充斥"年鉴"后人的心灵,也逼迫中国某些史学研究者在严厉的量化考核和荣誉追逐中急切地寻找出路,并把自身的"碎片化"研究正当化,在"逃跑"和"躲避"中致"碎片化"研究泛滥而渐成灾情。"一些诸如气味、想象、死亡、空间、梦、垃圾、屎、疼痛、疾病、姿态、眼泪、同性恋、手淫、食物、盐、煤、火、镜子、乳房、头发、内衣、厕所、戒指等过去不入历史研究者法眼的课题,现在都已经成为新文化史家的关注对象与研究内容。"[1]事实上,问题主要并不在于这些东西被纳入研究对象,而在于一些研究者把这些当作了历史研究的主旨和乐趣。

---

[1] 复旦大学历史学系、复旦大学中外现代化进程研究中心编:《新文化史与中国近代史研究》,上海:上海古籍出版社,2009年,"编者的话",第1页。

其三，特定的历史研究，特别是某些社会史研究范式被神话，并对"经典"作了拙劣的模仿。

王晴佳直陈："我们探讨国外史学研究'碎片化'的形成，其实也就是要探究新文化史的兴起。"他认为，新文化史是对社会史的一种反弹，是历史研究"碎片化"的主要表现。① 池子华等人则认为"碎片化"问题适用于整个社会史。②

到底是仅仅在新文化史研究中还是在整个社会史研究中，是在"新兴史学"中抑或在整个历史研究中存在"碎片化"问题，乃至严重到以"危机"相论，是可以继续讨论的。但究其始源而言，多斯是在"年鉴学派"的演进过程中提出"碎片化"概念的。他对"年鉴"的第一代吕西安·费弗尔和马克·布洛赫的崇敬自不待言，对第二代核心人物布罗代尔也赞佩有加，并和第三代的"碎片化"研究作了区隔："布罗代尔本人始终不忘史学的基础，而他的继承者们则早已将此抛在脑后。布罗代尔在研究中重视总体性、时间参照的统一性、各层次现实间的互动性和社会史的地位。"③这一论述序列表明，多斯所说的"碎片化"主要指曾经"收编"了其他诸多学派，以整体性的社会史研究为主要特征的"年鉴学派"，而在以历史人类学和社会文化史研究为主要特征的第三代一些人中出现了游移和堕落。

中国当下的"碎片化"研究，显然没有这么复杂的谱系，它更像是反复出现的"一窝蜂"式史学"热点"。而且，这种"热点"是对新文化史名著诸如亨特的《法国大革命中的政治、文化和阶级》、勒华拉杜里的《蒙塔尤》、戴维斯的《马丁·盖尔归来》、金兹堡的《乳酪与虫子》、达恩顿的《屠猫记》等的拙劣模仿。

当然，考虑到中外史学的映射互动关系，目前出现在国外史学中的一些"碎片化"研究所蕴含的历史虚无主义尤其值得警惕。如国外研究者有人"关

---

① 王晴佳：《历史研究的碎片化与现代史学思潮》，《近代史研究》2012年第5期。
② 池子华、郭进萍：《反思社会史的双重面向——以社会史碎片化问题为中心》，《贵州师范大学学报》2012年第2期。
③ 弗朗索瓦·多斯：《碎片化的历史学——从〈年鉴〉到"新史学"》，第143—144页。

注"贩卖黑奴过程中当地黑人、北非人的"作用",有人研究鸦片战争前中国社会中拿鸦片当药品使用的"风俗",等等,其所蕴含的"高级"的意识形态,说明某些人的所谓"新清史"研究并非孤立现象。

三、中国史学对"碎片化"的应有态度

如何走出"碎片化"研究?钱乘旦提出的要点是"体系":"不管历史学家是有意识还是无意识,没有体系就无法筛选史料,也无法书写历史。……就体系而言,框架是关键,框架的边界就是理论。"[①]李先明等人提出,"碎片"是史学研究中不可或缺的组成部分,要选择有"历史意义"的"碎片"进行研究。[②]李金铮诉诸"整体史",提出"宏观史学是整体史的最高追求"。[③]王学典等人则直接主张"重建"历史的宏大叙事,他们认为,"碎片化"背后衬托着当前史学界宏观思维能力的枯竭和理论抽象思维能力的退化。[④]

笔者认为,对"意义"的追求,是人类所有学问的内在禀赋。[⑤]意识流式的"碎片化"研究,对于破解某些故作高深的高头讲章不无微功,却消解了史学的特征和使命,并将历史研究化解为用美丽的腔调和轻曼的结构讲细碎故事的技巧,有迷失在如汪洋大海、漫天雪花却永远只是"碎片"的史料之中的可能。"史学家如果不关注重大的历史事件和基本的理论问题,以繁琐考辨取代理论思维,以堆砌资料为博,以叠床架屋为精,拾芝麻以为珠玑,袭陈言而自诩多闻,以偏概全,见小遗大,历史学就注定要丧失自己应有的精神境界。"[⑥]

时贤提出的从各种角度诊治"碎片化"的方案,在在均见对史学未来的关

[①] 钱乘旦:《碎片化难免伤害历史学研究》,《北京日报》(理论周刊·文史)2019年3月18日,第15版。
[②] 李先明、李莹:《历史研究中的"碎片"与"碎片化"问题再检讨》,《南京社会科学》2019年第6期。
[③] 李金铮:《整体史:历史研究的"三位一体"》,《近代史研究》2012年第5期。
[④] 王学典、郭震旦:《重建史学的宏大叙事》,《近代史研究》2012年第5期。
[⑤] 张生:《南京国民政府的税收(1927—1937)》,"自序",第5页。
[⑥] 高翔:《反思中国史学的传统》,《光明日报》2001年2月13日,第B3版。

切。同时笔者想提出,要拒斥"碎片化",须了解历史的特性:人物,事件,整体的社会,在想象的"静止"状态中,必定处在一个三维"空间"结构中;但加上历史的本质——"时间"维度后,它就成为"时—空"四维结构,这种结构赋予历史整体性和延续性。"一切存在的基本形式是空间和时间,时间以外的存在和空间以外的存在,同样是非常荒谬的事情。"①"运动是物质的存在方式"②,也是历史的存在和演进方式。布罗代尔扬言要将"历史时间"与"地理时间"、"社会时间"及"个人时间"区分开来,实际上,在人类产生并将整个世界对象化以后,所有的"时间"都不可分,且弥散、结合于人化自然和人类社会,是我们理解所有历史事件、历史人物和社会发展的必要条件。历史学家都是三维生物,但他们拥有值得骄傲和珍惜的技能,即理解"时—空"四维结构历史的能力。视野、观念、框架、模式、体系、理论等,广义地、长时段地讲,是历史学家介入历史的工具和方法。解读、阐释历史的过程,就是历史研究"意义"产生的过程,而且这些"意义"必须在历史本身的整体性、延续性特征中才能得到理解,这就说明历史研究在本质上是应当拒斥"碎片化"的。

拒斥"碎片化",须明了历史学是"人"的学问,史学的中心,必定是人。人的历史活动有三个方面的事实:其一,"人们为了能够'创造历史',必须能够生活。……因此第一个历史活动就是生产满足这些需要的资料,即生产物质生活本身";其二,"已经得到满足的第一个需要本身、满足需要的活动和已经获得的为满足需要用的工具又引起新的需要";其三,"每日都在重新生产自己生命的人们开始生产另外一些人,即繁殖"。③ 而且,在历史演进的过程中,人的"普遍交往"逐步发展起来,"地域性的个人为世界历史性的、经验上普遍的个人所代替"。④ 人的全球化,使得"人是一切社会关系的总和"有了新的含义,决定了全球史时代的历史学必须有普遍联系的观念。"碎片化"研究对此无能为力。

---

① 恩格斯:《反杜林论》,《马克思恩格斯选集》第3卷,北京:人民出版社,2012年,第428页。
② 恩格斯:《反杜林论》,《马克思恩格斯选集》第3卷,第435页。
③ 马克思、恩格斯:《德意志意识形态》,《马克思恩格斯选集》第1卷,第158—159页。
④ 马克思、恩格斯:《德意志意识形态》,《马克思恩格斯选集》第1卷,第166页。

"当代中国是历史中国的延续和发展"①,总结历史经验,揭示历史规律,把握历史趋势的总要求,需要中国历史学界作出回应。中国有五千年以上延绵不绝、不断更新升级的文明史,构成人类史的宏大篇章;近代以来,特别是新中国成立以来,中国人更是在极短的时间里实现了多个层次螺旋递进的发展阶段的跨越,其实践和认知具有重大的世界历史意义。这是中国历史学家构建"中国特色历史学学科体系、学术体系、话语体系"的基础、机遇。"碎片化"研究也许还未成气候,却应当终止了。*

---

① 《习近平致中国社会科学院中国历史研究院成立的贺信》,《人民日报》2019年1月4日,第1版。

* 原文发表于《历史研究》2019年第6期。

目 录

在中国发现历史 1

实体民主与程序民主
　——中共抗日根据地民主实践透视 3
论全面抗战时期中共对华东日、伪关系的离间和利用 15
论南京国民政府初期的盐税改革 28
南京国民政府初期关税改革述评 43
南京国民政府时期的印花税述评(1927—1937) 56
南京国民政府中央财政预算述论(1927—1933) 68
蒋介石对汪精卫投敌迟未公开定性与表态之原因探析 82
"原典"的创建、叙事和流变
　——从《日寇在南京的大屠杀》开始的知识考古 97

在世界发现中国历史 115

"东亚地中海"视野中的钓鱼岛问题的产生 117
论汪伪对国民党政治符号的争夺 133
空间的产生与生产
　——从南京大屠杀到侵华日军南京大屠杀遇难同胞纪念馆 161

死神面前的"不平等"
　　——南京大屠杀期间国际安全区中国难民内部分层 ………… 183
日内瓦藏李顿调查团档案文献的结构和价值 ………………… 195
第三方压力下的殖民
　　——日本在南京建立殖民统治面临的外国因素 …………… 209

在中国发现世界历史 ……………………………………… 221

发动革命：国民革命的起源(1920—1925) ………………… 223

后记 …………………………………………………………… 350

在中国发现历史

中国,是一个特定的时—空实体。这一实体,自然要和外部环境交换信息、物资乃至人口等诸多资源,以谋生存,以图发展。"天下"秩序下,中国吮吸天地浩荡之气,从古华夏一隅扩展至东亚广袤无垠的土地,生齿繁多,文化昌明,经济总量往往超越同时代其他古国若干数量级,经常担任主导者和输出者的角色。

然而外部因素对中国历史变迁的影响持续延绵,在特定的条件下,或大或小。进入近代,以其知识体系、工业和科技为主要生产力标志的西方,挟坚船利炮而来,对中国自成一格的历史演变模式产生了前所未有的冲击。所以费正清早年提出"冲击—反应"模式,试图从中国被强行纳入世界资本主义体系、被迫进入近代,来理解、阐释中国历史。

柯文提出的"在中国发现历史",相比"冲击—反应"理论这一主要从外部观察中国近代历史变迁的旧范式,自有其改弦更张之意义,也易于被民族国家时代的史学引申。确实,近代以来,"西风东渐",中国在西方裹挟下步履踉跄,蹒跚竭蹶;但如果把中国近代历史看成仅仅是西方列强冲击之结果,在理论、方法和事实上,均有重大缺陷。以中国为本位,主要从中国内部探寻中国历史演进的主体、动力、逻辑、机制和规律,是笔者生发柯文这一范式的本意所在。

实体民主与程序民主
——中共抗日根据地民主实践透视

全面抗日战争期间,只有4万余武装力量的中国共产党从陕北和江南迅速发展到全国各地,内中原因甚多。一些学者往往强调中共当时对外部条件的利用,如日军对国民政府的冲击造成的地理和政治空隙,苏联和共产国际的支持,全世界反法西斯力量的配合,等等;其实,中国共产党自身的努力是更为紧要的条件。其在各抗日根据地的所作所为,对民众在国共之间进行对比并作出选择,对中共整合根据地内部的抗日力量以维持长期抗战,都具有重要的意义。

而民主,是现代几乎所有志存高远的政府、政党的主要政治诉求之一,可分为实体民主和程序民主。所谓实体民主,主要指国体政体、国家权力结构和公民权利在制度层面的规定,例如现在大多数国家确立的"主权在民"原则,公民代表组成的代议制政府,以及在宪法和法律中规定的公民的言论、出版、集会、结社、游行、罢工等民主权利;而程序民主,则是将这些制度性规定变成现实的结构和渠道。抗日战争最艰苦的时期,中国共产党在各根据地尝试以选举、"三三制"、参议会等构建在战争环境中实行与推进民主的基本框架。应该说,他们在早期革命实践中缺乏类似的经验,因此,在把民主理念变成民主现实的过程中面临巨大的挑战。但他们通过创造性的工作,设计出富有特色的程序,使民主在不同程度上成为具体可观的实际存在。也就是说,在实体民主和程序民主之间开辟了一条影响深远的道路模式。这是抗战期间中国共产党人朝气蓬勃的重要体现,也是他们政治上走向成熟,取得广泛支持,发展壮大的重要原因。

一

现代政治运作离不开民意。人民的意愿,是最权威的合法性来源。整个全面抗战时期,中国共产党是国民党和国民政府的抗日伙伴,中国共产党所建立的抗日根据地具有逻辑上无可置疑的合法性。但中国的政治现实并非全是按逻辑发展的,尽管国民党和国民政府已经承认陕甘宁和晋察冀边区的合法地位,但它们也经常否认、取消中共领导的军队或其他根据地的合法性,这使中国共产党在全面抗战八年间经常地处于关于合法性的"焦虑"中。为解决合法性的问题,中共方面直接引进民意。各根据地实行的选举和"议会"或"准议会"制度,是民意运行的平台,也是将民主从规定转变成现实的管道。

早在1937年5月12日,《陕甘宁边区议会及行政组织纲要》即获通过,《纲要》规定:各级议会议员由选民直接选举;各级行政长官——乡长、区长、县长、边区主席由各级议员选举,各级政府直接对各级议会负责;边区法院院长由边区议会选举;边区政府各厅长的任命须得边区议会的同意。乡代表会及乡长每6个月改选1次,乡代表会每月召集1次;区议会及区长每9个月改选1次,区议会每2月召集1次;县议会及县长每年改选1次,县议会每6个月召集1次;边区议会主席、法院院长每2年改选1次,边区议会每年召集1次。各级议会除选举行政长官外,可批准预算、创制或批准各项建设计划、决定征收各项地方性的捐税及发行地方公债、议决边区内的单行法律(其中前两项权力专属边区议会)、召回所选出的行政长官等;边区议会内设少数民族委员会,保护少数民族的特殊利益。[①]

根据以上规定,陕甘宁边区1937年组织了民主普选,参选率达70%。从

[①]《陕甘宁边区议会及行政组织纲要(1937年5月12日通过)》,《新中华报》1937年5月23日。

选举结果看,贫农和中农占绝对优势,但地主、富农等过去被排斥在外的群体进入了参议会。在固林、延长、安定、曲子4县的选举中,县级参议会里的工人、贫农、中农、富农、商人、知识分子、地主分别占4%、65%、25%、1%、1%、2%、2%,区级分别占4%、67%、22%、2%、1%、2%、2%,乡级分别占5.6%、71.4%、17%、2%、2%、1%、1%。对此,李鼎铭曾盛赞说,陕甘宁边区的选举与英美比较,"青出于兰〔蓝〕而胜于兰〔蓝〕"。① 1939年1月,陕甘宁边区第一届参议会召开,选举林伯渠等15人为边区政府委员,通过了《陕甘宁边区抗战时期施政纲领》共28条。陕甘宁边区此后在1941年、1945年先后组织过两次普选,完善了议会制度,成为其他各根据地的典范。

民意本身包含着对广泛性的要求。将尽可能多的社会群体纳入民主体系之中,是中共方面的追求。"三三制"的实行体现出的这一追求,是各根据地选举和议会制度中的重要因素,是根据地进行中国特色民主政治建设的开创性尝试。1940年3月,中共提出实行"三三制"的构想,随即在绥德、清涧、吴堡等地进行了试验。1941年1月,陕甘宁边区中央局发出《关于彻底实行"三三制"的选举运动给各级党委的指示》。1941年5月1日,经中共中央政治局批准的《陕甘宁边区施政纲领》明确了"三三制"的具体内容:"(共产党)愿与各党各派及一切群众团体进行选举联盟,并在候选名单中确定共产党员只占三分之一,以便各党各派及无党无派人士均能参加边区民意机关之活动与边区行政之管理。在共产党员被选为某一行政机关之主管人员时,应保证该机关之职员有三分之二为党外人士充任。共产党员应与这些党外人士实行民主合作,不得一意孤行,把持包办。"② 1941年11月,陕甘宁边区第二届参议会第一次会议召开,毛泽东发表演说,指出:"国事是国家的公事,不是一党一派的私事。因此共产党员只有对党外人士实行民主合作的义务,而无排斥别人、垄断一切的权利。"会议选举高岗为边区参议会议长。在选出18位边区

---

① 林伯渠:《陕甘宁边区政府对边区第一届参议会的工作报告》,《解放》周刊第68期。
② 《陕甘宁边区施政纲领》,《新中华报》1941年5月1日。

政府委员时,共产党人数略超过三分之一,徐特立即主动退出,由无党派人士白文焕递补。这标志着"三三制"进入实施阶段。

各根据地在实施"三三制"的具体过程中,并非没有缺点。比如在苏北根据地,"参议会的参议员成份〔分〕还是可以满意的,只有个别的县,不大注意这个工作,随便找人凑数的现象也是有的。如像十六个妇女参议员,大体上说来就没有工、青、农的参议员好,有的把县政府的女会计拉来凑数,而并未把那个县的妇女活动分子选出来"。①

但是,上述缺陷是局部和个别的现象。通过"三三制",中国共产党向中国人民表达了自己对民意的理解,显示了建设一种中国特色的民主政治的诚意。《豫鄂边区施政纲领》明确规定:"为保证共产党员参加各级竞选之候选人名单中及政府机关中不超过三分之一起见,同意共产党员如超过三分之一时,其超过者自行退出,俾各党各派及无党无派之一切人民,只要不投敌者,均可参加政府工作及民意之活动。"②中共不仅是这样规定,也是这样做的。很多地方甚至突破了"党员三分之一,进步分子三分之一,中间分子三分之一"的规定,比如在陕甘宁边区安塞、绥德、吴堡、米脂、合水、镇原、环县、新宁8县中,共产党员在乡(市)参议会中分别占18.4%、13.8%、29.1%、18.2%、29.3%、15.4%、27%、25.1%③;在晋察冀,国民党驻边区的联合办事处主任郭飞天被选进了参议会④。

由于有这样的诚意,中国共产党在各抗日根据地得到各阶层的热烈拥

---

① 李一氓:《淮海区第二届参议会的工作总结——在淮海参议会常务委员会上的报告》(1942年6月27日),中共江苏省委党史工作委员会、江苏省档案馆编:《苏北抗日根据地》,北京:中共党史资料出版社,1989年,第222页。该篇引文据《真理》第9期(1942年8月10日)所刊版本有所调整。下同。
② 《豫鄂边区施政纲领》,鄂豫边区革命历史编辑部编:《鄂豫边区抗日根据地历史资料》(内部资料)第3辑,《政权建设专辑》(一),1984年第7—8页。
③ 林伯渠:《陕甘宁边区三三制的选举》,西北五省区编纂领导小组、中央档案馆编:《陕甘宁边区抗日民主根据地》(文献卷·下),北京:中共党史资料出版社,1990年,第139页。
④ 《中共中央北方分局关于晋察冀边区第一届参议会的总结》(1943年1月24日),河北省社会科学院历史研究所等编:《晋察冀抗日根据地史料选编》下册,石家庄:河北人民出版社,1983年,第296页。

护,也给中国其他地区树立了建设民主政治的良好榜样。比如在晋冀鲁豫根据地临时参议会中,有国民党人士50余人,邢肇堂、宋维周为副议长,石磺为驻会参议员。其中邢肇堂曾任国民党新五军副军长,他曾说:"我是孙总理的信徒,那里有真的三民主义,我就到那里。"① 由于"三三制"起到了非常良好的作用,中国共产党的一些高层领导曾设想建立"三三制"模式的民主共和国。林伯渠甚至认为:"中国完全有可能由这'三三制'坦途走向民族解放以至于最终的人类解放。"② 抗日战争结束后,由于种种原因,"三三制"未能继续普及实施,但从中国人民政治协商制度中,可以看到"三三制"的历史遗存。

二

根据地的民主实践是在中国共产党领导下进行的,但这绝不意味着中国共产党的一党专政,实际上,战时国民党实行的一党专政正是中共和各界民主运动的批评对象。所以,邓子恢在路东临时参议会上明确表示:"我们不赞成国民党一党专政,同时也不主张共产党一党专政。"③ 在此前提下,既要贯彻党的路线、方针、政策,同时又要保障民主的实施,这对中共的党团运作提出了很高的要求。为了说明这个问题,我们不妨先看看西方国家议会中的党团操作。

美国议会中党团会议是政党的组织基础和政党领袖的权力来源,党团会议选举党的领袖,通过党的规则,确定党关于立法的立场。④ 党团之下,则有党的议场发言首领和督率员。众议院多数党议场发言首领"是关键性的战略

---

① 山西大学晋冀鲁豫边区史研究组:《晋冀鲁豫边区史料选编》(内部资料)第一辑,1980年,第295页。
② 引自陈志远、王永祥:《抗日根据地政权"三三制"与中国政治民主化的关系》,南开大学历史系编:《中国抗日根据地史国际学术讨论会论文集》,北京:档案出版社,1985年,第253页。
③ 邓子恢:《抗日民主政府一年来施政工作总报告——在路东临时参议会上的报告》(节录)(1941年1月14日),《淮南抗日根据地》编审委员会编:《淮南抗日根据地》,北京:中共党史资料出版社,1987年,第87页。
④ 李道揆:《美国政府和美国政治》,北京:中国社会科学出版社,1990年,第343页。

家,是议长的主要助手……他与议长及众议院规程委员会共同安排辩论日程,并同各委员会主席及关于程序事项的本党成员商谈程序事项。他收发有关多数党议员的情报,如总统属于本党还要说服本党一般议员与议会党的首领和总统意图一致"。众议院少数党发言首领"领导反对党。他常要同多数党首领合作安排议事日程。当一场辩论将要进行时,常由两党首领一起会商分配双方发言的时间"。参议院中也有同样的安排。两党皆有督率员,"议场发言首领通过督率员在议场上经常与本党党员联络,了解其思想情况,并使之能采一致行动。督率员的任务很多,例如本党最近提出讨论的案件常由他事先通知,本党领导的意图常由他传达,本党的纪律常由他维持,遇有重大问题须付表决,也由他督促本党成员出席,按本党首领意图投票"。[①]

  美国议会中党团操作的程序说明,民主绝非让每个人任意表达意见,而如因自己的个人意见未成为定论便说某种政治系统不民主,更属幼稚。中共在运行民主之初,认识处理上就非常老练,他们显然注意到了党团的作用及其应有的规范。曾任苏北抗日根据地淮海区行政公署主任的李一氓认为,在民主实践中,党团意见一致"特别重要"。他说:"这不是说对于某一决定之前在党团内的意见就要一致,而是说:(一)有一种是某项问题,事先毫无商量,而临时在会场上引起争论。在这种争论上,我们有一定的态度,因此首先要求党团在这个问题上的意见一致。(二)另一种是某项问题,事先虽有决定,但没有通过大家,而且当时也认为小问题,就如此决定罢,临了在会场上引起争论,而党团又不依照最初决定,以致党团内的同志发言,亦是赞成与反对两方的意见,这就使其他党员无所适从。"他承认,"最好的党团也不能对于每一个争论,都有事先的预见,而就先讨论出一致的决定来的",因此只有两个办法:一是在会场中以党委书记或党团书记的意见为准;二是"对某项问题指定以某同志的意见为准,如讨论财政问题的,以某同志的意见为准,讨论军事问

[①] 曹绍濂:《美国政治制度史》,兰州:甘肃人民出版社,1982年,第130—131页。

题又以另一同志的意见为准等"。①

根据地不仅注意到了党团运作在民主运作中应有的地位,而且作了实际运用。在淮海区第二届参议会中,党团进行了三方面的运作:一是提候选名单时为了达到名单平均分配于各阶层和各县的目的,党团决定在士绅提出候选名单后,再提出自己的名单,以便分配自己的票源。二是因为工、农、妇参议员文化程度较低,"不认识字怎么圈呢?","因此在圈的时候,可以分为几组,某组以某人为准,大家依照他的圈法来圈"。三是采取措施保证中共方面的选票达到多种目的,"假如我们希望选出某某等十九人,我们的全部选举票都投这十九人,就会有这样的毛病,支配得显然了……譬如某些士绅,估计到别人也会投他的票的,我们就少投些,而有些又是别人不会(或仅少数)投他的票的,我们就多投些。或者,我们只指定我们自己定要投那十五个人(以十九人为例)而其余四人就让他去自由选择。这就会把我们投的票变成无数形式,而不会完全清一色了。同时,也保证我们希望被选的人定会选出了。同时,也保证我们自己的票会得最多数,而不会过甚的集中某某士绅的票,而使他胜过我们了"。②

根据地运作民主之时,正是"三三制"运行之际。在共产党员人数仅占三分之一的情况下,党团运作成为展示力量的重要渠道。在淮北区的党政军民各界人士联席会议上,中共方面事先估计会议上可能出现的情况:大多数地主士绅可能抱"听而不讲"与"讲亦无用"的态度,不肯说话;而右派可能会在会上发言,抨击边区政权。于是党团决定对前者"随时启发,使他们由试言而至真讲";对后者准备作为会议的高潮,并促成这种高潮的出现。会议开始后,"关照党员不得自行发言",结果在右派发言后,这些党员群情激愤,党团又决定了发言反击的原则:"第一他们如批评我们毛病确系事实,应坦白承

---

① 李一氓:《淮海区第二届参议会工作的总结》(1942年6月27日),中共江苏省委党史工作委员会、江苏省档案馆编:《苏北抗日根据地》,第232页。
② 李一氓:《淮海区第二届参议会工作的总结》(1942年6月27日),中共江苏省委党史工作委员会、江苏省档案馆编:《苏北抗日根据地》,第229—230页。

认;第二他们如夸大我们的毛病,应切合分量地予以解说;第三他们如胡言乱道,应根据事实给以对照,但并不责骂与打击;第四我们可以历史根源社会原因等与个别的现象,来泛论地主士绅方面的不对地方;第五我们从正面来检讨我们在抗战与民主建设方面已经做了些什么。"结果,在一些中共党员被气得脸色"转青翻白"的时候,右派估计中共方面可能会有人跳起来反驳,但实际情况是中共代表发言时表现温和,"没有带些意气"。这就使"有的人在私议中认为他们自己说话是多么'乱嘈嘈',而我们党员是多么守纪律,有规矩,要么是不说,说了又是多么近情近理。由于对我们恢复了信仰,特别觉得刘主任的发言非常明确清楚,反过来对国民党的幻想也就更加打破了"。①

然而,根据地中党团运作毕竟经验缺乏,在成熟度上显然不能与运转多年的欧美党团相比,出现了明显的被动和民主启动时期常见的稚嫩。比如,在淮海区第二届参议会上,据李一氓的总结,"党团在这次参议会上没有组织得很好",首先是名单没有包括县和军区的同志,其次是党团与支部的关系没有处理好,"特别在选举上,决定得过迟,使支部党员对于选举毫无主张,很难做会外活动、时时催问,而实际则党团自身也还没有定见"。党团组织不得力,直接导致会议失控的危险。在召开临时参议会的程序问题上,有人主张"参议会经三分之一参议员请求时得召开临时会",另有人主张"经三分之一参议员请求、驻会委员会之同意者"召开,"结果,两方面都有我们的党员,互相对垒,最后表决时,也是各表决各的,后一主张仅以多一票通过"。② 非独淮海区如此,晋察冀根据地在运作民主时,"在一些技术问题上,某些同志还注意不够,以至发生某些不良影响,例如印发政府候选人名单时,我们计划的当选名单,恰恰在名单的前几名;某同志在台上向台下进行选举举例说明时,恰恰又是把我们布置选举的人名来举例。台下有些非党人士反映,'这大概是

---

① 冯定:《淮北边区党政军民各界人士联席会议总结》(1945年1月5日),豫皖苏鲁边区党史办公室、安徽省档案馆编:《淮北抗日根据地史料选辑》(内部资料)第2辑第2册,1985年,第221—222页,第215页。

② 李一氓:《淮海区第二届参议会工作总结》(1942年6月27日),中共江苏省委党史工作委员会、江苏省档案馆编:《苏北抗日根据地》,第226页。

暗示我们选举这些人吧'"。① 淮海区虽在事前有所准备,但"技术"性缺憾仍然不少:"对团结进步分子、争取中间分子、孤立右派分子的认识,个别的并非不知道,但作为整个党团来说,在开始时是不明确的所以这思想没有对党员详细传达,更没有具体布置,直至个别右派分子发言后才重新搞起来,这是党团领导上的最大缺憾。"其他如党团与一般党员脱节、会议中小组长活动突出、党员与干部暴露等问题均有存在。②

三

民主是以人为本的理念。在制度民主和现实民主之间,怎样调动人这个最关键的因素投身民主实践,关系到民主是停留在纸面上作为政客煽惑民众的诱饵还是成为人民衷心拥护的目标和理想这一关键问题。抗战时期,国民党当局已经用"中国民众文化教育程度低下,没有经过民主的基本训练"等类似的借口一再推迟"宪政"的施行,而中国共产党则通过扎实、具体、细致的工作,引导民众对于民主实践的兴趣,调动他们从自身的根本利益出发加入民主运作的热情,从而为根据地的民主打下深厚的基础。

中国基层民众曾被视为民主的荒漠,他们在几千年的封建专制政治下失去了对民主实践的兴趣。根据地运作民主,第一步工作即是唤起他们内心对民主的渴求。为了做到这一点,根据地艺术性地选择了小而具体的切口。比如,在淮南根据地的殿发乡,进行选举以前,用红白榜分别进行选民登记,不合格的登记在白榜上。其中有个"刚来此地不及两年的曹四,从贴出起就仰着头在看,后来人散得稀稀落落了,他还在看。最后天黑了,他又打着灯看,可是他失望了,原来榜上(笔者按:指红榜)没有他的姓名。他气喘喘去找本

---

① 《中共中央北方分局关于晋察冀边区第一届参议会的总结》(1943年1月24日),河北省社会科学院历史研究所等编:《晋察冀抗日根据地史料选编》下册,第300页。
② 冯定:《淮北边区党政军民各界人士联席会议总结》(1945年1月5日),豫皖苏鲁边区党史办公室、安徽省档案馆编:《淮北抗日根据地史料选辑》(内部资料)第2辑第2册,第225页。

村干部,说:'我们大家都是农民,又大家都在农抗,你们有什么意见,尽说好了,何必叫我过不去呢?'干部摸不着头脑说:'什么回事,我们对你没有什么意见!'他继续诚恳的征求意见,说:'不是公民就不是好人,你说了我好改。'这样问下去,才知道榜上漏了他的姓名。干部答应他明早替他补上,他是半信半疑的转回去。第二天大清早曹四又至干部家要求添名字,因为没有毛笔就用钢笔替他添上了曹四两个字,可是他觉得和别人不同,不放心。终了由他自己去找了毛笔来,请干部描得大些,这才满足了他的要求"。①

选民意识的高涨构成中国民主史上的真正变化——曾经游离在民主之外、对民主毫无切身认同感的基层民众表现出积极介入民主运行过程的巨大热情。比如在陕甘宁边区,"……候选名单公布以后,每个乡村都热烈地参加讨论,有的批评某人对革命不积极,某人曾经反对过革命,某人曾经贪污过,某人曾经是流氓,某人曾吸食鸦片等等。有的选民则公开涂掉其名字,有的则到处宣传某人的坏处等等。又如安塞四区一个乡长因工作消极,蟠龙区一、三、五乡乡长不能代表群众利益等,均遭到反对为候选人。至于那些平日对抗战工作努力的分子,在选举中都当选了"。②

在唤起基层民众参与民主运作的问题上,除了国民政府方面前述悲观的论调外,还有一些人,他们是国民政府的批评者,但总是强调国民政府方面应作出"给予"人民民主的承诺、制订时间表,而没有认识到民主绝非靠"施予"所能成为现实,更没有设计出可供基层民众操作的具体方案。这方面的资料非常之多。例如1945年7月,国民参政会参政员韩兆鹗提出了他的"迎头赶上"民主潮流的办法:允许人民言论出版集会结社思想信仰身体等自由;承认各党派合法地位;对一切文化经济事业,提高人民之自动性积极性;废除保甲

---

① 刘顺元、冯定:《安乐、殿发两乡乡选经过的调查》(1943年),《淮南抗日根据地》编审委员会编:《淮南抗日根据地》,第270—271页。

② 林伯渠:《陕甘宁边区政府对边区第一届参议会的工作报告》,《解放》周刊第68期。

长委任制,实行民选。① 上述思想在一般规定上无疑是正确的,但对中国基层民众并无多大的实际意义。根据地在唤起民众的过程中,显然走了另一条道路,即切合农民的生活实际,把民主变得通俗易懂,成为日常生活的一部分。比如前述的殿发乡选举,选举委员会将候选人名单贴在四家办喜事的人家门口,引起人们的注意和讨论;选举时准备特备的红大芦秫,被选举人后面放个碗,不许回头看,选举人中意谁,就将芦秫投入其后的碗中。② 另据其他学者研究,根据地选举投票还有"画圈法""背箱法"等,以符合基层民众的需要,一位民主政团同盟人士对此评价道:"他们这种选举方法,和可以发挥自主能力的各种事实,是给借口民众不识字、程度太低即不可能实行民主者以最有力的打击。"③

民众被唤起和介入民主,与他们对立面的态度在事实面前的变化密切相关。由于历史的惯性,中国农民曾长期处于"望见财东向自己走来,手里东西不自主地往下落"的精神状态之中,而地主士绅开始也对民众介入民主操作冷嘲热讽,加以敌视。他们宣称基层民众"不识字,家里又没办法,过去又没干过事,这些人办不了事",说什么"老粗也要上台了,赤足汉要当咱们的上司,得了嘛!""选什么东西,还不是老一套!"但他们最终承认,"这回是民主"。④ 这些人态度的变化,更加激发了民众的民主热情。像陕甘宁边区,"选民参加选举的百分比,平均是百分之八十,绥德、清涧、延川则在百分之九十

---

① 《韩兆鹗等关于再请政府实行民主以利抗战建国提案》(1945年7月),中国第二历史档案馆编:《中华民国史档案资料汇编》第5辑第2编,政治(一),南京:江苏古籍出版社,1998年,第933—934页。

② 刘顺元、冯定:《安乐、殿发两乡乡选经过的调查》(1943年),《淮南抗日根据地》编审委员会编:《淮南抗日根据地》,第272—273页。

③ 引自陈志远、王永祥:《抗日根据地政权"三三制"与中国政治民主化的关系》,南开大学历史系编:《中国抗日根据地史国际学术讨论会论文集》,北京:档案出版社,1985年,第249—250页。

④ 林伯渠:《陕甘宁边区三三制的选举》(1944年3月25日),西北五省区编纂领导小组、中央档案馆编:《陕甘宁边区抗日民主根据地》(文献卷·下),第137页;刘顺元、冯定:《安乐、殿发两乡乡选经过的调查》(1943年),《淮南抗日根据地》编审委员会编:《淮南抗日根据地》,第273页。

五左右"。① 相比之下,1960年到1980年美国6任总统大选选民投票率分别为62.8%、61.9%、60.9%、55.5%、54.3%、51.8%,近半个世纪中,中期选举的平均投票率低于42%。②

当然,根据地的民主运作仍处于幼稚期,在设计有中国特色的唤起民众之路时,也免不了留下一些缺憾。比如当时流行的"投豆选举法",虽方便了文化程度较低的村民,但安娜·路易丝·斯特朗在目睹这种办法后就提出疑问:"豆子人人可自带,因而从中作弊的可能性愈大,选举的真实程度愈低。"③而基层民众的民主热情被唤起以后,更有必要正确引导,以促进其政治成熟度。在苏北根据地,中共方面就承认,"农民参议员发言太多、太猛,没有选择时机,过于尖锐……如在讨论公粮时,说地主'少吃几顿猪肺汤就够缴公粮了',是不大好的"④。*

---

① 林伯渠:《陕甘宁边区政府对第二届参议会第一次大会的工作报告》(1941年11月8至9日),西北五省区编纂领导小组、中央档案馆编:《陕甘宁边区抗日民主根据地》(文献卷·下),第86—87页。
② 李道揆:《美国政府和美国政治》,第209—211页。
③ 李寿葆等主编:《斯特朗在中国》,北京:生活·读书·新知三联书店,1985年,第190页。
④ 李一氓:《淮海区第二届参议会工作的总结》(1942年6月7日),中共江苏省委党史工作委员会、江苏省档案馆编:《苏北抗日根据地》,第226页。
* 原文与袁新国联名发表于《江苏社会科学》2001年第3期。

论全面抗战时期中共对华东日、伪关系的离间和利用

全面抗战时期华东地区的政治生态,对中共方面而言,是在日、伪、顽、我四者之间演绎的。而中共初到华东时,论军事力量,是四者之中最弱的。虽然中共方面的天然打击对象是日军,但由于种种原因,并非没有四面受敌的危险,有时候,这种危险是现实性的,并给中共带来巨大损失。离间并利用日、伪关系,是中共趋利避害,是其生存、发展、完成历史使命的必要前提。

抗战期间中共对日、伪关系的离间和利用建立在高度自觉和有计划的基础之上,是战胜伪政权、伪组织和其他敌对力量的必要策略,是在弱势情况下争取政治主动和发展自身实力的艺术化的政治技巧,是中共走向成熟的标志之一。

一、政治上的离间和利用

客观地说,全面抗战初期,中共最高领导层在政治上对华东伪政权的重视程度既比不上对国民党和国民政府,也比不上对日军,这是由华东伪政权的实力和地位决定的。而且,中共领导层对汪伪的反应有一个反复宣讲的集中点,即汪伪等的投降背后隐约可见国际阴谋和国内投降派、反共派的蠢蠢欲动,而中共的斗争焦点是争取抗日统一战线的稳固,特别是要让国民党继续留在抗日阵营内。1939年6月,中共中央书记处在反投降指示中明确强调:"目前形势的特点是:日寇除军事进攻外,加紧其诱降活动,并把这种活动

放在第一位;正在积极策动国民党内一切投降分子,勾结英、美、法妥协派,图达其瓦解抗日阵线的目的。汪精卫正与日寇进行卖国谈判,投降分子、反共分子正在国内普遍的、坚决的进行破坏工作。因此,目前最大的危险就是国民党投降的可能,新的慕尼黑的可能。国民党的反共运动就是准备投降的一个组成部分……"①

全面抗战初期中共中央和毛泽东站在战略高度对汉奸、汪伪进行关注的方式和着眼点,与身处一线直接与日、伪打交道的新四军各部领导人有较大的不同。1938年6月间,新四军军分会书记兼副军长项英指示陈毅说:"对于伪政权应把它摧毁,建立我国政权,只有特殊情形的地方,即我力量不能达到或群众尚未发动而不能斗争的地方,才有容许两面派或暗中派人去取得消息,但这绝不能成为方针,更不能如过去以前我们游[击]区情形,否则,在政治上与领[导]民众坚持抗敌上有极大损失。至于维持会的人,不应一概加以汉奸名义,采取分化,反对主要分子。"②这里,项英对于两面派的态度与前线将领的实际操作有很大的不同,但他对于几乎全为汉奸把持的维持会的态度又有明显的灵活性。同年9月,陈毅论述江南抗战的战略、战术时,已经敏锐地注意到:"在与外敌进行战争的条件下,采取上面反'扫荡'的方式,是完全可能的,不宜过分估计汉奸在居民中的作用。"1939年1月,中共江苏省委提出了汉奸的必须利用性和可利用性,"今天汉奸的成分大多数是流氓土匪和过去社会上最坏的土劣,他们的作用不十分大。但是敌人正在积极拉拢地主商人来建立其统治基础,因为这些分子在社会[上]能起作用的。故人企图经过这一阶层来巩固其统治,所以我们要设法把他们争取过来。这里可以用部队的名义或群众的行动不断对他们说服劝告和个别的打击,也可以通过较好

---

① 《中共中央关于反对投降危险的指示》(1939年6月7日),中国人民解放军政治学院党史教研室编:《中共党史参考资料》第8册,第264页。
② 《项英关于第一、二支队进入敌后的行动原则致陈毅信》(1938年6月23日),中共江苏省委党史工作委员会、江苏省档案馆编:《苏南抗日根据地》,北京:中共党史资料出版社,1983年,第21—27页。

的地主商人去影响其他地主商人,使得他们不真正的投降到敌人方面去"①。1939年6月,陈毅在总结茅山根据地一年的工作时发现,"日寇对汉奸以其为中国人并不那样推心置腹的",并总结出军事进攻配合政治争取、通过居民关系争取伪军反正、确立鲜明的抗战政治主张、争取两面派、切忌各自为政等七条经验,他超前地提出:"凡有觉悟的伪军,应使其尽可能留在敌方,从伪军工作进行伪军工作,争取较大的反正,造成反正潮流……只有在事机泄漏不能再留下时,才坚决反正,争取先机。"②新四军政治部主任袁国平接着把政治工作中离间日、伪关系提到了制度建构层面,他说:新四军常常捉到大批伪军俘虏,"引起敌人对伪军不信任,最近在江宁敌人就因此杀了百多伪军",而"敌在江南兵力使用上,常常驱使伪军打先锋,这便增加了我们争取伪军反正的便利条件"。为此,他要求:"连队中对敌伪军工作组,它是对敌工作的基础组织,应该健全的建立起来,应该给以一定的任务,并必须经过对这一工作的特别训练,使在连队起着实际的工作作用。""一切连队应努力查明当地敌伪军的内部情况,特别是他们内部的政治情况,及时向上级政治机关报告,以便适时研究具体的对策。"③

在新四军领导层对伪政策日益灵活的同时,一些基层工作者们已经在实际运作被称为"白皮红心"的政策。邓子恢在路东临时参议会上提出了"革命两面派"的概念,也就是要使伪军、伪组织"表面对敌人敷衍,而实际则替中国人做事,譬如替我们送情报,当采买,不打我们来往人员,我军过路他不打枪,不来进攻或不积极进攻我根据地,以至替我们送传单,联络其他伪军伪组织,所谓'人在曹[营]心在汉'"。邓还明确"反正是伪军工作的最高目标"的理念,而且"要隐蔽在伪军伪组织里面,采取秘密活动的方式,去团结伪军中一

---

① 《中共江苏省委关于外县群众工作的指示信》(1939年1月),中共江苏省委党史工作委员会、江苏省档案馆编:《苏南抗日根据地》,第39—46页。
② 陈毅:《茅山一年——江南游击区》,《群众》周刊第3卷第22期。
③ 袁国平:《江南敌后游击战争中的军队政治工作》(1939年),马洪武等编:《新四军和华中抗日根据地史料选》(1937—1940)第2辑,上海:上海人民出版社,1984年,第213—232页。

切抗日分子,使他们觉悟,一方面掌握住自己的武装,与鬼子敷衍得好,另一方面在可能条件下帮助抗日军队与抗日民众(要不致泄漏秘密),这样积蓄力量,等待时机,到了时机成熟反攻到来,即大批反正。"邓向临时参议会表示,这样的工作方针,"有了很大成绩"。①

中共的"白皮红心"政策后来由单一的"白皮白心"—"白皮红心"模式演进到与"红皮红心"—"白皮红心"交错使用的高级阶段,也就是说,在利用汉奸、转化汉奸的同时,主动将自己的人员打入汉奸队伍,制造"特洛伊木马"。比如,在苏南,新四军"派中共党员陈志带上30多人枪用假投降的计策,打入敌人内部做情报工作。他打入丹阳县日本警备队,当上了侦缉大队长,后来取得很大的成绩"②。在上海郊区,中共派人在伪五十团建立了党支部,"外边穿的是黄衣裳,旗帜扯的是'和平'旗,人家一看是'和平军',但连内的教育、生活、活动,都按照游击队的那一套,按照党的教育、指示活动"。"浦委布置了原在七区'守望队'任大队长的奚德祥,打入'大团商团'任中队长,负责联络掩护等工作。一九四二年冬,大团商团被改编为陈公博的'上海保安队',奚部被调离大团,先后驻上海郊区的大场、马桥、嘉定等地,奚始终坚持长期埋伏。"此后,中共方面调部队南进浙东,但仍派党员打入伪军埋伏。③

中共对汉奸、伪政权的政策和措施,形成了对日、伪关系的直接牵制,这一牵制的作用一言以蔽之,就是使日本对汉奸和伪政权组织无法放心。比如,"清乡"初步实施后,汪伪军队低下的战斗力暴露无遗,与其作战对象形成鲜明对比,使一向轻视中国军队的日军更加确定其不足恃,甚至认为汪伪军是"清乡"的障碍。日本调查材料称:"根据清乡区内的一般民众的直接批评,最优秀的军队是日军,其次是新四军,最坏的是和平军。因和平军不良行为

---

① 邓子恢:《抗日民主政府一年来施政工作总报告》(节录)(1941年1月4日),《淮南抗日根据地》编审委员会编:《淮南抗日根据地》,北京:中共党史资料出版社,1987年第50—109页。
② 韦永义:《抗日战争时期我在丹北的五年》,中共江苏省委党史工作委员会、江苏省档案馆编:《苏南抗日根据地》,第483—495页。
③ 中共上海市委党史资料征集委员会编:《上海郊县抗日武装斗争史料》,上海:上海社会科学院出版社,1986年,第253—254、270页。

而阻碍清乡工作进展之事屡有所闻,和平军素质所以恶劣,可以认为,是由于他们大部分出身于土匪的缘故。也就是他们没有任何固定信念,他们巧妙利用时势,可以成为抗战派,也可以成为和平派,不能单用给养的恶劣来解释其原因。部队长和部下的关系是封建的义亲子关系,可以说他们是不会有明确的抗战或和平的自觉性的。"日军轻蔑地表示,对汪伪军"必须进行从认识什么是清乡起的再教育"。① 在日军召开的一次行政会议上,他们公开对伪方人员称:"东洋先生的心里明白:你们区长以上的,八分相信东洋先生的,两分相信游击队(笔者按:指中共游击队);区长以下的,七分相信游击队,三分相信东洋先生;乡长嘛,一半对一半;保长以下,统统的靠不住!"②

日本在政治上对汉奸们的不放心,使得伪政权人员愤恨不已,陈公博甚至认为日本实际上将南京方面视为"敌性的政府",他抱怨说:"日本的见解那就大不同了,许多军队和官吏曾受日本支持的,他们不得不继续支持。至于贪污与否与日本无关,有时或者因为贪污,他们才更容易利用。至于南北对立,更是他们夺取物资的机会,军队不必强有力,只须能够做到日本人的步哨为已足。"③日、伪在政治上貌合神离的事实,使日本在企图灭亡中国的过程中无法获得汉奸充分的支持,汉奸及其政权甚至由此成为日本的负担。

二、军事上的离间和利用

新四军组建后,华东各地共产党人创造性地开展游击战争,淮南、淮北、苏南、苏北、苏中、皖江、浙江、鄂豫皖等根据地陆续建立,对华东各地日、伪形成包围态势,直接影响其生存,日、伪感受到了中共武装的巨大军事压力,并因此而整合双方的关系,以便对这一压力作出反应。

---

① 《关于清乡区内新四军概况及对其采取的对策》(1942年1月),中央档案馆等编:《日汪的清乡》,北京:中华书局,1995年,第95—111页。
② 中共上海市委党史资料征集委员会编:《上海郊县抗日武装斗争史料》,第427页。
③ 陈公博:《自白书》(1945年11月),南京市档案馆编:《审讯汪伪汉奸笔录》(上),南京:江苏古籍出版社,1992年,第2—39页。

日、伪在军事上合作打击新四军获得了一定时间、一定范围内的效果,这是由当时华东日、伪军和新四军的力量对比所决定的客观事实。谭震林曾经很坦率地表示:敌伪的"清乡"获得了部分的成功,"这表现在我军受到了部分损失后已退出了澄、锡、虞和苏、常、太地区,在这两个地区已经没有我军之公开活动了。民主政权、抗日群众团体、抗日的文化运动均已停止了。在敌人的理想上已变成了他的'和平统治'或者过一个时候他又称为'和平'模范区,不仅如此,而且其他力量也被他打下去了。伪保甲组织、伪区乡公所、伪自卫团、伪警察所等,以及学校中之奴化教育均已建立起来了,人民的反抗心变成了敢怒而不敢言了"。① 陈毅则估计在日、伪苏南"清乡"初期,当地新四军的损失达五分之一之多。②

但是,日、伪在与新四军的军事对抗中表现出来的共同利益并不能完全掩盖其矛盾。对军事指挥权的争夺,与中共进行军事斗争的目的、意义认识上的不一致,汪伪内部的各种权力斗争,都折射、放大到了日、伪的军事行动上,形成双方深刻的矛盾。比如,1942年12月16日,中国派遣军副总参谋长落合甚九郎等向东京报告:汪伪政府"党派系列,转向左翼者居多,凑在一起而无核心。只各自为维持和扩大本派势力用尽心机,以图最大限度利用日本";"国府思想上虽不抗日,却采取不抵抗、不服从态度"。③ 日本方面以极其狐疑的目光注视汪伪,汪伪方面也没有好声气。早在汪伪政府筹备时期,周佛海接见伪军丁锡山,闻其部队被日军侮辱,即在日记中愤恨不已,"为之发指",甚至表示,"如此下去,则中日合作无结果"。④

需要指出的是,日、伪之间的矛盾有其复杂的内在因素,他们当然也希望

---

① 谭震林:《江南反清乡斗争的经验教训——在苏中三分区司令部营以上干部会上的报告》(1941年11月),中共江苏省委党史工作委员会、江苏省档案馆编:《苏南抗日根据地》,第154—168页。

② 陈毅:《苏南反清乡斗争的总结》(1942年2月7日),中共江苏省委党史工作委员会、江苏省档案馆编:《苏南抗日根据地》,第211—220页。

③ 日本防卫厅战史室编纂:《日本军国主义侵华资料长编——〈大本营陆军部〉摘译》(中),天津市政协编译委员会译,成都:四川人民出版社,1987年,第655页。

④ 蔡德金编注:《周佛海日记》(上),北京:中国社会科学出版社,1986年,第261页。

调和两方的矛盾,但中共在军事斗争中有意识的操作和利用,成为促使日、伪矛盾尖锐化、复杂化的重要因素,也使日、伪共同面临日益艰难的局面。

华东各根据地这方面的大量实践印证了这些措施的有效性。李先念部认为:"伪军中愿为日寇效力,甘心事敌者,这只是小部分,但大多数还不是甘心愿作汉奸的,不过是一时受敌欺骗趁火打劫,满足私人发财欲望而已。我们对他们,主要是从政治上争取,辅之以军事力量的打击,这是以军事政治力量的灵活运用,来促成伪军的瓦解。在这个方针之下,我们收得了很大的效果。应城伪军被我们瓦解了……最近在襄河两岸伪军汪步育部中,由杨经曲先生高举义旗,率领了二千五百余人,参加了我新四军。"①盐阜区地委要求:"1.各部门应抽调好的干部做敌伪工作,即使在其他工作上损失一点也是无妨的。2.巩固现有敌伪工作基础,打进敌伪中心争取其头子比争取其小兵好得多倍。"②皖江根据地"政治瓦解与军事打击并用","在对伪军工作做得较好的地方,时机和条件成熟时,就争取伪军三三两两或成班成排的起义。有的地方,则利用伪军关系替我们搞情报,买枪支、子弹,或掩护我们在日寇统治区采购布匹、机器、电料、纸张、医药等用品。由于我们的群众工作一直渗入到敌伪军据点内,因此,不仅能够及时、正确地掌握敌伪各种情况,而且还可以在反'扫荡'战斗中,在敌伪据点附近地区甚至敌伪军据点内,由群众掩护,安置一部分病弱妇幼人员"。③

惠浴宇对苏中伪军颜秀五的工作,即是一次生动的实例。1941年初,李长江率部投降,被汪精卫任命为第一集团军总司令,颜秀五为副总司令。新四军进行讨逆战役后,陈毅指示惠浴宇大胆前往工作。此后,惠浴宇数十次前往颜部,获得大量情报。日军1943年2月对苏北、苏中发起大"扫荡"时,中

---

① 李先念:《一年来豫鄂边区抗日游击战争》(1941年3月25日),《八路军军政杂志》1941年第3卷第3期。
② 张爱萍:《怎样坚持盐阜区斗争》(1943年1月),中共江苏省委党史工作委员会、江苏省档案馆编:《苏北抗日根据地》,第279—282页。
③ 曾希圣:《七师的抗日斗争》,盐城市《新四军重建军部以后》编选组编:《新四军重建军部以后》,南京:江苏人民出版社,1983年,第213—237页。

共方面得以清楚地掌握了日军的部署和首攻方向。在日军进逼根据地的时候，新四军甚至将兵工厂搬到了颜的据点里。①

中共上述加强对伪军工作的措施，使日、伪互相戒备、埋怨，新四军第三师师长黄克诚注意到："敌人对伪军不太相信，有这样一句话：'和平军，黑良心，不知哪天要我的命。'所以驻的时候与伪军分开，怕伪军杀害他们。"②而新四军第四师师长彭雪枫则指出："敌伪双方相互戒备，互存幸灾乐祸心理，我打伪军敌则坐视，我打敌人伪军则作壁上观，其次我民兵将伪军击溃，敌不救援反冲锋，伪军沿途大骂：'鬼子胆小，不是人养的！'"③

中共在军事上对日、伪矛盾的操作、利用，是在长期、残酷的斗争中培养出来的斗争技巧，这种技巧是建立在对日、伪内部关系准确判断的基础之上的，而且不排除对被认为肯定对中共不利的日军的操弄。这在抗战时期中国特殊的政治生态中，堪称艺术化的技巧。粟裕曾经剖析过苏中根据地反"清乡"的技巧：

> 对于敌军，我们分析：敌南浦旅团是我们的老对手，几年来在我苏中军民不断打击下，累计伤亡消耗了五千人，经不断补充，仍剩下三千七百余人。南浦本人因此受到上级责备，并一度拟将该旅他调，经南浦本人申辩才没有被调走，后来增调第六十一师团四个大队到苏中"清乡"，却不属他指挥，引起他的不满。对南浦我们一直注意斗争策略，一九四二年即指出，对南浦之打击应适可而止，以抑留他在苏中单独与我纠缠。这时我们进一步利用敌人的矛盾，着重打击主持"清乡"的敌第六十一师团，适当给南浦一点面子，使他采

---

① 惠浴宇：《我在苏中抗日根据地的经历》，中共江苏省委党史工作委员会、江苏省档案馆编：《苏中抗日根据地》，北京：中共党史资料出版社，1990年，第533—548页。

② 黄克诚：《三师与盐阜区工作报告——在华中局扩大会议上的报告》，中共江苏省委党史工作委员会、江苏省档案馆编：《苏北抗日根据地》，第137—152页。

③ 彭雪枫：《三十三天反"扫荡"战役述略》（1943年2月13日），盐城市《新四军重建军部以后》编选组编：《新四军重建军部以后》，第265—282页。

取消极态度。

上述这些政策和措施,在反"清乡"斗争中发挥了强大的威力,收到了显著的效果。①

三、国共关系演进中中共对日、伪关系的掌控和利用

汉奸初起之时,国、共均本能地将其视为敌手。但随着形势的发展,国民党认识到汉奸实际上是可以利用并离间日、伪关系的一种力量,这种力量不仅可以用来缓冲日军直接的攻击,而且可以作为抑制乃至攻击中共的工具。这一变化主要是从国民党五届六中全会以后开始的。国民党在维系表面的统一战线关系背后,除对抗日军之外,花了大量的精力抑制、攻击中共。它以《防制异党活动办法》为标志,构建了一整套对付中共的方针和政策;中共方面,对其干部、将领亦有大量的针对性教育和宣示。在这种背景下,汉奸被纳入双方关系的折冲中。

利用汉奸,使其对中共不利,是国民党方面的基本着眼点,而汉奸在官方意识形态上一律反共,双方在这一点的沟通上颇为便利。于是,关于蒋、汪"双簧"的猜想至少在这一点上有很多证据存世。梅思平记述汪精卫的话说:"至在沦陷区域,则中央势力既已不及敌人,所占者为点及线,其面必尽为共产党所占据。……深恐数年之后敌人虽然败退,而沦陷区内共产党之势力则不易铲除,其恶毒或且视敌人为尤甚。我等今日如能在沦陷区恢复国民党之统治、恢复国民党之组织,仍以三民主义领导人民思想,则沦陷区人民必能仍集于青天白日旗帜之下,恢复并保存其民族意识,则共产党势力蔓延必可制止其大半。且今日后方同志反共甚为困难,盖既为联合抗战,当然不能明白反共。我等则无此拘束,且正可利用敌人'共同防共'之口号,使敌人与共党

---

① 粟裕:《粟裕战争回忆录》,北京:解放军出版社,1988年,第281—282页。

互相牵制。我等如能运用得法,亦可于此夹缝中,在沦陷区内建树若干分之力量,将来自可与后方同志相结合。"①虽然梅思平战后的记述有粉饰之嫌,但它与汪精卫当时的多次公开宣示是一致的。

  重要的是,蒋、伪合作反共并非仅停留在思想和意识形态层面,双方合作进入实际操作层面的证据俯拾即是。比如,在苏南,汪伪方面称,"忠义救国军"第一团"以剿共为号召,其主要行动在阻止苏南赤匪势力之发展,利用正面攻击及侧面牵制方式,使赤共内部发生动摇、消解,在军事政治双管齐下之措置下,造成清一色忠救控制局面……对吾方陆军部队、警察机关、自卫团等武装部队,则采取笼络手段,以互不侵犯为原则,但以〔亦〕要受其利用。对吾方自治行政机关及民众亦然"②。在淮北根据地的泗、灵、睢地区,研究学者指出"国军经常将共军的活动通过伪军转告日军,引导日军扫荡,国军趁机公开配合日伪军进攻共军。其中1942年春,中共县委敌工部长许布伦被俘阵亡,1943年夏国军王郁文部进攻睢南区的中共,尔后高楼的国军乘日军向中共中心区扫荡时,夹击共军"。③ 在皖南,川军一四四师张昌德部拒绝中共方面的统战,投向日军,"张昌德对身边人说:'共产党的力量太小,他们那纪律我根本受不了。'……顾(祝同)要杨立即转告张昌德:'你若投奔了日本人,将来还有立功赎罪之机;若投共匪,就是民族罪人,死也不得翻身!'"张投敌之后,很快与国民党军合作"围剿"中共皖南支队等武装。④ 在苏北,"伪军大都与顽固派有联系,差不多全部如此。韩德勤也派了一些队伍当伪军,土匪也都与他

----

  ① 梅思平:《自白书》(1945年12月15日),南京市档案馆编:《审讯汪伪汉奸笔录》上册,第413—414页。
  ② (汪伪)特工总部江苏实验区编:《无锡、武进、丹阳、镇江、句容、扬中六县渝赤最近概况》,引自刘熙明:《伪军——强权竞逐下的卒子》(1937—1949),台北:稻乡出版社,2002年,第208—209页。
  ③ 刘熙明:《伪军——强权竞逐下的卒子》(1937—1949),第212页。
  ④ 南陵县政协:《汉奸张昌德叛变投敌前后》,安徽省政协文史资料研究委员会编:《安徽文史资料》第20辑,第134—154页。

们有联系"①。蒋、伪合作反共,在特定的情况下,还会联合日军共同进行。1944年4月,日、蒋、伪在苏中对中共领导的"联抗"发动进攻,其中国民党的税警团被中共认为是当时最大的威胁。② 蒋、伪合作反共,使"伪化顽军"和"顽化伪军"成为中共在抗战时必须面对的复杂政治现实。

抗战胜利前夕,是蒋、伪合作的高潮时期,华东汉奸几乎无人不与重庆方面合作,而对付中共成为当然的入手之道。

——列举蒋、伪合作反共的例证没有必要,我们可以从中共方面的反应来观察蒋、伪合作的"成效"。即以国民政府方面最为看重的上海而言,1945年8月10日,中共中央发布《关于苏联参战后准备进占城市及交通要道的指示》。8月12日,新四军军部命令深入浙江境内的粟裕部"控制京沪杭要道,并占领上海、南京、杭州三大城市"。③ 8月19日,中共华中局向中央报告要求发动上海武装起义。在报告中,华中局称:日本宣布投降后数小时内,我方即派出"大批"干部到了上海。在起义的力量准备上,"上海我可掌握控制的力量总共二十万,计水电、邮政、电车、电话、铁道工人,我能掌握大部分。日本厂拾万失业工人可动员,沪东、沪西各可动员数万,沪西大部分巡捕我可控制",而"伪方只有税警团、保安队维持秩序,甚恐慌"。在起义的步骤上,"缴除伪军、伪警武装,占领上海(但暂不主动向驻守不动的日军攻击)。建立各阶级民主联合的上海市政府"。④ 由此可见,当时蒋、伪担心的中共占领上海的可能性是现实存在的,而伪军正是中共方面实现该项计划的重要障碍。8月20日,中共中央一度批准起义计划,21日,又判断"在目前起义对我们和人

---

① 黄克诚:《三师与盐阜区工作报告》(1942年2月),中共江苏省委党史工作委员会、江苏省档案馆编:《苏北抗日根据地》,第137—152页。
② 黄逸峰:《"联抗"部队的四年》,中共江苏省委党史工作委员会、江苏省档案馆编:《苏中抗日根据地》,第555—565页。
③ 《粟裕战争回忆录》,第349页。
④ 《华中局关于发动上海武装起义的报告》(1945年8月19日),中共上海市委党史资料征集委员会主编:《上海人民与新四军》,北京:知识出版社,1989年,第397页。

民是不利的",命令停止起义。① 中共方面放弃上海等城市有多种考量,但蒋、伪合作造成的阻力是显而易见的因素。难怪华东地区拥有实力的重要汉奸们均以抵挡中共作为其向国民政府邀功赎罪的筹码。蒋、伪合作反共,"异化"了日、伪之间理论上的同盟关系,这是因为,虽然日本也反共,但除此之外,它和国民政府的利益甚少重合,伪军"理应"反共,但它也应反蒋。国民政府作为日本不能清除的因素介入日本和华东汉奸之间,并日益扩大其影响,这与日本侵略势力在中国由盛而衰的变化过程一致;而日、伪关系因为国民政府与中共关系的变化而"异化",显示了中国历史演进过程中外来压力与反作用力的复杂互动。

既然日、伪关系受国、共关系演变的影响,而国民党又利用汉奸伪军对中共不利,中共也没有坐受其害的道理。中共利用汉奸伪军,离间日、伪关系的情况已如前述。另外,中共在保持自己原则和立场的前提下,或操弄汉奸伪军插入蒋、伪之间,制造"三面派",或直接对抗国民党对伪军汉奸的利用。

对勾结重庆方面而对中共直接不利的伪军实施军事打击,是中共的主要对抗手段。1942年4月,陈毅等指示新四军第六师工作时,就顽、伪联合反共表示:"对顽军的统一战线工作与争取伪军的工作,今后要为我苏南主要工作之一。顽军内部、伪军内部,以及敌伪、敌顽、顽伪之间均有严重的矛盾。必须[以]交朋友工作,争取其中立与同情。另对坚决反对我们的则坚决打击之。对伪军以打达到拉的目的。……实行打拉政策对于工作的开展,对我苏南斗争坚持与开展有决定意义。"当时,就国民党军队企图利用伪军关系打通苏北、苏南联系一事,陈毅等认为切断国民党军队南北联系,具有战略意义,乃要求新四军第一师在苏北迎头阻止,第六师"设法阻顽北进、积极予以打击","否则顽方计划顺利实现,对我阻碍甚大"。他们提示第六师,"尽量利用

---

① 《中央关于停止上海武装起义给华中局的指示》(1945年8月21日),中共上海市委党史资料征集委员会主编:《上海人民与新四军》,第398页。

敌伪与顽军矛盾,从中离间伪顽关系,使其破裂"。①

再比如,1943年1月,吴化文在济南投降日军,后被南京方面任命为第三方面军总司令。吴投敌之后,与汤恩伯等保持联系,表态"绝对服从中央",并受国民党军牟中珩部的接济。吴得到日、蒋两方面的支持后,对中共连续发起攻击。中共乃于1943年7至9月发动第一次讨吴战役,1943年冬发起第二次讨吴战役,1944年春发起第三次讨吴战役。经过连续打击,曾经达到20 000余人的吴部到1944年11月只剩6 400余人,吴部副司令承认中共"实成为我之心腹大患"。1945年6月,吴部被迫撤至中共压力较轻的蚌埠地区。②

介入蒋、伪之中加以运用,在江苏地区比较多见。比如,在苏南,"顽军伪化,与汪精卫直接关系,驻常州、无锡、丹阳最多",有张少华(两个团)、杨玉亭(一个团)、陆和裕(七八百)、罗春华(四五百)、蒋鼎生(一个团一千余人)共四五千人。"这些人均是国民党员,穿伪衣来往据点间,与国民党的关系是国民党出入掩护,并可调些人到冷欣处去受训练",但通过中共的工作,这些人"与我们也有些间接关系"。"伪军一般的不直接反对我们,下面这样说法:'有一天过一天,新四军来了非改编。'"③在苏北宝应,原中共县委组织部部长叛变后组织"连庄会","他相当滑头,在敌人那里他是个伪自卫团长,又是韩德勤的团长,与我们也有关系"④。*

---

① 《陈毅、饶漱石、赖传珠关于苏南部队今后任务给六师的指示》(1942年4月),中共江苏省委党史工作委员会、江苏省档案馆编:《苏南抗日根据地》,第228—229页。
② 江绍桢主编:《国民党起义将领》,郑州:河南人民出版社,1989年,第20—22页。
③ 邓振询:《苏南工作报告》(1942年1月21日),中共江苏省委党史工作委员会、江苏省档案馆编:《苏南抗日根据地》,第174—175页。
④ 江渭清:《六师工作报告》(1942年1月22日),中共江苏省委党史工作委员会、江苏省档案馆编:《苏南抗日根据地》,第209页。
* 原文发表于陈谦平主编:《中华民国史新论》(政治·中外关系·人物卷),北京:生活·读书·新知三联书店,2003年。

论南京国民政府初期的盐税改革

国民党人最初发动反清革命时,没有建立自己的财政系统,多依靠华侨捐款等临时性措施,往往为数额不大的钱款所困。及至以广东为根据地发动国民革命,在宋子文、孙科等人努力下,国民党人建立了自己的财税系统,收入出现极大的增长,有效地支撑了国民党势力从两广迅速推进至长江流域。南京国民政府"北伐统一"后,局面更形巨大,在在需款。财政系统呼应了这一需求,进行了一系列改革。这些举措,是南京国民政府稳住阵脚,推行其施政理念的基础。

其中,盐税的改革是一个重要方面。观其成败得失,可以一窥国民政府这一段时间施政的特点、实操成效和掣肘因素。

一

盐税在中国历史上极为悠久。在封建时代,它同田赋一起,构成政府的主要收入。进入民国以后,盐税百弊丛生,被称为中国的三大恶税之一(另外两税是厘金、资本税)。

盐政之弊中,最主要的是包商制度。所谓包商,就是某商人向政府先缴纳一定数量的金钱,然后凭引票在盐场购取一定数量的食盐,再运到某个指定的地区销售,并主管该地区的盐税征收;收税后,按双方约定的数量,上交一部分税金。包商制度的最大危害在于,它使少数盐商凭一点资财,把千百万人的食盐权利握在手中,并借此而捞取亿万不义之财。在北洋军阀统治时期,因政局多变,大小军阀不断涌现,他们每到一处,必要千方百计地榨取钱财。包商承办成为他们青睐的一个办法,因为"包办可以预收保证金,每月又有固定之收入"。这些包商"非昔日之贪官污吏,即当地之土豪劣绅"。他们"集少数之资本,购取公众税收之权,为彼私人营业之具,到差以后,横征暴敛,无所不用其极"。①

和包商制度关联的是分区和引岸制度。所谓分区,是指当时全中国在盐务上分两淮、四川、东三省、两浙、长芦、山东、两广、河南、福建、云南、甘肃等11区;各区所产的盐,不得到他区销售,一个地区销售的盐,必须由某一包商从某一指定盐场运来,否则即视为私盐。② 所谓引岸,即指那些不产盐的销盐地区,比如湘岸、鄂岸、西岸、皖岸等,这些地区销盐也要由某一指定盐包商运来,否则也视为私盐。当时,各盐场的生产条件不一,盐的成本也不一样,有低至二三角的(长芦),也有高至几元的(两浙)。照理讲,民众应该吃到质优价廉的食盐,但由于分区和引岸制度,许多地区的人民只得吃质次价高的劣盐;更严重的是,由于上述弊政,包商制度更为强化,食盐买卖成为某些盐商世代相传的生财之道。

盐政之弊,第二是盐务稽核所的存在。1913年,袁世凯向五国银行团举借"善后大借款",金额达2 500万英镑之巨。各国为迫使中国按时偿还,在借款合同中,明确规定成立盐务稽核所,以中方为总办,以洋人为会办(分所中,华人为经理,洋人为协理),但实际权力掌握在外国人手中。起初,盐务稽核所只管稽核造报,后来,其权力扩充到发给引票、编制报告、征存盐税、签支盐税、收放盐斤③,成为中国盐政的主管机关。

盐务稽核所掌握大权以后,对外仰承列强鼻息,榨取中国人民的血汗以

----

① 《全国财政会议汇编》,"审查报告",沈云龙主编:《近代中国史资料丛刊》三编第29辑,台北:文海出版社,1987年,第42页。

② 程锡庚:《盐务的重要问题及改革》,《盐政杂志》第52期《新盐法专刊》,"选论三",南京:南京印书馆,1931年7月31日出版。

③ 于去疾:《新盐法与稽核所》,《新盐法专刊》,"选论二"。

充外债,对内勾结军阀,横行霸道。孙中山曾深恶痛绝地指陈这些外方人员:"这些流氓,在外国不过是小有手段,都是不能生活;一到中国,不上几年,稍为知道中国内情,便结交官僚,逢迎军阀。一逢迎到了军阀,便无恶不作,就是在不平等条约之中所没有记载的事,他们都是包办一切,好像小皇帝一样。"①

在盐务稽核所中,存在着严重的歧视中国人的现象。即就薪俸而言,按金镑计,会办每月达七八千元,相当于国民政府特任官的十倍,而下级中方职员不过十数元或二三十元,勤劳满两年才有加薪一二元的希望。②

上述盐税中存在的弊端,不只为舆论所诟病,南京国民政府也有所不满。因为它们都损害了南京国民政府的盐税收入:包商制度实际上就意味着政府损失一部分潜在收入以换取急需的现金;而盐务稽核所自善后借款改归关税项下拨付以来,就被认为是与财政部盐务署及其所属盐运使、榷运局等相矛盾的机构,徒然浪费经费;再者,废除包商、引岸也已被实践证明是提高盐税收入的好方法——东三省实行自由运销,盐税收入甲于全国。③ 这样,盐税改革就具有必要性,成为朝野上下的一致呼声。

主管税制改革的财政部部长宋子文,有他自己关于盐税改革的思路。在全国财政会议(1928年7月)上,他提出就场征税为整理盐税的入手之路。④ 随后,他在《训政时期设施纲领》中,又提出统一收入、划一税率、整理场产、推广销运等四点改革建议。⑤

所谓统一收入,是针对当时盐税征收机关经常迟迟不将税款上交中央,并时常擅自挪作他用的情况。宋子文希望能建立健全的收支制度,由财政统一收支。所谓划一税率,是针对当时各盐区税率不一而言。税率的参差,实

---

① 孙中山:《中国内乱之因》,《国父全集》编辑委员会编:《国父全集》第3册,台北:近代中国出版社,1989年,第529页。
② 于去疾:《新盐法与稽核所》,《新盐法专刊》,"选论二"。
③ 林振翰:《新盐法问答》,《新盐法专刊》,"社论三"。
④ 贾士毅:《民国续财政史》(一),上海:商务印书馆,1932年,第205页。
⑤ 贾士毅:《民国续财政史》(一),第210页。

际上鼓励了从低税盐区向高税盐区的走私,于盐税收入增加大有妨碍。所谓整理场产,是针对当时盐场多年失修而言。各盐场仓坨毁坏,食盐散乱堆放,易被走私。所谓推广销运,是针对盐商包运包销而言。宋子文希望实行食盐自由买卖,在竞争中,为全国提供更多更好的食盐,并进而增加盐税收入。

宋子文的上述四点意见大体上是1933年他下台之前南京国民政府盐税改革的基本指导思想。但随着形势发展,又增添了不少内容。盐务界认为中国传统的取水煮盐法速度慢、浪费大,提议改用晒盐法,财政部就增添了废煎改晒这一项政策;又因走私猖獗,旧式缉私军队与盐枭、盐商互相勾结,财政部提出整顿缉私。① 当然,最重要的是财政部呼应各界的一致呼声,明确赞成废除包商制。

相对关税而言,财政部的盐税改革思路缺乏连贯性,上述构想都是零星提出的,而且是断断续续地付诸实施。这种对盐税改革躲躲闪闪的态度,个中原因是和盐税本身的特殊性分不开的。

正如当时稽核总所的会办、美国人葛佛兰所说:"现存制度……是从过去承袭下来的,由腐败官吏与有组织的盐业剥削集团,为了谋利互相勾结而组成的……这个制度的受益人——他们当中有许多人现在并没有为盐业而与之发生直接关系——已经在经济、社会、政治方面获得地位和权势,并从而庇护了这种制度。"②

站在葛佛兰的立场上看,他当然不会指出外国人控制的盐务稽核所与"盐业剥削集团"互相勾结而给盐税改革造成极大困难的事实,但他颇为深刻地指出了盐税改革的一大阻力。

据记载,仅在西岸榷运局,盐商"报效"官员的名目即达20余种。其中,属

---

① 《国民政府十九年及二十年两会计年度财政报告》,"盐务",《财政部工作报告·盐务》,秦孝仪主编:《革命文献》第73辑,《抗战前国家建设史料——财政方面》,台北:中国国民党中央委员会党史委员会编印,1977年,第278—279、310—311页。
② 葛佛兰:《盐务稽核所1912—1913年工作的统计要览》,1934年,引自阿瑟·恩·杨格:《一九二七至一九三七年中国财政经济情况》,陈泽宪、陈霞飞译,北京:中国社会科学出版社,1981年,第59页。

于总局者有:(1)由淮商纳每票125元,年计达18 750元;(2)由精盐商纳每月1 500元,年计18 000元;(3)由建昌特区商人德贻祥纳每票2 000元,年计24 000元,且总局兼为该包商盐公司无条件之股东,可得营业赢利和红利。属于总局职员者有:(1)淮商每票纳25元,年计3 750元;(2)淮商、精盐商各纳该局总务课长与运销课长每月津贴200元;(3)由盐贩付给该局征榷课长每年佣金2 000元,淮商付给该局放盐职员每票4元,年计600元。属于分局者有:(1)精盐商付给吴城分局每月500元,年计6 000元,淮商付给每引佣金5分,年计300元;(2)精盐商付给饶州分局每袋0.2元,年计4 000元,淮商每引付给规费0.2元;(3)精盐商津贴九江分局每月800元,年计9 600元;(4)淮商付给吉安分局每引1.2元,淮商付给抚州分局每引0.15元;(5)淮商贩年纳建昌分局执照费4 000元,又杂洋扣折每票600元,年计6 000元;(6)淮商船户纳湖口挂号卡挂号费每票17元,又淮商请求卡员令船户开往销路旺盛之地,须缴每票50元至200元之规费……①由此可见,盐务官员们在包商制度中得到的好处是惊人的,而他们为维护现存制度而成为改革的阻力,是可以想见的。

除了官商结合,官、商还与兵、匪勾结,严重干扰盐税改革。财政部档案中,记录了第三十一军军长李明扬以"军需紧急",以淮南盐水作抵,向清江浦中国银行分行"商借"三万元。②淮枭陈宝书勾结军人,干涉缉私。③另一次,驻鄂岸第三团接到报告,赶到湖北孔垅镇去缉拿私盐,竟反遭当地盐商"保护伞"自卫团袭击,殴伤连附,抢去手枪。④

对于上述阻力,宋子文、孔祥熙自知凭一己之力根本无法破除。因而,他

---

① 胡善值:《财务行政论》,上海:商务印书馆,1934年,第204—205页。
② 《财政部一九二八年七月至一九二九年二月工作报告》,财政部档案,二(2)937,中国第二历史档案馆藏。
③ 《财政部一九二八年七月至一九二九年二月工作报告》,财政部档案,二(2)937,中国第二历史档案馆藏。
④ 《财政部一九三一年一至六月份工作报告》,财政部档案,二(2)939,中国第二历史档案馆藏。

们的盐税改革在很大程度上只是因陋就简缝缝补补,而不能把宣之于众的政策系统地付诸实施。

二

由于种种原因,南京国民政府初期的盐税改革被证明是一个举步维艰的过程,以下就其中主要的几个方面分别阐述之。

(一)包商制度废而不绝

北伐结束以后,宋子文开始着手废除包商,但在实际工作中遇到很大困难,撇开上述阻力不说,保持盐税收入的稳定,也是他必须考虑的因素。

当时,南京国民政府刚成立,百废待举,财政奇窘,实际上没有充足的资金以取代盐商,而负责食盐的运销。虽然经过整顿,可以像东三省那样实行官销,但过渡时期盐税收入大幅度减少的可能性,使国民政府迟迟不能下定决心,因而,在新《盐法》公布(1931年6月)之前,包商承办仍是广大地区食盐供销的基本方式。

1931年6月30日,国民政府公布了新《盐法》,第一条就明确规定:"盐就场征税,任人民自由买卖,无论何人不得垄断。"这一条款被认为宣判了包商制度的死刑。盐法起草委员会对此作出说明:按照此条款,食盐制成以后,"只须责令制盐者将所制之盐悉行存储政府指定之仓坨",这些"盐斤纳税之后,既任听人民自由买卖,则各处产盐得以自由竞争,既可改良盐质,复可平减盐价,凡品质恶劣而成本过重之盐终归自然淘汰,政府不必有所轩轾于其间,一切过去官商狼狈为奸之积弊均可免除"。该委员会警告说,专商一去,"所有边远或不产盐省份必有食淡食贵之虞"的说法,显然是不懂经济规律的谬论,且散播者"多为专商作伥者也"。[①]

新《盐法》这一条款得到了众多有识之士的赞赏。龚德柏赞赏道:"民国

---

① 《盐法 附盐法草案说明书》,《新盐法专刊》,"法令"。

二十年来,改革之举虽多,然最能为国库增收入,同时为人民减负担者,则莫过于立法院新近订立之盐法。虽裁厘为国民政府最大善政之一,然较之新盐法,尚有望尘莫及之慨。"①

但是,与舆论界一片欢迎声相对照的,则是盐商们声嘶力竭的反对声。早在新《盐法》公布之前,山东东纲公所全体盐商致函盐务署,表示闻听新法,"不胜惶惑"。他们认为,如食盐自由买卖,则无法向散商征收预付金,这样就会损失大批盐税;再者,官厅之缉私,不如各商之人自为防,若将专商一律废除,商巡连带解散,则缉私将不堪设想;而且,如专商废除,则偏远地区之食盐将无从供给,人民必将有缺盐之苦。东纲公所全体盐商并称,外界主张废除包商,不外有三点理由:甲、恶其为专商,异于百货贸易也;乙、忌其获厚利,享用过于侈靡也;丙、愤其价不通融,秤又不能满意也。而这三点理由实际上都是不能成立的,因此,恳请财政部不要轻言变更。②另外,淮南湘鄂西皖四岸运商总会、芦纲公所、淮南外江内河食岸公会、两浙盐业协会、苏五属盐商公会、通泰济南场盐商会等盐商组织也一同通电表示不能接受。

对于盐商的这些诡辩,当时的有识之士进行了有力的驳斥。他们指出,实行自由买卖后,由于自由竞争,盐价必跌,盐价一跌,就会使平常难得吃盐的贫苦百姓增加购买力,销售量就会扩大,从而有利于增加税收,实行自由购运后,全国盐价必将趋于一致,这样,私盐就没有生存的基础,何必谈什么缉私。再者,实行自由买卖后,偏远地区销售食盐,按照价值规律,必然有利可图,商人自然会争往趋之。况且交通发展一日千里,今日的偏远地区明日就会变为坦途,何得有淡食之苦。③

由于舆论的强大压力,国民政府并没有屈从于盐商的意见,新《盐法》得以在一片欢呼中公布。从理论上讲,包商应该从此绝迹,但实际上依然长期存在。

---

① 龚德柏:《驳〈湘鄂西皖四岸运商总会公表盐法之商榷〉》,《新盐法专刊》,"选论五"。
② 《东纲公所全体盐商呈盐务署文》,《新盐法专刊》,"公牍"。
③ 伯穆:《驳〈盐法平议〉》,《新盐法专刊》,"选论六"。

1932年5月，两广盐运使以所属潮桥桥下包商期满，请求财政部批准续包一年，财政部以"所请既有裨税收，且无碍民食"，同意盐商李和以利民公司名义认定年额452 000担。① 其中"有裨税收"一句话道出了包商制度存在的最主要原因。由于财政部名禁实弛的政策，盐商们有恃无恐，对财政部的决定视若具文。承包商的预付金按规定是一定要先期上交的，但福建莆仙属盐务包商林允诚在离承包期满只有两个月的情况下，仍未交预付金，而诉诸"驻军干扰"和"民情蛮悍，销盐不畅"的借口，财政部只好命令福建盐运使尽早结束，另招他人，再行承包。② 在这种情况下，废除包商制度的努力只取得了很小的成效。据统计，1932年，撤销了两浙地区18县的包商，1933年，废除了山东地区4县的包商③，其余仍旧沿袭。

事实上，即使到了1935年，财政部对于包商制度关注的焦点也还不是如何废除制度，而在于如何保证税收，它要求："嗣后关于招商承办课税事件，须于章程内订明，纳保证金若干，或觅取殷实铺保字样，查明确系殷实，方准承办。设有短欠，即照章从严办理，应在保证金项下扣缴，或饬令铺保负责遵缴，不得再有请求豁免之事发生，以重国帑。"④

（二）盐务稽核所由衰而盛

国民政府定都南京后，古应芬任第一任财政部部长，提出撤销盐务稽核所，一切事务由各区的盐运使、副使接管。当时裁撤的有扬州、淮北、松江以及皖、浙、闽、赣的其他一些地区。古应芬下台后，孙科继任，恢复了稽核所，不过他组织的稽核所，完全由华人组成。当时，原稽核所的外国职员，"无不唏嘘太息，懊丧万状，其心目中惟一之希望，为养老金与回国旅费，以为苟能

---

① 《财政部一九三二年一至六月工作报告》，财政部档案，二(2)941，中国第二历史档案馆藏。
② 《财政部训令(盐字第七二二七号)》，《财政公报》第64期，第27页。
③ 《抗战前财政工作概述》，《中央周报》第468期。
④ 《财政部一九三五年一月份工作报告》，财政部档案，三(2)2374，中国第二历史档案馆藏。

如数领到，则携妻挟子，遄返故乡，已为莫大之幸事"。① 因而，古、孙任职期间被外国人视为盐务稽核所的衰落期。

宋子文上台后，尽管主张收回国家权利，但认为，稽核所"服务人员，向经考试，于盐政经验，自较充实……责任之严明，制度之整齐，都有值得保存者"②。财政部在向国民党第三次全国代表大会提出政治报告时，提出"惟原订章程，一方面对政府负责，一方面对外国债权人负责，是足以引起外人干涉……特另订稽核总分所章程……派刘宗翼为总办，斐利克为会办"。③ 而且还有一样不便明言的好处，即由外国人操办，可以减少地方当局的敲诈截用。因此，他撤销了孙科"国产化"的盐务稽核所，成立"中外合资"的稽核所。1929年1月，盐务稽核总所成立于上海，分所、支所亦次第成立，"所有收税放盐各项职权，亦由财政部令各运使、运副，于十八年八月一日分别移交各分所、支所接受办理"，"黄须碧眼，重庆弹冠"。④

在盐务稽核所恢复发展的同时，财政部还在各地组织了盐运使公署、运副公署、榷运局以主管征榷、运销、缉私、征收等事宜，其中有许多职权和稽核所是重叠的。不久，宋子文认为这些机构效率不高，干脆将上述机构并入稽核所，由各省的稽核所所长兼任盐运使或榷运局局长。⑤

这样，盐务稽核所在经历了短暂的衰落以后，迎来了全盛时期。据1930年9月的统计，其大小机关达1 870处，服务人员达41 185人，经费达16 892 000元。⑥在合并其他盐务机关后，盐务稽核所实际上已成为仅次于海关的第二大税务机构。在规模扩大的同时，稽核所的职权也在扩大，计有发

---

① 于去疾：《新盐法与稽核所》，《新盐法专刊》，"选论二"。
② 《国民政府十七年度财政报告》，《中央周报》第93期。
③ 《财政部向三全大会提出之政治报告》，财政部档案，二(2)936，中国第二历史档案馆藏。
④ 于去疾：《新盐法与稽核所》，《新盐法专刊》，"选论二"。
⑤ 《财政部一九三二年七月至十二月份工作报告》，财政部档案，三(2)942，中国第二历史档案馆藏；《国民政府十九及二十年两会计年度财政报告》，秦孝仪主编：《革命文献》第73辑，第279页。
⑥ 《民国十九年盐务稽核所年报》(上编)，《财政公报》第55期，第97—98页。

给引票、编制报告、征存盐税、管辖盐警、运销等多项权力,其中尤以征税、放盐及拨付外债为其最重要的权力。①

宋子文并非不知道由外人把持的盐务稽核所在中国人心目中臭名昭著,但他希望通过控制盐务稽核所,以达到为我所用的目的。他规定,盐务稽核所直辖于财政部,由财政部任免人员、制定规章制度,希望以此来控制稽核所。具体规定"场务、稽核各所,为场署直辖机关,各所主任,应由场长遴保,呈请该管运使、运副委任。所有场务、稽核各所,经征公款支领经费,应直接向场长公署,分别报解支领,所发一切单照,应用场署名义盖用场印,如场务、稽征各所,前经刊用钤记者,应一律截角缴销,以明权责,而免纠纷"。② 尽管外国人包揽一切重大权力的情况有所减弱,洋员们也认识到"民族主义高涨所引起的变化是不可避免的",但仍重在确保盐税担保的各项外国债券得到偿还。路透社表示:尽管中国遭到了困难,但"要对它的债主维持全部信用"。③ 华洋合作的盐务稽核制度在抗战中才瓦解。

盐务稽核所当初成立是列强施加压力的结果,在宋子文上任以后得以恢复发展,原因却不在此。因为古应芬、孙科的举动并未引起多大抗议,南京国民政府纯粹是因为自身的利益才不惜违背自己当初的承诺。这种与旧体制主动妥协的行为,从一个侧面反映了国民政府的施政风格。

(三) **盐务缉私成效甚微**

根据北洋政府1914年制定、又为国民政府沿用的《私盐治罪法》,私盐的范围非常之广,不光盐枭所贩的无税盐为私盐,盐商所运的盐如果销售地、数量与运照、引票不符,也是私盐。当然,在私盐中,以前者占绝大多数。

私盐产生的根本原因在于盐税过高,盐价腾贵。无税私盐价格低廉,所以深受广大贫苦百姓的欢迎,私盐绵延不绝,风行各地。

---

① 《财政部盐务稽核总所章程》《财政部盐务稽核分所章程》,《财政部一九三一年七至十二月工作报告》,财政部档案,二(2)940,中国第二历史档案馆藏。
② 《财政部一九三一年一至六月份工作报告》,财政部档案,二(2)939,中国第二历史档案馆藏。
③ 阿瑟·恩·杨格:《一九二七至一九三七年中国财政经济情况》,第66、127页。

在南京国民政府初期,山东、苏北、皖北一带因包商众多,盐价奇贵,成为全国私盐的集中地。每年秋冬之交,总有大批盐枭,夹带大量私盐,雇用民船千百只,混在当地外出逃荒的贫苦百姓之中,沿途散卖,严重影响了盐税收入。①

开始,国民政府依靠两方面的力量缉私,一是盐商团体自己出资组建的巡带,二是第六师。后来,因为盐商自己也从事私盐买卖,加上第六师官兵经常与盐商勾结,宋子文干脆在1931年第一季度,将湖南、鄂岸、江西、皖南、皖北原有缉私队伍一并遣散,转而筹建税警团。税警团招募有知识的青年人,并在军校中加以培训,素质较高,加上全部美式装备,战斗力较强。税警团共分三团、三补充营,其中第二团在成立后被调到江西参加"剿共",第一团驻淮北,第三团驻淮南,第一团补充营驻皖北,第二团补充营驻皖南,第三团补充营驻鄂岸。② 宋子文还和海军部联系,在税警团无法进行海上缉私时,可以取得海军的协助。③

在组建缉私武力的同时,宋子文订立了各种方法,以奖和惩两手来打击私盐。在奖的方面,他订立了《海关缉私充赏办法》,规定:海关缉获私盐,在100担以下者,每担给奖金1.25元;100担至500担者,每担1.375元;500担至1 000担者,每担1.5元;1 000担以上者,每担1.625元。④ 他还制定了《私盐充公充赏暨处置办法》,规定缉获私盐以后,由盐务机关变卖,变卖所得加上罚款,除应提各项税款、缉私零支、变卖费用外,其余全部充当奖金。⑤ 在惩的方面,他修订了《私盐治罪法》,对大额走私课以有期徒刑至死刑的严厉处

---

① 《财政部一九三〇年八月份工作报告表及十二月份工作报告》,财政部档案,二(2)938,中国第二历史档案馆藏。
② 《财政部一九三〇年八月份工作报告表及十二月份工作报告》,财政部档案,二(2)938,中国第二历史档案馆藏。
③ 《财政部一九三二年七月至十二月份工作报告》,财政部档案,二(2)942,中国第二历史档案馆藏。
④ 曾仰丰:《中国盐政史》,上海:商务印书馆,1936年,第200页。
⑤ 曾仰丰:《中国盐政史》,第200页。

罚,并对轻微的私盐犯罪处以3日到50日的拘役或3元到50元的罚款。① 开始,走私主要是在陆上及内河中进行,后来发展到海上,财政部多次商请海军协助,如海军在南通缉获"美利"轮私盐两万余包,财政部规定,"将盐斤全数照章充公充赏,并罚该轮主洋一万元"。② 福建运使发现西洋岛驻扎盐匪200余人,财政部乃商请海军派"海筹""通济"两舰和陆战队前去剿缉。③

尽管宋子文采取了不少措施,但缉私效果甚微,究其原因有以下几点:

第一,就防止私盐而言,缉私本身只是消极的方法,积极的方法应该是降税、降价,但由于种种原因,未能实现。结果,在高额利润的驱使下,盐枭们依然铤而走险。

第二,随着时代的进步,盐枭的装备也在改进,从过去的大刀长矛发展到新式枪支,因而更不易被缉获。财政部也承认:"各缉私局械弹尚多欠缺,且强半锈坏,不适于用。是以每遇大帮枭贩来犯,束手无策。"④同时,由于枭贩惯常采用"游击战术",呼啸来去,使得习惯于"阵地战"的缉私军队不胜防堵。

第三,财政部曾规定,地方当局协助缉私,应将奖金之半数交地方当局分发。但在实际上,地方行政机关缉获私盐,只分得一二成的奖金,待遇不公,协助的积极性自然不高。由于盐务机关本身的缉私力量薄弱,而地方当局不予积极配合,效果自然不够理想。

第四,正如盐税整体改革所遇到的那样,官、兵、商、匪的结合,也是缉私遇到莫大困难的原因。宋子文曾将其最钟爱的税警第一团派往苏北缉私,路过灌云,该团向商会借住房屋,结果引发强烈抨击;以商会为首,灌云各团体致函国民政府,指责税警团与旧军阀无异,宋子文只得将该团团长撤职,部队

---

① 曾仰丰:《中国盐政史》,第200页。
② 《财政部一九二八年七月至一九二九年二月份工作报告》,财政部档案,二(2)937,中国第二历史档案馆藏。
③ 《财政部一九三三年七至十二月份工作报告》,财政部档案,二(2)944,中国第二历史档案馆藏。
④ 《财政部一九三〇年八月份工作报告表及十二月份工作报告》,财政部档案,二(2)938,中国第二历史档案馆藏。

也被调往南城驻防。① 其实,在那个时代,军队占用民房实在是"正常",一般民众见多不怪,灌云商会如此小题大做,拒绝政府帮助缉私,实在耐人寻味。更具讽刺意味的是,宋子文曾请海军帮助缉私,结果却发生奸商许永清勾结"信毅"舰舰长刘万有运送私盐情事。②

三

南京国民政府初期,盐税收入增加颇快,从1928年度到1933年度,盐税收入分别为30百万元、122百万元、150百万元、144百万元、158百万元③,除1932年度因东北沦陷而损失不少收入外,其余年份都处在稳定的增长之中。所以,宋子文颇为得意地指出:"迨十八年九月,财政部竟能宣布不但能逐年按期摊还盐债,并有余力可清偿旧欠矣。"④

但是,收入增加并不意味着盐税改革卓有成效;相反,盐税改革的过程,是在"体恤民间疾苦"的口号下,为人民延续和增加了许多苦难。

首先,就盐税本身而言,根据亚当·斯密征税原则,一种优良的税法必须坚持平等的原则,即收入多,多负担,收入少,少负担,以调节贫富,为大多数人造福。⑤ 而盐税则不然,它是按消费量征税,而穷人并不因为穷就比富人需要更少的盐,对于这种不良税法,南京国民政府应该加以废除,而代之以所得税之类按纳税能力大小而征收的新税。但它目光短浅,只为保持收入,继承了封建王朝的弊政,致使中国广大的贫苦人民仍不能摆脱这千余年来压在头

---

① 《财政部一九三〇年八月工作报告表及十二月份工作报告》,财政部档案,二(2)938,中国第二历史档案馆藏。
② 《财政部一九二八年七月至一九二九年二月工作报告》,财政部档案,二(2)937,中国第二历史档案馆藏。
③ 《1928年7月1日至1939年6月30日常年岁入和岁出》,引自阿瑟·恩·杨格:《一九二七至一九三七年中国财政经济情况》,"附录一",第483—484页。
④ 《国民政府十七年度财政报告》,"盐务",《中央周报》第93期。
⑤ 朱德林、杨君昌:《财政金融学》,重庆:重庆出版社,1988年,第40页。

上的经济枷锁。

其次,退一步而言,即使由于种种理由而不得不保留盐税,南京国民政府也应该稍降税率,以减轻人民负担。但它为了增加财政收入,不断提高盐税税率,特别是九一八事变以后,原占全国15%盐税收入的东北沦陷,为了弥补这一损失,国民政府通令各地盐税拟增加如下:

九一八事变后部分产区盐税税率增加情况表　　　　单位:元

盐　区	长　芦		山　东	淮　北	
所属地区	冀岸	口北	涛雒六县	皖豫	江苏六岸
原税率	3.3	3.3	2.3	5.3	3.3
现税率	4.0	4.0	4.6	6.0	4.0
盐　区	扬　州		两　浙		松　江	
所属地区	海门	江都天长	纲地	引地	常阴沙	上海租界
原税率	3.3	4.55	5.8	2.65	4.55	3.05 3.25
现税率	4.05	5.05	6.0	4.00	6.00	4.50

资料来源:《财政公报》第53期,第19—23页。

国民政府自己也承认,这次所谓的"平衡税率",就是"将原来近场轻税各区,如长芦、山东、两淮、松江、两浙、河东等区之税率,一律酌予提高",并煞有介事地宣称,如此,即可以防止轻税区向重税区的走私。[①] 这纯属狡辩,因为把重税各区的税率削减到与轻税各区一致,一样能防止走私,而且还有利于减轻人民负担,国民政府不图于此,清楚地说明了调整税率的真实企图。

最后,再退一步而言,如果南京国民政府施政果如其言,还有一点"为民造福"政策取向的话,那么它就应该尽量维持这些尽管还在不断增加的盐税正税,不要让人民在正税之外,还要负担更为沉重的各种附税。而事实上,各地当局在盐税上的附加名目多如牛毛,仅川南一地,就有市政经费印花税(笔者按:不是南京国民政府的印花税)、护商碱费、船捐、临时军费、江防费、护商

---

① 《抗战前财政工作概要》,"盐务",《中央周报》第468期。

费、附加捐、盐务整理费、出口税、进口税（笔者按：这两项并不是关税）、过道捐、平价费、峡防费、原有护商费、新加护商费等各种名目,附加税捐每担达20余元,而盐本身成本不过1元,真是骇人听闻。①

对于各种附加税,南京国民政府"义正辞严"："各省盐附捐,畸轻畸重,流弊百出",规定1931年3月1日以前收归财政部"统一核收,以便分别减免"。② 但是,等到真收回后,国民政府却全盘接受,经过"整理"纳入正税之中。

1937年1月20日,行政院代院长孔祥熙要求财政部两周内提交1937年度的行政计划,财政部的新计划"盐务"部分赫然写着："实施新盐法一案,拟自二十六年度起,拟先择四川、福建两区着手试办。"③

反映在新《盐法》中的良法美意,拟议中的宏图大谟,看来是一场骗局。*

---

① 程锡庚：《盐务的重要问题及改革》,《新盐法专刊》,"选论三"。
② 《财政部一九三〇年八月工作报告表及十二月份工作报告》,财政部档案,二(2)938,中国第二历史档案馆藏。
③ 《本部二十六年度工作计划》,财政部档案,三(2)2325,中国第二历史档案馆藏。
* 原文发表于《近代史研究》1992年第2期。

南京国民政府初期关税改革述评

中国本无关税,自清政府陆续签订不平等条约和借款协定,收入不敷支出,乃在英国人赫德等主持下成立海关,收取关税。关税不断增加,为晚清以来历届政府所倚重。但外国人主持的中国海关,久为舆论所诟病,其最大的问题,即为条约体系的重要组成部分,亦即列强把持中国内政的明显证据。

关税是南京国民政府最大宗的税收,以"关税自主"为主要内容的关税改革,和"改订新约"互为表里,是南京国民政府初期被称为争取独立自主的重大步骤。究竟内情如何,本文拟对其具体施政过程、制约因素、成效和不足作初步分析。

一、南京国民政府建立时的关税现状

南京国民政府刚刚建立时,可以为其所支配的关税只有很小的一部分,主要是江海关的关税收入,其余大部分归尚未倒台的北京政府和南方一些地方当局所有。

当时,关税分为进口税、出口税、子口税、复进口税、转口税和船钞。其中,子口税系对经过海关运往内地的货物征收;复进口税是对经过通商口岸出口而运返国内的货物征收。比如,一批货物要从江苏运往云南,从上海运出,经过越南到昆明,经过上海海关时交出口税,经过昆明海关时交复进口税。船钞即是按货船的吨位数而征收的关税。

除海关征收关税外，常关也征关税。常关按距离海关远近，分为50里内常关和50里外常关，前者归海关管辖，后者归财政部委派的常关监督管辖。这些常关存在的原因是：当时即使在国内，从内地运往通商口岸，或从一个通商口岸运往另一个通商口岸，都要缴纳关税，这些关税就归常关征收。常关税分正税和附税两大部分，正税包括出口税、船捐、进口捐，附税包括免照费、旗费和征费。①

当时的关税税率，系自《南京条约》签订以来一直沿用的，名义上值百抽五，其实，扣除物价上涨的因素，只合值百抽三或四。② 同时，根据1888年的英德借款协定，中国海关一直任用英国人为海关总税务司。海关总税务司理论上属中国政府雇员，实际上却仰承北京公使团的指挥，每年把关税的大部分移交汇丰等外国银行，以偿付各种用关税担保的巨额外债。而且，在外国人控制下的海关，中国人得不到重用，迄南京国民政府建立，税务司中尚无一中国人。

对于上述情况，当时的舆论指责说："海关已成为国中之国，是使馆街的走卒；总税务司的话成为国家财政上的法律，总税务司还充当了主宰北京每一任财政总长后台老板的角色；关税税款扫数存入外国银行，这只为外国银行增强了信用，而中国的银行则被撇在一边；海关所有的高级职务全为洋人独占，中国人沾不到边。"③

另外，本来各关均设有海关监督，由中国人担任，借以牵制外国税务司，但其职权自清末以来不断遭到侵夺，成为虚职，这更加强了外国人在海关中的地位。

---

① 赵淑敏：《中国海关史》，台北："中央"文物供应社，1982年，第92页。
② 《财政部一九三一年一至六月份工作报告》，财政部档案，二(2)939，中国第二历史档案馆藏。
③ 《字林西报》1933年11月9日，引自阿瑟·恩·杨格：《一九二七至一九三七年中国财政经济情况》，陈泽宪、陈霞飞译，北京：中国社会科学出版社，1981年，第40—41页。

二、关税改革的初步实施

北伐成功后,南京国民政府财政部部长宋子文着手与各国谈判关税自主的事宜。由于中国人民多年的斗争,列强已经认识到,如果继续维持"协定"的低关税,极有可能引起又一波的反对列强经济入侵的斗争高潮;同时,南京国民政府的统一,多少给列强以中国正逐渐强大的印象,列强感到给予若干让步也许有助于取得新政府的好感与合作。所以,关税自主的谈判进展顺利。1928年7月1日,宋子文与美国公使马慕瑞首先在北京签订了"互惠友好协定",随后,英、法、德、比、意等国相继与南京政府签订了类似的协定。①

在列强之中,只有日本不同意中国关税自主,理由是中国没有履行北京关税会议时作出的废除厘金的承诺。为此,宋子文进行了长期的努力,1930年5月,中日两国政府签订了《中日关税协定》。协定规定:由日本进口的棉货类、鱼虾及海产品、麦粉三类货物在三年以内,杂品在一年以内,维持原有5%税率不变;中国向日本出口的夏布、绸缎、绣货也在三年内保持旧有税率;在上述条件下,日本政府同意中国政府三年后关税自主。②

1929年2月1日开始实施的关税自主,名义上是由中国政府自己决定关税税率,其实,不过是列强早就安排好的税率,以自主的形式公布出来。在1929年的税则中,出口税没有变化,进口税则以值百抽五为基础,采取1925年北京关税会议上英、美、日三国修正的七级税率,加上已在煤油、卷烟上实施的二·五附税(即2.5%附加税)及特税,化散为整。③ 共分七级14类780目,最高税率27.5%。④

---

① 《十年来之重要财政设施·关务》,秦孝仪主编:《革命文献》第73辑《抗战前国家建设史料:财政方面》,第103页。
② 《经济年鉴》初鉴(A),引自赵淑敏:《中国海关史》,第74—75页。
③ 中央党部经济计划委员会:《十年来中国之经济建设》,"财政",南京:南京古旧书店,1990年影印,第10—13页。
④ 《抗战前财政工作概述》,《中央周报》第468期。

1929年税则除对正税规定如上以外,还对附税和常关税作出如下规定:(1)洋货进口二·五附税与奢侈品税以及洋、土货子口附税概行免征;(2)土货出口二·五附税与复进口一二·五附税(12.5%附加税)应仍照征;(3)机制洋式货物,除照向章规定之税则完纳出口正税外,应仍照征二·五附税一道;(4)五内常关,应征附税,其税率概照新征常规,折半征收;(5)凡已报由常关征收之货物不得再征同一税项。①

1929年税则,一直到1931年再次修改之前,没有大的变动,但征收结算货币有重大的变化。1930年2月1日前,海关使用的结算货币是关平两。世界资本主义大危机后,金价急升,银价暴跌,按美元计算跌落一半左右。② 由于中国支付外债是用白银兑换黄金或外汇支付的,这样,关税自主带来的好处差不多全为银价下跌所抵消,乃至"时有不敷之虞"。为了保证关税收入,财政部决定,自1930年2月1日起,所有进口关税用金单位征收,每一海关金单位相当于纯金60.1866公厘、2/3关平两、0.4美元、19.7256便士、0.8025日元,这个比价相当于1930年2月1日前的金银比价状况。③ 虽然,进口关税从此以金单位计算,但实际交税时仍以白银缴纳,它按每日金银比价,将应缴进口税折算成白银。具体计算公式如下:完税价格=(趸发市价×100)÷(100+税率+7)。其中,趸发价格是以海关金单位计算的。④

海关金单位的采用是为研究者容易忽视的一件事情;事实上,它的作用是巨大的,保证了关税这一国民政府最大项目收入的稳定。正如当时上海的一家刊物评论的:"可以毫不夸张地说,以海关金单位征税,把国家从财政灾难中挽救出来。"⑤

---

① 《财政部一九二八年七月至一九二九年二月份工作报告》,财政部档案,二(2)937,中国第二历史档案馆藏。
② 《1920—1937年的外汇率》,阿瑟·恩·杨格:《一九二七至一九三七年中国财政经济情况》,第516—517页。
③ 《国民政府十八年度财政报告书》,"关务",秦孝仪主编:《革命文献》第73辑,第248页。
④ 赵淑敏:《中国海关史》,第94页。
⑤ 《财政与商业》1931年7月22日。

在实行税率自主的同时,宋子文对税务行政进行了改革。首先,他重新规定了总税务司的职能,要求"海关只应恪遵政府命令,掌管征税工作,而摆脱一切政治性的、超过本职之外的职权和联系"。[①] 明确规定总税务司只是财政部的一个外籍雇员,在行政上受关务署(后为关务处)的直接领导,并受海关监督的监督。其次,他有意识地提升海关监督的地位,强调海关监督"为各该关行政首脑",对各税务司"负有监督之职权",令饬税务司要与海关监督协同办理事务,"以维行政系统"。[②]

鉴于海关总税务司的权力因高级职员多为外国人而具有强势地位,宋子文着手提高中方人员的地位。财政部制定了办法,"量其劳资,以定升转",并规定,以后海关聘雇海关洋员,仅限于技术方面,并须得财政部部长之特许;同时,又在海关系统采用严格的考试制度,引用国际高等人才,并就关员中,遴选曾在国内大学毕业,具有相当经验者,派赴英美实地考察,回国以后担任高级领导。经过这一番努力,至1929年6月,海关中华人为税务司者已有一人,代理税务司七人,副税务司一人,代理副税务司八人。[③] 这种海关税务人员"国产化"的趋势,体现了宋子文掌握海关的强烈愿望,也是和当时日益高涨的民族主义情绪相合拍的。

在税务行政的改革中,关税税款的保管和运用,也是宋子文注意的焦点。多年以来,汇丰银行(80%)、正金银行(15%)、东方汇理银行(3%左右)掌握着中国的关税收入,并因丰厚的佣金而日益强大,早就引起金融界的强烈不满。自中央银行成立以后,宋子文不断命令海关和其他税收机关一起将所收税款就近存入当地中央银行,[④]由中央银行将应付外债用中国货币按国际汇

[①] 阿瑟·恩·杨格:《一九二七至一九三七年中国财政经济情况》,第41页。
[②] 《财政部一九三三年七至十二月份工作报告》,财政部档案,二(2)944,中国第二历史档案馆藏。
[③] 《财政部一九三一年一至六月份工作报告》,财政部档案,二(2)939,中国第二历史档案馆藏;《国民政府十七年年度财政报告书》,"关务",《中央周报》第93期。
[④] 《财政部向三全大会提出之政治报告》,财政部档案,二(2)936;《财政部一九三二年七月至十二月份工作报告》,财政部档案,二(2)942,中国第二历史档案馆藏。

率解往外国银行,拨付外债。随后改为由中央银行用关税收入购买外汇偿付外债。以后又改为用海关金单位得来的外汇和黄金直接偿付外债。① 这些都有效地减少了外国银行的中间性盘剥。

三、关税改革的深入和受阻

1931年1月1日,为配合即将开始的裁厘,海关进口税则发生了第二次重大的变化。同年6月1日,出口税则发生了南京国民政府建立后的第一次重大变动。

就进口税则而言,宋子文为"增进税收计","对于进口货一部份(大半为奢侈品)之税率,稍为增加"。② 其税目为16类647目,同时,将货价标准年度从1930年改为1925年,以提高进口税的计价基数,其税率除《中日关税协定》"附表甲"所列货品外皆按货品性质分别厘定。综计全部税则货品,较之实行海关金单位时,税率增加者451项,减低者150项,未变动者322项,税率增加者主要为一些国内也制造的产品。1932年4月,又对此税则进行了一些小的修改,增加了糖品税率。8月,增加了人造丝、绸缎、酒、玩具、游戏品税率。③ 累计这几次修改,使进口税最高达值百抽五十。④

就出口税则而言,自1924年以来,它就是由5%的正税和2.5%的附加税构成。宋子文认为,它以1858年的货品价格为纳税标准,殊欠公允,⑤因而将货品价格改为按近期物价为准。税目为6类270目,其从量征税部分,大致为值百抽五;从价格征税部分,除肠、蜜制品及罐头、果品、竹器、黄铜器、瓷器、

---

① 阿瑟·恩·杨格:《一九二七至一九三七年中国财政经济情况》,第42页。
② 《国民政府十九年及二十年两会计年度财政报告》,"关务",秦孝仪主编:《革命文献》第73辑,第275页。
③ 中央党部经济计划委员会:《十年来中国之经济建设》,"关税",第10—13页。
④ 孔祥熙:《十年来的中国金融与财政》,"关务",中国文化建设协会:《十年来之中国》,1937年。
⑤ 《国民政府十九年及二十年两会计年度财政报告》,"关务",秦孝仪主编:《革命文献》第73辑,第275页。

景泰蓝器、玻璃镜器、砖瓦、香皂等25项值百抽五外,余均为值百抽七点五。并规定,茶、绸缎、茧绸、棉线袜、抽纱品、挑花品、绣花品、花边、衣饰、草帽辫及草帽、发网、发绺、伞、漆器容器及包装用品等30项货品免征出口税。白丝、黄丝、灰丝、宫丝、废丝等,自1932年5月18日起免征出口税,丝绵、丝纱、丝线纯蚕丝制及杂蚕丝制衣服及衣着零件等,自1932年8月11日起免征出口税。①

在关税率进行全面调整的同时,宋子文对一些关税税项和一些关税机构实施裁撤。裁掉的机构是50里内常关,税项是复进口税、内地子口税、常关税及船钞,计达19 454 000元之多。他还说明,此举目的是以求有利于工商。他认为,在国内,税收机关和税率的增加会限制贸易量,从而减少税收,而裁撤不必要的机关,适当降低税率,则会刺激工商贸易,从而最有利于增加税收;并说,这种负相关关系是一条"诚不我欺"的财政规律。② 这种理路,在整个南京国民政府时期是极为罕见的。

1933年5月,《中日关税协定》期满,宋子文在进口税问题上终于摆脱了掣肘,一下子把最高税率提高到80%。出口税维持不变。

据郑友揆的统计,在1933年的进口税则中,非竞争性产品(即中国国内不生产,必须依赖进口的产品)的税准上升不快,而竞争性产品的税准上升较快。其中,进口货为国产货产量10%—11%的竞争性产品税准上涨了6.5;进口货为国产货产量11%—100%的产品,无出口部分,税准上涨了14,有出口部分涨了11.8;进口货为国产货产量100%以上的,无出口部分,税准涨了7,有出口部分涨了1.6。总计竞争性产品的税准涨了6.1。因此,他认为,1933年的进口税则在历次税则中最具保护性,"对当时为世界经济危机及银价上涨所困扰的国民经济,提供了极为需要的帮助"。③

宋子文的关税改革,既是在列强的不断刁难下进行的,又是在国内各种

---

① 中央党部经济计划委员会:《十年来中国之经济建设》,"关税",第10—13页。
② 《国民政府十九年及二十年两会计年度财政报告》,"关务",秦孝仪主编:《革命文献》第73辑,第275页。
③ 郑友揆:《中国的对外贸易和工业发展(1840—1948)》,程麟苏译,上海:上海社会科学院出版社,1984年,第84—85页。

因素的困扰下进行的。

在列强之中,日本对中国的干涉最为持久强烈,这和双方的贸易结构有关。当时欧美诸强向中国出口的多为制成品和工业品,这些产品中国多无生产能力,因而价格非常高,利润丰厚,宋子文提高关税,只使他们失去了一小部分利益。而且二三十年代风起云涌的抵制日货运动,也使欧美占据了许多原为日本所占的市场,这样,欧美诸强对中国的关税改革持比较容忍的态度。而日本输入中国的产品,除纺织品外,多为海产品和日杂工业品,由于生产集约化程度较欧美为低,因而成本较高。多年来,它一直依赖政府补贴和低关税向中国倾销,因而对中国任何提高关税的努力都找出种种借口,加以阻挠,并对新关税采取抵制态度。比如,1931年6月,南满铁路株式会社在烟台购煤,就拒绝按每吨关平银三钱四分的新税率纳税,而坚持以一钱的旧税率纳税。[①]

日本对南京国民政府关税改革最严重的破坏行为,是在九一八事变以后强行攫取了东北各海关。进口税方面,尽管后来国民政府通令原运往东北的货物改在上海、秦皇岛等地纳税,但实际上无人服从,因为伪满洲国对进口货物也要征收关税,在上海、秦皇岛向国民政府纳税无效。出口关税则早为日本籍税务司"代收"。东北各关的沦陷,总计使国民政府损失近四分之一的关税收入。

由于宋子文是国民政府关税改革的主持人,因而一直受到日本方面的攻击。特别是1933年新税则公布后,日本方面认为这是宋子文反日计划的一部分,因而向国民政府施加了巨大的政治压力。[②] 由于蒋汪联合政府急于同日本和解,以便腾出手来从事"安内",加上其他政治原因,宋子文被当作障碍排挤出政府。第二年,关税进口税率就作了对日本极为有利的修改。[③]

[①] 《财政部一九三一年一至六月份工作报告》,财政部档案,二(2)939,中国第二历史档案馆藏。

[②] 帕克斯·M.小科布尔:《江浙财阀与国民政府:1927—1937年》,蔡静仪译,李臻校,天津:南开大学出版社,1987年,第85—90页。

[③] 阿瑟·恩·杨格:《一九二七至一九三七年中国财政经济情况》,第53—54页。

在日本对关税改革横加干涉时,国内的局势也不断给宋子文带来困扰。中原大战期间,阎锡山将原任津海关税务司赶走,而任命诺克斯·辛博森为税务司。这次变动,虽因反蒋联盟的迅速失败而取消,却开了一个先例:因胡汉民被扣,反蒋各派于1931年初在广州另组国民政府,虽经妥协,值百抽五的旧税仍汇解上海,新增关税却被广州方面截取;1933年李济深、陈铭枢等人在福建组织政权,福州、厦门等地的海关也曾被一度割据。① 除割据海关外,劫取海关税款也是各地军政首领的拿手好戏:石友三部路过临淮关时,曾将当地分海关的税款和债券劫走;第十六师戴旅占领长沙时,以"缺乏伙食"提去武陵关税款若干。②

四、关税改革的成效和缺陷

尽管举步维艰,宋子文在1933年以前所进行的一系列关税改革,还是有一定成效的,具体表现在以下几个方面:

(1) 关税收入激增。1927年,南京国民政府大约只得到 45 600 000 元的关税收入,1928年下半年以后,南京国民政府已成为关税主人,但因税率未变,收入总数只有 133 252 000 元,1929年,激增至 243 966 000 元,1930年稳增至 290 199 000 元,1931年,关税收入达到 384 925 000 元的高峰,1932年,因东北沦陷和一·二八事变,关税损失巨大,降为 300 589 000 元,1933年又升至 339 522 000 元。③ 关税收入的迅速增长,使其在南京国民政府财政收入的地位举足轻重,从1927年到1933年,关税占财政总收入的比重分别为22.84%、63.50%、56.65%、56.40%、58.83%、53.90%、51.37%。④

---

① 阿瑟·恩·杨格:《一九二七至一九三七年中国财政经济情况》,第44—45页。
② 《财政部一九三〇年八月工作报告表及十二月份工作报告》,财政部档案,二(2)938,中国第二历史档案馆藏。
③ 《民国十七年至二十年间每年海关税收总数表》,《财政部工作报告》,"关务",秦孝仪主编:《革命文献》第73辑,308页。
④ 杨荫溥:《民国财政史》,北京:中国财政经济出版社,1985年,第47页。

（2）由于改革之前中国的关税税率极低，因此，关税改革的过程就意味着税率的不断上升，这就使得资本主义国家利用低关税向中国大量倾销的政策有所改变。特别是由于提高税率集中于那些中国国内也能生产的产品，该类产品的进口不断减少，对保护国内产业具有重要的意义。据统计，那些国内完全不能生产、必须依赖进口的产品，由1926年占总进口额的18.8%，增加到1933年的33.0%；而国内也能生产的产品，从占总进口量的81.2%下降到67.0%。从总体上讲，中国进口物品总量指数从1926年的100，降到1933年的79.1。[①] 国外产品，特别是竞争性产品输入的减少，在全球经济危机的背景下，有利于国内工商业拓展市场，扩大生产。

（3）中国自"协定关税"以后，与国际市场有联系的工商业就一直饱受欺凌，工商界人士为此不断呼吁实行保护关税政策。南京国民政府建立以后，工商界因国民党自己曾宣言要保护工商，呼吁之声更形迫切：在全国经济会议、全国财政会议、全国工商会议以及其他会议上，实行保护关税、维持贸易之类的提案层出不穷。[②] 在全国一致要求下，国民政府确实对许多产品实行出口免税，其中主要集中在传统手工业品、统税物品和某些新兴产品如水泥上。据统计，到1933年，共有40多项产品享受出口免税优惠。

在出口免税之外，尚有出口退税，这是适用于一些规模较大的手工产业的，像茶叶、刺绣、草帽辫等。当时，财政部规定，刺绣产品及草帽辫，经由他处转口出洋者，于起运时，暂先一律征税，出口后，准由商人于一年内，持复出税单，向征收机关验对，领还所征税款。[③] 茶叶的出口退税则经历了一个发展的过程。开始，茶叶商人先将茶叶送至关栈存放，由所属商会立具保结，如茶叶在一年之内出口，即不用缴税，如一年内不能出口者，则需由立具人交纳关

[①] 郑友揆：《中国的对外贸易和工业发展(1840—1948)》，第77、82页。
[②] 全国财政会议秘书处编：《全国财政会议汇编》，沈云龙主编：《近代中国史料丛刊三编》总第288辑，台北：文海出版社，1987年；实业部总务司、商业司编：《全国工商会议汇编》，沈云龙主编：《近代中国史料丛刊三编》第20辑，台北：文海出版社，1966年。
[③] 《财政部一九三〇年八月工作报告表及十二月份工作报告》，财政部档案，二(2)938，中国第二历史档案馆藏。

税。后来,因中国茶叶出口贸易不振,很多茶叶不能及时出口,海关找商人纳税,又无具体的负责人,互相推诿,多年积欠,因此,财政部在1931年1月规定,所有1929年以前积欠的茶税,一律豁免,并将保结取消,改用押税办法,即出洋茶叶先缴关税作为抵押,如茶叶在一年内确已在外洋销售者,海关将押税发还,未在规定期限内外销者,即在正税归账。实行以后,上海茶叶商人认为不方便,随即由上海茶业商会共集现银5万两,存入中央银行,凡逾期未出口的茶叶应缴税款,在此存款内结账拨付,财政部认为此法公私两便,遂下令在全国推广。① 出口免税和退税具有明显的保护关税性质,对脆弱的工商业的发展,具有一定的保护意义。

当然,南京国民政府的关税改革,因各种原因,在取得一些成效的同时,还留有许多缺陷:

(1) 尽管宋子文采取了一系列的措施以提高海关的"国产化"率,但进展缓慢。到1937年,各口岸的税务司也只有三分之一是中国人。② 因此可以推断,在1933年以前,这个比例更低。众多的外国税务人员,消耗了大量的关税收入,其中,总税务司月薪4 000两、税务司月薪700—1 500两、副税务司月薪550—650两,1933年时,这些外国职员的年薪总计达2 000万两之巨,③相当于同年南京国民政府印花税收的四倍多。这些外国税务人员,不光耗费了政府巨额收入,而且由于掌管着海关的各种资料,因而有可能在各自国家利益的驱使下,运用各种手段,影响中国政府关于关税政策的决策。这些都妨碍了中国关税的"真正独立自主"④。

(2) 关税自主以后,名义上税则对国货、洋货是平等的,实际上却存在着歧视国货的情况。荣宗敬等人揭露说:洋货过海关时,仅需交正税一道,而国货则要交一道半;洋货交纳正税以后,可以获得一张通行证,而国货只有交半

---

① 《财政部一九三一年一至六月份工作报告》,财政部档案,二(2)939,中国第二历史档案馆藏。
② 阿瑟·恩·杨格:《一九二七至一九三七年中国财政经济情况》,第41页。
③ 华民:《中国海关之实际状况》,上海:神州国光社,1933年,第147页。
④ 张宪文:《中华民国史纲》,郑州:河南人民出版社,1985年,第350页。

税才可发一张通行证；洋货凭通行证可领存票，有效期二年，国货的通行证有效期只有一年；洋货领得通行证后，三年后即可享受无限期的免税，国货一年之后，就要交正税、半税各一道；洋货进口后，可以随便拆包，运往别处销售，而国货不得拆包，如果包上记号剥落，就要重新纳税。①

(3) 国民政府虽然规定了很多产品的出口退税、免税办法，但仍有不少关系贫苦人民生活的产品其关税仍未得到保护。1931年，宁波草帽业同业公会以编织的原料进口税太高，要求免税。财政部也认识到"金丝草、玻璃草、麻草、纸草等，俱系草帽原料，进口后由国内妇女纺织成帽，再行运销外洋，关系人民生计，诚非浅鲜，为提倡家庭工业、推广国外贸易起见，对于此种草帽原料进口征税，自不宜过重"，但仍对上述四种原料分别征以10%、12.5%、5%、15%的进口税。② 又如棉饼，一向出口欧美作肥料，世界经济危机后，价格惨跌，商人们要求免征出口税，以示维持，但财政部以棉饼出口税仅为2%，商人负担根本不重为由，断然拒绝。③ 再如麸皮，多年来出口日本作饲料，但1932年以后，出口锐减，上海麸皮业同业公会认为值此百业凋敝之际，应免出口税，以振外贸，财政部却答复说："此次修改进口税则，已将进口洋粉厘订税率，对于国内粉业予以种种维护，所谓豁免出口税一节，碍难照准。"④面对财政部对国内产业的冷漠态度，当时的学者不禁慨叹，中国产业"末日的丧钟已在紧鸣了！"⑤

(4) 在关税中，常关税及其他一些税项在裁厘之后相继被撤，这是一个为时论所称道的措施，但转口税和其他一些关税附税仍然被保留下来。所谓转口税，是指从一个通商口岸（或经过）到另一个通商口岸时缴纳的关税，因此，

---

① 《海关歧视国货请予救济以维工商业案》，《全国工商会议汇编》（上）二编，第279页。
② 《财政部一九三一年一至六月份工作报告》，财政部档案，二(2)939，中国第二历史档案馆藏。
③ 《财政部一九三三年十一月份工作报告》，财政部档案，三(2)2351，中国第二历史档案馆藏。
④ 《财政部一九三三年七至十二月份工作报告》，财政部档案，二(2)944，中国第二历史档案馆藏。
⑤ 金轮海：《中国农村经济研究》，上海：中华书局，1937年，第78页。

它实际上是一种变相的厘金。历次关税改革未能果断地将其废除,1933年,该项收入达18 003 000元。① 海关附税项目颇多,比较常见的有码头捐、堤工捐、修桥捐等,江淮大水灾后,还有救灾附加税。1933年,这些海关附税收入达28 262 000元。② 按这些附加税的字面意思,都是用于无可非议的正当目的。码头捐,系指用来维修码头、船码、货栈,其税率在1931年后,按1931年税则征2%;堤工捐,是指用来维修江河湖泊及海岸的堤坝,税率按码头捐的10倍征收。③ 可是,1931年江淮大水灾后,南京国民政府既未动用这些钱修筑堤坝,又未救济流民,据说已挪作他种"急用"。④ 至于救灾附加税,名义上用作1931年救灾公债的偿还基金,实际上却用作"剿共"军费。⑤ 转口税和海关附税的存在,成为国内贸易和经济发展的障碍,是关税改革不彻底的标志。*

---

① 《财政部工作报告》,"关务",秦孝仪主编:《革命文献》第73辑,第309页。
② 《财政部工作报告》,"关务",秦孝仪主编:《革命文献》第73辑,第309页。
③ 宋子文:《咨湖南省政府(关字第九一五五号)》,《财政公报》第66期,第82页。
④ 王方中:《1931年江淮大水灾及其后果》,《近代史研究》1990年第1期。
⑤ 见杨荫溥《民国财政史》关于国民政府债券的论述。
* 原文发表于《近代史研究》1993年第2期。

南京国民政府时期的印花税述评
（1927—1937）

中国本无印花税,清光绪二十二年(1896),御史陈璧首倡设印花税以应付赔款。1912年初,南京临时政府制订《印花税法》,次年,北京政府财政部通知全国施行此法。但由于时局多变,北洋政府时期,《印花税法》没有得到很好的实施。[①]

南京国民政府定都以后,经历了1925年到1927年大规模内战的中国,没有一个统一的印花税制度,"各省自为风气,无一定税法,参伍错综,莫可究诘"[②]。

印花税是南京国民政府税收系统中一个不大的税种,其推广和管理,反映了南京国民政府施政的局部细微状态。

一、印花税沿革

1927年8月4日,国民党中央政治会议第119次会议通过了财政部提出的印花税方案,定名为《国民政府财政部印花税暂行条例》,当年11月21日颁行各省。

[①] 贾士毅:《民国财政史》(上)二编,上海:商务印书馆,1934年,第223—232页;贾士毅:《民国续财政史》(二),上海:商务印务馆,1932年至1934年,第551—556页。

[②] 贾士毅:《民国续财政史》(二),第559页。

根据《条例》,印花税课税对象共有四类:第一类是完全类同北洋政府印花税法的15种契据;第二类是提货单等14种权利凭据;第三类是各种人事凭证和营业执照45种;第四类是洋酒、奥加可(火酒)、汽水和爆竹。根据这一《条例》,国家所用的契约簿据及其他凭证不用贴花;印花票按面值分五种颜色;不贴花,贴花不盖章画押、揭下再贴,均处以10元以上、100元以下之罚金,"贴不足"处5元以上、50元以下之罚金;伪造印花等同伪造纸币。①

对比之下,除第四类印花税课税对象外,南京国民政府的新税法与北洋时期的印花税法,并没有大的区别。②另据国民党中央党部1937年编印的《十年来之中国经济建设》:"惟洋酒、奥加可两种,旋划归烟酒机关征收,爆竹印花税除广东外,余均缓办,其遗留者,仅汽水一项。"③可见,新增的征税对象也有限。

在颁布上项《条例》的同时,国民政府以化妆品日益泛滥,败坏风气,糜费金钱,制定颁布了《化妆品印花特税暂行章程》。章程规定,所有香水、香皂、雪花膏、牙膏、爽身粉、发蜡等修饰口、牙、头发、皮肤的化妆品均须贴印花于容器之上,价值3角以下、5分以上者贴1分,5角以下、3角以上贴2分,5角以上、1元以下者贴5分,1元以上、3元以下者按10%贴花,3元至5元者按价值15%贴花,5元以上者按20%贴花。④

财政部以"国人竞事浮华",便创立化妆品特种印花税,"以示寓禁于征之意",但将牙膏、肥皂等日用品列入征税对象,未免矫枉过正,损害日用品工业。而且,当时西方列强不同意国民政府对进口化妆品课以印花税。所以,在各地化妆品同业公会的请求下,财政部于1929年7月明令各省印花税局

---

① 贾士毅:《民国续财政史》(二),第560—568页。
② 贾士毅:《民国财政史》(上)二编,第226—232页。
③ 孔祥熙:《十年来之中国财政建设》,《税务·印花税》,中央党部国民经济计划委员会:《十年来之中国经济建设》,1937年,第14—15页。
④ 贾士毅:《民国续财政史》(二),第568—569页。

停征。①

对货物征收印花税的规定,使国民政府的印花税不同于当时西方各国所征的印花税:后者只对各种契约、簿据、人事和财产证书征收,是一种行为税,而不是货物税。而且,当时国民政府正在统税中推广贴花完税办法。所以,各界日益要求将行为印花和货物印花加以厘清。

1934年12月8日,国民政府公布了新的《印花税法》,规定:除依法免征的官署自用簿据,个人或家庭所用账簿,教育、文化慈善机关、合作社账簿,各种车、船、航空票等11种凭证不用完纳印花税外,所有国内外凭证均须完税,应完税之凭证包括发货票、账单、保险单、学校毕业证书、旅行护照等35种;印花税各依规定由立据者或领受者完纳,一般说来,由领受人纳税的为赋予领受人某种权利或证明其资格的凭证;印花票由财政部统一制定,知行全国,使用者应于税票与原件纸面骑缝处加盖图章或画押;应纳税之凭证,由财政部指定的主管机关依法检查。②

这份1935年9月1日正式施行的《印花税法》,不仅明确地厘定了印花税只对凭证征收,从而界定了它的行为税性质,而且彻底抛弃了民元以来沿用已久的陈旧分类办法;不仅扩大了免税凭证的范围,将其由官方扩展至民间,而且将原定高达数百倍的罚金和将伪造印花等同伪造纸币的苛刻规定改为应纳税额10倍以上、30倍以下的罚金,使人民不致因一时的疏忽而倾家荡产、身陷囹圄,显示了立法观念一定程度上的良性演进。

二、印花税机构和人员的整合

南京国民政府建立之初,财政部设印花税处,各省设印花税局,其时,各

---

① 孔祥熙:《十年来之中国财政建设》,《税务·印花税》,中央党部国民经济计划委员会:《十年来之中国经济建设》,1937年,第15页。
② 《印花税法》,《财政公报》第89期,第3—9页。

局按预算收入额分为十等。① 后来,根据1929年8月制定的《财政部直辖各省印花税局组织章程》,各局又按比额(收入数)分为七等;各省局长承财政部之命并受印花税处监督指挥,掌握全省印花税一切事宜。②

关于印花税人员,财政部曾在创始之初规定:"征收人员,责成各省局长训练。"③但时间仓促,人力物力有限,大多数经征还是过去遗留下来的,经征人员的情形漫无稽考。1930年1月27日,财政部通令各省印花税局:以后每6个月须将分局长是否得人、劝检是否尽力、有无营私舞弊等情况呈报一次,每个月将分局长姓名籍贯、到差年月、办理情形、税收盈蚀等情况,按部颁表式汇报一次。④ 不久,财政部颁布了在整个南京国民政府的税收体系中罕见独特的《征收印花税考成条例》。

1930年3月,根据《考成条例》,财政部公布了对各省局长的奖惩措施:热河局长宋鸿钧盈收三成以上,山东局长赵传祺盈收二成以上,传令嘉奖;广东局长沈载和盈收一成以上,记大功一次;安徽局长毕先筹短收三成以上,依例应免职,考虑到受军事影响,记大过一次;察哈尔局长唐润之短收一成以上,准予减等记过一次;福建局长杨裕聪短收不及一成,记过一次;河北局长陈绍箕、浙江局长郑志道、湖南林舜藩短收不及一成,据呈报特殊情形准免予置议。⑤ 财政部言而有信,对各省局长果真采取行动,当然产生了很大的震动,但显然未能一视同仁。虽然从轻处罚的各短收局长都有战事、中外交涉等客观原因,但这样毕竟削弱了法令的严肃性,难免令被按例处罚的其他各短收局长不服。为了表示从头开始、决不徇情的决心,财政部在1930年10月将《征收印花考成条例》17条修正为《征收印花税考成章程》18条。

---

① 《财政部一九二八年七月至一九二九年二月工作报告》,财政部档案,二(2)937,中国第二历史档案馆藏。
② 《财政部所属机关组织规章》,财政部档案,二(2)929,中国第二历史档案馆藏。
③ 《财政部一九二八年七月至一九二九年二月工作报告》,财政部档案,二(2)937,中国第二历史档案馆藏。
④ 《财政政〔部〕训令(令各省印花税局)》,《财政公报》第30期,第16页。
⑤ 《财政部训令(令字第一六四〇号)》,《财政公报》第32期,第47—48页。

修正后的《章程》规定：考成分季比和年比两种，季比在每季终了后15日举行，年比在每年度终了后30日举行。各省局长在季比时，盈收一成以上者，记功一次，盈收二成以上者，记功二次，盈收三成以上者，记大功一次，盈收四成以上者，传令嘉奖；在年比时，盈收不及一成者，记功一次，盈收一成以上者，记功二次，盈收二成以上者，记大功一次，盈收三成以上者，传令嘉奖，盈收四成以上者，除嘉奖外，"得酌调繁要差缺"。在季比时，短收一成以上者，记过一次，短收二成以上者，记过二次，短收三成以上者，记大过一次，短收四成以上者，罚俸；在年比时，短收不及一成者，记过一次，短收一成以上者，记过二次，短收二成以上者，记大过一次，短收三成以上者，罚俸，短收四成以上者，罚俸或免职。①

《考成章程》颁布以后，直至全面抗战爆发，笔者未看到按《章程》奖惩的实例资料。考其原因，1931年7月，财政部调整组织，将印花税处和烟酒税处合并，各省局也合并成印花烟酒税局。② 这时，南京国民政府已经制定《公务员任用条例》《公务员奖惩条例》，印花税人员作为公务员的一部分，与其他部门的公务员适用同样的法令。

三、印花税收入问题

1928年7月，经全国财政会议通过而成为南京国民政府法规的《划分国家收入地方收入标准案》规定，印花税归为中央政府收入。③

但是，财政部所属印花税机构的力量，和作为国民政府税收中坚的关、盐、统三税的税务机构相比，则不可同日而语，不能满足实际的需要。所以，《财政部直辖各省印花烟酒税局组织章程》规定："各省地方官厅，对于印花烟

---

① 《财政部令（参字第四三七一号）》《财政公报》第39期，第1—3页。
② 《财政部一九三一年一至六月份工作报告》，财政部档案，二(2)939，中国第二历史档案馆藏。
③ 《全国财政会议汇编》，"审查报告一"，沈云龙主编：《近代中国史料丛刊三编》总第288辑，台北：文海出版社，1987年，第21—23页。

酒税事务有协助进行之责。各省局长得随时发布命令,咨行地方官厅或督饬县长协助办理之。"①

地方既有协助之"义务",当然得有相当的好处,烟酒牌照税很快就有一部分作为补助发给地方政府。② 而印花税也终于在第二次财政会议上确定划归地方作为抵补。根据这次财政会议的决议,1934年5月,财政部公布了印花税收入的分配方案:一成归省或直隶市,三成归县,二成归边远贫瘠省份。③

1934年11月,财政部的一份档案写道:"查粤、桂、滇、黔等十三省印花税收入,历系就地留用,第二次全国财政会议议决以印花归邮局发售,各省税款收入,以四成拨补省县地方,另以二成拨补边远贫瘠省份。……经本部通盘筹划,自本年十一月起,所有就地留用省份邮局代售印花税票,除开支经费外,尽数拨交各省应用。其因省县废除苛捐杂税,须在本省印花税款内提成拨补时,由各该省统筹支配。"④根据上述规定,地方政府实际上可以把全部印花税收入收归己有,因为,就地留用省份已不必说,而其他各省,按第二次财政会议决议,裁废苛捐杂税的规模是很大的:

据1934年7月5日孔祥熙致行政院的《各省市执行财政会议决议案之报告》,第一期行动中,江苏裁42种10万余元,湖北裁27种28万余元,浙江裁280余种14万余元,河南全部要裁掉,山东青岛亦如此。⑤ 同年8月13日,孔再次报告说,山东裁掉14万余元,福建裁掉21万余元,河北共裁掉115万余元,河南裁掉95万余元,宁夏裁70余万元,甘肃裁29万余元,察哈尔裁30万

---

① 《财政部一九三一年一至六月份工作报告》,财政部档案,二(2)939,中国第二历史档案馆藏。

② 《财政部一九三四年一月份工作报告》,财政部档案,三(2)2364,中国第二历史档案馆藏,并见《财政公报》第76期,第122—123页。

③ 《代电各省印花烟酒税局、印花税局(税字第八三八号)》,《财政公报》第76期,第137页。

④ 《财政部一九三四年十一月份工作报告》,财政部档案,三(2)2382,中国第二历史档案馆藏。

⑤ 《各省市执行财政会议决议案之报告》《财政公报》第78期,第68—69页。

余元,江苏裁9万余元。① 此后,1934年9月和10月,孔祥熙又两次报告地方裁废苛捐杂税数目,9月的数目在1 000万元以上,10月又在500万元以上。② 如此一来,印花税总收入再提高2倍也不够抵补。

有鉴于此,1936年6月财政部决定将补助省县财政的印花税收入分别固定为一成和三成,并对补助县财政的办法作出新的规定:"各该省邮政管理局按月将实收印花税款数目,分报各该省政府,按税款全额之三成数目,考察所属各县裁废苛捐杂税情形,酌定支配各县数目,会商各该县捐税监理委员会同意后,开列清单,迳送各该省邮局,照单开数目,令饬各县邮局直接拨付各该县政府,取具县政府印收,报部查验。"③

印花税收入虽然有相当部分已划归地方,但在名义上,它仍是中央税,1935年7月公布的《财政收支系统法》就是如此规定的。④

关于印花税收入数额,贾德怀提供的民国十七年度至二十六年度的概算(预算核定前叫概算)数字分别为：12 751 000元、10 119 069元、11 723 220元、15 623 634元、15 896 912元、12 939 853元、12 884 286元、12 000 000元、11 300 000元、11 300 000元。⑤ 1935年10月,财政部会计司提供的是民国十八年度至二十四年度的预算数字,分别为9 647 800元、10 288 520元、48 856 337元(包括烟酒税)、15 896 912元、1 293 985元、12 884 286元、12 000 000元。⑥ 民国二十五年度预算数字不详,二十六年度预算数字为11 300 000元。⑦

---

① 《呈中央执行委员会政治会议呈送本部二十二年一月份工作报告》,《财政公报》第78期,第71—76页。
② 《呈中央执行委员会政治会议呈送本部二十二年一月份工作报告》,《财政公报》第80期,第117—123页;第81期,110—117页。
③ 《财政部一九三六年六月工作报告》,财政部档案,三(2)2392,中国第二历史档案馆藏。
④ 《财政部一九三五年五月工作报告》,财政部档案,三(2)2375,中国第二历史档案馆藏。
⑤ 贾德怀:《民国财政简史》,上海:商务印书馆,1940年,第164页。
⑥ 《国民党中央政治会议核定各项预算有关文书》,财政部档案,三(2)803(2),中国第二历史档案馆藏。
⑦ 《执行各年度预算》,财政部档案,三(2)2214,中国第二历史档案馆藏。

然而,不管是预算还是概算,都是事前的估计数字,各征收机关为取悦上级,在预估时多有水分。杨格提供的民国十七年度到二十五年度的实收数字为 3 000 000 元、5 000 000 元、8 000 000 元、7 000 000 元、10 000 000 元、9 000 000元。① 这一数字与财政部的《中央收支报告》中提供的数字是非常契合的。②

值得注意的是,印花税实收数的提高并不是税率整体大幅度提高的结果。笔者对照《印花税暂行条例》(1927 年 8 月)和《印花税法》(1934 年 12 月)所附的税率表发现:股票,均是每一百元贴二分;婚书,均是贴四角;旅行护照,均贴二元;银钱收据,均是三元至十元者贴一分,十元以上者贴二分;保险单,原来是四元以上贴二角,后来只贴二分。当然也有提高的,像发货票,原来不问金额大小,一律贴一分,后来改为三元至十元者贴一分,十元至百元者贴二分,百元以上者贴三分,但这种情况并不多见。③

四、印花税的统一和推广

所谓印花税的统一,是指用部制新式印花代替原先各种旧式印花的过程;所谓印花税的推广,包括废除包销制,使商民习用、实贴和租界推行贴花等方面。统一和推广是相辅相成的。

早在 1928 年 7 月召开的全国财政会议上,关于印花税就议决两条:"(甲)推行程序,第一步在宣传劝导,第二步在实行检查,使人民养成实贴的习惯;(乙)各省单行税则及自制印花税票实行废止,由部颁发新票。"④

在国民党第三届中央执行委员会第三次全体会议上,宋子文在《国民政

---

① 阿瑟·恩·杨格:《一九二七至一九三七年中国财政经济情况》,第 484 页。
② 秦孝仪主编:《革命文献》第 73 辑《抗战前国家建设史料——财政方面》,台北:中国国民党中央委员会党史委员会编印,1977 年,第 226、245、272、301、402、445 页。
③ 贾士毅:《民国续财政史》(二),第 560—564 页;《印花税法》,《财政公报》第 89 期,第 5—9 页。
④ 《财政部一九二八年七月至一九二九年二月工作报告》,财政部档案,二(2)937,中国第二历史档案馆藏。

府十七年度财政报告》中提出,印花税事务有三项原则:"(一)此项税款不论现在是否归入国库,应全国一律领用部制印花;(二)取消商人包销,一律实行粘贴;(三)租界一律征贴印花税。"①全都是关于印花税的统一和推广的。

从实际的操作过程看,上述原则得到了一定程度的贯彻。

1929年6月,财政部批复湖北全省商会联合会,指出原武汉财政委员会自制的印花"紊乱财政,已属非法",不可再用,必须"一律换成部制印花"。②

1930年2月,财政部训令福建印花税局局长杨裕德,令其将伪花彻底铲除,并将名为实贴、暗为包销的做法予以杜绝。③

1930年9月,安徽全省商会联合会向财政部呈报安庆一带的印花包销情况:"承办者咸以厘金为比例,大包小包,分途鱼肉,稽查凶若虎狼,罚款务求其极,民怨沸腾,呼吁声嘶。及奉部令,严禁包销,注重实贴,然各地仍用分业包销办法。如某一业每月包销印花若干,或一公司、行号、酒馆、游艺场所每月包销印花若干,并不实给税票。商民图其可免检查骚扰,则款归承办者私囊,遇有不愿包销商号,则密派稽查,任意骚扰,痛苦达于极点。"财政部立即训令安徽省印花税局,要求彻查严办。④

另据档案显示,1927年,财政部已成功地使上海公共租界贴用印花,天津租界、法租界屡经交涉,亦于1928年同意领取印花。财政部立即"派员携带印花会同租界巡警,于华人商铺择要散发"。⑤

正因为如此,宋子文在国民政府《十八年度财政报告书》中自得地宣称:"本年度内印花税务大进步。为推行租界印花,以前在租借地营业之吾国商民恒规避贴花,迭经与租界当局积极交涉后,已次第就范,今上海租界及法租界已先后设立驻沪办事处,以处理一应印花税事宜,税源既宣导,收入亦激增。包商制(每年由各团体认购定额印花)曾于十七年度通令废止,本年度更

---

① 《国民政府十七年度财政报告》,《中央周报》第93期。
② 《财政部指令(第一二五五三号)》,《财政公报》第23期,第50页。
③ 《财政部训令(印字第一五八九四号)》,《财政公报》第31期,第10—11页。
④ 《财政部训令(印字第二二一八二号)》,《财政公报》第38期,第40页。
⑤ 《财政部一九二八年七月至一九二九年二月工作报告》,财政部档案,二(2)937,中国第二历史档案馆藏。

继续是项工作,并厉行宣传实贴,结果成绩甚为圆满,十八年终,包商制度已完全禁绝。印花税票统一事宜,本年度亦有显著之进步,部制新票,今已全国遵领贴用。"①

1927—1937年的十年中,南京国民政府的印花税作了一定的改革,但对其效果宋子文是过分夸张了。孔祥熙在《十年来之中国财政建设》(1937年)中说:"……天津租界于十七年,上海公共租界于十八年,法租界于十九年,先后推行。"②这和前引档案的说法是有区别的。又据另一份档案显示:法租界警务处直到1936年度(民国二十五年度)尚未同意租界实贴印花,财政部表示"拟使其就范"。③ 这可能是指不同时期的反复。《十年来之中国财政建设》中更明确地说:"……无如历年经征机关,多未能注重实贴,并有狃于从前积习,由商民认额包销……"④又据民国二十三年度《财政部工作报告》(成于1935年10月)中讲:"印花税自上年十一月换制新票,改归邮局代销以后,从前派销病商之弊,已经杜绝。"⑤反过来说,在改归邮局售花之前,包销仍然是存在的。再据民国二十四年度、二十五年度上半年《财政部工作报告》(成于1937年2月15日)中写道:"印花税向系设局办理,经费过微,每多包办,积弊重重,收数日绌。"⑥这至少说明在设局办理期间,包销是存在的。

1934年5月,第二次全国财政会议在南京召开,会议的主旨是要求地方政府裁减苛捐杂税,"永不增田赋附加"。会议决定,从下半年开始,将原归中央的印花税和烟酒牌照税作为抵补地方裁税的准备。⑦ 根据此项决议,1934年5月,国民政府决定,印花税自1934年度(民国二十五年度)开始,改归邮局售花,委托地方政府检查。⑧

---

① 宋子文:《十八年度财政报告书》,《中央周报》第146期。
② 孔祥熙:《十年来之中国财政建设》,第15页。
③ 《本部二十五年度行政计划》,财政部档案,三(2)2324,中国第二历史档案馆藏。
④ 孔祥熙:《十年来之中国财政建设》,第15页。
⑤ 《财政部工作报告》,"税务",秦孝仪主编:《革命文献》第73辑,第419页。
⑥ 《财政部工作报告》,"税务",秦孝仪主编:《革命文献》第73辑,第419页。
⑦ 《第二次全国财政会议开会词》《第二次全国财政会议宣言》,《财政公报》第75期,第115—118、145—149页。
⑧ 《代电各省印花烟酒局、印花税局(税字第八三八号)》,《财政公报》第76期,第137页。

但是，1934年度从当年7月1日就开始，时间仓促，财政部无法按预定期限执行。直到1934年10月，财政部才发布文告说："乃近年来商民遵章实贴者，固不乏人，第狃于恶习，乐于认额包销，并不注重实贴者，数见不鲜。而经征机关，又复希图省事，徇情放任，未予严格取缔，以致商民手中，应贴未贴之印花，时有积存。影响所及，不独国家税收，日见短缩，且在商民方面，每遇严厉检查，亦往往因违例漏贴，自干咎戾。似此上下交困，自宜急图补救。"布告明白宣布，自1934年11月1日起，用新印的"宝塔"印花票取代"图旗地图"旧印花票，由各邮局发售，所有旧票须在10月底之前用完。①

除了上述措施外，国民政府还决定：由各县政府负责检查，各地税务机关加以抽查，另由财政部选派委员分省督查售票与稽查任务。② 希图从各方面使新印花税推广下去。

然而，长期的包销制度，使得商民手中积存了大量的旧印花税票，虽然财政部一再延长旧票的使用时间，商民仍无法按期用完，这就使得新票的推广遇到很大的阻力。几经周折，1935年10月，财政部决定商民可用旧票调换新票：1万元以内者，1个月内调换；2万元以内者，2个月内调换；4万以内者，分3个月平均调换；6万元以内者，分4个月调换；10万元以内者，分5个月调换；10万元以上者，分6个月调换。③ 这就使商民免除了不合理的负担，有利于调动他们与新税制合作。

邮局售花办法的实行，方便了商民随时购花实贴。而印花税收入划归地方，则调动了地方政府加强管理的"积极性"。所以，印花税务在1937年7月之前的两年多时间内开展得比较顺利，财政部公报和档案均未提供相反的资料。《十年来之重要财政设施》说："积习既除，商民咸知实贴，税务进行，亦已日起有功。"④

南京国民政府在印花税的统一和推广过程中，也曾受到商人的抵制。如

---

① 《全国财政会议案实施报告》，财政部档案，三(2)868，中国第二历史档案馆藏；《咨交通部(税字第一○三五七号)》，《财政公报》第82期，第82页。
② 《十年来之重要财政设施》，《中央周报》第468期。
③ 《财政部一九三五年七月工作报告》，财政部档案，三(2)2372，中国第二历史档案馆藏。
④ 《十年来之重要财政设施》，《中央周报》第468期。

1930年4月，第二十八军军长邓锡侯表示服从中央，命令川西各县领用财政部制"国旗地图"印花20万元，宋子文对此十分高兴，表示将尽快将新印花票运到。①但消息传出后，成都全体商人却组织了全城罢市，表示不能接受。这时，四川省主席刘文辉出面召集商界代表和邓锡侯的代表开会，以示调解之意。不久，邓锡侯向报界表示暂缓领用部制印花，而商人则举行了一次大会。会上决议："我川苛捐杂税有加无已，迭经国府明令裁撤，毫未实现，此项印花国税应俟川政入轨，将苛捐杂税完全裁撤后，再由国府财政部查酌情形，设官办理。"②从这件事的过程看，出于"苛捐杂税有加无已"，印花税受到四川商民的抵制。

南京国民政府的印花税和其他税收一样，其最终用途是非建设性的。档案显示，国民政府民国十八年度至二十四年度，税收预算分别为483 367 305元、582 344 699元、694 701 278元、662 429 427元、730 540 909元、685 650 931元，而同时期军费支出预算分别为256 322 792元、303 973 769元、296 569 439元、335 110 161元、426 400 000元、332 990 910元、321 000 000元。另外，上述各年度的债务偿还费预算分别为206 789 572元、277 925 063元、343 404 644元、223 961 247元、283 601 427元、257 530 231元、274 803 279元。③两项相加，差不多要占全部税政收入的80%。

南京国民政府的军费支出主要是为了打内战，债务偿还费支出的目的主要是维持对国内外债权人的债信，以便发行新债，为军事活动筹措更多的经费。④这就使得南京政府创制、改良印花税的意义被抵消了。*

---

① 《电成都邓军长(印字第一〇四三四号)》，《财政公报》第33期，第76页。
② 《咨四川省政府(印字第一三四八三号)》，《财政公报》第36期，第123—129页。
③ 《国民党中央政治会议核定各项预算有关文书》，财政部档案，三(2)803，中国第二历史档案馆藏。
④ 《字林西报》1952年6月12日，引自阿瑟·恩·杨格：《一九二七至一九三七年中国财政经济情况》第82—83页，小科布尔：《江浙财阀与国民政府》，第57页。
* 原文发表于《苏州大学学报》1998年第2期。

南京国民政府中央财政预算述论
（1927—1933）

预算，简单地说，就是一个政府对其收入和支出进行有约束力的管理的形式。近代意义上的预算是随着资本主义制度的确立而逐渐完善起来的，它具有以下四个方面的基本职能：(1) 财政职能，预算首先是国家的基本财政计划，其收支项目和数目反映了政府活动的范围、方向等；(2) 政治职能，近代欧美各国的国家预算基本上都是在建立了资产阶级的立宪政治体制后形成的，预算是立法机构控制政府行为的强有力的工具；(3) 法律职能，即为了保证政府预算财政和政治职能的实现，政府预算必须具有一定的法律形式，并由一定的制度加以保证，使其具有法律约束力；(4) 经济职能，即政府预算就是国家的基本财政计划，它同时是政府稳定发展经济的一个强有力的经济杠杆。[1]由于具有上述四大职能，有无预算、预算系统和程序的健全程度、预算的政策取向就成了衡量一个政府的重要标志。考察南京国民政府初期的预算，将为我们提供一个评价其施政的新视角。

一、南京国民政府确立预算的艰难历程

自1926年北伐开始到1928年北伐结束，其间战争不断。尽管国民政府

---

[1] 李海波总编，高寿昌主编：《财政与金融》，北京：光明日报出版社，1989年，第164页。

颁布了《预算委员会暂行条例》,规定"在军事时期,关于军事开支,得先具备概算书送请核定,再行补送预算书"①,并且颁布了《审计院组织法》,规定其有"监督预算之执行、审核国家岁出入之决算"的权力②,但上述法规均未实施,南京国民政府财政的中心工作是无条件地筹措军费,无暇建立预算。

北伐结束以后,国民政府财政部部长宋子文认为,应该确立预算,"以植财政基础,而利民生"。他说:"预算为岁计标准,酌剂全局,贯彻政纲,胥在于是。"③在国民党二届五中全会上,他又提出,统一财政和确定预算是中心工作,"其他皆属枝节问题",应该立即组织强有力的预算委员会,将所有国家收入完全归其支配,同时,他对预算程序作了粗勒的规划:各项预算既已确定,则收入上之有无侵蚀,支出上有无浮滥,应由审计院严密考核。至于财政部所管理之国家收入,应该全部报告预算委员会,并存入国库。收入如有不足,则由预算委员会按成数平均支出,如果必须追加预算,应该由预算委员会核准。非经预算委员会核准不能支付,非经审计院核准不能支销。他还强调,各机关应该将收支各款限期造具表式报告财政部,逐日公布。宋子文认为,各国的预算制度,一般要经过立法、司法、行政三道程序,国民政府现处于训政时期,以党治国,在立法院尚未成立之前,暂时由国民政府组织预算委员会,代替立法机构,以建立一个初步的预算,这是整理财政的关键。④

其时的国民党,尚维持着统一团结的局面,大会通过了宋子文的建议案。1928年8月28日,国民政府公布《预算委员会条例》,规定:"一切关于中央收入支出之预算,应由收入及支出机关依法编造预算,移送财政部为初步审查;财政部审查完毕,应附具意见,将各该项预算送预算委员会核定,或酌量编入总预算内,移送预算委员会核定。属于地方机关请求中央补助者,其预算须

---

① 《预算委员会暂行条例》,罗家伦主编:《革命文献》第22辑《国民政府成立前后之政治建制史料》,台北:中国国民党中央委员会党史史料编纂委员会编印,1960年,第182—183页。
② 《国民政府审计院组织法》,罗家伦主编:《革命文献》第22辑,第229—231页。
③ 《审查报告一》,《全国财政会议汇编》,第16—17页。
④ 《财政部向三全大会提出之政治报告》,财政部档案,二(2)936,中国第二历史档案馆藏。

经提出预算委员会审查,方得核准补助。"①第二天,国民政府特任谭延闿、蒋介石、冯玉祥、阎锡山、李宗仁、何应钦、李济深等13人为预算委员会委员。

尽管颁布了《条例》,但它只是大致地提出编制预算的原则性步骤,而编制一部正规的预算需要进行以下几方面的准备工作:对本年度的执行情况进行预计和分析;拟定下一年度预算收支控制指标;颁发编制国家预算指标和具体规定;修订预算科目和预算表格。②这些准备工作由于种种原因和变故不能一时完成;特别重要的是,在北伐的过程中,各派建立了巨大的武力,他们所耗费的巨额军费成为确立预算的拦路虎。宋子文表示:"军费一日不能确定,则精确之预算即一日未能成立。"③

1929年1月1日,蒋、冯、阎、桂等各派系在南京召开编遣会议。宋子文在大会上提出"确定军费总额实行统一财政办法案",建议将军费限制在1.92亿元是确立预算的最低条件,得到与会将领的一致同意。④ 燃起希望的他,立即呈请国民政府通电全国各地机关转饬所属,凡下级机关的预算,应于1929年2月15日以前编造完竣,送达财政部,由财政部执行初步审查。⑤ 但是,编遣会议没有解决各派的矛盾,各派在应保留军队数量上产生了根本性的冲突,结果不欢而散。不久,相继爆发了蒋桂、蒋冯等多次大规模混战,各机关因时局多变,未能及时编送主管机关汇总,这次预算努力又归于失败。

混战的结果,是蒋介石连续获胜,国民政府再现"统一"的迹象,这给了宋子文很大的鼓舞。同时,他认为1929年不成功的预算已为各级机关提供了不少经验。所以,他再次要求确立预算。1930年2月26日,国民政府颁布了《民国十九年度试办预算章程》,对预算的编制程序、预算的执行、预算的科目表式作了详细的规定,共4章51条。⑥ 这一法规的颁布是宋子文的一大胜

---

① 《预算委员会条例》,罗家伦主编:《革命文献》第22辑,296—298页。
② 李海波总编,高寿昌主编:《财政与金融》,第176—177页。
③ 《财政部向三全大会提出之政治报告》,财政部档案,二(2)936,中国第二历史档案馆藏。
④ 贾士毅:《民国续财政史》(一),第223—229页。
⑤ 财政部财政年鉴编纂委员会:《财政年鉴》(1935年),第120页。
⑥ 《民国十九年度试各办预算章程》,《财政公报》第32期,第1—9页。

利,不仅因为国民政府第一次颁布如此具体的预算法规,而且因为其中包含的原则为以后历次预算所采用。但不久,规模空前的中原大战爆发,宋子文的工作又集中在筹措军费上,预算工作当然只得搁浅。

经过7个月的激战,蒋介石终于彻底击败反蒋联盟,确立了无可争议的优势地位,一切似乎走上了"正轨"。1931年4月,直属于国民政府的主计处成立,主管预算的编制。它相继颁布了《二十年度国家预算编制程序》《编制二十年度概算应注意事项》《编制大纲》等文件,作为编制预算的具体指导。同年11月,南京国民政府又颁布了《预算章程》作为编制预算的纲领性文件。经过几个月的编制,1932年5月,《中华民国二十年度总预算》终于编制完成,但是,此时离民国二十年度这一会计年度终了仅有两个月(国民政府每一会计年度从当年的7月1日到次年的6月30日),根本来不及实施,因而等于具文。①

1932年初,因为担心日本侵略的扩大,汪精卫率领国民政府各机关迁往洛阳,后又迁回南京,来回风尘仆仆,预算根本不被各机关当回事。后来,汪精卫对此曾有批评:"自二十年度国家普通总预算公布以来,各有收入机关,仍不悉数报解国库,辄自由坐支,事后亦不同国库转账,遂使预算内已列收入不能统一支配,因而国库应发各机关经费亦不能按预算实支法案,形同虚设。驯至国难发生,明令减政,亦陷于无法执行。"②但1932年9月间,立法院通过了《预算法》,共96条,并附有各种科目表式10余种,制度层面的预算编制程序得以进一步完善。

1933年初,国民政府主计处开始编制民国二十二年度预算。在编制过程中,中央政治会议命令主计处将军务费、债务费两项从预算中剔除,只列其他13项,称为《二十二年度国家普通岁出十三类抽编假预算》。对这13项经费,中政会要求,主计处会同财政部审计部,"根据最近支出计算书及国库实发经

---

① 胡善恒:《财务行政论》,上海:商务印书馆,1934年,第43页。
② 《关于汇编一九三三年至一九三六年度国家总预算》,财政部档案,三(2)800,中国第二历史档案馆藏。

费,逐项对勘,并调验历月收支账册,务将各机关现实收支状况彻底查明……即由主计处负责按照会查拟定实数,代编二十二年度简明概算,送经本会议予以核定,再照章编送预算,依法公布,如有年度以前不得公布,即以核定概数作为假预算,自年度开始起切实执行"。中政会还公布了《促成民国二十二年度预算办法标准》5条。[1] 之所以出现"假预算",《二十二年度国家普通岁出十三类抽编假预算》的"应行注意事项"称:"此次概算不能成立,系因收不敷支。"[2]而所以"收不敷支"是因为当年的军费超过总概算支出的60%,"假预算"实属遮人耳目之举。尤其奇怪的是,这一份"假预算"竟未经立法院批准。根据历次《国民政府组织法》,预算案均须经其议决。《预算法》也规定,对于此类假预算,经过立法院审核者,仍具有同正式预算一样的法律效力。[3] 按照训政时期中央政治会议主控一切的规定,立法院的议决在中政会已有主张的情况下实属走过场,但"假预算"连过场也不走,耐人寻味。

宋子文倒也说过:"如果没有某种方式的预算,无论它是多么不完善,一切彻底的财政计划均将无法实现,而且也不能为公布财政状况提供依据,以博得公众信任,并取得对征税工作的道义认可。"[4]我们不应因人废言,因为南京国民政府20多年的财政史证实了他的预见。

二、南京国民政府的预算系统和程序

南京国民政府预算的决策机构颇多,在不同历史时期还有变化。首先是中央政治会议。1928年10月通过的《中央政治会议暂行条例》明确规定:"政

---

[1] 《国民党中央政治会议核定各项预算有关文书》,财政部档案,三(2)803,中国第二历史档案馆藏。
[2] 实业部中国经济年鉴编纂处编:《中国经济年鉴》,上海:商务印书馆,1934年,"财政",第68页。
[3] 《财政年鉴》1935年,第248页。
[4] 阿瑟·恩·杨格:《一九二七年至一九三七年中国财政经济情况》,陈泽宪、陈霞飞译,北京:中国社会科学出版社,1981年,第87页。

治会议为全国实行训政方指导机关",有权议决各项立法原则和施行方针。①1932年6月通过的《立法程序纲领》也规定,中央政治会议对一切法律案拥有最后决定权。② 它是整个国民政府时期预算的关键决策机构。其次是军事委员会,军费在国民政府的支出中始终占最大份额,是影响预算结构的关键因素。1932年3月通过的《国民政府军事委员会暂行组织大纲》规定,军委会对军费支配,有"最高审核"权,③这实际上决定了它在预算决策中的角色。其三是国务会议或行政院会议,1930年11月和1931年6月的《国民政府组织法》均规定,预算案应经国务会议之"议决",1931年12月的《国民政府组织法》规定应经行政院会议之"议决"。④ 其四是预算委员会,《预算委员会条例》规定,它"依本条例及其他法令掌握预算之核定"⑤。其五是全国财政委员会,它成立于1932年6月,按其规定有"审核预算"的权力。⑥ 从现有的材料看,南京国民政府对上述机构之间存在的职权矛盾并未有足够的重视,可以推测的原因是蒋介石、宋子文等同时是上述机构的成员,而蒋介石又是几乎所有决策机构的实际决策人,众机构的职权矛盾反而有利于其操纵。

  南京国民政府的预算编制机构是主计处和财政部,其中,前者是常规的或称制度层面的编制机构。按1931年5月颁布的《国家预算编送程序》,各机关编好的第一级概算应于3月1日前送交主管机关,于3月31日前,编成第二级概算,再由主管机关送交主计处,由主计处在4月30日前编成总概算。⑦《预算章程》和《预算法》公布后,概算的级、属有新的规定,但主计处一直是概

---

① 《中央政治会议暂行条例》,罗家伦主编:《革命文献》第22辑,第337—339页。
② 《立法程序纲领》,罗家伦主编:《革命文献》第28辑《抗战前有关国防建设史料》(三),台北:中国国民党中央委员会党史史料编纂委员会编印,1963年,第135—136页。
③ 《国民政府军事委员会暂行组织大纲》中国第二历史档案馆编:《中华民国史档案资料汇编》第5辑第1编,《军事》(一),南京:江苏古籍出版社,1995年,第3页。
④ 《国民政府抄发"国民政府组织法修正案"训令》《中华民国国民政府组织法》,中国第二历史档案馆编:《中华民国史档案资料汇编》第5辑第1编,《政治》(一),第26—39页。
⑤ 《预算委员会条例》,罗家伦主编:《革命文献》第22辑,296—298页。
⑥ 《全国财政委员会组织大纲及委员名单》,财政部档案,二(1)2742,中国第二历史档案馆藏。
⑦ 见《财政公报》第32期和《财政年鉴》(1935年)中《预算章程》和《预算法》的相关条文。

算的总编制机关。主计处编成总概算后,送交中央政治会议,中政会核定后,各机关即根据其核定数,重新编制各级预算,各级预算编好以后,送交主计处,编成总预算。财政部是预算的非常规编制机关,或者说实际编制机关,一方面,财政部所属机关、人员众多,即其下属的盐务稽核所,据1930年9月的统计,所属机关即达1 870处,员工41 815人[1];而且,财政部"近水楼台先得月",其预算数额巨大,比如在民国二十年度预算中,财政部预算达77 422 432元,是外交、内政、教育、实业、交通、建设等六部和建设委员会预算的两倍。[2]这就决定财政部本身的预算编制在整个预算编制中占有重要地位。另一方面,《预算法》规定:收入"总额不敷支出时,由财政部拟具办法,经行政院呈请国民政府委员会,转送中央政治会议核定之"[3]。而南京国民政府没有一年不借债,换句话说,年年入不敷出,这样,财政部也就始终要在预算编制中发挥作用。

预算编好后,须经立法院之"议决"。岁出部分,只以岁定经费及拟设定之继续费为限。岁入部分,可审议下列各款:"一、为税收、特赋、课捐或规费时,其征收率;二、为专卖行政所入之售价,有独占性之公有营业收入,或公有财产之租金,或特许使用费时,其价目;三、为信托管理收入时,其条件;四、为无永久性之财产变卖所入时,其限制;五、为协助所入或长期借赊所入时,其数额;六、为有永久性之财产变卖所入、收入或减少资本所入时,其种类及数量;七、其他收入应以法律限制者,其条件。"各个子案分别付诸表决,然后以全案付请表决,并在5月31日前,交由国民政府公布。[4]

南京国民政府预算执行机关是财政部,即由财政部对收支进行统筹管理。在收入方面,财政部部长宋子文非常重视收入的统一。他说:"现金不能集中,财政上即无可运用,金融上、经济上亦无调剂能力。往者只顾筹款,朝

---

[1] 《民国十九年度盐务稽核所年报上编》,《财政公报》第55期,第97—98页。
[2] 《中国经济年鉴》,"财政",第24—26页。
[3] 《预算法》第45—47条,《财政年鉴》(1935年),第247页。
[4] 《预算法》第45—47条,《财政年鉴》(1935年),第247—248页。

收夕支,几无财政可言,……若非统一于金库,彼既先后失宜,我之缓急已无可恃。"①为此,他一方面加强本系统内的收入统一工作,于1929年1月制订《修正财政特派员暂行章程》,在各省区派驻特派员以保管国税收入,并负责汇解国库。② 对于关税、盐税等重要税收的收入,还制订了专门的办法。③ 另一方面,促成国民政府其他各机关将款项存入他任总裁的中央银行(当时兼作国库,财政部并设有国库司)中。④ 在他的推动下,1933年2月,国民政府公布《中央各机关经管收支款项由国库统一处理办法》,其中规定:中央各部会直接收入款及其所属非营业机关收入款,与营业机关赢余款,或摊解非营业之经费款,均应解缴国库。⑤支出方面,先有《会计则例》,将放款分为直放、坐支、拨付等三种,各有程序。《中央各机关经管收支款项由国库统一处理办法》颁布后,规定:中央各部会及共所属机关经费,均由各该部会与财政部商定,由国库统筹拨发;中央各机关请领经费,须依据预算或法案填具二联请款书,一联存根,另一联连同支付预算书二份,送交财政部;财政部填具三联支付预算书,送交审计部审核;审计部核发后,财政部以通知一联交领款机关,命令一联交付款国库,领款机关收到支付通知后,填具四份领款单,一份存根,三份随支付命令送国库;国库核对后,照数核发,留下收据一份,其余二联分送审计部和财政部;中央各机关经费,如因事实上的便利,可在他机关应解款内拨付,或在本机关应解款内坐支,但须与财政部商定。⑥

财政部在收支管理上的中枢地位使南京国民政府的预算系统和程序受到财政部部长个人的强烈影响。一方面,除军委会外的各机关经费,在某种

---

① 《全国财政会议汇编》,"审查报告一",第3—4页。
② 《财政部所属机关组织规章》,财政部档案,二(2)929,中国第二历史档案馆藏。
③ 《财政部所属机关组织规章》,财政部档案,二(2)929;《财政部向三全大会提出之政治报告》,财政部档案,二(2)936;《财政部一九三二年七月至十二月份工作报告》,财政部档案,二(2)942;《财政部一九三一年一至六月份工作报告》,财政部档案,二(2)939,中国第二历史档案馆藏。
④ 《财政部一九三二年七月至十二月份工作报告》,财政部档案,二(2)942,中国第二历史档案馆藏。
⑤ 《财政年鉴》(1935年),第384页。
⑥ 《财政年鉴》(1935年),第384—385页。

程度上沦为视财政部部长好恶而定的变数;另一方面,由于南京国民政府的预算赤字一直居高不下,经费十分紧张,中央银行和各地分行在见到宋子文的亲笔签字后才会放款,因而不管手续多么齐备,各机关为了分得款项,只得碌碌奔走于财政部部长之门。[1]

预算执行情况的审核,是审计部的职责。一般情况下,收入在一定时间内不会有太大的变化,而支出的变动可能较大,所以,与世界各国一样,国民政府审计部侧重于对支出的审核。对支出的审核可分为事前审核与事后审核。所谓事前审核,即请款凭单之核对,以及其他单据、凭证未实施时的检查;所谓事后审核,即对账目、报表、支付收据等的核对查验。1928年秋,监察院院长蔡元培等筹设审计部之初,就明确表示兼顾事前和事后审核。[2] 审计部成立后,遵循这一原则,分别以第一厅、第二厅分掌事前与事后审核。[3]

审计部对预算执行的审核,在《预算章程》《预算法》等预算法规中均有明确的规定,但这并不保证其行使自己的职权。正如下文将阐述的,军费支出是国民政府预算支出中最具破坏性的,而由于下列原因,审计部对此无能为力:首先,按孙中山的设计,国民政府五院并无地位高低之分,但实际上,南京国民政府五院力量强弱分明,在1933年前,监察院院长分别为蔡元培和居正,均为无实力的文职官僚,这就决定了审计部和主计处地位一样弱势。其次,蒋介石把持的中政会和军委会,要么对训政时期的一切重要问题具有最后决定权,要么对军费预算有最高审核权,审计部对此无法置喙。最后,蒋介石历来善于在制度规定中留下"暗度陈仓"的缺口。按正规程序,军费支出需经审核;但如各部队在全国各地的税收机关"拨付"经费,这种"特别性质"的拨付款,由财政部命令随时饬拨。[4] 这样就可绕开审计部的审核。

---

[1] 胡善恒:《财务行政论》,第74—75、227页。
[2] 刘陶福:《审计正要》,台北:三民书局,1978年,第44—46页。
[3] 刘陶福:《审计正要》,第5页。
[4] 胡善恒:《财务行政论》,第224页。

三、南京国民政府预算及其与军费关系的剖析

后来曾任国民政府财政部部长的俞鸿钧,说过一段很有见地的话,他说:"财政为庶政所自出,人人之国,观人之政,不必旁搜博览,但求得其岁用数目,以分析其出入之类别,则其国之治乱兴衰,可以推而知之。"[1]

分析一个政府的收入来源,可以推知它的经济基础,从而从一个侧面了解其政治结构的稳定程度;分析一个政府的支出方向,可以推知其政策取向,从而从一个侧面了解其发展趋势。所以,尽管1933年以前的几次预算(姑妄称之为预算)并未付诸实施(或残缺不全),但从那些枯燥无味的数字中,仍可发现不少问题。

首先,让我们来看收入。

南京国民政府的岁入预算,一个突出的特点就是来自工商贸易的税收,在收入中的比重居高不下。见下表:

南京国民政府历年岁入预算中工商贸易税收的比重(公债收入除外)

单位:元

年度	总收入(A)	工商贸易收入(B)	B/A(%)
十八	496 665 975	483 487 225	97.43
十九	591 969 095	581 241 065	98.18
二十	713 335 073	670 034 274	93.92
廿一	692 503 463	673 094 477	97.19
廿二	680 415 589	635 288 255	93.36

资料来源:《申报年鉴》(1935年),《各年度预算数》,《财政》第120—124页。

按:民国廿二年度数字因假预算而残缺不全,这里引用的是主计处编定,但遭中政会否决的总概算数,见《申报年鉴》(1935年),《财政》第83—84页。下面所用廿二年度数字同此。

---

[1] 《财政年鉴》(1947年),"序"。

据估计,农业产值在20世纪30年代占中国国民生产总值的60%—70%。[①]而南京国民政府因为国家和地方收支的划分,[②]未能从农业中取得相称的税收,这就是说,它是依靠占中国国民生产总值30%—40%的工商、服务业取得绝大部分收入的,这种财政上对工商和服务业的依赖,与其政治上重城市而不重乡村是一致的。

在制造和服务性税收中,负担也是极不平衡的;关税和盐税一直在总收入中占据主要地位。见下表:

关税和盐税在预算收入中所占比重　　　　　　　　　　单位:元

年度	关税和盐税	占总收入比重(%)
十八	3 520 115	70.88
十九	458 485 869	77.45
二十	537 929 417	75.41
廿一	524 338 945	75.71
廿二	501 405 028	73.69

资料来源:《申报年鉴》(1935年),《各年度预算数》,"财政",第120—124页。

由于这两种税收在预算收入中不可取代的地位,南京国民政府的政策目标即在于保持其稳定,而不问其合理与否:在关税中,它不敢排斥外国人对中国海关的控制,而对国内工商界并不过分的保护要求置若罔闻;在盐税中,它不敢彻底废除早被舆论严厉指责的包商制度,而且一再地提高税率加重人民的负担。对不合理因素的不合理妥协,是南京国民政府政治上的一大"特色";在财政问题上的这一态度,使其财政系统运行伊始,即显得暮气沉沉,人治特征明显。

南京国民政府成立后,构成预算收入主要部分的各种税收,其税率一直在增长。比如关税,从值百抽五提高到最高值百抽八十;盐税在1932年7月

[①] 刘大钧:《中国国民所得(1931—1936)》,第11页,引自阿瑟·恩·杨格:《一九二七至一九三七年中国财政经济情况》,第76页。

[②] 《全国财政会议汇编》,"审查报告一",第21—28页。

和1933年11月两次大幅度提高;卷烟统税则在1931年1月、1932年3月、1933年12月三次提高税负。① 但其总收入并未呈现持续增长的势头。民国十九年度到廿二年度,预算收入相较上年增长率分别为＋19.18%、＋20.50%、－2.92%、－1.74%。② 税收收入并未随税率同步增长,固有东北沦陷和上海一・二八事变的影响,经济规律的作用也不可忽视。经济学认为,税率应有一个适当的度,到这个度之前,提高税率可以增加税收;过了这个度,由于对经济的损害,收入反而会下降。③ 南京国民政府初期的预算典型地反映了这一规律的作用,同时说明它的收入政策存在导向性错误。

接着,我们来看支出。

南京国民政府预算支出总的特点,就是其赤字支出政策。见下表:

南京国民政府的预算赤字情况　　　　　单位:元

年度	岁入	支出	赤字	赤字占支出比重(%)
十八	496 665 975	593 927 567	107 261 592	18.06
十九	591 969 095	706 219 865	114 150 770	16.16
二十	713 335 073	893 335 073	180 000 000	20.15
廿一	692 503 463	788 346 637	95 843 174	12.16
廿二	680 415 589	828 921 964	148 506 375	17.92

资料来源:《申报年鉴》(1935年),《各年度预算数》,"财政",第120—124页。

20世纪30年代世界经济危机后,受凯恩斯国家干预经济思想的影响,欧美各国多实行赤字财政,以扩张性财政货币政策刺激经济增长。但其措施是国家扩大建设性支出,以拉动需求带动生产。南京国民政府的赤字财政政策所包含的内容与之完全相反,即赤字并非建设性支出造成,而是非建设性支出造成的。见下表:

---

① 《财政部一九三一年一至六月份工作报告》,财政部档案,二(2)939,二(2)939;《财政部一九三二年一至六月工作报告》,财政部档案,二(2)941;《财政部一九三三年七至十二月份工作报告》,财政部档案,二(2)944,中国第二历史档案馆藏。
② 根据《申报年鉴》(1935年)相关数字计算而得,第120—124、83—84页。
③ 侯蒙蟾:《税收经济学导论》,北京:中国财政经济出版社,1990年。

南京国民政府建设性和非建性支出情况 单位:元

年度	岁出总数	建设性支出	比重(%)	非建设性支出	比重(%)
十八	593 927 567	11 662 551	1.96	467 911 864	73.76
十九	706 219 865	23 835 581	3.37	586 938 832	83.10
二十	893 335 073	32 288 755	3.61	646 214 083	72.33
廿一	788 346 637	39 185 502	4.84	565 311 408	71.70
廿二	828 921 964	26 651 844	3.21	662 930 904	79.97

资料来源:《申报年鉴》(1935年),《各年度预算数》,"财政",第120—124页。
按:本文将教育文化费、农矿费、工商费、交通费、卫生费、建设费、实业费等列为建设性支出,这里面其实也包括各主管机关的行政费用,扣除这部分费用,建设性支出所占的比重更低。非建设性支出包括军务费、债务费和党务费。

预算中建设性支出和非建设性支出倒挂,影响非常严重:因为长年缺乏建设性经费的投入,无法厚植经济基础,南京国民政府所赖以取得绝大部分收入的税收就成为对工商业的掠夺性压榨。随着预算支出的增加,工商业遭受的压榨强度越来越高,构成恶性循环。这种螺旋式上升的恶性循环在南京国民政府初期即没有停止或弱化的迹象(其实在整个国民党统治时期都如此)。关键原因,在于军费预算支出的庞大。见下表:

南京国民政府初期的军费支出 单位:元

年份或年度	总支出(A)	军费预算(B)	B/A(%)	税收预算(C)	B/C(%)
1927年份		131 200 000	87.00		
1928年份		209 500 000	50.80		
十八年度	593 927 567	256 322 792	43.16	483 367 305	53.03
十九年度	706 219 865	303 973 769	43.04	582 344 699	52.20
二十年度	893 335 073	296 569 439	33.20	694 701 278	42.69
二十一年度	788 346 637	335 110 161	42.51	662 429 427	50.69
二十二年度	828 921 964	426 400 000	51.44	694 432 223	61.40

资料来源:总支出预算数同上表;1927年份和1928年份的军费数字见杨荫溥《民国财政史》,北京:中国财经出版社,1985年,第70页;其余军费预算和税收数字见《国民党中央政治会议核定各项预算有关文件》,财政部档案,三(2)803,中国第二历史档案馆藏。
按:年份系当年1月1日到12月31日,年度系当年7月1日至次年6月30日。

按照上表,军费占总支出和税收收入的比重已属惊人。因为据1934年的统计,英、美、法、意、日五国的军费支出分别占总支出的13.01%、18.66%、

22%、22%、42.54%，①而南京国民政府另有许多其他的手法隐藏军费支出，使预算账面上的数字被大大缩小。笔者曾在中国第二历史档案馆发现一则珍贵资料，系中央政治会议1933年7月4日对1933年预算草案的指驳，可以充分说明以上问题，现不避冗长，摘录如下："军务费经常总费计列二万七千一百七十二万元……临时总数为一万三千二百万元……统计军务债务两项支出，实居岁出总额十分之八，而与岁入总额几相埒……依主计处主张，仍不外将军费一部分临时费提列非常预算……且在核定二十年度概算时所指示非常预算另筹抵补，系知有大宗特种收入未列预算，现据调查，该项收入自二十一年二月起，业经划归军事机关直接支配，更在二十一、二十二年度实发实拨数之外。此外如河北省地方预算年列之协饷八百四十万元，及湖南省之举办产销税，四川等省之提征田亩等，无一非供军费支出。从可知二十一、二年度政府编送概算所列军务经、临各费，距真象（笔者按：原文如此）尚远……"②以上档案，不仅揭露了隐藏的地方非常预算，还揭示了隐藏的军费规模，对我们正确判断南京国民政府军费的实际数字富有启示。

军费的居高不下，决定了南京国民政府预算的根本特征：它使财政的核心工作异化成筹措军饷，导致完整的正式预算迟迟不能成立；它使军事机关和军事领袖在预算系统中占据了关键地位，使建立现代财政决策运行体制成为镜中月、水中花；它使国民经济始终处于紧张之中，从而为财政部的非制度操作奠定基础；它使建设性经费无从落实，决定了政府的税收政策只能是"杀鸡取卵"式的索取。

正如俞鸿钧所言，我们从南京国民政府初期不成预算的"预算"中，看到了南京政"乱"和政"衰"，这对一个不久前才战胜北洋军阀而以"革命"的新面目出现的政权来说，诚非好兆头。*

---

① 《申报年鉴》(1935年)，"财政"，第45页。
② 《核办本部经管一九三三至一九三七年度债务费支出预概算》，财政部档案，三(2)824，中国第二历史档案馆藏。
* 原文发表于《民国研究》第5辑《南京大学学报》专辑，2000年。

蒋介石对汪精卫投敌迟未公开定性与表态之原因探析

1938年冬,中日战争进入长期化阶段之际,汪精卫一行秘密经昆明转往河内,12月29日发表《艳电》,与日本12月22日的《近卫首相声明》相呼应,公然通电建议国民党"与日本政府交换诚意,以期恢复和平"。举国上下,讨逆之声此起彼伏。

但是,对日汪联手掀起的明显针对蒋介石及其主导的国民政府的政治及宣传攻势,蒋本人没有立即对汪本人采取强硬姿态。《艳电》发表以前,蒋在12月26日重庆国民党中央纪念周发表讲话,讲话的焦点是痛批《近卫声明》欲灭亡中国的本质,他说:"总观近卫的这个声明,我们可以断言,日本真正之所欲,乃在整个吞并我国家与根本消灭我民族,而决不在于所谓中日合作或经济提携等等的形式。"他意有所指地提出:"我可以断言,在这篇声明表现以前,世上或者有人希冀日本能悔祸,自他这个声明发表后就再也没有一个明大义识事势的中国人再存和平妥协之想了。"[①]但全篇讲话,没有直接提到汪精卫。此后数月间,作为舆论焦点之一的汪精卫及其叛国问题一直没在蒋的公开言论中出现。

《艳电》发表后,蒋对《艳电》没有评论。在随后的国民党中央执行委员会

---

① 《总裁驳斥近卫狂妄声明》(1938年12月26日),国民政府军事委员会政治部编印:《汪精卫卖国阴谋之总暴露》,1940年1月,第106、99—100页。

紧急会议上，又力主对汪留有余地，不下通缉令，并将因参与叛逃而逮捕的彭学沛释放，会议的结果是永远开除汪的党籍，"只是轻轻解除职务"。① 蒋的以上种种行为与当时激烈的讨汪浪潮相比，似乎过于轻描淡写。蒋随即继任了汪的国民参政会议长职务，但在首届参政会第三次大会时，他并未公开指责汪；对汪为曾仲鸣之死"出于义愤"而发表的《举一个例》长文，亦无直接回应。

直到1939年10月1日，其时，汪精卫已经在上海召开了伪国民党六大，蒋才在答中外记者问中明确汪为"逆"，是"人人得起而诛之""罪恶昭著""根本上已自绝于中华民国全国国民"的"汉奸罪犯"。他表示："余受国民付托，职在捍卫我国家，汪逆受敌人指使，欲出卖我国家，予之地位，不仅应为本党诛此败类，更应为国家除此元恶。"他还对天发誓："海可枯，石可烂，而对于引狼入室为虎作伥之汉奸汪逆，则永无宽恕赦免之理。"蒋介石甚至提出："如其（笔者按：指汪精卫）有天良发现之一天，猛省罪恶，不欲玷污其祖宗与子孙，亦唯有自杀以谢国人耳。"② 与蒋此次几乎声嘶力竭的讲话相映成趣的是，此前数月间，面对外间的种种揣测追问，他一次次选择了隐忍和克制，对汪的出走拒不公开定性、表态。这是为什么呢？

笔者认为，对于汪的出走及投敌，蒋介石迟迟未表态的原因有三。

一、防范国民党内高层的分裂

汪精卫出逃之际，正值"中华民族空前未有之危局"。③ 中日两国实力对比悬殊，国际绥靖气氛使日本侵华气焰十分嚣张，固然是促成这种危局的重

---

① 《展开反汪派底斗争》，《群众》周刊第3卷第2期，1939年5月28日。
② 《总裁严斥汪逆兆铭》（1939年10月1日），国民政府军事委员会政治部编印：《汪精卫卖国阴谋之总暴露》，第119—120、122、120页。
③ 蒋介石1938年12月21日日记："此事殊所不料，当此国难空前未有之危局，不恤一切，拂袖私行，置党国于不顾，是岂吾革命党员之行动乎？痛惜之至！惟望其能自觉回头耳！"引自日本产经新闻撰，古屋奎二执笔：《蒋介石秘录》第4卷，本书翻译组译，长沙：湖南人民出版社，1988年，第124页。

要原因,但民族危机并没有从根本上改变国民党内高层的不团结,重庆国民政府内部依然派系林立,权力斗争尖锐复杂,蒋不能不担心自己的阵营被日本从内部攻破。

汪精卫等人在与日方筹谋"和平运动"之初,极力对日方宣扬其"号召力"。出走前后,他们之所以敢于在共产党问题上、和平问题上、国际援助问题上以及中央与地方关系问题上一再对蒋发难,也正是由于国民党内部高层之间在上述一系列问题中存在着严重的歧异与纷争,上述问题也是蒋、汪在汪出走前往来函电中共同讨论和关心的问题。这些问题的潜在爆炸性,会不会因汪精卫公开站在对立面表态而引爆,是蒋介石无法完全把握的。

事实上,在日本人眼中,汪精卫并不是唯一可以争取的高层政要。其军特分子的"谋略"对象中,甚至包括被外间视为蒋的铁杆心腹的孔祥熙。档案显示,1937年11月,孔祥熙即试图与日方联系,他提醒日本:"年来日人口唱中日共存共荣,而行事乃共亡共枯。近来又盛倡反共,而行为反为造共,倘在〔再〕不悔悟,恐不仅自耗防共之国力,且促使中国联共赤化,后患无穷。唇亡齿寒之意,甚望日本明达之士,注意及之。"①1938年1月,孔令侃向孔祥熙密报,日方正通过各种渠道谋求"和平"。② 福建省主席陈仪此前也被媒体用12条证据指斥为汉奸。③ 蒋曾说过"政治家左手所做的事,右手不必知道",的确,汪精卫出走后,仍有人筹划以孔祥熙为中心与土肥原进行谈判,相关传言不绝于耳。④ 而陈立夫、胡宗南等也被搅入浑水。从上可以推断,当时国民党

---

① 《孔祥熙关于妥协停战勾结反共致日本山本密电稿》(1937年11月19日),中国第二历史档案馆编:《中华民国史档案资料汇编》第5辑第2编,《政治》(一),第217—218页。

② 《孔令侃向孔祥熙密报日寇正向其诱降情形电》,中国第二历史档案馆编:《中华民国史档案资料汇编》第5辑第2编,《政治》(一),第223页。

③ 《香港海外〈呼声报〉载'通敌祸闽陈仪的汉奸罪证'》(1938年8月30日),中国第二历史档案馆编:《中华民国史档案资料汇编》第5辑第2编,《政治》(一),第229—234页。

④ 《鲍观澄等报告以孔祥熙为中心与土肥原进行谈判经过电》(1939年2月);《许性初关于报载孔祥熙在重庆"国民会议"席上公开主张对日求和电》(1939年9月1日);《鲍观澄关于邀日本喜多来沪进行"和谈"情形与孔祥熙代表往来电》(1939年9月21日、22日),中国第二历史档案馆编:《中华民国史档案资料汇编》第5辑第2编,《政治》(一),第259—262、288、292—293页。

党内斗争远比外界想象的要复杂。

当时重庆国民政府内部对蒋联共抗日颇有微词的人不在少数。以汪精卫、周佛海等为核心形成的"低调俱乐部"未离开的成员中大部分在重庆国府内身居要职；而多年心腹周佛海的出走，使蒋不能排除身边是否还有其他人对汪的出走也存有同情追随之心的疑问，所以汪出逃后，他如果立刻树立起痛打汉奸的旗帜，清晰地划分阵营，就有可能为渊驱鱼，为丛驱雀。况且，汪精卫一行在出逃和发表《艳电》一事上，又注意采取了一系列"合理""合法"的步骤，尽量使外界相信其出走是和、战分歧而非个人名利或恩怨造成的，这就具有一定的煽惑性。比如，汪精卫出走之后，于12月20日电告张群："弟拟对和平及防共问题以去就争，事前因种种困难未及征兄同意，故请对弟之行止，绝不必加以考虑。"①

汪等还一直强调"国民政府""三民主义""国民党""青天白日旗"等国民党人公认的政治符号。即便是在响应近卫的《艳电》中，也一再强调日本"和平"条件之"不妨碍国家独立与生存"。蒋介石凭着对汪本人的了解悟得"汪的真意"，但此刻汪投敌的证据尚未充分暴露出来，蒋介石即便想批倒汪精卫，也有证据不足、投鼠忌器之忧。一旦盲目地扩大了打击面，再想事后修补的话，将再难有回旋余地。这种情况下，蒋在"痛惜"汪的"拂袖私行"乃非"吾革命党员之行为"的同时，也只有"惟望其能自觉回头"了。② 从以后的形势发展上看，蒋的安抚手段确实收到了较好效果。蒋之"抗日政权"不但没有被"击溃"，相反，其内部团结看来更加稳固了。

另外，蒋汪之间芥蒂颇深，从孙中山逝世以后，蒋汪争权，分分合合就有5次之多，积怨之深，国人皆知。③ 1935年发生的孙凤鸣刺汪案就曾被怀疑系蒋

---

① 《张群以接汪自河内电告为和平及防共问题以去就争致蒋委员长之马电》(1938年12月21日)，秦孝仪主编：《中华民国重要史料初编——对日抗战时期》第6编《傀儡组织》(以下简称"《傀儡组织》")，台北：中国国民党中央委员会党史委员会编印，1981年，第46页。

② 蒋介石1938年12月21日日记，产经新闻社撰，古屋奎二执笔：《蒋介石秘录》第4卷，第124页。

③ 王关兴：《蒋介石、汪精卫五次离合的缘由和性质》，《上海师范大学学报》1989年第1期。

指使。蒋如果马上因汪的"和平运动"扣上"汉奸"之名,必有公报私仇之嫌。蒋、汪"虽说是意见不一,进而断绝关系,然公开互相揭短,这是中国的革命政客的'面子'所不容许的。一再劝告,陈述意见直至不被容纳方才改变态度,这成了遵守大义名分的政治家的法则"。① 事实上,蒋自己在1939年10月1日痛斥汪精卫为汉奸时就曾自诩过:"余对人向守绝交不出恶言之旨,其间或意见睽违者,但除私人函电规戒之外,从不公开斥辱何人……"②

蒋汪二人都基本遵守了这一"法则"。汪出走后,并未按照"重光堂会谈"的约定,于次日与蒋断绝关系。实际上,这一形式一直未曾履行。作为回应,蒋自然不能抽刀断水,马上与汪断绝关系,如果这么做,在"面子"上输给汪的同时,更有可能促成"政府内部倒蒋底流的表面化",而这恰恰是日汪所希望看到而蒋极为忌讳的结果。

二、争取龙云等地方实力派继续留在抗日阵营

汪精卫出走是否会带动地方实力派共同倒蒋?这种担心是蒋介石所以对汪采取稳守反击方针的另一个重要原因。

抗战爆发后,各地实力派对坚持抗战表达了鲜明的态度,也有实际的行动。比如,桂系军队迅速开赴抗日前线,在上海战场作出了巨大牺牲。川军一改热衷内战的形象,在台儿庄等地打出了令国人赞叹的战绩。但地方实力派毕竟在当时中国翻云覆雨的政治争斗中养成了"务实"的生存态度,当日军节节推进而国民党内部出现严重分裂时,他们能否坚守抗战的承诺,是很成疑问的。比如,日军后来长期对地方实力派进行工作,而阎锡山与日军勾结,几乎达到公开落水的程度。

---

① 日本外务省情报部第三课:《汪精卫路线的进展和抗日势力的现况》(节录)(1939年8月),黄美真、张云编:《汪精卫国民政府成立》,上海:上海人民出版社,1984年,第4页。
② 《总裁严斥汪逆兆铭》(1939年10月1日),国民政府军事委员会政治部编印:《汪精卫卖国阴谋之总暴露》,第121页。

而且，当时蒋介石所赖以统制各派系的中央军在上海、武汉诸战役中受到日军沉重打击，事实上已不能不联合甚至依靠地方实力派与日军周旋。从当时全国战场的实际看，阎锡山占有晋西南等地，瞰制潼关要冲；桂系李宗仁在鄂西北第五战区确保重庆门户，黄旭初等守卫广西，桂军另有一部据守大别山，威胁日军占领下的武汉；川军除在山西、河南等地驻守外，杨森部处在第九战区，扼守通往长沙的要道；龙云把持的云南，因滇越路、滇缅路的关系，更是重庆国民政府在沿海失陷后仅存的国际通道之一。他们的重要性比之战前不减反增，在这样的情况下，需要主政者耐心、巧妙地控制局面。

蒋、汪都有与地方实力派打交道的漫长历史，此时也更有与他们打交道的需要。然而，汪乃一介文人，从未掌握军事实权，"是一个空头的政客"。[1]在性格和政治技巧上，与蒋相比，也有很大的差距。所以在争取地方实力派的问题上，蒋有更多成功的经历。此时，他过去的"成功经验"发挥了很大的借鉴作用。

当时，"一直与汪精卫保持密切联系"，并且帮助汪精卫出走的龙云是关键人物。龙云为人老道，周佛海都称赞他"态度文雅，识见高超，令人感服"[2]。汪精卫视其为"自己人"，但早有人判断"有可能是（汪）虚张声势以增加谈判筹码"。[3] 日本也希望以龙云弥补汪氏实力之不足。据当时日本方面的记载，"汪脱离重庆后，龙云在昆明同他会谈。偏偏蒋介石发现了汪的出走，打电报要龙云将其拘留。龙云迅速让汪逃到河内，对蒋则回电称电报已经来迟，并宣誓绝对忠诚。其后，当蒋介石于1月10日召集各省主席及军政委员在重庆开会时，唯独龙云是派代表出席会议的。8月1日在四川峨眉山举行的最高国防委员会扩大会议，他亦缺席未参加，实际上完全拒绝了蒋介石的要求（拒

---

[1] 麦朝枢：《关于蒋介石汪精卫进行降日活动的见闻》，南京大学马列主义教研室《汪精卫问题研究组》选编：《汪精卫集团卖国投敌批判资料选编》（内部发行），1981年，第69页。

[2] 周佛海1938年12月7日日记，蔡德金编注：《周佛海日记》（上），北京：中国社会科学出版社，1986年，第200页。

[3] 杨维真：《从合作到决裂——论龙云与中央的关系（1927—1949）》，台北："国史馆"，2000年，第177页。

绝宪兵三团入省就是一例）。这样来看，龙同汪联合的可能性甚大。

日本上述有关蒋介石要求龙云扣留汪的记载与史实不符，这很可能是汪精卫在日本人面前夸大了他对龙云的影响力，给日本先入为主的错误印象造成的。从反面看，不能排除汪对龙云确实有一定的影响力。而龙云却采取了"在蒋、汪之间不偏不倚的立场"，并未"一跃成为汪派的实力人物"。[①]

蒋介石在舆论上对汪保持克制的同时，对龙云做了许多工作，除了军事上布控以备不测之外，政治手法上也动了不少脑筋，采取了"怀柔"政策。

首先，蒋不但未深究龙云行为中颇可怀疑之处，而且与之频繁通电，耐心磋商解决汪问题的办法。

龙云1939年1月6日电蒋建议："此时最好由钧座派汪之亲信一二人到河内，私人欢迎其回国，如能回渝最好，否则在国内任何一处居住，均可避免再与日人勾结，以免铤而走险，对外则团结之裂痕不现，对汪则以后无从活动，日人亦无从挑拨。"[②]

这一建议虽然价值不高，明眼人一看便知实现的可能很小，但是蒋经过两天的思考，回电逐条交换了"诚意"："汪到越后之言行，绝不如吾人所想像之汪先生，现若劝其返渝，必以恶意推测，且彼亦必不出此。至于留住国内，无论何地，不惟敌国可借此造谣，甚或假借其名义，多所引诱，即国际亦复怀疑，而全国军民之惶惑更无论矣。"[③]这里蒋向龙云点明了他对汪精卫出走目的的判断，同时顺水推舟，听从龙云建议，两度遣谷正鼎赴河内晤汪，劝其出游；而对龙云通过张祖昌、李鸿谟与汪保持密切联络之事，则采取了息事宁人的姿态。

蒋的做法，牵制了龙云，同时使全面掌握汪的动向成为可能。比如说，汪

[①] 日本外务省情报部第三课：《汪精卫路线的进展和抗日势力的现况》（节录）（1939年8月），黄美真、张云编：《汪精卫国民政府成立》，第7页。
[②] 《龙云自陈昌祖处获悉汪居河内情形建议劝汪回国免其铤而走险之鱼电》（1939年1月6日），秦孝仪主编：《傀儡组织》，第50页。
[③] 《蒋委员长对汪案处置致龙云之庚电》（1939年1月8日），秦孝仪主编：《傀儡组织》，第54页。

在河内遇刺后托李鸿谟带回的敦促龙云"反蒋独立"的信函就没能逃过蒋的耳目。

稳住龙云的同时,蒋还接受了冯玉祥的建议,派实力派中的要角李宗仁到云南"养病"。4月22日,又派曾数度随汪反蒋的唐生智到云南现身说法,给认识汪精卫仅一年多的龙讲述汪的人品。唐劝龙说,"汪为人善辩多变,生性凉薄,对人毫无诚意,尤喜玩弄军人",并述说他自己"吃亏上当"的详细经过,劝龙站定立场。①

1939年4月27日,蒋介石致电唐生智,就龙云问题的处理方式提出非常温和、同时非常周密的方案:"此事采取如何方式为宜,自应尊重志舟兄之意见,由彼考量决定。中意人情与道理不可偏废,而公私之间,犹当兼顾,然后有益于国,不害于事。今日要点,宜使汪觉悟于公私皆非,不再作进一步之卖国行为,同时尤须断绝其卖空买空,挑拨离间,诬陷我忠实同志以资煽惑人心、藉敌自重之妄念,此固救国,亦所以救汪也。中为国家利益与志舟兄个人立场着想,以为应由志舟兄覆汪一信,表示不直其来信所言,而厉正言劝戒之意。此函寄发以后,应否公开,或何时发表,当由志舟兄酌定,如能公开发表,不仅是以正中外之视听,而且可以打破敌军进逼之企图,有益于抗战前途,岂可限量。""请以此意切商志舟兄斟酌,唯对汪来函,则务望能以明白之词句指而斥之。此函发布之后,泾渭清浊,□然分明,敌人必胆落,国人益佩公忠,想志舟兄为爱护大局、肃正视听计,必与中同其见解也。"②

蒋介石的方案,取得了成效。唐生智随后提出了三个方案供龙云选择:(1)邀汪来滇;(2)此间发表汪函,并申言忠奸不两立;(3)正式呈请中央发表函电。前两项,龙以不能"落井下石"推掉了,第三项,做了变通,即由龙发表

---

① 《唐生智陈至昆明与龙云晤谈情形之养电》(1939年4月22日),秦孝仪主编:《傀儡组织》,第117页。

② 《蒋委员长以电稿嘱云南省政府委员唐生智转云南省主席龙云答覆汪兆铭以国家利益为重,务望立下英断,绝对与敌人断绝往来,命驾远游暂资休憩,斩除一切葛藤,免为敌人播弄》,陈志奇辑编,"国立"编译馆主编:《中华民国外交史料汇编》,台北:渤海堂文化事业有限公司,1996年,第4295页。

谈话,表示"拥护抗战到底,指斥和议";同时蒋代龙草拟复汪函,择日以龙的名义在云南各大报章发表。龙云以墙头草的身份而被蒋介石留在抗战阵营中,避免了各地实力派群起效尤的多米诺骨牌效应,稳住了抗战大局。而从长远看,由于没有获得料想中的实力派军人的支持,汪精卫集团不得不转而主要依赖日军的保护,这不仅使其汉奸身份路人皆知,而且进一步削弱了其号召力。这对中国抗战前途的影响不可谓不大。

事实证明,蒋介石对龙云工作的基本成功,是对汪精卫的"和平运动"的重大打击。①

三、出于对当时复杂的国际形势的考虑

对 1938 年汪出走这种"等同于私通敌人,等同于挖国家的墙角"②的背叛,蒋一开始未公开定性,如果说是出于安定其内部,并且对争取地方实力派有一定的打算,那么,次年 4、5 月间,国内对国民政府的"宽容"已有不满,外间对蒋的抗战态度有所惶惑的时候,蒋为什么宁愿安排"刺汪",也不愿公开指斥汪为"汉奸"呢?深入考察可以看出:蒋在列强希望中日讲和的大背景下,不想对外造成轻易关闭和平之门的印象,不想失去在可以接受的条件下实现对日和平的机会,以免失去列强的同情及其虽然很少但很珍贵的支持和援助。换句话说,正是当时国际上对日侵华的绥靖,使蒋选择了再克制与再忍耐。

蒋早就担心中日战争的长期化,有可能导致"各国与倭妥协,瓜分中国";"倭俄以中国为战场",使"中国陷于西班牙水深火热地位"③;同时他相信,对日和平的过分主动,只能招致日本少壮派军人"得寸进尺"的侵略与背信。

---

① 参见今井武夫:《今井武夫回忆录》,天津市政协编辑委员会译,北京:中国文史出版社,1987 年。

② 《端纳有关汪精卫出逃情况致田伯烈的信》,《民国档案》2001 年第 4 期。

③ 《困勉记初稿》第 45 卷,1937 年 11 月 2 日,引自杨奎松:《蒋介石抗日态度之研究——以抗战前期中日秘密交涉为例》,《抗日战争研究》2000 年第 4 期。

"一时之妥协,不惟不用奏效,徒自坏人格、自破国格",从而导致更为严峻的后果。并因此而判断:"此次抗战,无论结果如何,如不抗战而与倭妥协,则国乱形势决非想象所能及也。"①再联系列国对汪精卫出走问题的态度与做法,我们有理由相信,一段时期内,蒋担心列国在远东问题上与日本妥协而牺牲中国的利益,在和、战问题上进一步陷入了两难。

不错,《艳电》发表的当日,美国政府对"有田声明"作了"强硬"回答,表明了其完全反对日本的"东亚新秩序"及反对日本在中国扶植傀儡政权的任何努力的立场;数日后,近卫内阁辞职,美、英、法三国于当日发表声明,一致反对所谓"东亚新秩序",美日矛盾似有尖锐化的迹象。但蒋清楚,这并不意味着列国放弃了牺牲中国、不再谋求对日妥协与合作的绥靖政策。

美、英、法等国所强硬反对的,是日本欲独霸中国的企图,却未表示在远东问题上与中国采取强硬的共同措施联合制日。英、美、法、苏等国的援蒋抗日,在日本的一再抗议下,多是"暗中进行"。援蒋的同时,也正积极地就远东问题展开对日联络与磋商,对日本侵害列国在中国利益的嚣张行为,也一次次地选择了妥协与退让。日英谈判,日德谈判正在举行。另据胡适电云:"美国四月修改的毕特门中立法对我不利者有四",而国联直到5月才第一次公开指称日本"侵华";又据驻苏大使杨杰告称,苏、英、法正就欧洲局势"一再就商",顾不上中国②……

在这种微妙演进的时局中,如果蒋本人亦严厉倒汪,势必会被汪、日舆论利用,造成蒋已决定关闭对日和平之门的印象。

事实上,汪、日的舆论一直未放弃关于蒋介石铁心"容共"、顽固抗战的宣传。汪出走以后,其阵营散布的关于蒋之抗战阵线行将崩溃的消息屡见报端;汪精卫在"刺汪案"后,耐不住"愤怒",在《举一个例》《答华侨某君书》和对外谈话中,极力加强自己"主和者"的形象,与蒋的抗战立场刻意划清界限;汪

---

① 《困勉记初稿》第45卷,1937年10月1日,引自杨奎松:《蒋介石抗日态度之研究——以抗战前期中日秘密交涉为例》,《抗日战争研究》2000年第4期。
② 《杨杰致蒋介石密电稿》(7月14日),《民国档案》1985年第1期。

于1939年6月赴日游说期间,也时时处处不忘给日本政要加深蒋介石一意主战的印象,板垣"对蒋介石另外进行和平工作绝对不加考虑"的保证使汪"不胜感谢"。①

汪热衷于制造蒋的坚定抗战形象,而日本方面的强硬分子对此予以确认,完全出于各自对形势的考量。

日本方面,由于国民政府在全面抗战前期坚持了比较坚决的抗战方针,与日本谈判结束战争时亦能基本上坚持国家利益,加上日本方面当时判断中国共产党的抗战方针影响了蒋介石等因素,日本国内,尤其是强硬派军人当中"膺惩国民政府"的想法占据了上风。当时,日军参谋本部战争指导班中的少数军人提出日本应长远考虑其全球战略,主张对蒋介石政权采取"宽大"态度。② 但其他部门以及日本政府认为国民政府在陶德曼调停中提出的谈判条件实属"无礼"。斡旋尚在进行中,他们就开始考虑将国民政府贬低为地方政权加以否定。日本陆军省军事课长田中新一1937年12月14日即在日记中记述道:"总之,日本决心与亲日政权提携,彻底膺惩抗日政权,对中国问题实行彻底手术。"③

1938年7月8日,作为日本战时最高决策机构的五相会议分别讨论决定了"现中国中央政府"(指重庆国民政府)屈服或不屈服的对策,决定:如国民政府屈服,"(一)帝国坚持关于解决对华战争的既定方针,以现中国中央政府为对手,全面调整日华关系;(二)现中国中央政府屈服并接受后述第三条时,应视为一友好政权,使其同既成的新兴中国中央政权合流,或者使其同现有各亲日政权合作重新建立中央政权。同既成的新中央政权合流或者建立新中央政权等,主要由中国方面决定实施,而帝国从中斡旋"。而按照日本方面

---

① 《汪精卫与板垣第二次会谈内容》(1939年6月15日),上午8时—11时30分,黄美真、张云编:《汪精卫国民政府成立》,第109—116页。

② 堀场一雄:《日本对华战争指导史》(内部资料),王培岚译,北京:军事科学出版社,1988年,第88—101页。

③ 日本防卫厅战史室编纂:《日本军国主义侵华资料长编——〈大本营陆军部〉摘译》(上),天津市政协编译委员会译校,成都:四川人民出版社,1987年,第404页。

规定,认定现中国中央政府屈服的条件有四:合流或参加建立新中央政权;根据前项改称和改组旧国民政府;放弃抗日容共政策及采取亲日"满"、防共政策;蒋介石下野。

如此苛刻的条件,尤其是要求蒋介石下野,让许多人料想蒋介石无法同意,因此,五相会议同时决定:如国民政府不屈服,则在占据要冲前,"努力扶植各种亲日反共势力,同时造成抗日势力的内部分裂和酿成和平气氛以及财经基础的破产,以此导致现中国中央政府的分裂瓦解,至少使其降为一地方政权","在扩大和加强各种亲日政权的同时,应尽速使其政权集中起来合而为一真正成为中国的中央政府,以迫使国内外承认实际上它是代替现中国中央政府的新政权。帝国对新中央政权的承认应视当时的形势而定,但一旦该政权具备了中央政府的内容,则应尽速承认之"。占据要冲后,"主要应该日益促进新中央政权的扩大和加强……使现中国中央政府崩溃"。①

把蒋介石排斥在外,突出各汉奸政权的地位,建设一种日本中意的中国政治秩序,体现了当时日本政府获得军事胜利后的强硬态度,这使对华强硬分子对重庆国民政府以及蒋介石十分蔑视。为促使重庆国民政府垮台,并使汪精卫更加热心于"和平"工作而不离开,他们自然乐于以汪为对手,坚决表示蒋"负有这次事变爆发的责任,当然应该下野"。② 他们也乐于造成蒋不顾列强在远东各有苦衷,强硬排斥对日"和平"人士、主动关闭对日"和平"之门的印象。因为,他们判断,一旦这种印象成立,蒋就极有可能在外交上"陷于孤城落日"之境地,这正是日本外交理想之所在。③

汪精卫方面,无非想借此推动日本以汪为中心,组织"中央政府",使重庆国民政府的外交陷入困境,从中赚取实利与筹码,以挽回他们个人被国人唾

---

① 堀场一雄:《日本对华战争指导史》(内部资料),第151—155页。
② 《汪精卫与板垣第二次会谈内容》(1939年6月15日),黄美真、张云编:《汪精卫国民政府成立》,第116页。
③ 石射猪太郎:《我对于处理中日事变的意见》(1938年6月),陈鹏仁译,载台湾《近代中国》总第60期,1987年。原文为:"不消说,我们所最希望的是,令英、美、法、苏等国疏远国民政府,并使国民政府陷于孤城落日之悲惨命运,以收拾时局。"

弃的命运。周佛海于1939年5月7日写给其妻子杨淑慧的信中是这样说的："我想我现在只有三条路可走；第一，仍在重庆；第二，老死在香港，不再问世；第三，就是现在的路。走第一条路，是不可以的，就公言，明明是误国的政策，我决不盲从；就私言，已惨炸两次，今后更要常炸，大有炸死之可能。走第二条路，不单放弃国的责任，而且闲着无事，住在家中，也实在难过，日子不易消遣，所以只有走第三条路了。"①周的这番话，清晰地勾勒出汪等既贪生怕死，却又想"有所作为"，拿国事"消遣"，实际上也是拿日本对华政策"消遣"的汉奸形象。

日、汪的算盘，蒋介石是有所提防的，他一面透过各种渠道对外表明中国抵抗日本侵略的决心不变，揭露近卫所谓"东亚新秩序"的实质是欲"独霸中国"，以此直接"刺激"在华拥有各方面利益的英、美等国；一面利用各种时机，推动美、英、法、苏等国对日采取制裁措施，使国际时局向有利于己的方向发展。

但蒋介石推动中国问题国际化的打算能否实现，决定权并不在中国政府手中。专门讨论中日冲突的布鲁塞尔会议永久休会的结局，使蒋对列强在远东介入冲突的可能性早已有数。1939年9月18日，他致驻美大使胡适的函电，明确表示："俄日停战协定订立后，继之必有互不侵犯条约之订立，而俄必促成日本之南进政策，一面或将劝我与日妥协。英、法不知其阴谋，犹思与日妥协，求保其远东权利，国际形势至危，若美国有重要之表示与行动，则英法在远东势必退缩，我全处于孤立，而日本东亚新秩序即可实现。"②如果日本的"东亚新秩序"果真实现，完全孤立的蒋介石政权将不得不与之打交道；而届时，先行一步的汪精卫显然在日本人面前有更大的发言权。惯于深算的蒋介石为公为私，都得预留后路，这也是其不急于与汪精卫撕破脸皮的原因之一。

---

① 蔡德金：《汪伪巨奸》，江苏省政协文史资料委员会编：《江苏文史资料》第48辑，1993年10月。
② 《蒋委员长自重庆电驻美大使胡适函电》，陈志奇辑编，"国立"编译馆主编：《中华民国外交史料汇编》，第4330页。

蒋介石对汪精卫投敌迟未公开定性与表态之原因探析

蒋介石的政治性格和哲学向来是以静制动、以退为进。自从他占据民国政坛的中心地位后,碰到一个接一个的政治危机,但他的这种性格和哲学帮了他很大的忙。他的敌人往往在这种策略的作用下,不战自乱,只好听蒋回头收拾残局,重登巅峰。汪精卫作为国民党的副总裁、中央政治会议主席、国民参政会议长,其突然出走,经过日本和众汉奸的炒作,一时声势浩大。而周佛海这样公认的蒋介石心腹的跟随,更使人揣测"和平"阵营潜在的巨大规模。但在人声鼎沸之中,蒋介石过往的经验告诉他,需要冷静地观察形势,以俟敌人自乱阵脚。事实证明,仅从汪精卫的角度观察,蒋的这一策略就收到了很好的效果。

一方面,汪精卫逃到河内,本以为会有大量国民党高级干部追随,实际情况大大出乎他的意料,回重庆而不能、出国又不甘寂寞的汪精卫慌忙之中采取了两方面的措施。一方面,为了向日本献媚,大肆贩卖其汉奸思想。1939年1月30日,他在答记者问时表示:"今人说'抗战就是一切',那么,抗日是目的了,然则为什么抗日呢?是为保卫国家之生存独立。可见保卫国家之生存独立是目的,抗日不过是手段。前年七月为什么主张抗战呢?为的是不如此不能保卫国家之生存独立。如今为什么主张议和呢?为的是如此才可以保卫国家之生存独立。"[①]1939年3月30日,他在《复华侨某君书》中,将此逻辑发挥得更加淋漓尽致:"如今日本已将和平条件提出来,这些和平条件,既然不能说是亡国条件,那么我们为什么不可以言和平?我的老朋友陈嘉庚说:'言和平就是汉奸。'为什么言和平就是汉奸?如此说来,宪法上规定国家有讲和的大权,是规定国家有做汉奸的大权了!""有些人说:欧洲战争起来,一定是英、法、俄和德、义〔意〕对垒,美国一定是加入英、法、俄方面,德、义一定是失败,那么,英、法、俄、美移得胜之师以向日本,日本一定是除了屈服,只有灭亡;这样渺渺茫茫的乐观论,你难道就要根据之以决定抗战到底的策略吗?"对于被全国人民目为汉奸,汪精卫十分"委屈",他说:"一般人心中想想,

---

① 汪伪宣传部:《汪主席和平建国言论集》,1940年10月,第7—9页。

亡国是大家有份的,汉奸的恶名却要我一个人承当,这更是何苦? 这么一来自然而然的,心虽知其危而口不敢言了。这是不说老实话的原因,也就是不负责任的原因,也就是亡国的原因!"①汪的这些狡辩虽逞口舌之能,而实际效果是,不用蒋介石本人开口,他自己就让国人通过其自白看清楚了他的所谓"和平"就是去当汉奸。

另一方面,在蒋介石冷静应对,国民党内并未出现大分裂,而曾仲鸣之死吓破群奸之胆的情况下,汪精卫集团改变了当初在日本占领区外、主要是西南地区建立反蒋亲日政权的初衷,决定逃往上海,在日本占领的中心地区实现"国民政府还都"。这一变化,彻底剥掉了汪精卫等自称与梁鸿志、王克敏不同的外衣。策划汪精卫出走的日本特务对此评价说:"当汪到达上海以后,就丧失了他的政治生命。"而且,由于这一变化,力主前议的高宗武被汪精卫等疏远,后来,在汪伪"还都"前夕,高与陶希圣脱离了"和平"阵营,并将汪精卫等与日本签订的卖国协定公之于众,使汪伪政权的筹组遭遇巨大困难。②

如是,实际上,在蒋介石明确指称汪精卫为汉奸罪犯之前,汪精卫等已经完成了汉奸形象的自我塑造,蒋介石姗姗来迟的公开表态只是确认既成事实而已。换言之,在政治争斗中,汪精卫又一次惨败给蒋介石。*

---

① 汪伪宣传部:《汪主席和平建国言论集》,第21—28页。
② 今井武夫:《今井武夫回忆录》,第103、113—114页。
* 原文与柴林联名发表于《抗日战争研究》2003年第2期。

"原典"的创建、叙事和流变

——从《日寇在南京的大屠杀》开始的知识考古

在学术史中,日本学者洞富雄的《南京事件》曾被认为是第一本研究性的南京大屠杀专著。[①] 洞富雄对南京大屠杀史研究贡献巨大,其作品公开出版在当时已经"遗忘"了大屠杀的日本,意义自然凸显。但"第一本"确非其所作,新近发现的1963年11月南京大学历史系日本史小组编著、江苏人民出版社内部印行的《日寇在南京的大屠杀》,堪称南京大屠杀研究的开山之作。

《日寇在南京的大屠杀》的四位编著者都是日本史小组的老师,分别为胡

[①] 程兆奇《南京大屠杀研究的几个问题》(《史林》2010年第4期)以"全世界第一位研究者洞富雄"为题,指出:"洞富雄有关南京大屠杀的文字第一篇发表于1967年《近代战史之谜》之一章,这也是全世界第一篇在研究基础上写成的南京大屠杀的文字","洞富雄的《南京事件》出版于1972年,是第一本研究性的专书"。高兴祖说:洞富雄"一九六七写成《近代战史之谜》(人物往来社,后半部分为《南京事件》),一九七二年四月出版单行本《南京事件》(新人物往来社),一九七三年十一月出版《日中战争史资料》第8、9卷《南京事件》Ⅰ、Ⅱ(河出书房新社)……一九八二年日本文部省在审定教科书时篡改历史、美化日本军国主义,他又立即于同年十二月出版了定本《南京大屠杀》,对'虚妄'说进行了有力的驳斥","洞富雄的定本《南京大屠杀》,是日本学者对南京大屠杀真相进行系统研究的第一部专著"。见高兴祖:《南京大屠杀是确凿的历史事实》(代译序),洞富雄:《南京大屠杀》,毛良鸿、朱阿根译,上海:上海译文出版社,1987年,第2、4页。

特别需要说明的是,南京大屠杀之后,蒋公穀、郭岐等幸存者均有记述,但性质为日记和回忆,亦即有关南京大屠杀的研究"资料"。《曼彻斯特卫报》记者田伯烈(H. J. Timperley)1938年出版 *What War Means: The Japanese Terror in China*(中文版译名为《外人目睹中之日军暴行》),其资料系金陵大学教授、南京安全区国际委员会成员贝德士为其提供的史迈士信件、栖霞山报告、魏特琳日记、马吉、福斯特和威尔逊尚未打印的新闻报道稿,以及费吴生和贝德士的信件,见 *Bates to Timperley* (*March 14, 1938*), RG 10, Box 4, Folder 65, The Archives of the United Board for Christian Higher Education in Asia, Yale University Divinity School Library Special Collections. 其成书亦属相关资料的编辑整理,尚未进入"研究专著"阶段。

允恭、高兴祖、吴世民和查瑞珍,高兴祖为组长,另有何杰等七位学生"协助工作",书稿的执笔和修改工作"是由教师担任的,其中尤以胡允恭执笔为多",书稿所有章节"均经参加者反复讨论,并经系内外有关同志审阅,提出了许多宝贵意见",所以可以看成是一部集体作品。初稿完成于1960年,1962年12月南京大屠杀25周年之际,由编著者进行了审订和增补,1963年11月第一次印刷,全书89页。①

梳理《日寇在南京的大屠杀》的来龙去脉,可以看出,它是南京大屠杀史研究的"原典",深刻地影响了此后中国的南京大屠杀史研究。虽然今天相关史料的丰富程度、研究的问题意识、内容的完备,以及跨学科研究视野的展开,已非半个多世纪以前高兴祖、胡允恭等人的先见之明所能覆盖,但在南京大屠杀中日军暴行结构分类、大屠杀规模及其统计路径、大屠杀中中国人的反抗、"大屠杀前史"——时代背景、"大屠杀后史"——南京审判、东京审判等各方面,均可见后人的继承和遵循。当然,从后人对高兴祖、胡允恭等人研究的扬弃和发展,可以看到历史叙述主体和主题、问题意识和研究范式的时代性变迁。变与不变,不仅无损于原典的地位,而且益增我们对于前辈筚路蓝缕开拓之功的敬意,也有助于我们加深对南京大屠杀研究学术史的理解。

一、《日寇在南京的大屠杀》的"发现"

后学并非全然不知高兴祖等人在20世纪60年代初努力的线索。张生等人在2012年出版的著作中称:"1962年,南京大学历史系日本史小组写作了《日本帝国主义在南京的大屠杀》,以内部资料的形式刊刻了油印本。"②徐志民2017年亦称:"1960年,南京大学历史系日本史小组开始调查、研究南京大

---

① 《后记》,南京大学历史系日本史小组编著:《日寇在南京的大屠杀》,南京:江苏人民出版社内部发行,江苏新华印刷厂印刷,1963年11月,第89页。
② 《导论:学术史》,张生等著:《南京大屠杀史研究》(上),南京:凤凰出版社,2012年,第7页。

屠杀,并于 1962 年完成《日本帝国主义在南京的大屠杀》书稿,但直到 1979 年才得以出版。"并称,这是"新中国最早的南京大屠杀专著"。① 前者的错误其实是把审订、增补时间误植为刊印时间,后者的错误在于 1979 年印刷的《日本帝国主义在南京的大屠杀》仍属"内部资料",不是"出版"。共同的错误在于书名,这一错舛其来有自,都来源于原著作者高兴祖的记忆。②

按照高兴祖 1979 年的追述,《日寇在南京的大屠杀》③"油印本"原有八章,另加"导言"和"结论",其中,"导言"和第八章"屠杀、强奸、抢劫和破坏的统计数字"由高兴祖本人执笔,第一章"南京沦陷前的情况"和第四章"'皇军'的兽行"由吴世民执笔,第七章"人民的反抗"由查瑞珍执笔。第二章"南京大屠杀一"、第三章"南京大屠杀二"、第五章"抢劫和破坏"、第六章"'安全区'并不安全",以及"结论"由胡允恭执笔。1962 年,江苏人民出版社准备出版时,他们将"南京大屠杀"扩大为三章,"'安全区'并不安全"改为"难民区真相","人民的反抗"改为"永不屈服的人","结论"改为"余论"。④ 高兴祖所说的"油印本"当属原典之前世,今天尚未发现;从 1963 年江苏人民出版社刊印之成书《日寇在南京的大屠杀》看,"导言"消失,"余论"为第十章,另加了"后记"。就分工看,胡允恭执笔篇幅最大。

---

① 徐志民:《日本人眼中的南京大屠杀——来自中国学界的观察》,《社会科学战线》2017 年第 9 期。
② 1979 年 3 月,高兴祖在《日本帝国主义在南京的大屠杀》的《后记》中称,该书"是一九六二年南大历史系日本史小组编写的。参加的教师有高兴祖、胡允恭、吴世民、查瑞珍四同志,具体负责这一工作的是高兴祖同志,另外还有七位同学协助进行了调查工作"。见日本史小组:《后记》(1979 年 3 月),南京大学历史系编著:《日本帝国主义在南京的大屠杀》,国营沙洲印刷厂 1979 年 9 月印刷。笔者使用的《日本帝国主义在南京的大屠杀》一书,为高兴祖本人 1979 年题签的版本。
③ 1979 年,高兴祖在《日本帝国主义在南京的大屠杀》序言中追述往事时,将《日寇在南京的大屠杀》误记为《日本帝国主义在南京的大屠杀》,见《序言》(1979 年 3 月 26 日),南京大学历史系编著:《日本帝国主义在南京的大屠杀》,第 1 页。值得提及的是,虽有时日太久之故,但高兴祖本人本有机会对照原作——2002 年,其子向侵华日军南京大屠杀遇难同胞纪念馆转赠了有高兴祖本人题签的《日寇在南京的大屠杀》(以下简称"纪念馆本")。这一误记,因《日本帝国主义在南京的大屠杀》收藏甚广,而成为前述众多错舛的来源。
④ 日本史小组:《后记》(1979 年 3 月),南京大学历史系编著:《日本帝国主义在南京的大屠杀》。

笔者获得的《日寇在南京的大屠杀》原始印本,正是胡允恭本人题签的,收藏者南京大学历史系毕业生张成德于2018年转赠南京大学历史学院图书馆(以下简称"南大本",以区别于高兴祖本人题签的"纪念馆本"),其约于1980年在扉页前另加书封,交代此书的由来说:

> 此书为南京大学历史系胡允恭教授所送,当时予在军旅,胡师邮寄来。
>
> 南大历史系日本史小组由当时的讲师高兴祖牵头,胡师亦小组成员。胡师虽为教授,但由于"历史问题"受打击、批判,不为重用。文化大革命后得以平反——原来胡师早年参加革命,与瞿秋白等熟悉,土地革命时曾任中共山东省委书记。……1980年予工作于南京陆军指挥学院,曾往看望,他以回忆录《金陵丛谈》相赠。[1]

胡允恭本人的题签,对说明此书编纂的缘起,具有极其重要的学术史意义。他写道:"一九三七年十二月起,日寇在南京的大屠杀,早成为历史上专有的名词。一九六〇年南京大学少数同志为反对《日美安全条约》,总结了这一惨痛的历史,写成专书,即命名为《日寇在南京的大屠杀》。书的字数虽不多,但它叙述了血淋淋的轰动世界的大事件!江苏人民出版社认为是永久性的作品,决定印出,公之世界。"他特别说明了此书正式出版一再延宕的原因:"近年因反修,照顾政策,出书日期,一再延后。本年秋已经校对完毕,排印出书,嗣又考虑再延。惟因内部需要,所以先把样本装成十余册,以便参考,对外不公开。希少数读者注意为荷。"[2]《日美安保条约》的签订和中苏争执,是深刻影响二战后世界格局特别是东亚局势的大事,其冲击波及一本著作的出版,虽出乎意想之外,却也通透地点明了本书的"时代背景"。

---

[1] 张成德题记,南京大学历史系日本史小组编著:《日寇在南京的大屠杀》。
[2] 胡允恭题签(1963年12月),南京大学历史系日本史小组编著:《日寇在南京的大屠杀》。

《日寇在南京的大屠杀》的资料来源分为两个部分：一是文献资料，来源于南京市档案馆、南京市中级人民法院、上海报刊图书馆、中国科学院近代史研究所南京史料整理处（笔者按：此即今天之中国第二历史档案馆）、新华日报社、南京市文化局、南京地志博物馆、南京图书馆、南京大学图书馆和南京大学历史系图书室；二是口述资料，其时幸存者尚多，调查者称，"特别在访问过程中，许多受害者及其家住述及当日情况时，往往声泪俱下，使我们深受感动，推动了我们的工作"。①

《日寇在南京的大屠杀》虽然没有对外公开出版，但其内容并不是始终处于秘密状态。日本史小组称："为了向希望了解这一事件的日本朋友介绍情况，一九六五年，我们向有关外事单位提供了全部研究成果和照片，在这个基础上，为日本朋友举办了报告会和照片展览。此后，我们还多次应邀参加这类接待活动和向日本某历史学家提供材料，日本朋友听过介绍以后的激动心情，和纷纷表示一定要同中国人民世世代代友好下去的决心，使我们非常感动，至今还难以忘怀。在国内我们曾向许多单位提供了这一著作的油印本，或提出有关报告，得到了他们的热情帮助。"高兴祖还提到，相关内容曾在1963年和1978年提交给南京大学校庆科学报告会。② 高兴祖的这段追忆说明，《日寇在南京的大屠杀》除了出版规范意义上的"公开出版"，它其实早已扩散，甚至"国际化"。只是在记忆和遗忘的反复搏斗中，它一度湮没，以至于作者本人都记错它的名字。

二、《日寇在南京的大屠杀》的结构和主要内容

卢沟桥事变，尤其是上海八一三事变的发生，是今天几乎所有南京大屠杀史论著的起点，《日寇在南京的大屠杀》第一章"南京沦陷前的情况"首开其

---

① 《后记》，南京大学历史系日本史小组编著：《日寇在南京的大屠杀》。
② 日本史小组：《后记》(1979年3月)，南京大学历史系编著：《日本帝国主义在南京的大屠杀》。

端。著者首先说明,在中国共产党的领导下,全国人民抗日情绪高涨,"以苏联为首的世界人民正向中国伸出友谊之手"①,"国民党卖国政府"虽然被迫起来抗战,"然而自始至终都准备着妥协投降"。这就造成了江南大片土地被日军侵占的结果,而在从苏州、无锡、镇江冲向南京的过程中,日军即已开始烧杀淫掠,著者在这里引用的是英国记者田伯烈的《外人目睹中之日军暴行》,但当时未详田伯烈一书的资料来源。"南京沦陷前的情况"接着说明:在此之前,日机对南京进行了轰炸,国民党政府在11月20日发布迁都重庆宣言,各机关相继撤离,南京留下"无依无靠的老百姓",著者准确地指出战前南京人口即达百余万②,战火中他们顶多投奔四郊,"广大居民是无法远走他乡的",加上各地逃来的难民,南京居民人数众多,"蒋介石集团"对其采取"任其所之"的态度,而"一些美、英帝国主义分子"在南京成立"国际委员会",划定一些区域为难民区。③ 著者简述了南京保卫战的情况,指出守军司令唐生智的拙劣战术和仓皇撤退命令,随即开始南京大屠杀主体部分的论述。

1. 关于屠杀

屠杀部分分为三章,其"(上)"分为三个部分:第一部分以"两条血路",分别叙述了1937年12月13日、14日发生在中山南路和北路,中央路及两旁街巷的针对难民的屠杀;第二部分则以"沿江惨杀"叙述了发生在下关和中山码

---

① 这一论述,对照胡允恭题签中的"反修",可知乱云飞渡之际时人之为难。
② 南京战争前后人口,久为日本右翼关注,作为其否定南京大屠杀的突破口。如上智大学教授渡部升一称:"在一个比东京世田谷区还要狭小的地方,在一个当时总人口约20万,而且还有欧美人士混杂其中的地区,居然有数十万人遭屠杀,这种说法本身就令人喷饭!"渡部升一:《读〈南京大屠杀〉之虚构〉有感》,田中正明:《"南京大屠杀"之虚构》(内部读物),军事科学院外国军事研究部译,北京:世界知识出版社,1985年,第2页。田中正明也是这样的看法,见田中正明:《"南京大屠杀"之虚构》(内部读物),第40页。松村俊夫说,"从当时南京的人口、支那军兵力的总数来看,在南京市内外屠杀了30万是不可能的"。见松村俊夫:《南京大屠杀大疑问》,赵博源等译,北京:新华出版社,2001年,第218页。这种思路,实际上来源于当年远东国际军事法庭上武藤章的辩护律师冈本正一对美国医生罗伯特·威尔逊的质证,见《威尔逊的证词与回答质证》,杨夏鸣编:《东京审判》,张宪文主编:《南京大屠杀史料集》第7册,南京:凤凰出版社、江苏人民出版社,2006年,第51—53页。20世纪90年代,中国学术界对战前南京人口进行了详细研究。
③ 南京大学历史系日本史小组编著:《日寇在南京的大屠杀》,第5、6页。

头、草鞋峡、燕子矶、观音门的屠杀;第三部分以"环城惨杀"叙述了发生在紫金山、雨花台、汉西门外、上元门、和记公司和凤凰街上新河的屠杀。①

其"(中)"则列举了五种特殊的屠杀方式和"运动":"清街运动"指12月下旬对店员、居民的屠杀,文中引用了编著者寻访到的、曾在南京安全区国际委员会协助西方人士工作的幸存者许传音②的证言。"杀人游戏"列举了烧死、淹死、用硝镪水浇死、破腹刺死胎儿等残酷的杀人手段。"明令鼓励杀人"说明在日军司令部明令之下,日军肆意扩大范围,将很多青壮年"指为官兵和抗日分子"逮捕杀害。"杀人竞赛"引用《外人目睹中之日军暴行》和《大阪每日新闻》的报道,介绍了片桐部队的少尉向井敏明、野田毅之(按:今一般作野田毅)的杀人竞赛。"实验细菌和宪兵杀人"特别引用了当时有机会接近日军医务机构的台湾人谢金龙的报告,揭露日军俘虏收容所的所长森田中尉"奉华中派遣军司令部第三课长广本上尉的明令,挑选百余名俘虏到中山门中央医院旧址,交多摩部队供细菌试验,把各种病菌注射到较强壮的俘虏身上,观测变化,结果在数天内,百余人全部死亡"。文中还介绍了日军宪兵杀人的情况。③

其"(下)"集中讨论了当时南京的尸体处理,其"路旁的尸堆"介绍道,为方便日军"高视阔步",日本大使馆指派安村三郎加入国际委员会与其交涉,由红卍字会、崇善堂等民间慈善团队和部分难民组织收埋队处理尸体。文中还引用了当时尚健在的原红卍字会会长杨登瀛的证词。"双龙巷、石婆婆巷的尸架和二条巷口的尸山"介绍说,鼓楼一带日军屠杀人数众多,"这一地段,路面狭窄,尸体、杂物特别多,只好把一部分尸体搬运到附近双龙巷中,沿着巷的两壁迭〔叠〕起来,这两条巷子恰巧又极狭小,两边迭〔叠〕起尸体,简直变成尸架或肉壁了"。"另一部分积尸,被清除队运到二条巷口大北山的西面脚下,这里原来是一片荒地,尸体可以任意扔弃,因此运来的尸体甚多,后来被

---

① 南京大学历史系日本史小组编著:《日寇在南京的大屠杀》,第7—13页。
② 许传音战后曾出席远东国际军事法庭作证。
③ 南京大学历史系日本史小组编著:《日寇在南京的大屠杀》,第14—23页。

日寇运走一部分到五台山（现在已开辟为江苏体育场）上浇上汽油焚烧灭迹，仍有一部分留在原处"，所以居民称作"尸山"。"积尸的掩埋和焚化"说明，1938年1月间，南京大屠杀被中外媒体报道后，日方承认在南京有屠杀等行为，将松井石根等调回国内。南京警备司令天谷等命令迅速处理尸体，一方面由收埋队草草掩埋，一方面由日军进行焚化，终于大致处理完毕积尸。①

2. 关于性暴行

这部分，分"普遍的强奸"和"谷寿夫等高级军官的奸淫罪行"两目。著者提出，对于普遍的奸淫，"日寇将领不仅不加约束，反而予以纵容。日寇将领想借此满足士兵一时的兽欲，使其士兵'得乐且乐'，不至思乡逃亡或竟至发生反战心理"。强奸针对幼小至9岁、年长至75岁的女性。著者当时获得一位被害妇女的控诉材料，"这个女同胞原住在铜银巷六号，与其他几个妇女被日寇架去城中某处，白天洗衣服，黑夜遭强奸。年纪较大的，每夜被轮奸十次到二十次；年纪较轻的和面貌漂亮的，每夜被轮奸的次数则更多"。家属干预的，多被杀死；遭强奸之后，妇女多被杀害；反抗者，更被虐杀。

著者指出，日军各级军官亦犯下性暴行，谷寿夫本人在中华门、赛虹桥、黄泥塘等处先后强奸妇女数人。日军还掳掠妇女设立"行乐所"或"俱乐部"，进行体制性施暴。②

3. 抢劫和破坏

文中分为"有计划有领导的抢劫"和"有计划有领导的破坏"两部分，而且是相互关联的。

抢劫商人的财物，集中在新街口、太平路、建康路、夫子庙、中华路等繁华路段，"这种抢劫是有组织的，大都由长官率领一群全副武装形同盗贼的'皇军'，驾着大卡车、汽车，直接开到大公司、大商店门前，蜂拥而入，由长官指挥，不问什么货物，一律搬上卡车、汽车，呼啸而去"。抢劫居民的财物，日军

---

① 南京大学历史系日本史小组编著：《日寇在南京的大屠杀》，第24—27页。
② 南京大学历史系日本史小组编著：《日寇在南京的大屠杀》，第28—33页。

"什么东西都要,只要是抢劫到手的东西,不问布匹、衣服、脚踏车、箱子、金银、手表等,都可以取得日军司令部许可,发给证明文件,公然带回或寄回国内,交与他们的父母、妻子们享受"。抢劫的同时,杀人放火强奸。

"抢劫了的店铺和仓库,经常是放一把火把它烧掉。"文中引用远东国际军事法庭判决书指出:"全市的三分之一都被毁了。"日军还轰炸永利铔厂,占领后更杀害厂中工人,运走其机器。江南水泥公司和中国水泥厂亦被其侵夺。"南京城内和四郊,经过日寇的抢劫、破坏,满目凄凉,直到解放前,还没有恢复。"①

4. 南京大屠杀的相关数据

《日寇在南京的大屠杀》指出:"远东国际军事法庭确定被害人数为二十万,是取最保守的数字。在国民党政府公布三十余万数字的同时,国民党首都地方法院公布了一个《敌人罪行调查统计表》,以日寇驻南京的部队为单位,罗列所犯罪行,作为具体的证据。其后,在公布三十九万时,未提出具体证件(笔者按:原文如此,当为'证据'),五十万更只是估计数。因此,由于三十万的数字比较具体,常为一般人所引用。如解放初期,南京《新华日报》的记者还以《南京屠杀三十万》为标题。"②著者根据当时他们找到的南京市中级人民法院等处的档案,提出"有案可考的达四十万以上"。③

关于性暴行受害者数字,著者引用了金陵大学教授贝德士在远东国际军事法庭作证时提出的数字,即约二万件,同时认为,"这实在是大大缩小的数字"④。关于战事造成的损失,书中引用了金陵大学社会学教授史麦特(笔者按:Lewis S. C. Smythe,今译为史迈士)博士1938年8月调查所得数字"二万四千六百万元",认为数字"不能认为是完备的"⑤。

《日寇在南京的大屠杀》的"余论"揭示了写作此书的宗旨在于警惕日本

---

① 南京大学历史系日本史小组编著:《日寇在南京的大屠杀》,第34—39页。
② 南京大学历史系日本史小组编著:《日寇在南京的大屠杀》,第60页。
③ 南京大学历史系日本史小组编著:《日寇在南京的大屠杀》,第74页。
④ 南京大学历史系日本史小组编著:《日寇在南京的大屠杀》,第77页。
⑤ 南京大学历史系日本史小组编著:《日寇在南京的大屠杀》,第79页。

军国主义的复活。它指出:"日寇在南京所犯下的滔天罪行,正反映了'皇军'的本质,更反映了日本帝国主义的本质。""日寇在南京和中国其他地方所犯下的罪恶,都是日寇最高军事领导集团的意旨。"但日本帝国主义崩溃以后,日本没有走上独立、民主、和平、中立的道路,而是与美国结成了军事同盟,战犯们纷纷充任政府和军队高官,"日本又重新向侵略旧路上迈进"。"余论"回顾了岸信介政府和池田勇人政府的"翻案"言行,提出,美国"欲起用它所一手扶植起来的日本军国主义充当它侵略亚洲的主要帮凶,而日本军国主义也自以为羽毛已丰,蠢蠢欲动"。但"无论美帝国主义,还是日本军国主义,企图把历史车轮从二十世纪六十年代倒转到三十年代,这不过是愚蠢的妄想。中日两国人民和全亚洲的人民,绝不允许日本重走军国主义的这条老路"。①

三、《日寇在南京的大屠杀》的流变

《日寇在南京的大屠杀》不是秘密,"但长期以来,没有能公开出版"②。1979年,在原有章节的基础上,"根据新收集的材料和各有关方面提出的意见",高兴祖进行了修订、补充,"个别章节进行了改写",并补充了部分照片,以《日本帝国主义在南京的大屠杀》为书名,印行了"内部资料"。③ 值得注意的是,此书的序言中,明确了战争和屠杀的责任:"日本帝国主义对我们中国和亚洲其他国家的侵略和屠杀,是一小撮军国主义分子犯下的罪行,和广大日本人民是完全无关的。……正是这一小撮军国主义分子所发动的侵略战争,断送了日本人民的民族独立,……总结这一惨痛的历史事件,正是为了吸取教训,反对中日两国人民的共同敌人,反对来自任何方面的侵略。"序言还提到了作为日本学界先行者的洞富雄的《中日战争史资料》第八卷《南京事件

---

① 南京大学历史系日本史小组编著:《日寇在南京的大屠杀》,第82—87页。
② 《序言》(1979年3月26日),南京大学历史系编著:《日本帝国主义在南京的大屠杀》,第1页。
③ 日本史小组:《后记》(1979年3月),南京大学历史系编著:《日本帝国主义在南京的大屠杀》。

I》和第九卷《南京事件 II》的出版及其价值[①]。全书 110 页,《序言》回顾了 1963 年版本的来龙去脉,说明修订旨趣;《后记》则说明了《日寇在南京的大屠杀》的编纂情况,未编页码。

1979 年的《日本帝国主义在南京的大屠杀》正文分为"南京沦陷前的情况""南京大屠杀""'皇军'的兽行""抢劫和破坏""难民区真相""永不屈服的人""屠杀、强奸、抢劫和破坏的统计数字""驳斥所谓'南京大屠杀是虚构'的谬论"等八章。可以看出,"南京大屠杀"又集中为一章,新加了针对日本右翼分子铃木明否定南京大屠杀谬论的一章,这是在《日寇在南京的大屠杀》中没有出现的新的问题意识。

1979 年版本根据国际局势的变化作了一些修改,如"南京沦陷前的情况"删除了 1963 年版本中"以苏联为首的世界人民正向中国伸出友谊之手"的说法,以及"一些美、英帝国主义分子"在南京成立"国际委员会"的提法,改为"一些美、英外籍人士以'热心公益'为名,建议在南京成立'国际委员会'"。[②]

但总的来讲,除新增的第八章外,修订时非常节制。如第二章"南京大屠杀"将《日寇在南京的大屠杀》的(上)、(中)、(下)三章合并为一章,其子目未做变化,仍为"两条血路""沿江惨杀""环城惨杀""清街运动""杀人游戏""明令鼓励杀人""杀人竞赛""实验细菌和宪兵杀人""路旁的尸堆""双龙巷、石婆婆巷的尸架和二条巷口的尸山",以及"积尸的掩埋和焚化"。其文字细节甚至标点,仍从前书,如"日本人民早已在日本共产党的号召和影响下,反对日本军国主义者侵略中国,这时更痛恨日本反动统治集团的罪恶行为,于是,日本人民反战情绪日渐高涨。日本反动统治集团:内阁,参谋本部,陆、海军省(部),才开始慌张起来,不得不承认日军在南京有屠杀和奸淫、抢劫、焚烧、破

[①] 《序言》(1979 年 3 月 26 日),南京大学历史系编著:《日本帝国主义在南京的大屠杀》,第 1,2 页。

[②] 南京大学历史系编著:《日本帝国主义在南京的大屠杀》,第 3—9 页。

坏等等罪行"等表述。①

高兴祖1979年的修订详情,具体体现在《日寇在南京的大屠杀》"纪念馆本"中,其注释的重新排序用红笔标出,重写的内容用稿纸别在书边,具有重要的文本价值。

就其内容而言,此书是《日寇在南京的大屠杀》的孪生姊妹篇,其第八章体现了南京大屠杀研究焦点的转移,但整体上尚未实现破茧而出的飞跃。

1985年,高兴祖在上海人民出版社出版了《日军侵华暴行——南京大屠杀》,这是中国大陆第一本"公开出版发行"的关于南京大屠杀的专题学术著作。全书115页、7万字,被收入"祖国丛书"。第一次印刷即达34 000册。②

《日军侵华暴行——南京大屠杀》设"前言"和"深刻的历史背景""南京'安全区'的出现""南京的失陷""日军对难民和俘虏的大屠杀""'难民登记'的骗局""杀人游戏和杀人竞赛""尸体掩埋和被屠杀的人数""日军的兽行""抢劫和破坏""人民的反抗""应得的惩罚"等11章,以及"附录 大事年表"。其内容和旨趣发生了巨大的跃迁,即从高兴祖负责的集体著作到高兴祖个人著作的转变,新见迭出。

如其"前言"称:"南京大屠杀是发生在半殖民地半封建的旧中国的一场外祸。那时的中国,贫穷落后、山河破碎,中华民族不断受到帝国主义的侵略、欺侮和凌辱。惨痛的历史告诉人们,'落后就要挨打'。重温这一历史事件,有助于激发我国人民的爱国主义热情,为振兴中华,为早日实现祖国的四化而发愤图强。"③这里,已经脱开了《日美安保条约》和"反修"概念的羁绊,开始其民族国家历史叙述和追求,形成了对1963年版本和1979年版本的扬弃。

又如在讨论南京保卫战之前,高兴祖用专章讨论了南京"安全区"成立的过程。相应的专章在1963年版本和1979年版本中,均为"难民区真相",而且

---

① 南京大学历史系编著:《日本帝国主义在南京的大屠杀》,第10—30页。引文见《日本帝国主义在南京的大屠杀》第29页,《日寇在南京的大屠杀》第26页。
② 高兴祖:《日军侵华暴行——南京大屠杀》,上海:上海人民出版社,1985年。
③ 《前言》,高兴祖:《日军侵华暴行——南京大屠杀》,第1页。

其立意是揭露"真相"——其结论是:"帝国主义分子办的所谓难民区,不过是个骗局而已。"① 既是"骗局",对中立国人士在南京开展的人道救援活动,评价自然极低。1985年版本客观描述了安全区国际委员会的成立过程,文中厘清了委员会中15名外侨的姓名和身份,记述了梅奇(John Magee,今译马吉)牧师主持的国际红十字会南京分会与委员会的合作,还提到了《纽约时报》记者都亭(F. Tillman Durdin,今译德丁或杜丁)和派拉蒙公司摄影师孟根(Arthur Menken,今译孟肯)。高兴祖介绍了南京安全区位置、面积及其与上海法国神父饶家驹斡旋的关系,中日双方对安全区的态度,南京沦陷后安全区的收容量,而且明确安全区内发生的暴行的责任在于日军。② 语言学术、中性、平和,开创了对于南京安全区经久不衰的学术研究。

再如涉及大屠杀整体状况时,高兴祖指出,日军占领芜湖、突破乌龙山炮台后,将中国军队团团包围,"结果,十几万中国守军只有几千人得以慌忙渡江撤退,其余的都被日军捕杀",③ 从而说明了日军大屠杀的主要对象之一,而中国守军被屠杀的规模在前述两书中均未明确。他系统引用了受害者、加害者和第三方目击者的资料,比前述二书更为全面、精当,有些资料,如南京市中级人民法院资料④ 今天反而罕见引用。在述及"百人斩"竞赛时,新增了前述二书没有的田中军吉屠杀300余人的内容。⑤ 关于大屠杀规模,《日军侵华暴行——南京大屠杀》将其确定为30万。⑥

新设的"应得的惩罚"一章,专门介绍了战后同盟国远东国际军事法庭对南京大屠杀案的审理、证据体系和对松井石根不作为罪责的界定,还介绍了国民政府"国防部审判战犯军事法庭"对谷寿夫等人的审理过程。⑦ 内容虽然

---

① 南京大学历史系日本史小组编著:《日寇在南京的大屠杀》,第50页;南京大学历史系编著:《日本帝国主义在南京的大屠杀》,第58页。
② 高兴祖:《日军侵华暴行——南京大屠杀》,第5—12页。
③ 高兴祖:《日军侵华暴行——南京大屠杀》,第14页。
④ 高兴祖:《日军侵华暴行——南京大屠杀》,第35页。
⑤ 高兴祖:《日军侵华暴行——南京大屠杀》,第47—53页。
⑥ 高兴祖:《日军侵华暴行——南京大屠杀》,第68页。
⑦ 高兴祖:《日军侵华暴行——南京大屠杀》,第96—105页。

简略,但开了对两场审判进行学术研究的先河。

当然,值得指出的是,从1985年版本中仍然可以看到此书对于1963年版本和1979年版本的传承关系。这种传承,不仅体现高兴祖个人的贯穿作用,也说明上述三书建立了南京大屠杀研究的谱系。其中,有关南京沦陷后当地军民反抗的内容,可以清晰地看到记忆基因的内核。如前所述,1962年修改《日寇在南京的大屠杀》"油印本"时,将"人民的反抗"改为"永不屈服的人";1979年版本,仍为"永不屈服的人";到1985年版本中,又改回"人民的反抗"。章名反复,而内容一贯:首先介绍南京工人阶级代表梁志成拒绝开车为日军运输子弹而英勇牺牲的事迹,然后叙述南京女性李秀英不愿受辱,与日军搏斗至多处受伤、胎儿流产的传奇,三个版本都记述了有人在南京新街口放了收音机播放中国抗日消息、日军屠杀俘虏时中国军人高呼"夺枪"等故事,结尾都指出,新四军领导的游击队,给日军以沉重打击。从一些字句,可以明显看到从《日寇在南京的大屠杀》开始的20多年间已经固化了的记忆的延续,如关于李秀英受伤的情形,1963年版本作"李秀英的脸部肿胀得象〔像〕一张血盆,头发也一根根地竖了起来",1979年版本同1963年版本,1985年版本作"李秀英的脸部肿胀得象〔像〕张血盆,头发也一根根地竖了起来"[1]。高兴祖沿用日本史小组当年的说法、写法,有一个重要背景:"嗣后,由于工作需要,许多同志转向其他教学和研究工作,只有个别同志仍把这一历史事件作为自己的研究课题,进一步收集了有关材料。"[2]

---

[1] 南京大学历史系日本史小组编著:《日寇在南京的大屠杀》,第53页;南京大学历史系编著:《日本帝国主义在南京的大屠杀》,第62页;高兴祖:《日军侵华暴行——南京大屠杀》,第93页。

[2] 日本史小组:《后记》(1979年3月),南京大学历史系编著:《日本帝国主义在南京的大屠杀》。高兴祖在1979年后系中国重要的南京大屠杀史研究者、开拓者之一,并担任"侵华日军南京大屠杀史研究会"第一任会长。胡允恭1991年去世,其《金陵丛谈》涉及许多民国政潮、学潮秘辛。查瑞珍淡出相关研究,退休颐养。吴世民则在《南京大屠杀史料集》出版最后一批资料时,参加了笔者主持的美国国家档案馆有关南京大屠杀文献的翻译工作,2018年去世。

余 论

　　《日寇在南京的大屠杀》形成于20世纪60年代,后世的研究者必须充分考虑到这一背景,才能对相关内容有"同情之理解"。如日军以搜查"残败兵"为名在安全区搜捕青壮年时,曾谎称出去登记即有工做,有房子住,否则处决。包括安全区外侨在内,不少人轻信了此言。《日寇在南京的大屠杀》记述了一个南京工人的控诉,说他的朋友"戴大毛"也跟着出去,差点被杀,侥幸逃脱后戴大毛说:这不是美国鬼子点名让日本鬼子来屠杀吗?[①]

　　尽管有这样明显带着时代烙印的瑕疵,《日寇在南京的大屠杀》及其孕育的《日本帝国主义在南京的大屠杀》和《日军侵华暴行——南京大屠杀》,开创了南京大屠杀史研究这一影响深远的研究领域。其突出影响有二:

　　第一,开创了中国学界南京大屠杀史的基本叙事结构。从时代背景,说到南京保卫战和南京安全区,分屠杀、性暴力、抢劫和破坏等部分对南京大屠杀整体面貌进行把握,强调大屠杀期间中国军民的反抗,叙述东京审判和南京审判厘清的事实和责任,这一由上述著作奠定的叙事格局,其影响体现在此后多种研究著作中。1997年出版的《南京大屠杀》[②]、2012年出版的《南京大屠杀全史》[③]篇幅巨大,资料丰富,观点创新,非《日寇在南京的大屠杀》所能望其项背,但叙述南京大屠杀主要组成部分的基本结构没有改变。《南京大屠杀史研究》[④]和《南京大屠杀研究:历史与言说》[⑤]是专题性研究,国际化视野突出,跨学科特征明显,但在涉及南京大屠杀具体历史过程时,也受到上述叙

[①] 南京大学历史系日本史小组编著:《日寇在南京的大屠杀》,第45页。
[②] 孙宅巍主编:《南京大屠杀》,北京:北京出版社,1997年。
[③] 张宪文主编,张连红、王卫星副主编:《南京大屠杀全史》(上中下),南京:南京大学出版社,2012年。
[④] 张生等著:《南京大屠杀史研究》(上下),南京:凤凰出版社,2012年。
[⑤] 张连红、孙宅巍主编:《南京大屠杀研究:历史与言说》(上下),南京:江苏人民出版社,2014年。

事格局的影响。

第二,提示了相关资料的收集路径。南京大屠杀的相关方为受害者中方、加害者日方和第三方。《日寇在南京的大屠杀》等三书,没有明确这样表述,但其资料运用,在当时艰难竭蹶的情况下,已经注意到了三方资料的同时呈现。集大成的《南京大屠杀史料集》(72卷)[①]汇集了中、日、英、美、德、丹、法、意、俄等国的资料,其顶层架构也是三方资料均予客观揭示的原则,达到了新的高度。新近陆续发现的克拉档案、哈佛燕京图书馆藏费吴生档案和瑞典文档案,进一步展示了中国学者搜集三方史料的努力。值得提及的是,《日寇在南京的大屠杀》用南京市中级人民法院资料论述日军大屠杀的另一种形态——"试验病菌"[②],今天仍值得后学追寻。

然而,《日寇在南京的大屠杀》的影响不止于此。

如前所述,高兴祖在《日本帝国主义在南京的大屠杀》"后记"中提到1965年接待日方人士一事,实际上是当年日本"中国归还者联络会"代表团访问南京。接待中,南京对外文化协会的汪良向代表团详谈了南京大屠杀[③]。汪良提到,1937年12月13日,日军冲进南京中山路和中央路,屠杀难民:

> 十二月十三日,……攻入城内的一部分日本军,立即占领国民党机关和银行,其他部队冲进了中山路(即南北向横贯于南京城中心的从中山南路到中山北路的一段马路,约有五公里长)和中央路(通过中央门三公里的一条马路)。……十三日和十四日两天屠杀的结果,马路变成了血的马路、血的洞窟。[④]

---

① 张宪文主编,张生、张连红、王卫星、杨夏鸣等副主编:《南京大屠杀史料集》(72卷),南京:凤凰出版社、江苏人民出版社,2005—2010年。
② 南京大学历史系日本史小组编著:《日寇在南京的大屠杀》,第20—22页。
③ 洞富雄:《决定版·南京大虐殺》,東京:德間書店,1982年,第18页。译文参照中译本第16页。
④ 洞富雄:《决定版·南京大虐殺》,第27页。译文参照中译本第28—29页。

"原典"的创建、叙事和流变

汪良的这一说法,可以与《日寇在南京的大屠杀》相关部分对照:

> 经过十三、十四两天的大屠杀,中山南路和北路、中央路及两旁的街巷,都成为血路、血窟。①

"血的马路、血的洞窟",其实正是"血路、血窟"的中文日译,也就是说,汪良是根据《日寇在南京的大屠杀》相关部分向日本人士介绍南京大屠杀的。不仅如此,发生在中山路、中央路的屠杀十分严重,因而被称为"两条血路",这一源自《日寇在南京的大屠杀》第二章第一目(详见前文)的提法,在日本最早的南京大屠杀研究者洞富雄的著作中被沿用了,而且洞富雄认为,"'血路',不像汪良所说的那样只有两条"②。可见其跨越国界的影响是实际发生的。

高兴祖还提及向"日本某历史学家提供材料",该"历史学家"据洞富雄著作推断为日本早稻田大学教授新岛淳良。新岛作为当时日本著名的毛泽东思想研究专家,20世纪60至70年代多次访问中国,并访问过南京,从南京外事人员那里得知南京大屠杀的情节,发表了多篇关于南京大屠杀的文章。洞富雄写道:

> 新岛淳良从南京涉外人员中听到这样一个事实:从城南光华门逃出后为红卍字会和崇善堂两个慈善团体所收容的一万七千名难民,在那里被就地枪杀(《夺去三十万生命的"南京事件"》,载《东风新闻》,一九七五年七月三日号)。③

---

① 南京大学历史系日本史小组编著:《日寇在南京的大屠杀》,第8页。
② 洞富雄:《决定版·南京大虐杀》,第28页。译文参照中译本第29页。
③ 洞富雄:《决定版·南京大虐杀》,第46页。译文参照中译本第57页,但中译本把"红卍字会"误植为"红十字会"。

如前所述,南京外事人员以《日寇在南京的大屠杀》为介绍南京大屠杀张本,而日本史小组是当时国内唯一的南京大屠杀研究群体,高兴祖等人为新岛淳良提供资料是极为自然的逻辑。可以说,《日寇在南京的大屠杀》也启发、影响了日本最早的南京大屠杀研究。这颠覆了过往的学术史认知。*

* 原文发表于《江海学刊》2020年第1期。

在世界发现中国历史

中国历史并不自外于世界历史,仅仅用中国的资料研究中国历史,难免有一叶障目的局限。中国历史的秘密,很多深藏于美、英、日、德、俄、韩等国的档案馆和图书馆中,国际档案和各种文献资料,不仅补充、印证了中国方面的资料,也弥补了"在中国发现历史"范式的不足,体现历史研究全面性、客观性的要求。

"在世界发现中国历史"的内涵有三层次:可资研究中国历史的材料不仅仅存于中国;研究中国历史的不仅仅是中国学者;中国历史的许多关键只有放在世界历史的演变进程中,才能得到通透的理解。

"在世界发现中国历史",意味着把中国历史看成世界历史的一个重要组成部分,在国际风云变幻的大背景板上,建立阐释中国历史的坐标系,更加全面地探究中国历史演进的内因和外因,以及它们交互作用的机制和结构。事实上,中国史学界这些年来取得的重要进展,就是努力全面地占有世界各地的资料和研究成果,和由此形成的新视角、新观点、新话语,揭示了中国历史的整体史内涵,赋能中国历史研究,推动其不断深入,并与国际汉学界的研究形成呼应和对话。

"东亚地中海"视野中的钓鱼岛问题的产生

所谓"地中海",通常是指北非和欧洲、西亚之间的那一片海洋。在古代世界历史中,曾经是埃及、希腊、波斯、马其顿、罗马、迦太基等群雄逐鹿的舞台;近代以来,海权愈显重要,尼德兰、西班牙、英国、法国、奥斯曼土耳其帝国、意大利、德国乃至俄国,围绕地中海的控制权,演出了世界近代史的一幕幕大剧。

虽然,法国历史学家布罗代尔(Fernand Braudel)引用前人的话说"新大陆至今没有发现一个内海,堪与紧靠欧、亚、非三洲的地中海相媲美"[①],但考"mediterranean"的原意,是"几乎被陆地包围的(海洋)"之意。欧亚非之间的地中海,固然符合此意;其他被陆地包围的海洋,虽然早被称为他名,却也符合地中海的基本定义。围绕此种海洋的历史斗争,比诸欧亚非之间的地中海,其实突破了西哲的视野,堪称不遑多让。典型的有美洲的加勒比海,以及东亚主要由东海、黄海构成的一片海洋。

本文之意,正是要将东海和黄海,及其附属各海峡通道和边缘内海,称为"东亚地中海",以此来观照钓鱼岛问题的产生。

---

① 费尔南·布罗代尔,《地中海与菲利普二世时代的地中海世界》第1卷,唐家龙等译,北京:商务印书馆,2014年,扉页。

一

古代东亚的世界,由于中国文明的早熟和宏大,其霸权的争夺,主要在广袤的大陆及其深处进行。但东吴对东南沿海的征伐和管制,以及远征辽东的设想,[①]说明华夏文明并非自隔于海洋。只不过,由于周边各文明尚处于发轫状态,来自古中国的船舰畅行无忌,相互之间尚未就海洋的控制产生激烈的冲突。

唐朝崛起以后,屡征高句丽未果,产生了从朝鲜半岛南侧开辟第二战场的实际需要。新罗统一朝鲜半岛的雄心与之产生了交集,乃有唐军从山东出海与新罗击溃百济之举。百济残余势力向日本求援,日军横渡大海,与百济残余联手,于是演出唐—新罗联军对日本—百济联军的四国大战。

"东亚地中海"第一次沸腾。论战争的形态,中日两国均是陆海两栖作战;论战争的规模和惨烈程度,比之同时期欧亚非之间的地中海,有过之无不及。公元663年8月,白江口会战发生,操控较大战船的唐军水师将数量远超自身的日军围歼。[②] 会战胜利后,唐军南北夹击,倾覆立国七百余年的高句丽,势力伸展至朝鲜半岛北部、中部。

但就"东亚地中海"而言,其意义更为深远:大尺度地看,此后数百年间,虽程度有别,东亚国际关系的主导权均被中国各政权掌握,中日韩之间以贸易和文化交流为主要诉求,并与朝贡、藩属制度结合,演进出漫长的"东亚地中海"和平时代。"遣唐使"和鉴真东渡可以作为这一和平时期的标志。

蒙古崛起后,两次对日本用兵。1274年其进军线路为朝鲜—对马岛—壹歧岛—九州,1281年其进军路线为朝鲜—九州、宁波—九州。战争以日本胜

[①] (晋)陈寿撰,(刘宋)裴松之注:《三国志》第47卷《吴书二·吴主传第二》,北京:中华书局,1959年。

[②] 参见韩昇:《白江之战前唐朝与新罗、日本关系的演变》,《中国史研究》2005年第1期,第43—66页。

利告终,日本虽无力反攻至东亚大陆,但已部分调整了西强东弱格局下自身的守势。朱明鼎革以后,朱元璋曾有远征日本的打算而归于悻悻,倭寇却自东而西骚扰中国沿海百余年。《筹海图编》正是在此背景下将钓鱼屿、赤屿、黄毛山等首次列入边防镇山。[①]

明朝初年郑和远洋舰队的绝对优势,没有用来进行"东亚地中海"秩序的"再确立";明朝末年,两件大事的发生,却改写了"东亚地中海"由中国主导的格局。一是万历年间的援朝战争。1591年、1597年,日本动员10万以上规模的军队两次侵入朝鲜,明朝虽已至其末年,仍果断介入,战争虽以保住朝鲜结局,而日本立于主动进攻的态势已经显然。二是1609年的萨摩藩侵入琉球,逼迫明初以来已经在向中国朝贡的琉球国同时向其朝贡。日本在北路、南路同时挑战"东亚地中海"秩序,是白江口会战确立东亚前民族国家时代国际关系框架以来真正的千年变局。

二

"琉球"自明初在中国可信典籍中出现[②],这样,"东亚地中海"的东南西北四面均有了政权。中日朝琉四国势力范围犬牙交错,而中国在清初统一台湾(西班牙、荷兰已先后短期内试图殖民之)和日本对琉球的隐形控制,使得两大国在"东亚地中海"南路发生冲突的概率大增。

[①] (明)胡宗宪撰:《筹海图编》第一卷《沿海山沙图·福七、福八》,影印《文渊阁四库全书》第584册,台北:(台湾)商务印书馆,1986年,第14页。

[②] 成书于明永乐元年(1403年)的《顺风相送》载:"太武放洋,用甲寅针七更船取乌坵。用甲寅并甲卯针正南东墙开洋。用乙辰取小琉球头。又用乙辰取木山。北风东涌开洋,用甲卯取彭家山。用甲卯及单卯取钓鱼屿。南风东涌放洋,用乙辰针取小琉球头,至彭家花瓶屿在内。正南风梅花开洋,用乙辰取小琉球。用单乙取钓鱼屿南边。用卯针取赤坎屿。用艮针取枯美山。南风用单辰四更,看好风单甲十一更取古巴山,即马齿山,是麻山赤屿。用卯针取琉球国为妙。"这是目前所见最早记载钓鱼屿、赤屿等钓鱼岛及其附属岛屿名称的史籍,也是中琉交往的见证。本处《顺风相送》使用牛津大学波德林图书馆(Bodleian Libraries)所藏版本,南京大学何志明博士搜集。句读见向达校注《两种海道针经》,北京:中华书局,1982年。

对于地中海(此处泛指)控制权的争夺,大体上有两种模式。一是欧亚非之间的地中海模式,强权之间零和博弈,用战争的方式,以彻底战胜对方为目标,古代世界的罗马、近代的英国,均采此种路径。二是加勒比海模式,19世纪下半叶,英国本与奉行"门罗主义"的美国"利益始终不可调和",在加勒比海"直接对抗",但感于加勒比海是美国利益的"关键因素",乃改而默许美国海军占据优势①,这是近代意义上的绥靖。

1874年,日本借口琉球难民被害事件出兵台湾,实际上是采取了上述第一种模式解决"东亚地中海"问题的肇端。琉球被吞并,乃至废藩置县,改变了"东亚地中海"南路的相对平衡格局,钓鱼岛已被逼近——但在此前后,钓鱼岛均被日本政府视为日本之外——1873年4月13日,日本外务省发给琉球藩国旗,要求"高悬于久米、宫古、石垣、入表、与那国五岛官署",以防"外国卒取之虞",其中明确了琉球与外国的界线。② 在中日关于琉球的交涉中,日本驻清国公使馆向中方提交了关于冲绳西南边界宫古群岛、八重山群岛的所有岛屿名称,其中并无钓鱼岛及其附属岛屿中任何一个岛屿。③ 1880年,美国前总统格兰特(Ulysses Grant)调停中日"球案"争端后,"三分琉球"未成定议,中日在"东亚地中海"南路进入暴风雨前的宁静状态。日本采取低调、隐瞒的办法,对钓鱼岛进行窥伺,寻机吞并。

1885年10月30日,冲绳县官员石泽兵吾等登上钓鱼岛进行考察。④ 同年11月24日,冲绳县令西村舍三致函内务卿山县有朋等,提出在钓鱼岛设立国家标志"未必与清国全无关系"。⑤ 12月5日,山县有朋向太政大臣三条实

---

① 艾尔弗雷德·塞耶·马汉:《海权对历史的影响(1660—1783年)》(附《亚洲问题》),李少彦等译,北京:海洋出版社,2013年,第529—530页。
② 村田忠禧:《日中领土争端的起源——从历史档案看钓鱼岛问题》,韦平和等译,北京:社会科学文献出版社,2013年,第162页。
③ 《宫古、八重山二岛考》(光绪六年九月四日,1880年10月7日),台北:"中研院"近代史研究所档案馆藏,外交部门档案·总理各国事务衙门,01/34/009/01/009。
④ 「魚釣嶋他二嶋巡視調査の概略」(明治18年11月4日)、JACAR(アジア歴史資料センター)Ref.B03041152300(第18畫像目から)、帝國版図関係雑件(外務省外交史料館)。
⑤ 村田忠禧:《日中领土争端的起源——从历史档案看钓鱼岛问题》,第171页。

美提交内部报告,决定"目前勿要设置国家标志"。① 这一认识,到1894年4月14日,日本内务省县治局回复冲绳知事关于在久场岛、鱼钓岛设置管辖标桩的请示报告时,仍被官方坚持。② 1894年12月27日,内务大臣野村靖鉴于"今昔情况不同",乃向外务卿陆奥宗光提出重新审议冲绳县关于在久场岛、鱼钓岛设置管辖标桩的请示。③ 随后,钓鱼岛及其附属岛屿被裹挟在台湾"附属各岛屿"(《马关条约》用语)中,被日本逐步窃取。

野村靖所谓"今昔情况不同",指的是甲午战争的发生和中国在"东亚地中海"北侧朝鲜、中国东北战场上的溃败之势。通过战争,日本不仅将中国势力从中日共同强力影响下的朝鲜驱逐出去,且占据台湾、澎湖,势力伸展至清朝"龙兴之地"的辽东。白江口会战形成的"东亚地中海"秩序余绪已经荡然无存,"东亚地中海"四面四国相对平衡的局面,简化为中国仅在西侧保留残缺不全的主权——德国强占胶州湾后,列强掀起在中国划分"势力范围"的狂潮;庚子事变和日俄战争的结果,更使得日本沿"东亚地中海"北侧,部署其陆海军力量至中国首都。"在地中海的范围内,陆路和海路必然相依为命。"④陆路和海路两方面连续战胜中国,使得日本在"东亚地中海"形成对中国的绝对优势。

一千三百年时间里,"东亚地中海"秩序逆转,钓鱼岛从"无主"到"有主"的内涵也发生了逆转。马汉所谓"海权包括凭借海洋或者通过海洋能够使一个民族成为伟大民族的一切东西"⑤,在这里得到了很好的诠释。

---

① 「秘第一二八號ノ内」(明治18年12月5日)、JACAR(アジア歴史資料センター)Ref.A03022910000(第2畫像目から)、公文別録・内務省・明治十五年〜明治十八年 第四卷(國立公文書館)。

② 「甲69號 内務省秘別第34號」(明治27年4月14日)、JACAR(アジア歴史資料センター)Ref.B03041152300(第47畫像目から)、帝國版圖關係雜件(外務省外交史料館)。

③ 「秘別133號 久場島魚釣島へ所轄標杭建設之義上申」(明治27年12月15日)、JACAR(アジア歴史資料センター)Ref.B03041152300(第44畫像目から)、帝國版圖關係雜件(外務省外交史料館)。

④ 费尔南・布罗代尔:《地中海与菲利普二世时代的地中海世界》第2卷,第931页。

⑤ 艾尔弗雷德・塞耶・马汉:《海权对历史的影响(1660—1783年)》(附《亚洲问题》),《出版说明》。

三

格兰特调停中日"球案"时曾指出：姑且先不论中日之是非，中日之争，实不可须臾忘记环伺在侧的欧洲列强。[1] 那时的美国，刚刚从南北内战的硝烟中走出来，尚未自省到自身亦为列强之一。但富有启发的是，中日争夺"东亚地中海"主导权前后，列强就已经是"东亚地中海"的既存因素。"东亚地中海"的秩序因此不单单是中日的双边博弈。而在博弈模型中，多边博弈总是不稳定的。

马戛尔尼（George Macartney）使华只是序曲，英国在19世纪初成为东亚海洋的主角之一，并曾就小笠原群岛等东亚众多岛屿的归属，与日、美交涉。英国海图对钓鱼岛及其附属岛屿的定位，后来被日本详加考证。[2]

美国佩里（Matthew Perry）"黑舰队"在19世纪50年代打开日本幕府大门之前，对《中山传信录》等进行了详细研究，钓鱼岛及其附属岛屿固在其记述中，而且使用了中国福建话发音的命名。顺便应当提及的是，佩里与日本签约的同时，也与琉球国单独签约（签署日期用公元和咸丰纪年），说明他把琉球国当成一个独立的国家。

俄国、法国也在19世纪50年代前后不同程度地活跃于东亚地中海。

甲午战争，日本"以国运相赌"，其意在与中国争夺东亚主导权，客观结果却是几乎所有欧美强国以前所未有的强度进入"东亚地中海世界"。日本虽赢得了对中国的优势，却更深地被列强牵制。其中，俄国、英国、美国的影响最大。

大尺度地看，在对马海峡击败沙皇俄国海军，是日本清理"东亚地中海"

---

[1] 《七续纪论辨琉球事》，《申报》，光绪六年三月十八日，1880年4月26日，第4版。

[2] 「久米赤島・久場島・魚釣島の三島取調書」(明治18年9月21日)、JACAR(アジア歴史資料センター) Ref.B03041152300 (第8畫像目から)、帝國版図関係雑件(外務省外交史料館)。

北侧威胁的重大胜利,库页岛南部和南千岛群岛落入日本控制。但俄国并未远遁,其在堪察加半岛、库页岛北部、滨海省和中国东北北部的存在,始终让日本主导"东亚地中海"秩序时如芒刺在背,通过出兵西伯利亚、扶植伪满洲国、在诺门坎和张鼓峰挑起争端,以及一系列的双边条约,日本也只能做到局势粗安。而"东亚地中海"的内涵隐隐有向北扩展至日本海乃至鄂霍次克海的态势,因为"俄国从北扩张的对立面将主要表现在向位于北纬30°和40°之间宽广的分界地带以南的扩张中"①。事实上,二战结束前后,美国预筹战后东亚海洋安排时,就将以上海域和库页岛、千岛群岛等地视为苏联的势力范围,并将其与自己准备占据小笠原群岛、琉球群岛关联起来,显然认为其中的内在逻辑一致。②

在日本主张大东群岛、小笠原群岛等东亚洋中岛屿主权的过程中,英国采取了许可或默认态度。日本占据台湾,视福建为其"势力范围",直接面对香港、上海等英国具有重大利益的据点,也未被视为重大威胁。其与日本1902年结成的英日同盟,是日本战胜俄国波罗的海舰队的重要因素。但是,一战后日本获得德属太平洋诸岛,这与英国在西太平洋的利益产生重叠,成为英日之间产生矛盾与冲突的根源。1922年《九国公约》取代英日同盟,使得日本失去了维护其"东亚地中海"秩序的得力盟友。九一八事变后,日本对英国远东利益的排挤更呈现出由北向南渐次推进的规律。攻占香港、马来亚、新加坡,是日本对英国长期积累的西太平洋海权的终结,并使得"东亚地中海"的内涵扩展至南海一线。

虽然由于后来的历史和今天的现实,美国在中国往往被视为列强的一员,实际上在佩里时代,英美的竞争性甚强。格兰特的提醒,毋宁说是一种有别于欧洲老牌殖民帝国的"善意"。他甚至颇具眼光地提出:日本占据琉球,

---

① 艾尔弗雷德·塞耶·马汉:《海权对历史的影响(1660—1783年)》(附《亚洲问题》),第466页。
② Liuchiu Islands(Ryukyu),(April 14, 1943),沖繩県公文書館藏,美國蒐集文書·Liuchius (Ryukyus) (Japan),059/00673/00011/002。

如扼中国贸易之咽喉①。这与战后美国对琉球群岛战略位置的看法一致②,深具战略意义。

美西战争,使得"重返亚洲"的美国在东亚地中海南侧得到菲律宾这个立足点,被马汉(Alfred Thayer Mahan)誉为"美国在空间范围上跨度最广的一次扩张"③,但美国在东亚地中海的西侧,要求的是延续门罗主义的"门户开放"和"机会均等"。早有论者指出,美国的这一政策,客观上使得中国在19世纪末免于被列强瓜分。④ 而对日本来说,美国逐步扩大的存在和影响,使其在战胜中国后仍不能完全掌控"东亚地中海"。马汉指出:"为确保在最大程度上施行门户开放政策,我们需要明显的实力,不仅要保持在中国本土的实力,而且要保持海上交通线的实力,尤其是最短航线的实力。"⑤美国对西太平洋海权的坚持,决定了美日双方矛盾的持久存在。日本起初对美国兼并夏威夷就有意见,而在20世纪30年代英国不断后撤其东亚防御线之后,美国成为日本"东亚地中海"制海权的主要威胁,日本对美国因素的排拒,演变成太平洋战争,并使得钓鱼岛问题的"制造"权最终落入美国手中。

四

本来,开罗会议期间,美国总统罗斯福曾询问蒋介石中国是否想要琉球,但蒋介石提议"可由国际机构委托中美共管",理由是"一以安美国之心,二以琉球在甲午以前已属日本,三以此区由美国共管比归我专有为妥也"。⑥

---

① 《七续纪论辨琉球事》,《申报》,光绪六年三月十八日,1880年4月26日,第4版。
② *U.S. Policy toward Japan*, Top Secret, National Security Council Report, May 17, 1951, Digital National Security Archive (以下简称 DNSA),PD00141.
③ 艾尔弗雷德·塞耶·马汉:《海权对历史的影响(1660—1783年)》(附《亚洲问题》),第460页。
④ 张玉法:《中华民国史稿》(修订版),台北:联经出版事业公司,2010年,第33页。
⑤ 艾尔弗雷德·塞耶·马汉:《海权对历史的影响(1660—1783年)》(附《亚洲问题》),第527页。
⑥ 高素兰编注:《蒋中正"总统"档案:事略稿本》(55),台北:"国史馆",2011年,第472页。

德黑兰会议期间，美苏就"东亚地中海"及其周边的处置，曾有预案，并涉及琉球：

……罗斯福总统回忆道，斯大林熟知琉球群岛的历史，完全同意琉球群岛的主权属于中国，因此应当归还给中国……①

宋子文、孙科、钱端升②以及王正廷、王宠惠③等人对琉球态度与蒋不一，当时《中央日报》《申报》等媒体亦认为中国应领有琉球，但蒋的意见在当时决定了琉球不为中国所有的事实。蒋介石的考虑不能说没有现实因素的作用，但海权在其知识结构中显然非常欠缺，"东亚地中海"的战略重要性不为蒋介石所认知，是美国得以制造钓鱼岛问题的重要背景。

在所有的地中海世界中，对立者的可能行动方向是考虑战略安排的主要因素，东亚地中海亦然。战争结束以后，美国在给中国战场美军司令的电文中重申了《波茨坦公告》的第八条："开罗宣言的条款必须执行，日本的主权必须仅限于本州、北海道、九州、四国及由我们所决定的一些小岛屿。"④但苏联在"东亚地中海"的存在和影响成为美国东亚政策的主要针对因素，对日处理，已不是四大国共同决定。美国认为，"中国、苏联、英国和琉球人强烈反对将琉球群岛交还日本"，也认知到"对苏联而言，可以选择的是琉球独立或是将琉球交予共产党领导的中国。苏联更倾向于后者"。但美国自身的战略地

---

① Minutes of a Meeting of the Pacific War Council, Foreign Relations of the United States（以下简称 FRUS），Diplomatic Papers, The Conferences at Cairo and Tehran, 1943, United States Government Printing Office, Washington：1961, pp.868-870.

② Chinese opinion,（December 8, 1943），沖繩県公文書館蔵，美國蒐集文書·Territorial Problem-Japan：Government Saghalien, Kuriles, Bonins, Liuchius, Formosa, Mandates, 059/00673/00011/001。

③《王正廷谈话：盟国应长期管束日本至消灭侵略意念为止》，《申报》1947年6月5日；《王宠惠谈对日和约：侵略状态应消除 对外贸易不能纵其倾销》，《申报》1947年8月15日。

④ Memorandum by the State-War-Navy Coordinating Subcommittee for the Far East, FRUS, 1946, Vol. Ⅷ, The Far East, United States Government Printing Office, Washington：1971. pp.174-176.

位是最重要的考量因素。

承认中国的领土要求包含着巨大的风险。中国控制琉球群岛可能会拒绝美国继续使用基地,并且共产党最终打败国民党可能会给予苏联进入琉球群岛的机会。这样的发展不仅会给日本带来苏联入侵的威胁,而且会限制美国在太平洋地区的战略军事地位。①

1948年,美国国家安全委员会向美国总统、国务卿等提出"对日政策建议":"美国欲长期保留冲绳岛屿上的设施,以及位于北纬29度以南的琉球群岛、南鸟岛和孀妇岩以南的南方诸岛上的参谋长联席会议视为必要的其他设施。"②麦克阿瑟指出:"该群岛对于我国西太平洋边界的防御至关重要,其控制权必须掌握在美国手中。……我认为如果美国不能控制此处,日后可能给美军带来毁灭性打击。"③1950年10月4日,参谋长联席会议未等与国务院协商一致,直接批准了给远东美军的命令,决定由美国政府负责北纬29度以南琉球群岛的民政管理,"该地区的美国政府称作'琉球群岛美国民政府'"。命令美军远东司令为琉球群岛总督,"总督保留以下权力:a.有权否决、禁止或搁置执行上述政府(笔者按:指琉球群岛自身的中央、省和市级政府)制定的任何法律、法令或法规;b.有权命令上述政府执行任何其本人认为恰当的法律、法令或法规;c.总督下达的命令未得到执行,或因安全所需时,有权在全岛或部分范围内恢复最高权力"。④美国虽在战时反复宣称没有领土野心,但出于冷战的战略需要,在"东亚地中海"中深深地扎下根来。

---

① *The Ryukyu Islands and Their Significance*,(May 24, 1948),沖繩県公文書館蔵,美國蒐集文書·Central Intelligence Agency,319/00082A/00023/002。

② Report, NSC 13/2, to the President, Oct. 7, 1948, Declassified Documents Reference System(以下简称DDRS), CK3100347865。

③ *General of the Army Douglas MacArthur to the Secretary of State*, FRUS, 1947, Vol. Ⅵ, The Far East, United States Government Printing Office, Washington:1972. pp.512-515.

④ *Memorandum Approved by the Joint Chiefs of Staff*, FRUS, 1950, Vol.Ⅵ, East Asia and The Pacific, United States Government Printing Office, Washington:1976. pp.1313-1319.

根据1951年9月8日签订的《旧金山和平条约》(中华人民共和国中央人民政府公开宣言不予承认)，美国琉球民政府副总督奥格登(David A.D. Ogden)1953年12月25日发布了题为《琉球群岛地理边界》(Geographic Boundaries of the Ryukyu Islands)的"民政府第27号令"，确定琉球地理边界为下列各点连线：

北纬28度，东经124.4度；
北纬24度，东经122度；
北纬24度，东经133度；
北纬27度，东经131.5度；
北纬27度，东经128.18度；
北纬28度，东经128.18度。[①]

上述各点的内涵，把钓鱼岛划进了琉球群岛的范围。正如基辛格1971年与美国驻日大使商量对钓鱼岛问题口径的电话记录所显示的，美国明知钓鱼岛主权争议是中日两国之事，美国对钓鱼岛没有主权，但"1951年我们从日本手中接过冲绳主权时，把这些岛屿作为冲绳领土的一部分也纳入其中了"。[②] 钓鱼岛被裹挟到"琉球"这个概念中，被美日私相授受，是美国"制造"出钓鱼岛问题的真相。

在美国对琉球愈发加紧控制的同时，随着朝鲜战争的爆发和冷战愈演愈烈，美国眼中的日本角色迅速发生转变，其重要性日益突出。1951年美国国家安全委员会的《对日政策声明》(1960年再次讨论)称："从整体战略的角度而言，日本是世界四大工业大国之一，如果日本的工业实力被共产主义国家

[①] *Civil Administration Proclamation NO.27*，(December 25，1953)，沖繩県公文書館蔵，美國蒐集文書·Ryukyus, Command, Proclamations, Nos.1-35,059/03069/00004/002。

[②] *Ryukyu Islands*, Classification Unknown, Memorandum of Telephone Conversation, June 7，1971，DNSA, KA05887.

所利用,则全球的力量对比将发生重大改变。"[①]1961年,《美国对日政策纲领》进一步宣示了美国对日政策基调:

  1. 重新将日本建成亚洲的主要大国。
  2. 使日本与美国结成大致同盟,并使日本势力和影响的发挥大致符合美国和自由世界的利益。[②]

这使得以美国总统、国务院为代表的力量顶着美国军方的异议[③],对日本"归还"琉球(笔者按:日方更倾向于使用"冲绳"这一割断历史的名词,而"冲绳县"和被日本强行废藩置县的古琉球国,以及美国战后设定的"琉球群岛美国民政府"的管辖范围并不一致)的呼声给予了积极回应。[④] 扶持日本作为抵制共产主义的桥头堡,成为美国远东政策的基石,"归还"琉球,既是美国对日政策的自然发展,也是其对日本长期追随"自由世界"的犒赏。

值得注意的是,"旧金山和约"签订之后,在日本渲染的所谓左派和共产党利用琉球问题,可能对"自由世界"不利的压力下,美国承认日本对于琉球有所谓"剩余主权"。[⑤] 但美国在琉球的所谓"民政府"有行政、立法、司法权,剥除了行政、立法、司法权的"剩余主权"实际上只是言辞上的宽慰。1951年6月美国国务卿杜勒斯(John Dulles)的顾问在备忘录中坦率地表示,美国事实

---

 ① *U.S. Policy toward Japan*, Top Secret, National Security Council Report, May 17, 1951, DNSA, PD00141.
 ② *Guidelines of U.S. Policy toward Japan*, Secret, Policy Paper, c. May 3, 1961, DNSA, JU00098.
 ③ 美国军方异议见 *Memorandum by the Secretary of State to the Ambassador at Large (Jessup)*, FRUS, 1950, Vol.Ⅵ, East Asia and The Pacific, United States Government Printing Office, Washington:1976. pp.1278－1282.
 ④ *Reversion of the Bonin and Ryukyu Islands Issue*, Secret, Memorandum, c. October 1967, DNSA, JU00766.
 ⑤ *Background information and recommendations with respect to Japanese demands that the U.S. return administrative control of the Ryukyu Islands over to them*. Dec. 30, 1968, DDRS, CK3100681400.

上获得了琉球群岛的主权。[①] 美国宣称对中国固有领土拥有"主权"自属无稽,但这也说明日本在 20 多年间对琉球的"主权"并不是"毫无争议"的。等到 1972 年"归还"时,美方又用了"管辖权""行政权"等不同的名词,而不是"主权",说明美国注意到了琉球问题的复杂性。

由于海峡两岸坚决反对将钓鱼岛及其附属岛屿裹挟在琉球群岛中"归还"日本,美国在制造钓鱼岛问题时,发明了一段似是而非、玩弄文字的说法:"我们坚持,将这些岛屿的管辖权归还日本,既不增加亦不减少此岛屿为美国接管前日本所拥有的对该岛的合法权利,亦不减少其他所有权要求国所拥有的业已存在的权利,因为这些权利早于我们与琉球群岛之关系。"[②]"国务院发言人布瑞(Charles Bray)在一篇声明中指出,美国只是把对琉球的行政权交还给日本,因之,有关钓鱼台的主权问题,乃是有待'中华民国'与日本来谋求解决的事。"[③]美国言说的对象和内容是错误的,但钓鱼岛及其附属群岛的主权存在争议,却是其反复明确的事实。

余 论

在早期的中、日、琉球、英、美各种文献中,钓鱼岛及其附属岛屿都是"边缘性的存在"。在中日存在主权争议的今天,它却成为"东亚地中海"的"中心"——不仅牵动美、中、日这三个国民生产总值占据世界前三的国家,也牵动整个东亚乃至世界局势。妥善处理钓鱼岛问题,具有世界性意义。

[①] *Memorandum by The Consultant to the Secretary（Dulles）*,FRUS,1951,Vol.Ⅵ,Asia and The Pacific(in two parts)Part1,General Editor:Fredrick Aandahl,United States Government Printing Office,Washington:1977. pp.1152-1153.

[②] *Briefing Papers for Mr. Kissinger's Trip to Japan*,Includes Papers Entitled "Removal of U.S. Aircraft from Naha Air Base" and "Senkakus",Secret,Memorandum,April 6,1972,DNSA,JU01523.

[③] 《美国务院声明指出:对钓鱼台主权 有待中日解决》,台北"中央日报",1971 年 6 月 19 日。

马汉曾经设定："可能为了人类的福祉，中国人和中国的领土，在实现种族大团结之前应当经历一段时间的政治分裂，如同法国大革命之前的德国一样。"①马汉的设定没有任何学理支撑，但确实，台海两岸的政治分裂，给了所有居间利用钓鱼岛问题的势力特别是美国以机会。1971年4月12日，美日私相授受琉球甚嚣尘上之际，台湾当局"外交部长"周书楷前往华盛顿拜会美国总统尼克松，提出钓鱼岛问题会在海外华人间产生重大影响，可能造成运动。尼克松顾左右而言他，将话题转移到联合国问题的重要性上，尼克松说："只要我在这里，您便在白宫中有一位朋友，而您不该做任何使他难堪的事。中国人应该看看其中微妙。你们帮助我们，我们也会帮助你们。"②其时，台湾当局正为联合国席位问题焦虑，尼克松"点中"其软肋，使其话语权急剧削弱。果然，在随后与基辛格的会谈中，周书楷主动提出第二年的联合国大会问题，而且他"希望'另一边'（即中国共产党）能被排除在大会之外"。③ 事实上，中华人民共和国中央人民政府对钓鱼岛及其附属岛屿主权主张和行动，一直遭到台湾当局掣肘。钓鱼岛问题，因此必然与台湾问题的处理联系在一起，这极大地增加了解决钓鱼岛问题的复杂性和难度。这是其一。

其二，被人为故意作为琉球一部分而"归还"的钓鱼岛及其附属岛屿的主权归属问题，在美国有意识、有目的的操弄下，几乎在中日争议的第一天起就进入复杂状态。中国固有领土被私自转让，自然必须反对。1971年12月30日，中华人民共和国外交部严正声明，"绝对不能容忍""美、日两国政府公然把钓鱼岛等岛屿划入'归还区域'"。同时，善意提示日方勿被居间利用："中国政府和中国人民一贯支持日本人民为粉碎'归还'冲绳的骗局，要求无条件

---

① 艾尔弗雷德·塞耶·马汉：《海权对历史的影响（1660—1783年）》（附《亚洲问题》），第482页。

② Memorandum of Conversation, FRUS, 1969—1976, Volume XVII, China, 1969-1972, Document 113, p.292. 下文所引20世纪70年代以后的美国外交关系文件（FRUS），来源与来自威斯康星大学的上文不同，文件来源是 http://history.state.gov/. 特此说明。

③ Memorandum of Conversation, FRUS, 1969—1976, Volume XVII, China, 1969-1972, Document 114, p.294.

地、全面地收复冲绳而进行的英勇斗争,并强烈反对美、日反动派拿中国领土钓鱼岛等岛屿做交易和借此挑拨中、日两国人民的友好关系。"①可以说,态度十分具有建设性。

日本自恃与美国是盟友关系,可以在钓鱼岛问题上得到美方的充分背书。但其实,没有得到完全的满足——虽然日本一直希望援引美方的表态主张权利,将其设定为"没有争议",但1972年8月,美国政府内部指示,对日本应当清楚表示:"尽管美国政府的媒体指导已进行了部分修改以符合日本政府的要求,但这丝毫不意味着我们改变了美国在尖阁诸岛争端问题上保持中立的基本立场。"②更有甚者,1974年1月,已任美国国务卿的基辛格在讨论南沙群岛问题时,为"教会日本人敬畏",讨论了将中华人民共和国"引导"到钓鱼岛问题的可能性。③ 这样看,实际上是"系铃人"角色的美国,并不准备担当"解铃人"的作用——促使中日两国长期在东亚地中海保持内在紧张,更符合美国作为"渔翁"的利益。

对美国利用钓鱼岛问题牵制中日,中国洞若观火,其长期坚持的"搁置争议,共同开发"这一创新国际法的、充满善意的政策,目的就是使钓鱼岛这一"东亚地中海"热点冷却下来、走上政治解决的轨道。但其善意,为日本政府所轻忽。日本政府如何为了日本人民的长远福祉而改弦更张、放弃短视思维,不沉溺于被操纵利用的饮鸩止渴,对钓鱼岛问题的政治解决至关重要。

其三,马汉还说:"富强起来的中国对我们和它自己都会带来更严重的危险。"④这一断言充斥着"文明冲突论"的火药味和深深的种族歧视,他论证说:"因为我们届时必须拱手相送的物质财富会使中国富强起来,但是中国对这

---

① 《中华人民共和国外交部声明》(1971年12月30日),《人民日报》1971年12月31日。
② *Issues and Talking Points: Bilateral Issues*, Secret, Briefing Paper, August 1972, DNSA, JU01582.
③ "Minutes of the Secretary of State's Staff Meeting," FRUS, 1969—1976, Volume E-12, Documents On East and Southeast Asia, 1973—1976, Document 327, p.3.
④ 艾尔弗雷德·塞耶·马汉:《海权对历史的影响(1660—1783年)》(附《亚洲问题》),第522页。

些物质财富的利用毫无控制,因为它对这种在很大程度上支配了我们的政治和社会行为的思想道德力量缺乏清楚的理解,更不用说完全接受。"马汉以美国价值观作为美国接受中国复兴的前提条件,是今天美国操纵钓鱼岛问题深远的运思基础。

但是,正如布罗代尔总结欧、亚、非地中海历史所指出的:"历史的普遍的、强大的、敌对的潮流比环境、人、谋算和计划等更为重要、更有影响。"①中国的复兴是操盘者无法"谋算"的历史潮流和趋势,然而,这一潮流并不是"敌对的"。2012年,习近平更指出:"太平洋够大,足以容下中美两国(The vast Pacific Ocean has ample space for China and the United States)。"②充满前瞻性和想象张力的说法,相比于那些把钓鱼岛作为"遏制"中国的"东亚地中海"前哨阵地的"敌对的"计划,更着眼于"人类的福祉"。中国所主张的"新型大国关系",摈弃了传统的"地中海模式",扬弃了"加勒比海模式",内含了一种可能导向和平之海、繁荣之海的新"地中海模式",值得"东亚地中海"所有当事者深思。*

---

① 费尔南·布罗代尔:《地中海与菲利普二世时代的地中海世界》第2卷,第955页。
② 来自人民网,http://www.people.com.cn/GB/32306/33232/17111739.html,2012年2月14日。
* 原文发表于《抗日战争研究》2015年第3期。

论汪伪对国民党政治符号的争夺

为了洗白自身的奸伪身份,汪伪一直强调自己是国民党的正统,战前南京国民政府的合法继承者,孙中山思想的真正实践者。为此,他们表现出与其他"普通"汉奸明显不同的政治倾向,即与重庆方面激烈争夺一些长期附着于国民党的政治符号。在争夺的过程中,汪伪营造了独特的政治伦理和理念,并因应各种外在因素的制约,塑造在当时条件下它自认为可被各方接受的政治面貌。汪伪粘连国民党政治符号于自身的行为,对当时中国的政治生态产生了复杂的影响。

然而,对这一问题,史学界缺乏研究。海外史学界甚少将其列为研究对象[1];中国海峡两岸的史学界由于承接了一以贯之的政治语境,甚少有人意识到这个问题的重要性。

一、国民党政治符号和汪伪运用其政治符号的特点

何谓政治符号(Political Symbol)?在不同的文化和社会环境中,定义是不同的。有论者综合各家意见认为:政治符号"是一种政治力量的工具,这种符号包括国家、民族、阶级、种族、教会或意识形态,等等。其构成乃系基于

---

[1] 王克文:《欧美学者对抗战时期中国沦陷区的研究》,《历史研究》2000年第5期;许育铭:《日本有关汪精卫及汪伪政权之研究状况》,《抗日战争研究》1999年第1期。

'社会流行信念',铸为群众向往之标志,由于刺激群众情绪,使之发生输诚效忠之反应,实为直接左右群众信仰与行动,达成政治目的之有效工具"①。

按照上述解释,陈恒明把中华民国的政治符号体系总结为三方面:(1)立国正统符号,内包括以"中华民国宪法"为标志的"法统"和孙中山自述继承尧、舜、禹、汤、文、武、周公、孔子的道统。(2)立国正名符号,包括中华民国国号、国旗、国歌和国花。(3)立国基础符号,即三民主义。② 按照这种概括,孙中山遗产是中华民国政治符号的核心。而孙中山遗产体系宏伟,其真正的内涵,至今常论常新。事实上,国民党人对孙中山遗产的理解也是多种多样的,但就政治层面而言,中华民国国号、中华民国"法统"、三民主义、国民党全国代表大会、青天白日旗帜和徽章、反帝、废除不平等条约等均被认为是重要的标志性因素。

从逻辑上讲,"中华民国"并不等于中国国民党,但在1927—1949年的中国政治生活中,由于国民党的"党国"理念,国民党认定自己是中华民国的主宰和几乎全部政治资源的拥有者,中华民国的政治符号因此被国民党人认定为国民党的政治符号。而且,这一理念因辛亥革命之后革命党人的特殊经历而得到强化:"中华民国"是革命党人首先创立并在其实现过程中起主要作用的,但"二次革命"以后,被国际社会承认的代表中国的政府却是北洋政府,国民党人不仅沦为在野,甚至被捕杀。长期被排挤于中国主流政治之外的经历,使国民党人特别看重他们在民国历史中的"正统"地位。尤其是孙中山,在国民党人的语境中被尊为中华民国国父,他的经历被认为是中华民国"法统"所系,他的事业被认为是中华民国真精神之所在,与孙中山及其遗产的关系便成为国民党政治文化中权力和地位的重要源泉。

"谒陵现象"可以为我们理解国民党政治符号的作用提供参考:在国民党的政治生活和它所主导的当时的社会生活中,拜谒中山陵是表达某种诉求、

---

① 陈恒明:《中华民国政治符号之研究》,台北:商务印书馆,1986年,第14页。
② 陈恒明:《中华民国政治符号之研究》,第130、153、169、175、181、188、192页。

主张、情绪、抗议的流行方法,蒋介石在中原大战中获胜要谒陵,宁粤和议共赴国难要谒陵,召开五全大会以示团结要谒陵,西安事变归来要谒陵,告别南京迁都重庆要谒陵……可以说,国民党人的政治活动举其大者,无不以谒陵为某种标志。当然,我们可以从孙中山当选临时大总统后立即拜谒朱元璋孝陵的事件中,找到国民党人"谒陵情结"的某种"基因"。除此之外,续范亭对国民党对日政策表示不满,在中山陵自杀;中国代表团参加柏林奥运会,行前谒陵以示决心;当时全国各地到南京办事、参观、旅游的官员、知名人士、学生,莫不以谒陵为此行的高潮和标志。谒陵之所以被赋予种种含义,应与谒陵被作为后来者与孙中山进行精神沟通、承接其遗产的象征有关。

全面抗战爆发后,孙中山遗产成为凝聚全国力量、进行持久抗战的重要象征,尤其是孙中山在革命力量弱小时精诚团结、坚忍不拔、屡仆屡起的精神,成为国民党人和全体国人自我激励的重要因素。言必称孙中山及其主义,是当时各党、各派政治人物的共同特点。蒋介石在全面抗战爆发后不久,把国难发生的原因和解决国难的希望都归结为三民主义的行废,他说:"总理曾说三民主义为救国主义,即希望全国国民一致为挽救国家危亡而奋斗,不幸十年以来,一般国人,对于三民主义,不能真诚一致的信仰,对民族危机,亦无深刻之认识,致使革命建国之过程中,遭受不少之阻碍,国力固因之消耗,人民亦饱受牺牲,遂令外侮日深,国家益趋危殆。此数年间,中央政府无日不以精诚团结共赴国难相号召,而国人昔日之怀疑三民主义者,亦均以民族利益为重,放弃意见,……此次中国共产党发表之宣言……宣称愿为三民主义而奋斗,更足以证明中国今日只能有一个努力之方向。余以为吾人革命,所争者不在个人之意气与私见,而为三民主义之实行。"[①]国民党临时全国代表大会回顾了孙中山以三民主义集合同志进行革命的历史,重申三民主义为"最高指导原理",提出:"今日之事,非抗战建国并行,无以解目前之倒悬,辟

---

① 蒋介石:《集中力量抵抗暴敌》(1937年9月24日),独立出版社,1938年12月11日,第57—58页。

将来之坦途,非团结无以得抗战必胜建国必成之把握,非共同努力于三民主义之实现,无以得真正之团结。此诚所谓根本之图。"①

中共方面,1937年7月15日即表示:"孙中山先生的三民主义为中国今日之必需,本党愿为其澈底实现而奋斗。"②此后中共领导人多次在不同场合申明这一点。例如,周恩来与阎锡山谈话前,毛泽东等即要求周声明"今后问题是彻底实现三民主义及与三民主义相符合的中共提出的十大纲领"。③

汪伪诸人还未投敌之前,言论之中,民族主义、反帝等与三民主义存在必然联系的言辞甚是激烈。汪精卫称:"所谓抵抗,便是能使整个国家、整个民族为抵抗侵略而牺牲。天下既无弱者,天下即无强者,那么我们牺牲完了,我们抵抗之目的也达到了。"④周佛海在论述国民党《抗战建国纲领》的意义时,直接进入孙中山著作习见的语境中,他肯定抗日战争是"向日本帝国主义作历史上从来未有过的伟大的民族抗战",说:"中国是在日本帝国主义压迫之下的次殖民地,我们的军事力量、经济力量都比日本薄弱。我们现在为了领土主权的完整,民族国家的独立,不得不竭尽我们军事上、经济上的力量,向日本帝国主义的侵略作勇敢的抗战。"⑤陶希圣用四个要点来概括《国民党临时全国代表大会宣言》和《抗战建国纲领》的"全部内容",其中第一点即是"以民族主义对抗强暴侵略"。⑥

托顿·J.安德生说:"符号的使用,在于总括与简化一种思想价值与情绪

---

① 《中国国民党临时全国代表大会宣言》(1938年4月1日),中国第二历史档案馆编:《中华民国史档案资料汇编》第5辑第2编,政治(一),第403—416页。

② 《中国共产党为公布国共合作宣言》(1937年7月15日),《解放》周刊第1卷第18期。

③ 中共中央文献研究室编:《毛泽东年谱》,北京:人民出版社、中央文献出版社,1993年,第25页。

④ 汪兆铭:《最后关头》(1937年7月29日),黄美真、张云编:《汪精卫集团投敌》,上海:上海人民出版社,1984年,第172—176页。

⑤ 周佛海:《抗战建国的两个要点》(1938年4月30日),黄美真、张云编:《汪精卫集团投敌》,第182—184页。

⑥ 陶希圣:《抗战建国纲领的性质与精神》(节录)(1938年5月15日),黄美真、张云编:《汪精卫集团投敌》,第185—188页。

的复杂类型,作为群众思想行动的基础,并提供必要的统合。"①国民党的政治符号在战时起到了整合国内政治力量、维护合法地位、发动国民投身抗战、激励民心士气等多方面的作用。童子军队员杨惠敏携带青天白日旗泅过苏州河声援坚守四行仓库官兵的壮举,之所以被长久传诵,也是因为其中政治符号的作用。正因如此,汪伪诸人开始自己的"和平"事业时,政治符号也不可避免地被纳入了议事日程。

应该说,汪伪诸人酝酿"和平运动"伊始,即存在"汉奸焦虑"(恐怕被国人视为汉奸)②,他们对塑造自己作为国民党正统、孙中山传人的形象非常在意,他们希望国人能够相信:他们是国民党中认为对日和平有利于中国的一部分人,他们要为中国争利益,换言之,他们与先前已经充当日本傀儡的伪华北临时政府和伪南京维新政权的汉奸有根本的区别。为了实现这一点,他们在言行中强调并携带国民党的政治符号。

《艳电》是汪伪公开投日的第一篇重要文献,虽语多含混、乖谬,但有一点汪精卫很明确地加以宣示,他说:"三民主义为中华民国立国之责任。"③三民主义以民族独立为首要之旨,汪本人早年对此也有阐发之功。投日之际,汪重发此论,可以看出汪伪对国民党政治符号运用的第一个特点,即取其躯壳。不惟汪精卫如此,周佛海1939年4月与梅思平商量收拾时局的办法时,也提出"必需三民主义、国民党、青天白日满地红旗及国民政府四条件"④。至于这四者背后的日汪密约,周并不介意。

取其躯壳,是很容易被留心者识破的。像民族独立、国家生存这样大是

---

① Rouck and others(editors),"Introduction to Political Science,"Tutton J.Anderson, *Power and Its Manipulation*. New York: Thomas Y. Crowell Co., 1954, p.411.引自陈恒明:《中华民国政治符号之研究》,第73页。

② 从河内出逃后,汪精卫曾说:"在我们和平运动的征途上会遭到相当的责难。当然,要经常不断地被骂为卖国贼、汉奸。但我已做了挨骂的思想准备。"这是很有代表性的心绪。犬养健:《诱降汪精卫秘录》,任常毅译,南京:江苏古籍出版社,1987年,第153页。

③ 汪精卫:《艳电》,《新闻报》1939年1月1日。

④ 蔡德金编注:《周佛海日记》(上),北京:中国社会科学出版社,1986年,第275页。

大非的问题,汪精卫想含糊其词地绕过去蒙混过关,但站在与日本同一阵线的立场上谈这样的问题,又实非易事。汪此时发挥了他的另一长项:狡辩(也有人称他雄辩)。他说:"然则为什么抗日呢?是为保卫国家生存之独立。可见保卫国家之生存独立是目的,抗日不过是手段。前年七月为什么主张抗战呢?为的是不如此不能保卫国家之生存独立。如今为什么主张议和呢?为的是如此才可以保卫国家之生存独立。"从这样的论点出发,汪精卫很明确地表示:《艳电》无损于国家之生存独立。① 狡辩是汪伪运用国民党政治符号的第二个特点。

狡辩之所以为狡辩,就在于其强词夺理,而偷换概念、断章取义是强词夺理的常用手法。汪精卫说:"我的老朋友陈嘉庚说:'言和平就是汉奸。'为什么言和平就是汉奸?如此说来,宪法上规定国家有讲和的大权,是规定国家有做汉奸的大权了!""'忠孝仁爱信义和平'的匾子,其解释应该是'忠孝仁爱信义汉奸'了!"②本来,陈嘉庚说"言和平就是汉奸"正是对汪精卫式的"和平"说辞的揭露,本非泛指;而"忠孝仁爱信义和平"的"和平"也根本不是与"战争"相对立的那个"和平"。

国民党的政治符号,套用语言学的术语而论,有"能指"和"所指"两层。譬如,"国民政府"一词,"能指"包括国民革命时期的广东国民政府和武汉国民政府,1927—1937年间的南京国民政府,西迁重庆的国民政府,也包括南京的汪伪国民政府;但在特定的语境中,所指是固定的。"能指"和"所指"在国民政治符号体系中的区别,关系到重庆与南京孰真孰伪的问题,关系到谁对国民党政治符号有最终使用权和解释权的问题。

汪伪在这方面先天不足。本来,1938年1月16日,日本政府发表"不以国民政府为对手"的声明后,1月18日,又发布《补充声明》称:"所谓'今后不

---

① 汪精卫:《答问》(1939年1月30日),黄美真、张云编:《汪精卫集团投敌》,第386—387页。
② 汪精卫:《复华侨某君书》(1939年3月30日),黄美真、张云编:《汪精卫集团投敌》,第388—393页。

以国民政府为对手',较之否认该政府更为强硬。本来从国际法来说,为了否认国民政府,只要承认新政权即可达到目的。但因未至正式承认中华民国临时政府之时期,故于此次开国际法之新例,而否认国民政府并抹杀之。虽流传宣战之说,但帝国并非敌视无辜之中国民众。又因不以国民政府为对手之方针,故亦无需宣战。"[1]但这些无视中国政治现实的强硬声明,并未产生汪集团接替重庆政权成为代表中国唯一合法政权的连带后果,汪伪不仅缺乏国际社会的广泛承认,甚至日本方面也未在法律意义上予以立即承认。这样,虽然汪伪十分强调"法统",但在国民党人和当时国民的所指中,所谓的"法统"脉络明显在相继以南京—武汉—重庆为重心的国民党大多数手中延续。

在这种情况下,汪伪选择了在国民党既往政治架构上,人为嫁接其新政治体系,以取得国民党政治符号使用权和解释权的办法,这是汪伪运用国民党政治符号的第三个特点。

为了实现这一点,汪伪既要承认一定阶段的国民党政治体系为合法,以承接其合法资源,又要宣布一定时期以后的国民党政治体系为非法。1939年8月28日,汪伪在上海召开所谓"国民党第六次全国代表大会",在大会宣言中,汪伪将其合法依据上溯到在武汉召开的国民党临时全国大会,称这次大会制定了谋求"合于正义和平"的方针,并"以执行方针之责付之蒋同志,蒋同志乃弃置方针于不顾,以自误误国,本届大会爰以一致之决议,解除蒋同志总裁之职权,并废除总裁制,更授权汪同志,使本于上届及本届大会所定方针领导同志积极进行"。[2]据此,汪精卫等致电重庆中央执行委员会秘书处朱家骅等宣布:自1939年1月1日起,国民党中央执行委员会及监察委员会"已丧失行使职权之自由,所有一切决议及命令完全无效";所有中央党务机关,均着暂行解散,听候改组;在中央各委未能齐集之前,中央各种会议,得以实际上

---

[1] 日本防卫厅战史室编纂:《日本军国主义侵华资料长编》(上),天津市政协委员会译校,成都:四川人民出版社,1987年,第411—412页。
[2] 《中国国民党第六次全国代表大会宣言》(1939年8月30日),黄美真、张云编:《汪精卫国民政府成立》,上海:上海人民出版社,1984年,第324—332页。

有行动自由,确能到会者之过半数为法定人数;等等。① 此后,汪伪召开"中央"政治会议,决定"国民政府还都",并煞有介事地仍以临时全国代表大会前合法选举出来的林森为"国民政府主席",汪本人只是"代理"。

二、汪伪为争夺国民党政治符号与重庆方面的折冲

重庆方面,以蒋介石为总裁的中国国民党为孙中山手创,它一直认定自己是相关政治符号的当然拥有者和解释者。从法理和逻辑的角度上讲,汪伪方面与之争夺政治符号必定处于下风。但汪伪由于前述原因,实处于明知不可为而为之的状态中,这种状态逼出了他们的政治"智慧"。

在全面抗战前期,对中国共产党、对重庆方面联合中共的政策进行攻击,是汪伪的重要入手之道。在它的逻辑中,妖魔化中国共产党,并顺带妖魔化与中共合作的重庆方面,尤其是蒋介石本人,有助于剥夺重庆方面对国民党政治符号的占有。汪伪宣称:"盖中国共产党,不过为第三国际之一分部,所谓第三国际,无论其表面上有若何之理论为掩饰,然其实际,不过为苏俄之一扩大的国际间谍机关耳……所谓中国共产党者,一言以蔽之,苏俄所派遣于中国之一间谍机关或特务机关耳……其心目中,无所谓国家,无所谓民族,更无所谓人类。忠实执行第三国际之命令,随时随地改变口号,欺惑民众,利用无智识而又有野心之军阀或政客,此即中国共产党之政策也。"②中共被污蔑如此,跟重庆方面有何关系?汪伪的逻辑在这里分解为两个相关的思路:一是"蒋介石被中共挟持"和重庆方面"国民党被蒋介石挟持"的双重"挟持说",蒋介石身为国民党总裁,对重庆方面的最终决议有最终决定权,他既被挟持,当然不能把持国民党的政治符号;重庆国民党人既被蒋介石挟持,他们所作

---

① 《国民党六全大会主席汪兆铭等电谕中央执委会秘书处》,《中华日报》1939 年 9 月 5 日,第一张第一页。
② 《决定以反共为基本政策》(1939 年 8 月 30 日),黄美真、张云编:《汪精卫国民政府成立》,第 337—339 页。

出的各种决议当然无效,国民党政治符号不能由他们掌握。二是中共坚持共产主义,而共产主义与三民主义格格不入,联合中共的重庆方面因此应丧失对三民主义等的占有。

汪伪"六全大会"召开之时,重庆方面与中共方面的矛盾已经开始尖锐。但汪伪视而不见,竟称:"所可怪者蒋同志阳则受其拥护,阴则供其利用……置一切同志之忠言于不听,惟共匪之所左右,一切同志不见容于共匪者,即不见容于蒋同志。"①又云:"西安事变以后,蒋中正同志为所劫持,供其奔走,任其利用,若非至于亡国灭种而不能自已者。"②他们的着眼点似乎集中在由此确定汪精卫而非蒋介石为国民党"正统"上。而汪精卫本人将"挟持说"进一步推广出去,他的着眼点是抽掉蒋介石由国民党人赋予的权力的政治基础。他说:"重庆方面,大多数同志为独裁势力及共产势力所挟持,言论行动不能自由,对于本届大会宣言暨各种重要决议案虽衷心接受,而仓猝之际尚不能行之事实,此中隐痛,兆铭知之最深,念之最切。"③此种言论,汪在接受日本记者采访时增添想象的细节,再加发挥,他说,在重庆的国民党人,"惟受蒋介石独裁势力之挟持,虽有意见,不能发表,行动尤不能自由。汽车路、飞机场,皆有严密检查,非蒋允可,不能出行。故在表面上,惟有胁从现象"④。至于中共与共产主义,汪伪诸人的攻击更加无所顾忌。汪精卫对日本方面称:"民生主义与马克思之共产主义,绝对相反。盖民生主义以社会合作为骨干,马克思之共产主义以阶级斗争为骨干,一为和平,一为扰乱,不能相容也。"⑤在回答

---

① 《中国国民党第六次全国代表大会宣言》(1939年8月30日),黄美真、张云编:《汪精卫国民政府成立》,第324—332页。
② 《决定以反共为基本政策》(1939年8月30日),黄美真、张云编:《汪精卫国民政府成立》,第337—339页。
③ 汪精卫:《致海内外诸同志东电》(1939年9月1日),黄美真、张云编:《汪精卫国民政府成立》,第343页。
④ 《国民党中执会汪主席昨午招待外国记者》,《中华日报》1939年9月8日,第一张第一页。
⑤ 《国民党中执会汪主席昨午招待外国记者》,《中华日报》1939年9月8日,第一张第一页。

欧美记者提问时,汪是另一种态度,"将来之中央政府即现在之国民政府,不过从国民政府中除去共产党人及为共产党劫持之人,而易以和平反共建国之分子"。汪如此立论,预留了后路,他说,将来由"和平反共建国分子"主持的"国民政府"不过是"人事更迭,政策变换而已,其国内法律上之地位与国际上之地位,依然如故也"。① 这是一种欧美人很熟悉的话语,但他的真实逻辑在其给国民党人的通电中却被一语道破:"吾人欲建设三民主义的中华民国,则共产思想尤在所必摒。"② 如是,从大众传播的角度看,汪精卫的上述三种说法是针对兴趣不同的受众的。

　　面对汪伪的挑战,重庆方面紧紧抓住汪伪的软肋,直接以确认其汉奸身份、剥夺其国民党人的资格,回应汪伪的自我粉饰,使其失去运用国民党政治符号的权力,这一点重庆方面得到了抗战情绪高涨的国人的高度支持。1939年6月8日,重庆方面下令通缉汪精卫等人,8月下旬,除汪精卫、周佛海、陈璧君已被开除党籍外,又决议开除梅思平、高宗武、丁默邨、林柏生、陈群、缪斌等人的党籍。1939年10月1日,在汪伪等建立"中央政权"前夕,蒋介石对中外记者表示:"汪逆卖身投敌,罪恶昭著,根本上已自绝于中华民国,全国国民,对此汉奸罪犯,人人得而诛之,……其参加之每一份〔分〕子,国人尽知为卖国之汉奸,问题已远超过于党的纪律规章之外,故中国国民党不必再有如何声明,而举国自无一人不知邪正黑白之所在。"③1940年1月,《日汪密约》公布后,蒋介石再次点明汪精卫的行为使"中国历史上又多了一个秦桧、刘豫、张邦昌的后身,供后人痛愤而已"。④ 同时,重庆方面在全国舆论的支持下,利

---

　　① 《国民党中执会汪主席昨午招待外国记者》,《中华日报》1939年9月8日,第一张第一页。
　　② 汪精卫:《致海内外诸同志东电》(1939年9月1日),黄美真、张云编:《汪精卫国民政府成立》,第342—344页。
　　③ 《蒋委员长重要谈话》,《国人皆曰——汉奸汪精卫》,正论出版社,1939年11月12日,第1页。
　　④ 《总裁为日汪密约告全国军民书》,国民政府军事委员会政治部编印:《汪精卫卖国阴谋之总暴露》,1940年1月,第18页。

用特殊的时代背景,将政治斗争"通俗化"——塑造汪伪诸人的"娼妓政客"形象①,直接毁伤其政治人格,剥夺其自附于国民党的资格。

蒋介石说:"中国抗战二年以来,一般军民皆能为国家效忠,无愧其职责,即卑贱如盗匪娼妓,以至于狱中之囚犯等,亦皆能激发爱国良知……",而汪精卫等人的罪恶,"虽百死不足蔽其辜"。②蒋暗示汪不如娼妓,而舆论则明白直攻之。吴稚晖回顾汪朝秦暮楚的政治历史,直呼其为"妓女政客"。③《扫荡报》称:"汪逆既为利欲所诱,自甘暴弃国民党决不能因其以往曾取得党员资格之故,而遂宽纵其残害民族之巨罪……汪逆尤欲冒称国民党,称呼党员为同志,此犹极下贱娼妓,强呼良家女子为姊妹行,徒令人作三日呕耳。"④国民政府侨委会在对海外侨胞广播时称:"(汪精卫)的领袖欲也可以满足了,只在这一点上,他不惜出卖人格,辱灭祖宗,像妓女一样倒在敌人的怀里,任敌人玩弄。"⑤

重庆方面并不十分理性的反制汪伪的措施在当时民族情绪高涨的背景下,收到很好的效果。至于汪伪做足了文章的国共合作问题,重庆方面在五届六中全会后,调整了对中共政策,国共摩擦、冲突不断。在晋西事变和皖南事变之后,指责重庆方面和蒋介石受中共蒙蔽、挟持之说,已经无人相信;太平洋战争后,甚至曾强烈反共的英、美也与苏联结成同盟关系。继续打反共牌,当然可以取悦日本及其盟友,但无助于其改善国际社会中的傀儡形象。汪伪乃将其对国民党政治符号的追求重点转向废除不平等条约。

废除不平等条约,争取国际平等地位是国民党自创始时就有的重要诉求。孙中山在世时,由于长期不处于执政地位,对列强依据不平等条约欺凌中国感受尤深,留下大量"遗教",所有自称是国民党的人无法不对这一点有

---

① 段麟郊:《袁四卖与汪四变》,《国人皆曰——汉奸汪精卫》,第37页。
② 《蒋委员长重要谈话》,《国人皆曰——汉奸汪精卫》,第2页。
③ 吴敬恒:《对汪精卫〈举一个例〉的进一解》,秦孝仪主编:《中华民国重要史料初编——对日抗战时期》第6编《傀儡组织》(3),中国国民党中央委员会党史委员会,1981年,第84—95页。
④ 扫荡报:《呜呼汪逆》,《国人皆曰——汉奸汪精卫》,第13页。
⑤ 《对于汪逆降敌卖国侨胞应有的认识和努力》,《国人皆曰——汉奸汪精卫》,第23页。

所交代。汪伪政府成立后,对日本根据《日汪密约》等取得的一系列侵略权益已经无法置喙,但它本来对支持重庆方面的欧美列强可以有所动作,然而,汪伪"外交"以日本的战略需要为指针,在日本对欧美列强关系未最终破裂前,汪伪也只是在上海租界不断给欧美制造麻烦而已。① 日本发动太平洋战争后,汪伪提出参战问题,企图以此取得"国际"地位。日本方面认为"此足以妨碍全面和平",可能导致英美空袭南京、暴露日本弱点等负面效果,而予以拒绝。②

但从1942年下半年开始,由于日本在太平洋战争中不断失败,日本开始实施加强扶持汪伪政权的政策。1943年间,日本抢在英美与重庆方面废除不平等条约之前将天津、广东、北平、厦门、上海、汉口等地的各国租界陆续"交还"汪伪,东条英机在1943年3月访问了南京,1943年10月30日,日本更与汪伪签订所谓《日本国与中华民国同盟条约》,声言"尊重其主权及领土",规定了撤军等事项,汪精卫对此兴高采烈,作为其攻击重庆方面的重要武器,他说:

> 回顾中日事变爆发以来,重庆方面曾公开主张"如恢复芦沟桥事变以前的状态,方可实现和平"。然而就当前的状态而言,不仅得以恢复到芦沟桥事变以前的状态,甚至超过了几倍。即在芦沟桥事变以前的中国,有租界,有治外法权,如今则已消失;芦沟桥事变以前,中国领土内到处呈现"次殖民地"状态。今则美英侵略势力已被肃清,百年来束缚中国的不平等条约已被废除。……重庆此际必须重新考虑,重庆的所谓抗战,已并非为中国本身而抗战,不过是为美英而抗战。③

---

① Fredric Wakeman, Jr., *The Shanghai Badlands: Wartime Terrorism and Urban Crime, 1937–1941*, Cambridge, Eng. Cambridge University Press, 1996.

② 蔡德金编注:《周佛海日记》(下),第715—716页;日本防卫厅战史室编纂:《日本军国主义侵华资料长编》(中),第510—512页。

③ 日本防卫厅战史室编纂:《日本军国主义侵华资料长编》(下),第34—35页。"芦沟桥"为"卢沟桥"别称。

对汪伪而言,从日本那里得到这样的"平等条约"已是望外之喜。而重庆方面,随之得到英美等放弃治外法权、租界等权利的"平等新约",在随后的开罗会议上,不仅蒋介石与丘吉尔、罗斯福在表面上平起平坐,中国跻身"四大盟国",而且《开罗会议宣言》所许诺的,更上溯到甲午战争以后日本所攫取的中国利益,这些是汪伪甚至无法向日本启齿的。换言之,在争取"国际"平等地位上,汪伪仍无法取得主动。但谩骂是少不了的,自欺欺人的狡辩更是少不了的。汪精卫说:"英美在这时候来说废约,比空口说白话更要无聊。况且还只是一张预期支票,其能否兑现要到战后才加以考虑,那么连空口说白话也说不上。……英美在东亚的希望,全在蛊惑重庆,使之执迷不悟,在东亚团结的历史上,留一些污点,……"①

战争后期,以汪伪集团的实力,已不足以言与重庆方面争夺国民党的政治符号;但它没有公开宣布放弃国民党政治符号。汪伪诸人在与重庆方面暗通的过程中,明确了以蒋介石为国民党领袖、以重庆的国民政府为正宗的立场,然而也没有公开与日本方面决裂。在首鼠两端之间,国民党政治符号对于汪伪的意义转变为:一方面,呼应日本方面"强化国民政府(笔者按:指汪伪)"的"对华新政策",使汪伪向日本争取有限权利的要求正当化;另一方面,成为汪伪诸人预留政治后路的护身符。这里,我们可以重温一下周佛海在战后被审判时的抗辩,汪伪诸人运用国民党政治符号的逻辑在其中表现得淋漓尽致:

> 第一,因为南京政府的成立,沦陷区的人民再振作了民族精神,再加强了民族意识。自敌寇侵占后,陷区人民目不睹国父遗像和国旗,耳不闻国父遗嘱和国歌,至于三民主义的宣传和国民党的活动更被敌寇悬为厉禁。中央是不是希望陷区人民目能瞻拜国父遗像和国旗,耳能敬听国父遗嘱和国歌,以加强其民族意识和精神呢?中央所希望而当时不能做到的,我们替中央做到了,难道是"祸国殃

---

① 《汪精卫对伪高级军政长官训词择要》(1943年),中国第二历史档案馆编:《中华民国史档案资料汇编》第5辑第2编,《附录》(上),第573—575页。

民"吗？第二，敌寇是要灭党的，而在他们的占领区，国民党活动起来了，三民主义宣扬起来了；敌寇是要打倒青天白日旗和国民政府的，而国民政府却在他们后方成立了，青天白日旗却又代替五色旗飘扬了。①

三、汪伪为运用国民党政治符号与日本方面的折冲

在日本开始诱降汪伪时，让汪精卫等人保持国民党内"和平派"这一较为"中性"的形象是既定策略。而汪精卫本人也打算结合国民党内的反蒋力量，在西南建立"和平亲日"政权。之所以不选择到日本占领区活动，是为了与王克敏、梁鸿志等划清界限，也是为了与"重光堂会谈"中"随着治安的恢复，在两年之内撤兵"的约定②相呼应。但《近卫声明》发表之时，"这最为要紧的撤兵约定，竟忘得一干二净，实在让人担心汪精卫和平会走上歧途"。连直接策划汪精卫出走的犬养健都表示："我失望了。"③

接下来，日本人更失望了——汪精卫等曾经吹嘘的国民党内"亲日派"④群起响应的情况并没有出现。不仅何应钦、张道藩、黄郛、熊式辉等所谓"亲日派"没有动静，张发奎、龙云、阎锡山等曾与汪合作过、被汪寄予厚望的地方实力派也无其期待的反应。被视为汪铁杆心腹的顾孟余不仅反对《艳电》的发表，而且对汪其后的一系列活动毅然与之保持距离。汪精卫后来悲伤地表示："已遣使探顾（顾孟余）如何再覆，顾于仲鸣死，无一言之唁，其心已死，不必再注意其人矣……"⑤汪政治牛皮的破灭，使其丧失了与日本交涉、要求日

---

① 《周佛海之答辩书》(1946年11月2日)，南京市档案馆编：《审讯汪伪汉奸笔录》(上)，南京：江苏古籍出版社，1992年，第214—215页。
② 犬养健：《诱降汪精卫秘录》，任常毅译，江苏古籍出版社，1987年，第83页。
③ 犬养健：《诱降汪精卫秘录》，第83页。
④ "亲日派"一词，在抗日情绪一再高涨的民国政治语言中，经常被过度使用，很多从事对日交涉的人都被唤作"亲日派"。这一情况在全面抗战爆发前即已有之；全面抗战爆发后，中共、日本、汪精卫方面均认为国民党内有一个人数较多的"亲日派"，并基于此作出不少政治判断。
⑤ 《汪精卫致其妹函电》(1939年12月21日)，国民党法务部调查资料室编：《汪伪资料档案》，引自陈木彬：《从函电史料观抗战时期的蒋汪关系》，台北：学生书局，1995年，第83页。

本兑现"重光堂会谈"中许多重要承诺的资本。这些承诺中,牵涉国民党政治符号、具有重要意义的,除撤兵外,尚有外国租界返还中国、治外法权返还中国,等等。①

汪精卫在河内度过了一个碌碌无为的春天后,决定到上海开展"和平运动",这使他进一步丧失对国民党政治符号的占有。今井武夫分析说:"本来在重光堂会谈时,高宗武主张建立政权要避开日本军占领地区,尽可能地选择云南、贵州、广东、广西等日军未占领的地区,由汪派军队加以占领,建立与重庆的抗战国民政府相对立的和平政府。但如今却骤然改变方针,竟然要在日本军占领区内的南京建立国民政府,这样的话,恐怕将会沦为所谓的傀儡政权,与过去的临时、维新两个政府毫无二致。……即使如汪所主张的那样,对重庆方面可以做些工作,促使改变他们的抗战政策,但是汪政权本身已成为傀儡政府,连他本人也难免被视为卖国贼而遭受国民大众的唾弃。殷鉴不远,恐重蹈北平临时政府王克敏和南京维新政府梁鸿志的覆辙。"②

如认为日本的这种担心,汪伪诸人毫无察觉,那未免太低估了他们的政治智商。他们曾采取了措施,企图与王克敏、梁鸿志撇清关系,比如,他们筹划组建"中央政府"期间,很滑稽地拒绝与王、梁同处一室。但王、梁的靠山是日本,而汪伪能否"保持"对国民党政治符号的占有,关键在日本方面的态度。汪伪为此与日本进行了并不轻松的交涉。

汪精卫与日本首相平沼骐一郎商谈"组府"时,出乎一般人的意料,汪精卫把重点放在国民党的政治符号问题上,汪提出:"以国民党为中心……建立国民政府是最适当的。"他论证说:"对于国民党标榜三民主义问题,前次派高宗武来,日方提出应该清除与共产主义有关的连带性,恢复所谓新三民主义的意见,这是值得重视的。本来孙文先生的三民主义,是与共产主义截然不同的,我打算今后尽最大努力发挥三民主义的真意。"平沼则回应说:"在完全与共产主义分开的三民主义下,促进国民党的更生,并联合各党各派组织中

---

① 犬养健:《诱降汪精卫秘录》,第93页。
② 今井武夫:《今井武夫回忆录》,天津市政协编辑委员会译,北京:中国文史出版社,1987年,第102—103页。

央政府,改变容共抗日的政策,采取这种办法,我是赞成的。"①汪、平沼的这段对话,透露出几个信息:一、日本方面也清楚地认识到孙中山的三民主义与共产主义有"连带性";二、汪精卫对三民主义这一国民党政治符号的运用是断章取义的;三、日本政府高层在与共产主义划清界限的前提下,同意汪伪对国民党政治符号的运用;四、所谓联合各党各派组织"中央政府",实际上是要求汪伪在运用国民党政治符号时,容纳本身与三民主义并不相容的王克敏、梁鸿志等既有的汉奸政权。这一会谈的重要性,历来被史学界忽视,实际上它勾画出了汪伪运用国民党政治符号对日折冲时的轮廓和架构,尽管在面对不同的对象时,折冲的重点不一。

日本陆军大臣板垣征四郎是激进的对华"膺惩派",在日本陆军视中国为其势力范围的情况下,板垣曾较长时间地主持对华政策的决策。汪、板垣第一次会谈时,他提出:"日本把三民主义看成是危险的东西,尤其因为有民生主义乃共产主义的文句,有种种误解。"对此,汪的解释是,孙中山"在当时的形势下把各种潮流、各种思想全部引进自己的主张,为了想在国民党中把它们同化,所以有这样的文句。如果细读全文,就了解这里讲了民生主义和共产主义完全不相同的理由,结果,劝告抛弃马克思主义而采用国民党的主义"②。汪精卫对孙中山的三民主义与共产主义到底是什么样的关系的解释显然有两重目的:既要"继承"孙中山的衣钵,又要使日本军方接受他对三民主义内涵的"新"界定。

汪精卫与近卫会谈时,除提出"孙文先生的三民主义,本来完全是着重中日提携"的谬论外,更进一步提出,"我之所以主张政府的名称为国民政府、国旗为青天白日旗,决不是面子的问题,这是为了扫除国民疑惧之念,使其安心地深入考虑问题的缘故",他提醒近卫,"过于限制中国的行动,中国恰像不成

---

① 《汪精卫与平沼会谈内容》(1939年6月10日),杨凡译自《日本外交档案S487号》,黄美真、张云编:《汪精卫国民政府成立》,第88—91页。
② 《汪精卫与板垣会谈内容》(1939年6月11日),钟恒译自《日本外交档案S487号》,黄美真、张云编:《汪精卫国民政府成立》,第92—94页。

国家的状态"。① 他把能否运用国民党政治符号，与争取中国民众对"和平运动"的"理解"结合起来。汪精卫在此道出了他反复争取国民党政治符号的终极意义。

日、汪在关于国民党政治符号的运用上有利益结合点。日本方面痛快地答应汪伪以"还都"名义建"中央政府"，政府名称为"国民政府"，目的是向重庆方面施加压力，希望在将其贬为地方政权②的前提下，将其纳入"和平运动"的轨道。汪伪如此强调国民党政治符号，自然是想取代重庆方面的合法地位，洗刷汉奸形象，成为日本唯一或主要的交涉对象。但是，日、汪在关于国民党政治符号的问题上又是有分歧的。汪伪诸人不能说没有自己的政治"理想"，而这些"理想"中，有些是日本并不乐观其成的，比如，使"新中央政权"具有一定的"独立性"和"完整性"；又比如，搞些"民生建设"，以争取沦陷区的中国老百姓。日本方面，扶植汪伪的终极目的是分化中国的抗日力量，促使中国内部分裂，进而解决"中国事变"，使中国成为其殖民地。这种分歧的性质在汪伪的"国旗"问题上充分地体现出来。

本来，"组府"前汪伪中央政治会议"充分"考虑了日本可能的反应，在确定青天白日旗为"国旗"时，已经决定"在国旗和党旗等旗子上部加上印有反共和平的三角形的大型黄色布片"。但日本方面提出"为避免混淆纠纷"，汪

---

① 《汪精卫与近卫会谈内容》(1939年6月14日)，杨凡译自《日本外交档案 S487号》，黄美真、张云编：《汪精卫国民政府成立》，第106—108页。

② 日本政府在宣布"不以国民政府为对手"的政策后，虽作微调，但轻视重庆方面的情绪和政策倾向在日本政府内部和前线军人中长期保留着。平沼1939年6月10日与汪精卫会谈时，就明确表示："重庆政府现在已经不能说是中央政府了。"(杨凡译自《日本外交档案 S487号》，黄美真、张云：《汪精卫国民政府成立》，第88—91页。)另外，1938年7月8日，日本五相会议分别讨论了"现中国中央政府"(指重庆国民政府)屈服或不屈服的对策，要求：如国民政府屈服，"(一)帝国坚持关于解决对华战争的既定方针，以现中国中央政府为对手，全面调整日华关系；(二)现中国中央政府屈服并接受后述第三条时，应视为一友好政权，使其同既成的新兴中国中央政权合流，或者使其同现有各亲日政权合作重新建立中央政权。同既成的新中央政权合流或者建立新中央政权等，主要由中国方面决定实施，而帝国从中斡旋"。而按照日本方面规定，现中国中央政权屈服的认定条件有四："合流或参加建立新政权；根据前项改称和改组旧国民政府；放弃抗日容共政策及采取亲日'满'、防共政策；蒋介石下野"。(堀场一雄：《日本对华战争指导史》(内部资料)，王培岚等译，北京：军事科学出版社，1988年，第151—152页。)

伪军队应直接用写着"反共和平"大字的黄色旗,而不是用什么其他的旗如"国旗"等。汪的态度是,如此,"作为国家的军队,无论如何有损体面"。日方又提出,前线日军正和打着青天白日旗的军队进行战争,如汪伪突然也用青天白日旗,会"引起种种误解";汪乃还价说,在前线"或者有此必要",但在非前线地区如"军营",还是应该用"国旗",否则会"影响军队在精神上的统一性"。汪精卫的"顽强抗争"换来板垣厉声呵斥:"无论在前线或是后方,至少在军队方面使用国旗,会造成误解。这一点是政府和军方充分研究的结果……"①

后经双方协商,日本终于同意汪伪使用青天白日旗,但须在旗子上加"和平反共救国"的黄色飘带。汪伪国民政府"还都"当日,伪中央党部悬挂青天白日旗帜,因未附加黄色飘带,遭到日军士兵的枪击。在周佛海1940年3月30日的日记中,他的记述是这样的版本:"惟因悬旗时,我方多未照协定办法,致使对方不满,为美中不足之事。此责应由我方负之,不能怪人。"②7年后,他制造了另一个故事版本:"南京政府成立的那天,敌寇有些下级军官要向青天白日旗放枪,有些嚎啕痛哭,要切腹自杀,闹了一个多月,南京的紧张空气才慢慢的缓和下来……可见南京政府的成立,对于动摇敌寇军心有了相当效力。"③政客们翻云覆雨原是常见手段,不足为奇,而周佛海在这里企图说明他们在沦陷区运用国民党政治符号的实际效果,这固然出于编造,但可以看出他们的一种"理想"——希望通过自己对国民党政治符号的运用,从日本占领军那里争得一些利益;并把某种国民党政治符号的得以运用,视为他们确实从日本争得了利益的证据。1942年底,日本开始酝酿对华新政策,提出"强化国民政府",汪伪的"地位"有了较大提高。1943年2月3日,汪伪国民政府乃发布文告规定:自2月5日起,撤去青天白日旗上的黄色飘带。周佛海对此自得地表示:"一年来苦心及努力竟能实现,虽时机使然,亦努力之结果也。"④

---

① 《汪精卫与板垣第二次会谈内容》(1939年6月15日),钟恒译自《日本外交档案 S487号》,黄美真、张云编:《汪精卫国民政府成立》,第109—116页。
② 蔡德金编注:《周佛海日记》(上),第276页。
③ 《周佛海之答辩书》(1946年11月2日),南京市档案馆编:《审讯汪伪汉奸笔录》(上),第214—215页。
④ 蔡德金编注:《周佛海日记》(下),第807页。

如前所述，国民党的政治符号在很大程度上是孙中山个人的遗产。日本在兴兵全面侵略中国之始，确实有把国民党视为中国民族主义的代表，并因此有否定国民党政治符号的倾向，它先期扶植的伪中华民国临时政府、伪中华民国维新政府在意识形态上不仅与国民党政治符号没有丝毫衔接之处，相反，这两个伪政权具有强烈的反国民党色彩。伪临时政府称："国民党窃据政柄，欺罔民众者十有余年矣……内则劫持民生，虐政相踵，外则土地日削，反复容共，倒行逆施，不顾社稷之将覆。"①伪维新政府称国民政府"焦土政策，等于自戕，容纳共产，俨同召寇，是中国有史以来惟一之恶政府"，并否定国民政府作为当时中国合法政府的"法统"，称其"窃号自娱，已失统御之力"。② 在扶植汪伪政权的过程中，日本半推半就地接受了汪伪诸人夹带过来的国民党政治符号，但并不满意于在这方面被汪伪"利用"③的被动，④乃加入其中，"帮助"汪伪在国民党的政治符号体系中增添于己有利的新因素，其中，最主要的是"大亚洲主义"。

孙中山长期利用日本作为革命基地，从日本迅速近代化、成为世界强国的过程中，孙中山看到了中国乃至亚洲解放、复兴的希望。1924年11月28日，孙中山在神户演讲，把日本称为"亚洲复兴的起点"，他说，"从日本战胜俄国之日起，亚洲全部民族便想打破欧洲，便发生独立的运动"，在高度评价日本打破西方主导的国际秩序之功的同时，孙中山提出"大亚洲主义"，"以王道为基础，是为打不平"，要用此主义"为亚洲受痛苦的民族"争得解放和平等。他恳切地提醒日本："你们日本既得了欧美的霸道的文化，又有了亚洲王道文化的本质，从今以后对于世界文化的前途，究竟是做西方霸道的鹰犬，或是做

---

① 《伪中华民国临时政府成立宣言》(1937年12月14日)，《中华民国史档案资料汇编》第2编第5辑，《附录》(上)，第20—21页。

② 《伪中华民国维新政府成立宣言》(1938年3月28日)，《中华民国史档案资料汇编》第2编第5辑，《附录》(上)，第43—44页。

③ 感觉被汪伪"利用"，是日本方面广泛提及的问题，日本"中国派遣军"副总参谋长落合甚九郎就曾报告说："(汪伪)只各自为维持和扩大本派势力用尽心机，以图最大限度利用日本。"见日本防卫厅战史室编纂：《日本军国主义侵华资料长编》(中)，第655页。

④ 日本坦承"缺乏统治异民族的经验，对其(笔者按：指伪政权)扶植确实不易"。见日本防卫厅战史室编纂：《日本军国主义侵华资料长编》(上)，第461页。

东方王道的干城,就在你们日本国民去详审慎择。"①紧接着,孙中山又演讲了《日本应该助中国废除不平等条约》。可以看出,孙中山所说的"大亚洲主义"内涵是非常明确的,即要求日本放弃侵略中国,帮助中国成为国际秩序的平等成员。"大亚洲主义"在孙中山思想体系中不占重要地位,自不待言;而日本对中国的侵略抽掉了孙中山"大亚洲主义"的真正根基。所以,汪、日对之加以歪曲,作为国民党政治符号中对他们均为有利的东西,这就使汪他们的"大亚洲主义"仅仅与"孙中山"这个名字具有皮相性的联想关系。

以汪伪理论家林柏生对"大亚洲主义"的解说为例,他说:"孙中山先生提倡大亚洲主义唯一目的就是要把亚洲民族联合起来,把国际侵略主义从亚洲排除出去,恢复我们亚洲民族的地位,中日两大民族是亚洲民族独立运动的原动力,所以必要中日合作,才能够领导亚洲各民族,联合起来,才能够恢复我们亚洲民族的地位,才能够建设亚洲的新秩序,这就是大亚洲主义的真义。"②如此稚拙、空洞的概念游戏实非出于汪伪诸人的无知,而是因为日本作为"国际侵略主义"一员的事实无法改变,所以在日本发动太平洋战争以后,日汪"大亚洲主义"迅速发展成为种族主义的言说,汪精卫论证道:此次战争若英美战胜,整个东亚民族将和印度民族、非洲黑人、澳洲棕色人种一起,同受奴隶待遇,整个东亚将永远为英美的次殖民地;而如日本战胜,英美百年侵略势力将一扫而空,东亚解放,中国也将得到自由平等。③ 日本扩大战争的企图,在这里反被标榜成了为解放亚洲而不惜对英美开战。汪伪"大亚洲主义"的穷途末路,和它自称对国民党政治符号的拥有一样,关键在于事实总不站在它这边。

---

① 孙中山:《大亚洲主义》,秦孝仪主编:《国父全集》第3册,台北:近代中国出版社,1989年,第535—542页。
② 《林使节与关西学生对谈》,汪伪宣传部编印:《国民政府使节赴日答礼记》,1940年10月,第65—66页。
③ 汪伪宣传部第50号宣传要点,上海档案馆藏,引自闻少华:《汪精卫传》,台北:李敖出版社,1988年,第373页。

四、中国战时的民族主义与汪伪运用
国民党政治符号的困境

按照英国著名"新左派"学者埃里克·霍布斯鲍姆的看法,西方的民族概念和民族主义运动勃兴于美国独立战争和法国大革命后,在这之后,欲理解人类历史与社会,离开民族主义是不可能的。[1] 这种看法显然在中国晚近以来的历史解释中极易找到对应点。杜赞奇认为,20世纪初期的中国对描述民族国家的历史特别具有价值,"这不仅是因为现代民族主义在此期间在中国扎下根来,同时也是因为正是在这一时期启蒙历史的叙述结构以及一整套与之相关的词汇……主要通过日语而进入中文。这些新的语言资源,包括词汇和叙述结构,把民族建构为历史的主体,改变了人们对于过去以及现在民族和世界的意义的看法"。[2] 正因为如此,笔者认为,尽管各界对民族主义有各种各样的评价,但在中国抗日战争的时代背景下,研讨汪伪对国民党政治符号的运用及其面临的明显困境,是不可能脱离民族主义范畴的。

厄内斯特·盖尔纳说:"民族主义首先是一条政治原则,它认为政治的和民族的单位应该是一致的。"[3]霍布斯鲍姆基于此演绎该原则的含义为:某一民族之人对代表这一民族的"那个政治体所负有的政治义务,将超越其他公共责任,在非常时期(比方说战争期间),甚至凌驾在所有责任之上"[4]。国民党一党执政的国民政府在1928年取得国际社会的承认,成为当时代表中国的合法政府,全面抗战爆发后,更获得国内各种政治力量的高度认同,而民族主义正是其整合各股政治力量的利器。重庆在这方面的先天之利,使其能够要

---

[1] 埃里克·霍布斯鲍姆:《民族与民族主义》,李金梅译,上海:上海人民出版社,2000年,"导论"。

[2] 杜赞奇:《从民族国家拯救历史:民族主义话语与中国现代史研究》,王宪明译,北京:社会科学文献出版社,2003年,"导论"第3页。

[3] 厄内斯特·盖尔纳:《民族与民族主义》,韩红译,北京:中央编译出版社,2002年,第1页。

[4] 埃里克·霍布斯鲍姆:《民族与民族主义》,第9—10页。

求国民和各政党、团体以其为中心尽团结抗战的政治义务。尽管各方尽这一义务的过程中不断出现矛盾和冲突,但即便是在重庆方面最困难的时刻(比如1940年5月宜昌被占、1944年豫湘桂失利),以民族主义为主要纽带的统一战线抗战体制并未彻底崩溃,重庆方面得以在国际范围内保持中国政治中心的地位,它对国民党政治符号(尤其是可以与民族主义紧密衔接的部分)的保有和运用也因此具备绝对优势,这给汪伪造成巨大的困境。

以《艳电》发表后各界的反应为例。今天对这一文件的明确定性有后见之明的因素在内,其实,至少在汪等人当时的自我定位中,他们觉得自己在《艳电》中坚持以保持国民党政治符号的内涵作为对日议和的前提,是可以说服国人的。但是,在民族主义的语境中,各界对《艳电》的解读立即界定了汪精卫的汉奸身份和卖国企图,并"顺带"反复确认蒋介石的抗战领袖地位,以及对他坚守民族利益的期许。其中,毛泽东就明确判断汪精卫乃"叛国投敌",表示中共将"拥蒋反汪"。[①]

《艳电》发表后相当长时间内,国民党中央仅将汪精卫永远开除党籍(这在民国史上是很滑稽而无谓的处分),蒋介石甚至连汪一系列动作的准确性质也未公开判定。[②] 但从各界反应看,一方面,除个别人外,认为汪言行系叛国性质的判定非常明确;另一方面,被汪寄予厚望、引人猜想的地方实力派的反应比蒋嫡系还要激烈,而且,绝大多数人认为仅永远开除汪的党籍是不够的,像与汪精卫渊源极深的张发奎就称汪"虽加寸磔,未足蔽辜",要求国民政府将其"通缉归案,明正典刑"。[③] 这些反映了民族主义强势语境下中国各界的反应方式和趋向,事实上,陈嘉庚等人还提到当时国民参政会作出的抗战

---

① 中共中央文献研究室编:《毛泽东年谱》中卷,北京:人民出版社、中央文献出版社,1993年,第102页;秦孝仪主编:《中华民国重要史料初编——对日作战时期》第6编《傀儡组织》(3)[以下简称《傀儡组织》(3)],第55—76页。

② 张生、柴林:《蒋介石对汪精卫投敌迟未公开定性与表态原因探析》,《抗日战争研究》2003年第2期。

③ 《第四战区代司令长官张发奎等以汪危害党国请通缉归案明正典刑之微电》(1939年1月5日),秦孝仪主编:《傀儡组织》(3),第65页。

"中途言和,即为汉奸国贼"的决议,以提示、激励蒋介石。① 蒋介石显然注意到了民意所在,他后来也以同样民族主义的态度告知孔祥熙:"以后凡有以汪逆伪组织为词而主张与敌从速接洽者,应以汉奸论罪杀无赦。"②

汪伪深知战时民族主义是必须正面应对的情绪和思潮,因为当时的民族主义时刻冲击着其"和平运动"的根基,所以汪伪诸人乃不得不在民族主义的语境中,为其言行辩护。尤其汪精卫本人,在这方面做了大量的反制工作。

首先,汪精卫承认"军队和人民都已充分的表达了民族意识,这是不可磨灭的",但他说"这种民族意识,如今已被共产党完全利用了"。汪说:"利用民族意识,在民族意识的掩护之下,来做摧残民族断送国家的工作,在共产党是以为当然的,因为他根本就不知道有所谓民族,有所谓国家。"③在此前的国共争斗中,已有不少国民党人对中共恶语相向,但汪精卫所强调的,是中共的"非中国"特质,他说:"共匪向来提倡工人无祖国的,向来提倡阶级观念超于国家观念的……共匪之抗战目的,与中国人之抗战目的,完全是两样的。中国人之抗战,为本国而战。所以其结论自然是不得不战则战,可以和则和,共匪之抗战,为第三国际而战,其目的在使日本疲敝,使中国崩溃,所以其结论自然是抗战到底……共匪是另外一肝心的,不足为怪,所可怪者,是那些做共匪工具的,到底是全无肝心呢? 还是已与共匪同样的另外有一副心肝呢?"④这里,汪的意思可以表达为这样的推论形式:中共是非国家、民族特质的——所以他们说抗战到底是别有用心——跟着中共喊抗战到底的也是别有用心。

其次,汪极力辩说,日本是中国实现民族主义目标的希望。如前所述,汪

---

① 《南洋华侨酬赈祖国难民总会主席陈嘉庚以汪赞同日寇亡国条件请宣布其罪通缉办法之世电》(1938年12月31日),秦孝仪主编:《傀儡组织》(3),第55页。
② 《蒋委员长致电孔院长祥熙凡有以汪逆伪组织为词而主张与敌从速接洽者应以汉奸论罪杀无赦之佳电》(1939年10月9日),秦孝仪主编:《傀儡组织》(3),第159页。
③ 汪精卫:《我对于中日关系之根本观念及前进目标》(1939年7月9日),南京大学马列主义教研室"汪精卫问题研究组"选编:《汪精卫集团卖国投敌批判资料选编》(内部资料)(以下编者信息略),1981年5月,第307—312页。
④ 汪精卫:《和平运动殉难同志追悼大会献辞》(1940年9月2日),《汪精卫集团卖国投敌批判资料选编》(内部资料),第332—337页。

精卫对孙中山的"大亚洲主义"进行曲解,是其宣扬"中日合作"的重要理论源泉,而在应对中国战时民族主义的冲击时,他再次乞灵于此。他说:在孙中山的理想中,"日本没有对于中国之顾虑,发展更快,中国得到日本之援助,发展也易,并且更可以中日两国之协力将欧美经济压迫的势力,从东亚排除出去。这是民族主义的精髓,也是民生主义的精髓"。①而中国之所以不能实现民族主义,是"因为我们忘记了大亚洲主义"②,汪说,大家对日本有很多疑虑,其实,"近卫声明"的实质是:"日本大声疾呼的向中国说,日本并不是走灭亡中国的那一条路,而是要走与中国协力共保东亚的这一条路。"③"我们要本于民族主义与大亚洲主义,来与东亚的友邦合作,与东亚的各民族合作,以求中国民族的解放。"④

汪在辩无可辩之处强说其理,只能是做概念的游戏,而在民族主义理论中,亦面临深渊:"如果民族原则是用来把散居的群体结合成一个民族,那么它是合法的;但若是用来分裂既存的国家,就会被视为非法。"⑤日本全面入侵中国造成的分裂状态是显然的,与日本合作而谈民族主义,诚非任何逻辑所能解释。

到汪伪"还都"前后,他们对国民党政治符号的营建已经较具体系,而日军对国民政府的军事压力随之达到巅峰⑥,包括中共在内的各种政治势力都

---

① 汪精卫:《三民主义之理论与实际》(1939年11月23日),《汪精卫集团卖国投敌批判资料选编》(内部资料),第313—323页。

② 汪精卫:《新国民运动纲要》(1942年元旦),《汪精卫集团卖国投敌批判资料选编》(内部资料),第375—378页。

③ 汪精卫:《和平运动殉难同志追悼大会献辞》(1940年9月2日),《汪精卫集团卖国投敌批判资料选编》(内部资料),第332—337页。

④ 汪精卫:《新时代的使命》(1940年12月15日),《汪精卫集团卖国投敌批判资料选编》(内部资料),第340—344页。

⑤ Maurice Block in Lalor, *Cyclopedia of Political Science*, vol.II, p. 941.引自埃里克·霍布斯鲍姆:《民族与民族主义》,第35页。

⑥ 据日方判断,蒋介石在抗战期间感到最严重的危机是1940年6月宜昌被日军占领,同时,"桐工作"进入讨论蒋介石、板垣征四郎长沙会谈的紧要阶段。见日本防卫厅战史室编纂:《日本军国主义侵华资料长编》(上),第540页。

在怀疑重庆方面被诱降的可能,这理论上应该是汪伪取得国民党政治符号使用权的好时机。但《日汪密约》刺激民族主义情绪再度高涨。与《艳电》发表时的反应相比较,从杜赞奇所云"民族国家"的角度声讨的情况更形普遍——考虑到当时的声讨者并不知晓当今政治学中"民族国家"的概念,其无意中的契合更具意义。而英美认定重庆国民政府为中国唯一合法政府的表态,强化了"民族国家"气氛中的中国国家认同,见下表:

汪伪"还都"前后各界的反应

反应者	对汪伪的定性、声讨	对国民政府的期许
蒋介石	签订了万劫不复的卖身契	不血战就会被汪逆出卖做奴隶
广西省临时参议会	阴行密约,出卖国家	争取国家民族独立
云南省政府	出卖祖国,签亡国之条约	御侮锄奸,完成抗建
吴鼎昌等	背叛党国,危害民族	歼灭暴敌,扫荡汉奸
马鸿逵等	出卖国家,秦桧、刘豫、张邦昌所不忍为	保障我国家民族独立生存
山西省政府	空前未有之汉奸	扫荡倭寇,奠定复兴民族之基础
绥蒙会委员长沙克都尔札布等	组织伪府,遗羞华夏	驱逐倭奴,还我河山
悉尼全体华侨	数典忘祖	诛灭敌贼,抗战到底
温哥华华侨	丧权辱国,誓不承认	拥护抗战
越南南圻华侨	通敌卖国	争取国家民族生存独立
泰国华侨	盗卖国族	拥护抗战
陈诚	认贼作父	在蒋委员长领导下,灭此国贼
英国外相艾登	重庆国民政府为合法之中国政府	援助中国,维护其独立
美国国务卿赫尔	重庆国民政府为唯一合法之中国政府	

资料来源:据秦孝仪主编《中华民国重要史料初编——对日作战时期》第6编,《傀儡组织》(3),第202—358页,各团体、个人通电整理。

日本的侵略和暴行是中国战时民族主义极度高涨的关键激发因素,而以民族主义为推翻清政府利器的国民党,其政治符号以民族主义为旗帜是人所共知的事实。作为日本傀儡的汪伪因此面临悖论式困境,究其原因,从汪阵营里脱身的陶希圣曾敏感地分析道:"汪及周、梅的错误,就是失落了民族的壁垒。"相形之下,重庆方面在民族壁垒的后面,"战可以坚持,和可以对等"。①

陶希圣说重庆方面在民族壁垒后面进退有据,大概暗指重庆国府在"桐工作"中令日本迷惑的若即若离。其实,在重庆方面的文宣攻略中,亦可看出它得以掌握民族主义话语权的原因。以重庆国民党中央宣传部在汪伪政权建立前后对媒体的宣传指导为例:

高、陶出走泄露日汪密约后,重庆国民党中央宣传部立即指示媒体:"(1)将汪逆卖国密约及有关文件印成小册散发,尤应送入敌占区,使国民知所警悟。(2)指示各地报纸刊物对汪卖国行为不断的撰载评论严予抨击。(3)对于高陶二人不予批评。(4)发动全国对于参加伪组织之一切汉奸予以社会制裁,如由宗族同学会及社团予以除籍处分或其他制裁。"②在日、汪就先前各伪组织与日本造成的"既成事实"进行折冲时,它指示:"(1)日梁密约及合同八种,举将华中之国防资源与企业,如矿业、铁路、航空、电报、电话、都市及港湾建设等尽归敌人独占与经营,此项卖国文件业经汪逆精卫一一承认,并经认为日汪密约中所谓既成事实之一部,汪逆卖国于此又得一铁证。我舆论界应加紧讨汪宣传,使敌亦知汪逆已为我国所共弃,同时发动战地民众加紧实施对敌经济破坏与反封锁,使敌经济侵略无法成功。(2)敌阀灭亡中国、独霸东亚之迷梦实为万变不离其宗,从日梁密件中可知敌寇独占中国之野心,不特现在排斥欧美权利,即各国过去在华之法益及未来对华之贸易亦决予根本推翻。(3)将日梁密约大量翻印,连同日汪密约普遍宣传,并说明敌伪此种毒辣阴谋之暴露,实为敌寇日暮途穷行将溃灭之事实的反映。(4)敌人攫取此项毫无法效之卖国条约后,妄思据此以为囊括中国之凭借,近日更唆使汪逆等肆其狂吠,鼓吹其奴隶的和平论以达到诱降目的,吾人应根据我抗

---

① 陶希圣:《"新中央政权"是什么》(1940年2月2日),秦孝仪主编:《傀儡组织》(3),第229—239页。
② 《中国国民党中央执行委员会宣传部快邮代电》(渝美宣字第10396号),中国第二历史档案馆藏档案,全宗号七一八,案卷号225。

战国策外交自主立场痛予驳斥。"①汪伪政权"还都"前夕,它指示:"(一)嗣后对汪逆之伪组织,应称为汪逆伪组织,不得再用伪中央政权或汪政权等名称,尤须避免用中央二字。(二)汪逆将于三月三十日成立伪组织,各地应于该日一律开始举行大规模的铸奸运动,即铸奸逆跪像于忠烈祠或无名英雄墓前,并尽量揭发汪逆罪恶及丑史,但不必举行宣传周。"②重庆方面的上述指示不仅显示它对"法统"的坚持,而且始终站在"政治上正确"的民族主义立场上;不仅在当时掩盖了它本身强调"欧美权利"以对抗日本的并非完全正当的立场,而且对照后来的历史来看也是相当高明的。即以"使敌亦知汪逆已为我国所共弃"而言,在汪伪"还都"后,日军长时间不予以其期望的支持,而且不能忘情于重庆方面,其中的重要原因就是日方认为汪伪无实力,是中国人心目中的汉奸;③而"铸奸逆跪像于忠烈祠或无名英雄墓前"的对策,构建了令人会心的意象,直接引导民众将汪精卫夫妇与秦桧夫妇相提并论。

相对应的,汪伪这段时间也有宣传指示,据重庆情报,其指示要点,除对高、陶出走表示怨恨外,"1.不敢公然否认卖国密约之存在,2.在报纸副刊短评中作狡辩,不敢以社论正式辩驳,3.不敢公布而狡称无公布之必要,4.妄指日本不撤兵为我(笔者按:指重庆方面)抗战之反应,5.承认军事经济有日本顾问"。④可见重庆的民族主义立场给其造成的被动局面。

中国战时民族主义对汪伪的不利,迫使它一方面在民族主义语境中强行美化日本在中国的形象,如汪精卫就曾在纪念孙中山逝世15周年时表示,过

---

① 《中国国民党中央执行委员会宣传部快邮代电》(渝美宣字第11192号),中国第二历史档案馆藏档案,全宗号七一八,案卷号225。
② 《中国国民党中央执行委员会宣传部快邮代电》(渝美宣字第11620号),中国第二历史档案馆藏档案,全宗号七一八,案卷号225。
③ 1941年7月,日方坦率地表示:"国民政府还都已一年有余,但其政治上统治范围所及,没有超过皇军占领地区,南京的命令一出城门,就会遇到种种困难。"见中央档案馆等编:《日汪的清乡》,北京:中华书局,1995年,第58页。
④ 《中国国民党中央执行委员会宣传部快邮代电》(渝美宣字第11275号),中国第二历史档案馆藏档案,全宗号七一八,案卷号225。

去两年多的战争已经证明,日本所说援助中国成为自由独立国家,"并非欺人之谈"①。另一方面,"痛切"地劝说日本方面稍稍放权,以掩盖自身傀儡实质。周佛海曾委婉地对日方说:"我常常听见说,日本的话,说得狠〔很〕好听,日本的声明也说得极漂亮,但是实际上所做的事,完全不是这样。口口声声所说的平等互惠的经济合作,事实上完全表现为垄断。英美的经济侵略,还替中国留下一点生机,像最近一年来,所表现的中日经济合作,比几十年来的英美经济侵略,要厉害得多,几乎不仅把肉吃光,连毛带骨都要吃得干干净净,使中国没有生存的余地。"②但这样痛切的哀求并不能使日本改变其侵华的本质目的。

具有讽刺意味的是,汪伪诸人对民族主义语境中他们的历史命运是十分清醒的。周佛海对日本陆海军人员演讲时曾说:"重庆各人自命民族英雄,而目余等为汉奸,余等则自命为民族英雄。盖是否民族英雄,纯视能否救国为定。余等确信惟和平足以救国,故以民族英雄自命。但究竟以民族英雄而终,抑以汉奸而终,实系于能否救国。如余等以民族英雄而终,则中日之永久和平可定;如以汉奸而终,则中日纠纷永不能解决。"③后来历史对周佛海"远见"的证明,其实说明了民族主义在民国历史演进中的巨大作用。*

---

① 《汪逆伪中央政权运动近讯》(1940年3月19日),秦孝仪主编:《傀儡组织》(3),第239—248页。
② 周佛海:《回忆与前瞻》,《中华日报》1939年7月22日—24日,第一张第一页。
③ 蔡德金编注:《周佛海日记》(上),第303页。
* 原文发表于《抗日战争研究》2005年第2期。

空间的产生与生产
——从南京大屠杀到侵华日军南京大屠杀遇难同胞纪念馆

空间,本来是物理性的。自从人类意识产生以来,它就被对象化了,成为超越一般物理意义的存在。在工业革命和资本主义全球化以后,空间更获得了政治价值和意识形态属性,人类社会的生产关系,"在空间和空间的可再生产性中被传递着"[1]。资本主义通过战略性地占有和管理全球空间,满足自己扩张和复制的需求,"如果空间作为一个整体已经成为生产关系再生产的所在地,那么它也已经成了巨大对抗的场所"[2]。

日本自明治维新以来,资本主义迅猛发展,快速成为东亚的军国主义强国。空间上的扩张,成为日本国家行为的基本特征,其目标是所谓的"生存空间"和战略空间。20世纪20年代以后,日军的战略家板垣征四郎、石原莞尔等设想:20世纪40年代中期将发生第二次世界大战,肩负"八纮一宇"历史使命的日本,需要原料产地、工业生产基地和市场。很不幸的是,当时积贫积弱的中国,成为其空间扩张的主要对象。曾经以朝贡和藩属体制构建"天下"体系的中国,面对资本主义日本的空间生产和再生产,步步后退。而侵略者的步伐并未稍息,继1879年并吞琉球、1910年"合并"朝鲜、1931年侵占中国东北以后,1937年7月,日本对华发动全面侵略战争。当年底,就发生了南京大屠杀。

---

[1] 亨利·列斐伏尔:《空间与政治》(第二版),李春译,上海:上海人民出版社,2015年,第11、37页。

[2] Henri Lefebvre, *The Survival of Capitalism*, London: Allison & Busby, 1976, p.85.

南京大屠杀是在一个特殊的空间中进行的。这个特殊空间的产生,是作为日本帝国政治工具的日军,在激进派军官的统率下,突破原定作战区域而制造出来的。诚如学者列斐伏尔所言:"空间是一种在全世界都被使用的政治工具……它是某种权力(比如,一个政府)的工具,是某个统治阶级(资产阶级)的工具。"[①]讨论南京大屠杀空间的产生过程,使我们能从另一个角度洞察当年日本显示其帝国意志的特征。

然而,空间并不是单一层次的。在南京大屠杀的空间里,具有人道主义精神的中立国人道人士进行了空间生产的尝试,他们创建的南京国际安全区,展现了战争环境里个人努力所能达到的高度和空间生产的功能。

由于日本右翼对南京大屠杀基本事实的反复否认,以及南京大屠杀历史在中国国家记忆中特殊的地位,1985年,中国建立了"侵华日军南京大屠杀遇难同胞纪念馆",构建了一个缅怀日本侵华战争受害者、体现和平理念的空间。2014年起,中国连续在这一空间中举行"南京大屠杀死难者国家公祭"。空间的政治性,获得了新的时代意义。

本文着眼于在特定空间范畴里讨论南京大屠杀这一特定历史事件所体现出来的不同侧面和"意义",并结合实践,进一步发展列斐伏尔的空间政治理论。目力所及,尚无这一主题的专题论文,不妥之处,敬请指正。

一、南京大屠杀空间的产生

1937年8月13日,中日在上海发生战事。当时中国的首都南京距离上海仅300公里,8月15日,日军海军航空队轰炸了南京。

但彼时日军并未打算占领南京。日本上海派遣军的任务被规定为"与海军协作,歼灭上海附近的敌人,占领上海及北部地区主要战线,保护帝国臣

[①] 亨利·列斐伏尔:《空间与政治》(第二版),第24页。

民"。① 同年11月7日,遭到中国军队强烈抵抗的日军扩大战事,编成华中方面军,下辖上海派遣军和第十军,司令官为松井石根大将。其时,华中方面军的任务仍未扩大到南京,"华中方面军的任务是,与海军协作挫败敌军战斗意志,为寻找结束战争的机遇而歼灭上海附近的敌人"②。同日,日军参谋本部指示华中方面军的作战地域"大体是苏州、嘉兴一线以东地区"③。11月12日,上海被日军占领。11月20日,日军参谋次长石原莞尔致电松井石根的参谋长,提示他们已经超出预定作战地域。④ 但在松井石根和日军内部强硬派的压力下,11月24日,日军最终废除了华中方面军的原定作战区域计划。⑤ 同日,华中方面军发布《第二期作战计划大纲》:"与中国方面舰队协同,迅速攻占南京。"⑥南京就此成为日军的占领目标。

松井石根的部署是切断中国军队向南京长江上游和北部撤退的退路,谋求大范围包围南京,消灭中国军队有生力量:

> 上海派遣军占领无锡后,若能以一部封锁江阴要塞,则攻克之。大致以一个师团之兵力,于扬子江左岸地区作战,并于南京北部地区截断津浦铁路。其主力重点保持于丹阳—句容一线,击破当面之敌,进至磨盘山脉西侧。第十军大致以一个师团之兵力,自广德—宁国—芜湖一线,进抵南京背后。其主力重点保持于宜兴—溧阳一线,击破当面之敌,并进抵溧水附近。酌情以一部占领杭州。⑦

---

① 《临参命第73号》,王卫星、雷国山编:《日本军方文件》,张宪文主编:《南京大屠杀史料集》第11册,南京:凤凰出版社、江苏人民出版社,2006年,第1页。
② 《临参命第138号》,王卫星、雷国山编:《日本军方文件》,第4页。
③ 《临命第600号》,王卫星、雷国山编:《日本军方文件》,第6页。
④ 《参谋次长致松井集团参谋长电报》,王卫星、雷国山编:《日本军方文件》,第9页。
⑤ 《大陆电第18号》,王卫星、雷国山编:《日本军方文件》,第10页。
⑥ 《华中方面军第二期作战计划大纲》,王卫星、雷国山编:《日本军方文件》,第20页。
⑦ 《华中方面军第二期作战计划大纲》,王卫星、雷国山编:《日本军方文件》,第20页。

面对日军的进攻,中国方面就是否防守南京进行了多次讨论。1937 年 11 月 25 日,蒋介石发表讲话,组织南京卫戍军,防守南京。[①] 此后,国民政府不断调集军队参加南京防御,总数约 15 万人。

11 月 27 日,南京卫戍军司令长官唐生智发表"与南京共存亡"的讲话,并将南京城防御计划递交最高当局,决定:

一、第八十八师以主力位置于雨花台附近,任水西门、中华门至武定门及雨花台之守备。二、第三十六师以主力位置于龙王庙附近,担任玄武门、红山、幕府山至挹江门之守备,并与幕府要塞协同作战。三、教导总队以主力位置于小营(中央军校西),担任光华门、中山门至太平门及天堡城之守备,并以一团归要塞邵百昌司令指挥,任乌龙山要塞守备。四、宪兵队以主力位置于清凉山附近,担任定淮门至汉中门及清凉山之守备,并于龙潭、汤水、淳化等处各派兵一连,处置退回之散兵,待命撤回。五、警察队担任城内秩序之维持及交通点、重要仓库、自来水塔、电灯厂等处之守护。六、要塞部队固守乌龙山、幕府山之要塞地区,并掩护长江封锁线。七、防空队以七公分五高射炮位置于五台山附近,其余分别位置于大校场及下关等处,主任城市、大校场、轮渡、自来水塔、电灯厂之掩护。八、运输、通讯、卫生、补给等项,另行拟定计划。[②]

南京处于长江下游拐弯处,长江在此先由西南向东北方向流淌,再折向东,江面宽阔。中国军队西、北两个方向防御压力较轻,乃以东、南两面为主要防御方向。其弧形防御阵地分为外围、复廓两道,并以绵延 30 余公里的明代城墙为最后阵地。

---

① 《蒋介石致唐生智电》,马振犊等编:《南京保卫战》,张宪文主编:《南京大屠杀史料集》第 2 册,南京:凤凰出版社、江苏人民出版社,2005 年,第 57 页。
② 《唐生智策定南京城防御计划》,马振犊等编:《南京保卫战》,第 33—34 页。

从中日双方攻防部署看,南京中国守军如不能长期抵抗,南京西、北的长江将妨碍守军组织有效的撤退。当时,比较可能的撤退路线是通过南京城西北的挹江门,从下关码头乘船到达对岸的浦口。如前所述,日军早有预案,派出国崎支队在南京上游乌江镇渡过长江,向浦口逼近。南京最终被切断与外界的联系,成为"孤岛",是其成为大屠杀发生空间的重要前提。

12月9日,日军占领南京东、南两面外围各阵地,向唐生智空投最后24小时通牒。当晚,唐生智作出强硬回应,下达"卫参作第三十六号"命令:

> 1. 本军目下占领复廓阵地为固守南京之最后战斗,各部队应以与阵地共存亡之决心,尽力固守,决不许轻弃寸地,摇动全军。若有不遵命令擅自后移,定遵委座命令,按连坐法从严办理。
>
> 2. 各军所得船只,一律缴交运输司令部保管,不准私自扣留,着派第七十八军军长宋希濂负责指挥。沿江宪、警严禁部队散兵私自乘船过江,违者即行拘捕严办,以武力制止。①

按照唐生智这一命令,南京将为中国军队与日军血战到底的空间。12月10日,日军对南京发起总攻,经连番激战,中国军队阵地动摇。12月12日中午,唐生智签发了撤退令:"……二、首都卫戍部队决于本日晚冲破当面之敌,向浙、皖边区转进。……六、各部队突围后运动务避开公路,并须酌派部队破坏重要公路桥梁,阻止敌之运动为要。……八、予刻在卫戍司令部,尔后到浦镇。"②12月12日下午3点,又追加了一份撤退命令:"一、本部各部队奉命向徽州附近地区转进。二、本司令部直属部队及三十六师着于今(十二)日晚渡江,向乌衣、花旗营附近先集结待命。"③

---

① 《陆军第七十八军南京会战详报》(1938年1月),中国第二历史档案馆编:《抗日战争正面战场》上册,南京:江苏古籍出版社,1987年,第422页。
② 《唐生智关于从南京城撤退命令稿》,马振犊等编:《南京保卫战》,第36—37页。
③ 《唐生智关于从南京城撤退命令稿》,马振犊等编:《南京保卫战》,第37页。

唐生智仓促发布撤退命令,并没有有效送达各部队,各部队陷入混乱,结果除少量部队正面突围到日军身后,绝大多数中国军队蜂拥向城内撤退,经中山路、挹江门,退到下关至燕子矶一带江滨。而由于前述命令,找不到渡江船只。12月13日,日本海军切断长江,扫射正在泅渡长江的中国军人。接着,日军占领南京全城,放下武器的中国军人、外地难民和南京的数十万市民,以及20多位外国侨民一起,被置于南京这一与外部世界隔绝的城市中。这一空间具有极大的封闭性,外界无从得知城内的实情,城内也无法向外界寻求支持,这是日军敢于违反国际法和基本人道准则,肆无忌惮进行战争犯罪的"有利条件"。值得一提的是,当时松井部队配备了日本知名国际法专家斋藤良卫[1],但他没有向松井提供国际法的基本精神和准则以防止南京发生惨剧。

　　而就在南京军民为自己的命运担忧的时候,有证据显示,日军此前已经颁布了"屠杀令"。

　　美国国家档案馆保存着一份日军士兵的阵中日记,由山梨县一个叫保坂晃的人在战后寄给盟军司令部军法处。内中提道:1937年11月29日,他们在常州郊外某处,"奉命"用机关枪射杀平民80余人。为防止审查人员看不清,日记主人还特地重抄相关部分附在原文旁边。[2]

　　这本日记提示我们,日军的屠杀命令早在冲向南京的过程中即已颁布(尽管由于战争结束时日方有计划的处理,今天已经看不到成文的命令本身)。到了南京,屠杀令自上而下地推行,曾任松井石根秘书的田中正明"说漏了嘴",他说:第十三师团山田旅团长"在此之前刚接到长勇参谋长(笔者按:长勇其时系上海派遣军司令部参谋)关于'杀掉俘虏'的命令"。[3]

---

[1] 斋藤良卫(1880—1956),曾任"满铁"理事、近卫第二次内阁外交顾问,协助签订德意日"三国同盟"协定。著有《支那国际关系概观》等,在东京审判时曾提交书面证词。感谢程兆奇教授、陈海懿博士提供其人基本线索。

[2] RG 153, Entry 180, Box 5, National Archives II of USA, Maryland.

[3] 田中正明:《"南京大屠杀"之虚构》(内部读物),军事科学院外国军事研究部译,北京:世界知识出版社,1985年,第151—154页。

而日军第十六师团长中岛今朝吾在 1937 年 12 月 13 日的日记中清楚写道：

> 基本上不实行俘房政策，决定采取全部彻底消灭的方针。但由于是以 1 000 人、5 000 人、10 000 计的群体，连武装都不能及时解除。……事后得知，仅佐佐木部队就处理掉约 15 000 人，守备太平门的一名中队长处理了约 1 300 人。在仙鹤门附近集结的约有七八千人。……处理上述七八千人，需要有一个大壕，但很难找到。预定将其分成一两百人的小队，领到适当的地方加以处理。①

作为当地日军最高指挥官的松井石根，其态度的是明知暴行发生，却不采取有效措施加以制止，放任屠杀蔓延。远东国际军事法庭的判决书指出："他(笔者按：指松井)既有权力，也有义务控制住他的军队和保护不幸的南京市民。""根据他自己的观察和属下的报告，他一定已经意识到了正在发生的事情。他承认他曾从宪兵和领事馆官员那里听说了他的军队的某种程度的非法行为。有关这些暴行的每日报告被递交给日本在南京的外交代表，并被转呈东京。法庭认为有充分的证据显示松井石根知道正在发生的事情。他没有采取任何措施，那些能抑制这些暴行的措施。"②

南京就此成为大屠杀的空间。据远东国际军事法庭 1948 年判决：

> 稍后估算的信息显示，在日本占领后的前六周，南京及周边地区被屠杀的平民和战俘人数合计超过 200 000。这一估算并不夸张，由掩埋团体和其他机构计算的掩埋尸体数量证实，仅他们掩埋的尸

---

① 《中岛今朝吾日记》，王卫星编：《日军官兵日记》，张宪文主编：《南京大屠杀史料集》第 8 册，南京：凤凰出版社、江苏人民出版社，2005 年，第 280 页。

② 《判决书(有关南京大屠杀)》，杨夏鸣编：《东京审判》，张宪文主编：《南京大屠杀史料集》第 7 册，南京：凤凰出版社、江苏人民出版社，2006 年，第 611、610 页。

体就超过 155 000 具。他们还报告,大部分遗骸的双手均被绑在背后。这些数字还未包括那些被烧毁、被扔进长江,或被日军用其他方法处理的尸体。[①]

此前,国民政府国防部审判战犯军事法庭判决认定,南京大屠杀中中国军民遇难 30 万人以上。[②]

二、南京大屠杀空间中的空间生产

国民政府在南京被占领前,向中国西部撤退,以重庆为陪都,以武汉为重心,进行持久抗战。南京城陷入无政府状态。

在这一有待形塑的空间中,日军有自己的计划,即扶植傀儡政权,复制他们在伪满洲国等地已经建立的殖民统治空间。松井石根受命担任上海派遣军司令官时即表示,"我军应该以迅速进攻南京为目的,向中支那派遣必要兵力(约五个师团),必须一举推翻南京政府"。12 月 5 日,松井向日军参谋次长多田骏说明了其占领南京后的打算:"方面军(笔者按:指日军华中方面军)在攻占南京后,首先要将西山派、政学派和段字派以及支那的亲日派联合在一起,再将江苏、浙江和安徽合并在一起成立一个独立政府。"1937 年 12 月 20 日松井访问南京时,即表达了其乐观情绪:"估计用不了多久,便能够组成维

---

① RG 230,Entry 180-8,Box 106, National Archives Ⅱ of USA,Maryland.原文为:Estimates made at a later date indicate that the total number of civilians and prisoners of war murdered in Nanking and its vicinity during the first six weeks of the Japanese occupation was over 200,000.That these estimates are not exaggerated is borne out by the fact that burial societies and other organizations counted more than 155,000 bodies which they buried. They also reported that most of those were bound with their hands tied behind their backs. These figures do not take into account those persons whose bodies were destroyed by burning or by throwing them into the Yangtze River or otherwise disposed of by Japanese.

② 《军事法庭对战犯谷寿夫的判决书及附件(1947 年 3 月 10 日)》,胡菊蓉编:《南京审判》,张宪文主编:《南京大屠杀史料集》第 24 册,南京:凤凰出版社、江苏人民出版社,2006 年,第 388—452 页。

持治安实行自治的支那人团体。"①但在其秩序尚未建立的"空位期"中,滞留南京的中立国人士抢先展开了空间生产,这一空间的内涵和外形,并不同于日军的设计,而体现了西方人士的期望和价值观。

日军占领南京之前,对美、英、德、苏等中立国加以恐吓,希望他们的人员离开交战地区。中立国作出了抗议,但还是在大屠杀开始前撤退了外交人员,并动员侨民进行撤退,大量在南京的外国侨民因此离开了南京。但仍有20多名外国教育、传教、商务人士留在了南京,他们创建了"南京国际安全区"这一空间,并以"安全区国际委员会"和"国际红十字会南京分会"为平台,从事人道主义救援活动。

"历史化本身也是一种历史现象,它也受制于意识与价值的变迁。"②对南京国际安全区客观、学术的研究,是晚近之事,也与南京大屠杀史从民族国家叙事升华为人类记忆互为因果。

1937年12月21日,留在南京的西方人士曾前往日本大使馆递交了一封抗议信,信后有全体22名外国侨民的签名③:

南京西方人士名单
(1937年12月21日)

姓名	国籍	服务机构
1.约翰·H.D.拉贝	德国	西门子洋行(中国)
2.爱德华·施佩林	德国	上海保险公司
3.克里斯蒂安·克勒格尔	德国	礼和洋行

---

① 《松井石根阵中日记》1937年8月16日、1937年12月5日、1937年12月20日,王卫星编:《日军官兵日记》,张宪文主编:《南京大屠杀史料集》第8册,南京:凤凰出版社、江苏人民出版社,2005年,第23、145、152—153页。

② 阿莱达·阿斯曼:《记忆中的历史:从个人经历到公共演示》,袁斯乔译,南京:南京大学出版社,2017年,第112页。

③ 拉贝1937年12月21日日记,约翰·拉贝:《拉贝日记》,刘海宁、郑寿康、杨建明等译,张生修订;张宪文主编:《南京大屠杀史料集》第13册,南京:凤凰出版社、江苏人民出版社,2007年,第191—192页。

续　表

姓名	国籍	服务机构
4. R.黑姆佩尔	德国	北方饭店
5. A.曹迪希	德国	基士林克-巴达糕饼店
6. R.R.哈茨	奥地利	安全区机械师
7. 科拉·波德希沃洛夫	白俄	桑格伦电器商行
8. 齐阿尔	白俄	安全区机械师
9. C.S.特里默大夫	美国	大学医院
10. R.O.威尔逊大夫	美国	大学医院
11. 詹姆斯·麦卡伦牧师	美国	大学医院
12. 格瑞丝·鲍尔	美国	大学医院
13. 伊娃·海因兹小姐	美国	大学医院
14. M.S.贝德士博士	美国	金陵大学
15. 查尔斯·H.里格斯	美国	金陵大学
16. 刘易斯·S.C.史迈士博士	美国	金陵大学
17. 魏特琳小姐	美国	金陵女子文理学院
18. W.P.米尔士牧师	美国	北方长老会
19. H.L.索恩牧师	美国	金陵神学院
20. 乔治·菲奇	美国	基督教青年会
21. 约翰·马吉牧师	美国	美国圣公会
22. E.H.福斯特牧师	美国	美国圣公会

此表中两人的国籍被注明为"白俄",是指俄国十月革命后出逃的俄国人,并非今天的"白俄罗斯"国人。资料来源:约翰·拉贝:《拉贝日记》,刘海宁、郑寿康、杨建明等译,张生修订;张宪文主编:《南京大屠杀史料集》第13册,第195页。

《南京安全区档案》中也有同样的一份名单。[1] 1937年12月23日,上海

---

[1] 徐淑希编:《南京安全区档案》,杨夏鸣译,张生等编:《英美文书·安全区文书·自治委员会文书》,张宪文主编:《南京大屠杀史料集》第12册,南京:凤凰出版社、江苏人民出版社,2006年,第306—307页。

的日本军方发言人宣称,"12月16日有22名西方人士在南京,其中包括德国人、美国人和白俄",其后所附的外国人名单与上述名单相同。①

南京郊区还有西方人士驻留,即德国人卡尔·京特和丹麦人辛德贝格。他们受命在日军到达之前赶来,负责看护栖霞山附近的江南水泥厂,以免其为日军强夺。他们曾与城内的西方人士取得过联系。②他们加上前述22位住在城内的西方人士,共24人,是南京大屠杀空间中进行局部空间生产的主力。

此外,还有几位报道中日战争的西方记者与摄影师,在南京沦陷的时刻也在南京城内。其中美国记者有弗兰克·提尔曼·德丁、C.叶兹·麦克丹尼尔、阿瑟·门肯和A.T.斯提尔。③还有一位英国路透社的记者史密斯。魏特琳在1937年12月15日的日记中记载:"今天,四名外国记者搭乘日本驱逐舰到了上海。我们既得不到外界的消息,又无法向外界传递消息。"④实际上,搭乘日本驱逐舰"津贺"(Tsuga)号离开南京的是麦克丹尼尔,时间是12月16日。⑤12月15日离开南京的其他3名美国记者和1名英国记者,搭乘的是美国"瓦湖"号军舰。5名英美记者,对上述24名外国人士创建的新空间进行了报道;他们在南京的短暂存在,也强化了日军对南京外国利益的体认。

---

① 《在南京的外国人安然无恙》,《北华捷报》(1937年12月29日),张生编:《外国媒体报道与德国使馆报告》,张宪文主编:《南京大屠杀史料集》第6册,南京:凤凰出版社、江苏人民出版社,2005年,第87—88页。
② 马吉:《栖霞山之行的报告(1938年2月16日—17日)》,章开沅编译:《美国传教士的日记与书信》,张宪文主编:《南京大屠杀史料集》第4册,南京:凤凰出版社、江苏人民出版社,2005年,第172—175页。
③ 张生等编:《关于保护残留在南京的美国人》,张宪文主编:《南京大屠杀史料集》第12册,《英美文书·安全区文书·自治委员会文书》,第57—58页。
④ *Minnie Vautrin's Diary*(*December 15*, *1937*), Box 134 of YDL Record Group NO.11, The Archives of the United Board for Christian Higher Education in Asia, Yale University Divinity School Library Special Collections.
⑤ 麦克丹尼尔:《战地记者的日记描绘恐怖的南京》,《芝加哥每日论坛报》(1937年12月18日第8版),张生编:《外国媒体报道与德国使馆报告》,第117页。

"空间从来就不是空洞的:它往往蕴涵着某种意义"①,这些外国人构建或协助构建的特殊空间,来运行南京处于"空位期"时他们的人道事业。"安全区"位于南京城西北部,面积3.86平方公里,占南京城面积的八分之一。安全区是南京沦陷后特殊的空间区域,其存续和运行,一依赖欧美侨民的人道精神和与中国人民休戚与共的决心②,二依赖当时处于中立地位的欧美各国及其设定的条约利益③,三依赖日军方面措辞含糊的默许④。

南京安全区国际委员会使用的房源,主要是作为美国产业的金陵大学、金陵女子文理学院、美国中小学的校园;离开南京的外国公司和外籍人士的房屋;战前建成、主要为国民政府要人居住的"新住宅区",其中不少由其主人委托国际委员会看管和使用;等等。这些房屋,在国民政府决定西迁、持久抗日以后,基本处于空关状态,或由少量仆役看守。也就是说,这些多少与外国利益相关的产业,成为生产新空间的材料,这是空间生产无法剥离于政治的看似偶然、实则由来有自的明证。

其实,"安全区"并不绝对安全。欧美人士在报告、制止日军暴行,救助中国民众的过程中,即时做了大量的文字记录,并收集一些中国人士的目击证言,这些文字结集为《南京安全区档案》(Documents of the Nanking Saftey Zone),1939年由燕京大学教授徐淑希编译出版。档案记录了1937年12月15日到1938年2月7日发生在安全区和附近地区的444个日军暴行案例。这些中立国人士均受过较好的教育,他们当时就意识到南京发生的事件必将

---

① Henri Lefebvre, *The Production of Space*, translated by Donald Nicholson-Smith. Oxford, Cambridge, Mass: Blackwell, 1991, p.154.

② *Minnie Vautrin's Diary*(November 19, 1937), Box 134 of YDL Record Group NO.11, The Archives of the United Board for Christian Higher Education in Asia, Yale University Divinity School Library Special Collections; *Forster's Letters to His Wife*(December 3, 1937), RG 8, Box 263, Fold 9, The Archives of the United Board for Christian Higher Education in Asia, Yale University Divinity School Library Special Collections;贝德士:《致朋友函》(1938年1月10日),章开沅编译:《美国传教士的日记与书信》,第16—20页。

③ 参见张生《侵华日军南京大屠杀的"德国视角"——以德国外交档案为中心》,《南京大学学报》,2007年第1期;张生《美国文本记录的南京大屠杀》,《历史研究》2012年第5期。

④ 拉贝1937年12月5日日记,约翰·拉贝:《拉贝日记》,第104页。

被载入历史,对案例的记录非常认真,时间、人物、地点、过程、后果等信息十分具体,很多加注了目击者或报告人姓名。①

但是,由于欧美人士不顾自身安危地看护和救援,"安全区"确实比安全区外安全一些。他们的工作大致可以分为十个方面:(1) 直接在安全区内外制止日军暴行;(2) 向日军指挥层和日本外交官抗议日军暴行;(3) 为最多时人数达 250 000 的难民提供食物、药品和住所;(4) 实时记录日军暴行,进行战争所造成损失的实地调查;(5) 向南京之外乃至全世界传播日军暴行,对其形成压力;(6) 大屠杀后对贫苦难民进行资金、物品和生产资料救济;(7) 揭露日军掩盖南京大屠杀真相的图谋;(8) 为难民开办各种有利于谋生的培训班;(9) 为难民提供精神慰藉;(10) 以鼓楼医院为中心,救治遭日军暴行伤害的南京难民。② 本文因为篇幅的关系,不一一介绍。

对于他们的贡献,目击者有很高评价。金陵女子文理学院舍监程瑞芳说:"所幸还有两个德国人在此,光是美国人不行。现在几个美国人也无法可想,也累死了,换一句话说,若不是几个美国人在此,中国人也只有死路一条。"③《波士顿环球报》评论说:"日本人进攻南京时,一小群外国人,主要是美国人,组织了安全区委员会,希望创建一个非军事人员可以免遭攻击的聚居地。……正是这些举止优雅有修养的人,出现在文明遭到破坏的地方和当口。"④实际上,当时在南京的中立国人士被中国难民称为"活菩萨";而中国政府也对拉贝、贝德士等授勋,表彰他们的功绩。他们的伟大事业已经永载史册。

---

① 《南京安全区档案》,张生等编:《英美文书·安全区文书·自治委员会文书》,第 269—388 页。
② 根据《南京安全区档案》整理,张生等编:《英美文书·安全区文书·自治委员会文书》,第 269—388 页。
③ 程瑞芳 1937 年 12 月 21 日日记,张连红编:《幸存者的日记与回忆》,张宪文主编:《南京大屠杀史料集》第 3 册,南京:凤凰出版社、江苏人民出版社,2005 年,第 20 页。
④ John W. Wood to Irving (December 13-27, 1937), RG 10, Box 102, Folder 862, The Archives of the United Board for Christian Higher Education in Asia, Yale University Divinity School Library Special Collections.

"以历史性的或者自然性的因素为出发点,人们对空间进行了政治性的加工、塑造。"①中立国人士建立的安全区,利用了中立国地位和条约体系这一近代中国被列强强行赋予的政治的和历史性的因素,也利用了安全区业已存在的房屋等"自然"条件。但它的人道主义特征,是和日军企图通过占领中国首都、摧毁中国人的抵抗意志这一政治诉求相抵触的,所以在中立国人士创建的空间中出现了激烈的对抗。

日军通过以下几个途径对其进行瓦解:一是在1938年1月1日建立傀儡政权"南京自治委员会",给予这一名义上的中国人的政权以市政管理的权利;同时分配给"自治委员会"一些粮食,由其出售或分配,以此来吸引极度缺乏粮食的难民。② 二是强占安全区建立时,国民政府南京特别市政府赠予它粮食和燃料,同时人为制造困难,让安全区国际委员会不能把粮食和燃料运进南京,削弱其救助功能。③ 三是以搜查"残败兵"为名,未经审判,杀害大量躲避在安全区的青壮年,削弱难民对中立国人士的信任。④ 四是进行"安民"

---

① 亨利·列斐伏尔:《空间与政治》(第二版),第37页。
② 《史迈士致家人函》(1938年1月5日),章开沅编译:《天理难容——美国传教士眼中的南京大屠杀(1937—1938)》,第326页。拉贝1938年1月7日日记,约翰·拉贝:《拉贝日记》,第303页。
③ 《致日本大使馆的信》(1938年1月27日),徐淑希编:《南京安全区档案》,张生等编:《英美文书·安全区文书·自治委员会文书》,第347—348页。拉贝1938年1月27日日记,约翰·拉贝:《拉贝日记》,第426页。拉贝1938年1月26日日记,约翰·拉贝:《拉贝日记》,第419页。《敌军信义扫地 蹂躏南京难民区 奸淫掳掠并屠杀无辜 马市长函国际委员会 请向敌严重交涉制止》,汉口《大公报》1938年2月13日。
④ 据魏特琳1937年12月29日日记载:"这个区以及其他地区的男子登记工作还在继续。早在9时以前,长长的队伍一直排到大门外很远的地方。今天,日本人比昨天厉害得多。昨天,他们叫当过兵的人自己承认,并许诺给他们工作和工资。今天,日本人检查他们的手,并把他们认为可疑的人挑出来。当然,被挑出来的许多人从未当过兵。无数母亲和妻子要我为她们的儿子或丈夫说情,他们是裁缝、做烧饼的、商人。不幸的是,我无能为力。"*Minnie Vautrin's Diary* (*December 29, 1937*), Box 134 of YDL Record Group NO.11, The Archives of the United Board for Christian Higher Education in Asia, Yale University Divinity School Library Special Collections.

工作,劝诱难民离开安全区回家。①　五是通过外交努力,改变德国政府立场,希特勒政府乃将安全区委员会主席拉贝、同情中国难民的德国驻南京大使馆政务秘书罗森等召回德国②。1938年2月,安全区委员会被迫改组为"南京救济委员会",专事救济工作。

中立国人士主导的"安全区"空间,存续时间并不长,在当时强势日军的压迫下,其命运不卜可知;但即使这样,也使得当时的南京呈现出与中国其他被占领城市完全不同的面貌,不仅使中国抗战的世界性意义得以进一步凸显,也是南京大屠杀相关档案成为人类记忆遗产的重要基础。空间生产的意义于此可见一斑。

1938年3月,日军在南京扶植起傀儡政权"中华民国维新政府",并以之为工具,实现了在南京常态化殖民统治秩序的建立。列斐伏尔指出:"资本主义中的社会关系,也就是剥削和统治的关系,是通过整个的空间并在整个的空间中,通过工具性的空间并在工具性的空间中得到维持的"③,在此得到印证。

三、空间的再生产和南京大屠杀历史记忆

1949年以后,对于日本侵略中国的历史,中国的主流言说语境一直是:"发动侵略战争的是一小撮军国主义分子,日本人民也是战争的受害者","中日两国人民要世世代代友好下去"。南京大屠杀史被放在日本侵华史中叙

---

① 据1938年2月14日《南京救济形势》记载:"12月下旬,难民营人口数量达到高峰,我们的25个难民营有69 406人。1月25日有6万人。今天24个难民营中,剩下35 334人。这是1月28日日本当局向自治委员会下发命令,要求难民在2月4日前离开难民营的结果。……根据日本当局的返家家庭的登记报告,目前留在安全区的有15万人,而1月份这个数字是25万人。"《南京救济形势》,张生:《耶鲁文献》(下),张宪文主编:《南京大屠杀史料集》第70册,南京:凤凰出版传媒集团江苏人民出版社,2010年,第503页。

② 见张生《侵华日军南京大屠杀的"德国视角"——以德国外交档案为中心》,《南京大学学报》2007年第1期。

③ 亨利·列斐伏尔:《空间与政治》(第二版),第106页。

述。20世纪60年代初,南京大学历史系日本史小组高兴祖老师带领学生进行南京大屠杀幸存者调查,1963年江苏人民出版社内部发行了油印小册子《日寇在南京的大屠杀》,但没有公开出版。历史记忆中断的结果是,20世纪80年代以前,中国大多数大中学生都不知道南京大屠杀的存在。有关南京大屠杀的专门纪念性空间自然没有出现。

20世纪80年代初,中日关系经历一段以友好为主轴的历史时期后,日本右翼重新挑起了有关南京大屠杀的争论。曾担任松井石根秘书的田中正明发表了《"南京大屠杀"之虚构》,而日本政客也一再"失言",或者说南京大屠杀不存在,或者说南京大屠杀期间中国遇难者人数甚微,不能叫"大屠杀"。日本文部省在审查历史教科书时,企图把当年日军"侵略"中国改为"进入"中国。一系列的事件,唤醒了中国人蛰伏已久的历史记忆。

东亚政治的变动,促成了新空间的生产。1983年,南京市政府成立"南京大屠杀建馆立碑编史工作小组",同年12月13日,在南京江东门日军屠杀遗址上树立了"侵华日军南京大屠杀遇难同胞纪念馆"(以下简称"纪念馆")奠基碑。1985年,邓小平题写了纪念馆馆名。同年8月15日,纪念馆建成开放。同时,在当年日军屠杀地点草鞋峡、燕子矶、中山码头等17处遗址建立纪念碑。一个系统性的、浓缩南京大屠杀历史的、具有自身鲜明指向的空间就此生成。

叙述和展览,是历史展示的基本方式。叙述,不仅按照时序对已经发生的事情进行排列,也包含一种因果关系,这种因果关系赋予被叙述的事件以意义、重要性和导向。展览的物品则有符号状态,以及创造意义的可能。[①]"侵华日军南京大屠杀遇难同胞纪念馆"是一处基于历史遗存的再生产的空间,承载着叙述和展览南京大屠杀历史的功能。关于这一空间的语义,是这样解说的:"本馆入口墙上方镌刻着邓小平同志题写的馆名。沿右拾级而上,迎面看到中、英、日文写的黑色大字'遇难者300000',令人触目惊心。站在半

---

① 阿莱达·阿斯曼:《记忆中的历史:从个人记忆到公共演示》,第129、131页。

地下陈列厅屋顶平台,俯瞰全馆场地,强烈的悲惨情景映入眼帘。院内大片的鹅卵石寸草不生,象征着死亡,与周边的碧草对比为生与死。枯死的树木、散石、残垣断壁烘托出悲剧性的纪念气氛。嵌入围墙长达 50 余米的《劫难》《屠杀》《祭奠》大型浮雕,沿石板小路两边置放着 13 块形状各异的石碑,记载着当地被害同胞遇难的惨景,形象地让世人了解这场骇人听闻的惨剧。棺椁型的半地下遇难同胞遗骨室内陈放着施工过程中挖出的遇难同胞累累白骨,与窗外的鹅卵石连为一体。站立在鹅卵石中表情悲愤的母亲雕像,似在寻找失去的亲人,使观众心情更为压抑。穿过尸骨室,步入史料陈列厅,这里陈列着日军杀、烧、淫、掠的暴行照片及史料、文物证据,等等,使人们全面了解南京大屠杀的真相。在入电影厅观看《侵华日军南京大屠杀史料片》后,观众的悲愤情绪达到了极致,从而激发了他们的爱国热情。"[①]

可以看出,纪念馆的空间生产及其展陈内容,贯彻了回应、批驳日本右翼的问题意识,并由悲情记忆导向爱国主义的价值取向。列斐伏尔提出:"社会空间并非众多事物中的一种,亦非众多产品中的一种……它是连续的和一系列操作的结果,因而不能降格成为某种简单的物体……它本身是过去行为的结果,社会空间允许某些行为发生,暗示另一些行为,但同时禁止其他一些行为。"[②] "侵华日军南京大屠杀遇难同胞纪念馆"随即成为凝聚相关历史记忆、批驳日本右翼、团结和平力量、进行爱国主义教育的重要基地。

记忆不断生长,充实着空间,使空间日益增厚其意涵。诚如阿莱达·阿斯曼所言,"在城市空间中,我们处处都被历史所包围。历史的生长从不间断"[③]。纪念馆组织了多轮幸存者调查,对幸存者逐步建立了个体生活史档案。日本友好人士不断组织人员到纪念馆参观,举行祭奠仪式。纪念馆组织编写了大量史料性和专题性著作,如《侵华日军南京大屠杀史料》《侵华日军

[①] 朱成山主编:《侵华日军南京大屠杀遇难同胞纪念馆馆史(1985—2010)》,南京:南京出版社,2010 年,第 12—13 页。

[②] Henri Lefebvre, *The Production of Space*, translated by Donald Nicholson-Smith, p.73,85.

[③] 阿莱达·阿斯曼:《记忆中的历史:从个人记忆到公共演示》,第 109 页。

南京大屠杀史稿》《南京大屠杀史研究与文献》等。而欧美人士亦不断前来。《纽约时报》记者提尔曼·德丁曾作为战地记者报道南京大屠杀。他曾写道："此刻,再也没有人为日军欢呼了。掳掠南京城,蹂躏民众,日军在中国人心里深深地埋下仇和恨,这种仇恨日积月累便会形成东京表示要尽力从中国根除的抗日意志。"[1]1988年,他来到纪念馆,重温了他曾经见证的历史。曾用电影记录南京大屠杀的美国牧师约翰·马吉的儿子,向纪念馆捐赠了他父亲使用的摄影机。贝德士的儿子、威尔逊的女儿来到纪念馆,回忆他们的父亲。辛德贝格和京特的后人来到纪念馆,捐赠了相关档案……2016年,安全区委员会成员的后人们在南京接受了紫金草勋章。

"侵华日军南京大屠杀遇难同胞纪念馆"承载的东西日益增多,以至这一空间显得不敷需要。1994年12月到1995年12月,纪念馆开展了二期工程,进行扩建,新建遇难同胞纪念墙和"古城灾难"组雕,挖掘了"万人坑"遗址。2005年6月起,新建了雕塑广场、集会广场、祭奠广场、冥思厅、史料陈列厅与和平公园。纪念馆面积由2.5万平方米扩大到7.4万平方米。2013年12月至2015年12月,纪念馆再次扩建,新建了"胜利广场""胜利之路""胜利之火""胜利公园""胜利展厅",占地10.3万平方米,整个建筑面积达5.7万平方米。[2]

需要指出的是,尽管有学者论述了历史记忆对于塑造民族国家、建立民族国家身份的认同具有重要意义[3],但中国关于南京大屠杀的历史记忆随着中国改革开放进程的迅速进展,在短时间里实现了"意义的升级",即从民族国家记忆上升到对于和平这一人类共同价值的追求。现在的纪念馆,其空间语义相比1985年版,已经发生很大的变化:

---

[1] 《攻占南京肆意屠戮》,《纽约时报》1937年12月18日,张生编:《外国媒体报道与德国使馆报告》,第113页。
[2] 朱成山主编:《30年,我们这样走过》,南京:南京出版社,2015年,第1页。
[3] 阿莱达·阿斯曼:《回忆空间:文化记忆的形式和变迁》,潘璐译,北京:北京大学出版社,2016年,第79—80页。

空间的产生与生产

（主体建筑）纪念馆整体造型为"和平之舟"。这是一座拔地而起的高高的船头造型，挺拔的船头由一级级台阶组成，从侧面看像一把被折断的军刀，从空中看又像一个化剑为犁的立面。整个建筑在体现南京大屠杀"悲愤"主题的同时，成功融入"和平"的因素。

（集会广场）集会广场用黑色脊背石铺地，营造了一个没有生命的空间，黑色大理石铺面的建筑上刻有中、英、日、韩、西班牙等12种文字的"遇难者300000"灾难之墙。

（史料陈列厅）史料陈列厅位于主体建筑"和平之船（舟）"船头之内，外部由黑色大理石贴面，典雅而不失严肃。其出口处一侧为立面，一侧为斜面，直斜相对形成的狭长空间给观众一种特殊的压抑感。

（悼念广场）灰色石壁墙上，镌刻着邓小平同志亲笔题写的馆名——"侵华日军南京大屠杀遇难同胞纪念馆"。右侧石阶入口矮墙上，铭刻着中、英、日三国文字的"遇难者300000"。

（墓地广场）建筑群呈纪念性墓地的设计风格。广场上以鹅卵石铺地，象征着累累白骨，象征着死亡；两边翠绿的草坪和院墙外的常青树象征着生命力和抗争精神，体现了生与死的主体，寓意为生与死仅在一线之间。几株枯树既代表着南京城当年有三分之一的建筑物被烧毁，又点缀了凄惨的氛围。在遗址院落内，有枯树、鹅卵石、断墙，有镶嵌在围墙上的三组名为《劫难》《屠杀》《祭奠》的大型浮雕，有17块遇难同胞纪念碑、《母亲的呼唤》立雕、遇难同胞名单墙、遇难同胞遗骨坑、"万人坑"遗址，这些共同组成了墓地广场，体现了一幅悲凉凄惨的场景。

（祭场）黑色的花岗岩石墙前，摆放着象征遇难者生命之火的长明灯和高大的香炉，围合祭场两边的是一块被折断的无字纪念碑，象征着被剥夺生命的遇难者身躯。

（冥思厅）两侧由镜面花岗岩贴面，地面是由浅水组成的水体，摇曳的烛光倒映在水中的黑色墙体内，构成了一个深沉的发人深思

179

的悼念环境。

（和平公园）绿色象征着生命。由绿色的草皮、灌木以及雪松、白皮松、银杏、水杉等高大树木和黑色花岗岩铺面的160米长的水池组成的和平公园，构建了一片生机勃勃及安宁祥和的景观。平静、整洁的水面像一面巨大的镜子。冥思厅和胜利之墙投影在水面上，仿佛映照着过去的历史；绿色的树丛、草地和蓝天白云投映在水里，象征着祥和的今天和明天。①

2014年2月27日，全国人大第十二届常委会第七次会议通过决定，将每年的12月13日设为"南京大屠杀死难者国家公祭日"，"悼念南京大屠杀死难者和所有在日本帝国主义侵华战争期间惨遭日本侵略者杀戮的死难者"。②当年底，中国国家主席习近平参加了在"侵华日军南京大屠杀遇难同胞纪念馆"举行的第一个国家公祭日仪式，并发表了演讲。如此，纪念馆从一个祭奠南京大屠杀中遇难中国人的空间，演变为祭奠所有日本侵华战争中死难者的空间，它实际上寓意着，在日本侵华战争中死难的外国人亦在祭奠之列。

余 论

马克思曾经提出："交换的网络、原材料和能源的流动，构成了空间，并由空间决定。这种生产方式，这种产品，与生产力、技术、知识、作为一种模式的劳动的社会分工、自然、国家以及上层建筑，都是分不开的。"③作为马克思主义学者的列斐伏尔本人也曾经说过："空间既不是一个起点（比如，在哲学性

---

① 朱成山主编：《侵华日军南京大屠杀遇难同胞纪念馆》，北京：长征出版社，2010年，第44—55页。

② 朱成山、朱同芳主编：《国家公祭——解读南京大屠杀死难者国家公祭日资料集》①，南京：南京出版社，2014年，第3页。

③ 引自雷米·埃斯：《序言：亨利·列斐伏尔与都市》，亨利·列斐伏尔：《空间与政治》（第二版），第8页。

假设中的精神空间和社会空间),也不是一个终点(一种社会的产品,或者这种产品的所处的场所)。"但他认为空间是中介、手段、工具、中间物和媒介。①"空间具有使用价值,而不仅仅是交换价值。"②列斐伏尔把空间当成了一种不能自主的客体。

而笔者想进一步指出,空间可因某种政治力或社会力而产生(emergence);在全球化和都市时代,它可能以体现政治性、意识形态性之目的而被生产(produce)出来;但自从生产出来以后,空间便获得了某种"自觉"(self—consciousness),逐步获得自我生长(grow)的能力,它可以按照自己的逻辑(logic)诉说(tell)和表达(express)。

在十四年的抗日战争史中,中国东部和中部几乎所有重要的城市都被日军占领,发生规模不等的日军暴行。而南京十分特殊,一是因为它是当时中国首都;二是因为日军对其战略地位和政治意涵十分看重,下达了明确的"屠杀令";三是因为在这座城市里有一群忘我的外国人,目击了整个屠杀过程;四是因为南京大屠杀在中日历史认知冲突中首屈一指的地位。南京大屠杀的空间因此有自己的逻辑——不管什么政治立场,只要曾经做过救助中国难民、制止或减轻日军暴行伤害的工作,他们就被视为"英雄"。如误入纳粹党的拉贝,不仅在中国被这样看待,甚至在中国之外的政治性判断中,亦得到正面的谅解和对待。拉贝加入纳粹组织后,甚至一度颇为积极。在其给罗森转交给德国外交部的多篇报告,结尾常署有"希特勒万岁"。二战结束后,盟国针对纳粹的审查长时间折磨他,1945年6月3日,英国占领区非纳粹化委员会判决:拉贝是纳粹南京小组代理负责人,回国后也没有退出其组织,但鉴于拉贝"在中国出色的人道主义工作",接受其请求,认定为"非纳粹"。③ 而在中国民族国家叙述语境中,加入傀儡组织的人,往往被称为汉奸;但在南京大屠

---

① 亨利·列斐伏尔:《空间与政治》(第二版),第23—24页。
② 亨利·列斐伏尔:《空间与政治》(第二版),第110页。
③ 《约翰·拉贝1945年〈柏林日记〉》,张生、杨夏鸣编:《东京审判书证及苏、德、意文献》,第504页。

杀期间做过一些有益工作的人,尽管他们也加入过傀儡组织,如许传音、王承典(在西方人士留下的文献中常被称为吉米·王)等,至今在各种历史研究著作中还是得到最大程度的宽谅。

南京国际安全区是仿效法国神父饶家驹建立的上海南市难民区而生产出来的空间,这一空间创设的本意,是为"空位期"的南京百姓提供庇护所,以便日军有秩序地接管城市;安全区国际委员会并不是严格意义上的国际组织。但在大屠杀发生后,委员会一方面行使了市政管理职能——拉贝自豪地在日记中记录了自己被称为"南京市长"的事情,提醒自己不要因此而骄傲;另一方面代表难民利益与日军和日本外交人员交涉,制止日军暴行,为难民争取生存权;同时还代表西方国家,保护其在南京的利益。[1] 这一空间政治性和社会性功能的自我生长,使其甚至超越了"正规国际组织"的历史地位,具有世界性的意义。

而"侵华日军大屠杀遇难同胞纪念馆"空间生产出来以后,它所讲述的故事和所表达的意涵,不仅是中国国家历史记忆的"标准化符号",而且使每一个参观者获得自己个性化的体验——参观者在这一空间中被告诉的内容和以此为基础进行的知识再生产各不相同。更重要的是,这一空间自从产生以来,便以"滚雪球"之势扩展自己的影响力,传播自己关于那一段历史的认知和认知"标准",这一空间的思想能力和表述能力甚至已经超出了它的设计师和规划者的预设。列斐伏尔说,建筑师"将自己的思想和理解放到(localiser)规划图纸上,并通过投射(projetant)的方式,让某些东西(欲望、功能对象)直观化(visualiser)"。[2] 他显然只看到了空间生产的一面。*

---

[1] 参见张生《侵华日军南京大屠杀的"德国视角"——以德国外交档案为中心》,《南京大学学报》2007年第1期;张生《美国文本记录的南京大屠杀》,《历史研究》2012年第5期。
[2] 亨利·列斐伏尔:《空间与政治》(第二版),第8页。
* 原文发表于《日本侵华南京大屠杀研究》2019年第3期。

死神面前的"不平等"

——南京大屠杀期间国际安全区中国难民内部分层

南京大屠杀期间,中国难民失去了中国政府保护,面对屠杀、强奸和抢劫,只有少量欧美人士可以依赖,南京国际安全区最多时收容了约25万中国难民。而日军在"屠杀令"①存在的前提下,其犯罪是普遍而蓄意的。所以就整体而言,中国难民都是日军制造的浩劫的受害者,无论贫富贵贱。

然而,南京国际安全区是南京沦陷后"空位期"特殊的空间区域,其存续,一依赖侨民的人道精神和与中国人民休戚与共的决心②;二依赖当时处于中

---

① 日军在南京的屠杀令见:《中島今朝吾日記》,南京戦史編集委員會編:《南京戦史資料集》Ⅰ,偕行社,1993年,第220页。《山田栴二日記》(昭和十二年九月九日——十二月三十一日),南京戦史編集委員會編:《南京戦史資料集》Ⅱ,偕行社,1993年,第331—332页。事实上,在美国国家档案馆里,保存着一份日军士兵的阵中日记,内中提到:1937年11月29日,他们在常州郊外某处,"奉命"用机关枪射杀平民80余人。这说明,"屠杀令"早在占领南京前即已存在。Field Diary kept by member of Japanese medical corps, RG 153, Entry 180, Box 5, Location: 270/2/23/7, National Archives Ⅱ of USA, Maryland.相关综合性研究见程兆奇:《南京大屠杀中的日军屠杀令研究》,《历史研究》2002年第6期。

② Minnie Vautrin's Diary(November 19, 1937), Box 134 of YDL Record Group NO.11, The Archives of the United Board for Christian Higher Education in Asia, Yale University Divinity School Library Special Collections; Forster's Letters to His Wife (December 3, 1937), RG 8, Box 263, Folder 9, The Archives of the United Board for Christian Higher Education in Asia, Yale University Divinity School Library Special Collections; 贝德士:《致朋友函》(1938年1月10日),章开沅编译:《美国传教士的日记与书信》,张宪文主编:《南京大屠杀史料集》第4册,南京:凤凰出版社、江苏人民出版社,2005年,第16—20页。

立地位的欧美各国及其设定的条约利益[①];三依赖日军方面措辞含糊的默许[②]。安全区国际委员会,不同于和平时期的政府,也不是正式意义上的"国际组织",没有国际条约赋予其合法性和权力,没有司法、行政能力和资源来保护平民生命财产安全,也没有实际力量制止日军暴行。它发挥作用,需要日方最低限度的认可和合作,包括日本对英、美、德等国耐人寻味的忌惮。也就是说,安全区国际委员会有一定的能力,然而有限。有限的能力投射到安全区管理中,使得中国难民就个体而言,在死亡威胁和战争暴行面前,处境不完全相同。具体表现在以下几个方面:生命和财产安全受日军威胁的程度不同,受欧美人士庇护、救助程度不同,居住环境不同,食物结构不同,劫后际遇不同,等等。处境不同,结果也不同,中国难民在死神面前,并不"平等",内部由此出现分层,并影响到南京大屠杀的具体历史面貌和结果。

一

造成中国难民命运不平等的因素,一是身份,沦陷前担任官方职务或系社会精英的,得到特别关照;二是与南京欧美人士的关系,与他们存在传教、教育、商务、主仆等各种关系的,视密切程度,得到相对好的安排;三是所处空间,安全区占当时南京市区面积的八分之一,其中欧美人士只有二十几人[③],无力进行全覆盖、实时性的庇护,结果在欧美人士比较方便顾及的地域,难民受到更多照顾;四是难民自身与教育程度、认知水平、生活经验等有关的自我保护能力和具体作为;五是难民自身的财产状况。

---

① 参见张生:《侵华日军南京大屠杀的"德国视角"——以德国外交档案为中心》,《南京大学学报》2007年第1期;张生:《美国文本记录的南京大屠杀》,《历史研究》2012年第5期。
② 拉贝1937年12月5日日记,约翰·拉贝:《拉贝日记》,刘海宁、郑寿康、杨建明等译,张生修订;张宪文主编:《南京大屠杀史料集》第13册,南京:凤凰出版社、江苏人民出版社,2006年,第104页。
③ 1937年12月21日,留在南京的西方人士前往日本大使馆递交抗议信,信后签名者共有22人。拉贝1937年12月21日日记,约翰·拉贝:《拉贝日记》,第191—192页。

这些差异因素,是历史的客观,由此而造成难民中的"特殊群体"。

安全区国际委员会主席拉贝位于小粉桥1号的住宅,是安全区的一个难民收容所。其中住着三名特殊的难民。一位是中国空军机长,化名罗福祥,真名汪汉万(音译),曾击落日机,南京沦陷时生病,未能过江,翻城墙进入安全区,住到拉贝家里,平时并不露面,甚至在拉贝日记中长时间未出现。1938年元旦,露天住在拉贝家院子里的602位难民逐一签名向拉贝表示感激,该机长也未出现。拉贝乘英国"蜜蜂"号炮艇离开时,将其伪装成自己的仆人带出南京,才在日记中点明其身份。[①] 另外两位是国民政府方面的官员龙先生和周先生,他们携带巨款,捐给安全区国际委员会和南京国际红十字会5万元。他们经常给拉贝仆人小费,还向拉贝个人捐出5 000元,拉贝转交给了国际委员会。[②] 拉贝住宅由其亲自照拂,日军虽多次闯入,但止于院中,上述三人几乎没有遭遇直接的人身安全威胁。另有野战救护处处长金诵盘和军医蒋公穀,因照顾伤员,来不及撤退,先是在美国驻华大使馆躲避,身份外泄后,得贝德士和金陵大学徐先生帮忙,入住汉口路9号,"上面挂着是美国旗",并有安全区总稽查施佩林关照,虽时日日警惕、一夕数惊,到底未受伤害。[③] 他们少数几人的处境,属于最好的一类。

金陵女子文理学院舍监程瑞芳女士是金陵女子文理学院难民收容所负责人美籍人士魏特琳的主要助手之一,她整天跟随魏特琳,没有受到日军屠杀抢劫的直接威胁,而从其食物结构可以看出她的处境不同于一般难民。1938年1月18日程瑞芳日记写道:"昨日大使馆(笔者按:指美国大使馆)送两只鸡、十二个鸡蛋,是送华(笔者按:指魏特琳,魏特琳中文名为华群)的。学校的鸡蛋只够华他们吃的,我的小孙子一天有一个,其余的邬(笔者按:指邬静怡,金女大生物学教师,参加金女大难民收容所工作)留下养新鸡。我们

[①] 拉贝1938年2月22日日记,约翰·拉贝:《拉贝日记》,第571页。
[②] 拉贝1937年12月12日日记、1938年2月12日日记,约翰·拉贝:《拉贝日记》,第132—133、535—536页。
[③] 蒋公穀:《陷京三月记》,张连红编:《幸存者的日记与回忆》,张宪文主编:《南京大屠杀史料集》第3册,南京:凤凰出版社、江苏人民出版社,2005年,第47—85页。

有这些东西也算不错,不算是真难民。"①正因为如此,程瑞芳在日记中坦承:"我们做难民很不错,较别的难民好几陪〔倍〕。"②1938年2月1日,程瑞芳收到了从上海寄来的青菜以及苹果、橘子、糖,她十分满足地说:"做难民还有这三种东西吃,不是特别难民吗?"③处境类似程瑞芳的,还有魏特琳的助手陈斐然,拉贝的管家和助手韩湘琳,拉贝家的司机、厨子等仆役,各难民收容所的中国负责人,等等。

当然,"特殊"难民的安全也不是普遍、绝对的,像金陵大学难民收容所的负责人齐兆昌就险遭日军杀害;而曾得到贝德士亲自照拂的会日语的刘文彬,最终在贝德士家中被日军抓走杀害。④

"特殊"难民通常是有文化的,文化背景使得他们被安全区国际委员会重视,被委任在各层次的分委员会中,或担任西方人士的助手,他们的事功或多或少地被记录在案。他们自身也具有记述和表达能力,蒋公榖、程瑞芳有日记体记述留世,韩湘琳有口述历史,住房委员会的许传音战后去远东国际军事法庭作证,这些人不仅记录了个人亲历、目击的南京大屠杀历史,而且不同程度地剖析了面对大屠杀时的心路历程。他们在历史中有一定的显性度,其经历已经被自觉、不自觉地设定为南京大屠杀历史的"标识"。相比于他们,"普通"难民是历史中面目模糊的"常人",而其境遇整体上更形竭蹶。

二

难民收容所中的"普通"难民,处境更为凄惨。杀戮司空见惯,性暴力无处不在,抢劫随时随地。美国驻华大使约翰逊1938年1月21日向南京美国

---

① 程瑞芳1938年1月18日日记,张连红编:《幸存者的日记与回忆》,第34页。
② 程瑞芳1938年1月25日日记,张连红编:《幸存者的日记与回忆》,第36页。
③ 程瑞芳1938年2月1日日记,张连红编:《幸存者的日记与回忆》,第38页。
④ 《给日本驻南京大使馆的书信》(1938年1月8日)(1938年1月11日),张生等编:《英美文书·安全区文书·自治委员会文书》,张宪文主编:《南京大屠杀史料集》第12册,南京:凤凰出版社、江苏人民出版社,2006年,第94、96—97页。

使馆通报了得自英国方面的秘密情报,情报称,"紧随日军进入南京的日本大使馆的官员们,看到日军在难民营内外公开地酗酒、杀人、强奸、抢劫,感到十分震惊。他们未能对军官们施加影响,后者漠然的态度很可能出于把放纵士兵作为对这座城市的惩罚,而且由于军队的控制,他们对致电东京要求控制军队感到绝望,日本大使馆官员们甚至建议传教士设法在日本公布事态真相,以便利用公众舆论促使日本政府管制军队"。① 12月17日,拉贝记述道,仅16日夜晚安全区就有约1 000名女性被强奸。② 德国驻南京大使馆政务秘书罗森报告说:"每晚都有日本兵冲进设在金陵大学院内的难民营,他们不是把妇女拖走奸污,就是当着其他人的面,包括当着家属的面满足他们的罪恶性欲。"③美籍教授贝德士报告说:"在全市范围内,无数家庭不管大小,不管是中国人的还是外国人的,都同样遭到了掠夺。下面的强行掠夺的例子尤其无耻,收容所和避难所的众多难民在遭到日军的集团性搜查时,从仅有的携带物品到钱和贵重物品都被抢走了。"④

同时,即便是"普通"难民内部,亦有分层性的具体状况。据金陵大学社会学教授史迈士1938年3月到6月的调查,"在3月份的经济条件下,'食物'和'侥幸'几乎成了同义语。穷一些的人家实际上已经吃不到蔬菜和食油,肉和水果就更谈不上了。除了少数人家能弄到面粉外,其他人家都靠大米生活"。⑤ "就这个城市的所有地区而论,居民中17%的人是从施粥棚里取得大米的(免费或是象征性地收一些钱);64%的人是从小商贩那里买米;14%的

---

① *IMTFE EXHIBIT NO. 328*,RG 238,Entry 14,Box 137,Location:190/10/21/03. National Archives II of USA,Maryland.
② 拉贝1937年12月17日日记,约翰·拉贝:《拉贝日记》,第156页。
③ 《罗森给德国外交部的报告》(1938年1月15日),张生编:《外国媒体报道与德国使馆报告》,张宪文主编:《南京大屠杀史料集》第6册,南京:凤凰出版社、江苏人民出版社,2005年,第327页。
④ 《寄往德国驻华大使馆(汉口)的报告》(1937年12月30日),德国外交部档案,文号:2722/4379/37. 张生编:《外国媒体报道与德国使馆报告》,第290页。
⑤ 姜良芹、郭必强编:《前期人口伤亡和财产损失调查》,张宪文主编:《南京大屠杀史料集》第15册,南京:江苏人民出版社、凤凰出版社,2006年,第16页。

人在自治委员会(Self-Government Committee)经营的商店买粮；5％的人是通过'其他方式'，所谓'其他方式'，是借助于朋友亲戚接济，……在难民营里平均有82％的人从施粥棚里取得食物，这些人很明显处于城内的最底层。"①

安全区为"普通"难民提供食物的具体状况，见诸多位亲历者的记忆。李景德回忆说，当时美国人"一天给我们吃三顿老米粥，老米粥厚得很，大锅煮的，是美国人救济的，每个人还发几个萝卜干子"。②孙东城亦回忆说："金陵大学里面发放稀饭，很稠，一天两顿，上午九点半，下午四五点，一个铜板可以打一小锅，够五六个人吃的。"③陈桂英当时避难在金陵女子文理学院，因怕被日本兵强奸，躲在屋里不敢出去，她说："这里一天管两顿粥，大家各自拿着碗去操场领粥，领了粥马上躲进屋子。"④

安全区内"普通"难民的苦难，超出和平时期人们所能设想的程度。拉贝1937年12月30日日记记载："在我的收容所（所谓的西门子难民收容所）的草棚里，在污泥垃圾中，过去的两个夜晚出生了两个婴儿：一个男婴和一个女婴。不能为产妇提供别的栖息之地，我真感到惭愧。没有医生，没有接生婆，没有护士来帮助这些妇女；没有包扎用品，没有襁褓，只有几块肮脏的破布，这就是父母为新生儿留下的全部东西。"⑤

穷苦，摧毁了一些贫苦难民的道德感。日军第十六师团步兵第三十三联队第一大队的鬼头久二说："有的女人是自己从难民区走出来，用自己的身子换大米。"⑥1938年1月2日，日本妇女国防后援会三人到金陵女子文理学院

---

① 姜良芹、郭必强编：《前期人口伤亡和财产损失调查》，第16—17页。
② 李景德口述，屈胜飞、戴黛、吕敏、杨荣庆2006年7月4日采访记录，南京大学中华民国史研究中心藏。
③ 孙东城口述，沈丹、李琳琳、周添、董祝捷2006年6月26日采访记录，南京大学中华民国史研究中心藏。
④ 松冈环：《南京战·被割裂的受害者之魂——南京大屠杀受害者120人的证言》，沈维藩译，上海辞书出版社，2005年，第120页。
⑤ 拉贝1937年12月30日日记，约翰·拉贝：《拉贝日记》，第254页。
⑥ 松冈环编著：《南京战·寻找被封闭的记忆——侵华日军原士兵102人的证言》，新内如等译，上海辞书出版社，2002年，第296页。

难民营,"那三个女鬼走时拿出几个霉苹果和[一]点糖,那些中年难民都围着要、抢着要,她们手上拿着几个铜板,在她们手上抢,简直把中国人脸都丢完了"①。贝德士为此论述了难民们在生存和道德之间的两难,他说:

> 有大量普通劳工从事军需与运输服务,还有满足士兵各种需要的社会不正当行业。我早已不愿谴责一个苦力,他替祖国的敌人服务只是为了养活自己的孩子,或是一个姑娘为了免于饥饿而做任何事情,只要他们不给别人带来太多直接的伤害(譬如参与武装劫掠或贩卖海洛因、吗啡等)。因为高尚的道德难以抵御生活本身的基本需要,战争早已给我们带来数以百万计的经济的与社会的破坏。我们现在偶尔可以看到官方报纸刊载的规模很大的公开妓院的广告。一个全新的厚颜无耻的少女人群,在餐馆当女侍,开了南京"风气"之先河。②

三

在一般的哲学和文化意义上,人类在死神面前是平等的。而南京大屠杀期间,中国难民面对死神的"不平等",不仅存在,而且与条约体系下的外国权益存在关联,其内含的历史痛楚和讽刺是多重的。

安全区国际委员会使用的房源主要是作为美国产业的金陵大学、金陵女子文理学院的校园,离开南京的外国公司和外籍人士的房屋,战前建成、主要供国民政府要人居住的"新住宅区",等等。在欧美人士眼里,外国产业和住宅有国旗、保护通告等加持,事前由各国使领馆通知了日军,安全度要高一些。德国人士对其国旗的象征意义尤其自豪,克勒格尔就说:"德国国旗比美

---

① 程瑞芳1938年1月2日日记,张连红编:《幸存者的日记与回忆》,第27页。
② 贝德士:《致朋友的传阅函》(1938年11月29日),章开沅编译:《美国传教士的日记与书信》,第49页。

国的更受尊重。"①所以，与各国有着各种关系的中国难民就被优先安排进这些房屋，他们的处境，开始时是优于那些"普通"难民的——据程瑞芳日记记载："今晚由国际委员会回来，在路上许多人由城南搬到安全区，有的人找不着房子，在路上睡。"②但日军并不以难民们身份和关系上的差别为标准而有选择性地实施暴力。

施佩林报告说："德国施密特公司的房子里住着代理人肖先生和公司的仆人，还有他们的妻子。日本士兵几乎每天都闯进去，对德国人的财产进行洗劫和破坏，以极其卑鄙的方式强奸他们的妻子，公司代理刘先生的妻子哭泣着喊救命，她们再也无法忍受下去。她们跪在地上请求我帮助她们摆脱这些野兽的魔爪。——我把这两个家庭收容进了我的房子里。"③安全区1937年12月19日的档案记录了另一个案例：上午8点30分，美国传教士费吴生的司机李文元一家被日军抢劫，他们家8口人住在珞珈路16号德国人的房子里，门上有纳粹卐字旗，仍被抢走7箱衣物、2篓家庭用具、6床羽绒被、3顶蚊帐、吃饭碗碟和50元现金，陷入一贫如洗的境地。④

德商代理，传教士司机，在当时确属"特殊"身份，也意味着他们本属南京的小康之家（李文元家的有些被劫财物如羽绒被当时甚至可以说是"奢侈品"），但日军暴行，抹平了他们与最贫苦者的"不平等"。侵略者的犯罪造成异样的"平等"，构成了另一重讽刺。

四

无论如何高度评估当时南京欧美人士的重要性都不为过，时人刀尖下仓

---

① 《陶德曼给德国外交部的报告》(1938年1月28日)，德国外交部档案，文号：2722/1508/38，张生编：《外国媒体报道与德国使馆报告》，第354页。
② 程瑞芳1937年12月8日日记，张连红编：《幸存者的日记与回忆》，第9页。
③ 《施佩林给罗森的信》(副本)(1938年3月22日)，德国外交部档案，文号：无，张生编：《外国媒体报道与德国使馆报告》，第447页。
④ 《南京安全区档案》，张生编：《英美文书·安全区文书·自治委员会文书》，第297页。

促写成的文字已褒扬了他们的历史性贡献。程瑞芳说:"所幸还有两个德国人在此,光是美国人不行。现在几个美国人也无法可想,也累死了,换一句话说,若不是几个美国人在此,中国人也只有死路一条。"①也没有任何理由怀疑南京欧美人士的睿智和高尚,正如美国教会人士引用《波士顿环球报》对南京美国人士的评价所称:"日本人进攻南京时,一小群外国人,主要是美国人,组织了安全区委员会,希望创建一个非军事人员可以免遭攻击的聚居地。委员会成员是大学职员和差会成员,他们是教授和教区牧师。这是一个非常理智的组合。正是这些举止优雅有修养的人,出现在文明遭到破坏的地方和当口。"②

但是,比较当时南京的中国难民和欧美人士,其中的"不平等"同样存在,而且如果与中国难民内部的"不平等"对照,更能映照出当时中国悲剧的深刻和苍凉。

食物是不大被论者注意的环节。1937年12月23日美国传教士马吉在致夫人函中,详细描述了他们的食物,他说:

> 每天我们都吃稀饭,以节省些大米,一个大问题是蔬菜和肉非常少。日本人几乎把一切都抢走了。……我们还有一盘咸肉,咸肉是范家在我们搬到市区时从下关带来的。另外还有一些白菜。……我们各自的存货都带去了。福斯特家有许多存货,夏天,他们的厨师贮存了许多坛水果和豆子。……
>
> 今晚我们吃了稀饭、花生、腌菜、大白菜和豆腐乳。这对我还行,因为我偶尔还能吃到西餐,但对这里的中国人来说真够呛,几个

---

① 程瑞芳1937年12月21日,张连红编:《幸存者的日记与回忆》,第20页。
② John W. Wood to Irving(December 13-27,1937), RG 10, Box 102, Folder 862, The Archives of the United Board for Christian Higher Education in Asia, Yale University Divinity School Library Special Collections.

星期来他们一直吃这样的食物,但能有吃的我们已是感恩不尽了。①

欧美人士显然同样面临食品短缺,魏特琳在这一天也记录道:"现在食品越来越少,我们已有好多天没有吃到过肉了,现在街上根本买不到任何东西,就连鸡蛋和鸡也买不到。"②腥风血雨中,他们对能够有食物可吃已经心满意足。1937年圣诞节,他们举行了一次有烧猪和甜土豆的盛宴。③ 偶尔也有惊喜,1938年1月15日,日本大使馆举行了一次"便宴",邀请留宁的部分外侨参加,希望他们为日军"说好话"。出席这次宴会的外侨有拉贝、魏特琳、鲍恩典、贝德士、米尔士、史迈士、特里默、克勒格尔、马吉等。宴会上的食物十分丰盛,魏特琳说:"晚餐与这些客人一样,也具有各国的风味,有中国菜、日本菜和西餐。"④拉贝在日记中也写道:"便宴上的菜肴是第一流的,有中国美味可口的牛肉、鸡蛋、粉丝火锅等食品,有欧洲式的芦笋,还有米酒和红、白两种葡萄酒。我们很久没有吃过这些好东西了,痛痛快快地享受了一番。"⑤

欧美人士救助中国难民,也经常冒着生命危险。金陵大学教授贝德士、美国传教士麦克伦和鼓楼医院医生威尔逊都是安全区国际委员会骨干,均曾被日军持枪威胁,麦克伦脖子还被日军用刺刀扎伤。基督教青年会干事美籍人士费吴生因为目睹暴行和身体劳累,一度失忆。魏特琳女士因为日军暴行,抑郁症反复发作,最终自杀……中国难民记忆中的他们,始终是救命菩萨

---

① 马吉:《致妻子函》(1937年12月23日),章开沅编译:《美国传教士的日记与书信》,第158—159页。

② *Minnie Vautrin's Diary*(*December 23, 1937*),Box 134 of YDL Record Group NO.11, The Archives of the United Board for Christian Higher Education in Asia, Yale University Divinity School Library Special Collections.

③ 费吴生1937年12月24日日记,章开沅编译:《美国传教士的日记与书信》,第78页。

④ *Minnie Vautrin's Diary*(*January 15, 1938*),Box 134 of YDL Record Group NO.11, The Archives of the United Board for Christian Higher Education in Asia, Yale University Divinity School Library Special Collections.

⑤ 拉贝1938年1月24日日记,约翰·拉贝:《拉贝日记》,第342页。

的形象。所以,对于南京欧美人士相较平时已属简单、对比难民仍属丰盛的伙食,他们较好的住宿、交通条件,当时南京大屠杀中国亲历者们留下的所有资料中,没有任何人进行道德审查,过事苛求。作为中国难民心目中的英雄,他们相对优越的生活显然被认为是理所当然的。对中国难民来说,欧美人士是更"高"的存在——不仅仅是生理上的,在文化、精神上亦如此——他们面对日军和日本外交人员的不卑不亢,日本人对他们的敬畏,给国人留下了深刻的印象;而中国难民向西方人士提出请求时,往往跪倒在地,哀声恸哭,[1]西方人士是被中国难民仰视的对象。日军暴行甚至都没有抹平中西人士同时面对死神时的"不平等",这是另一个层次的悲剧。

余 论

需要指出的是,大屠杀中,中国难民处境的优劣是相对而言的。正视难民内部分层的存在,有助于我们更加精细地观察大屠杀时期的南京;而过分夸大其间的分别,则会低估日军作为全速开动的兽性机器的普遍性摧毁力。战时客观存在的难民内部分层,不同于和平时期社会分层导向人口社会流动、公共产品提供、政府政策调控等问题的讨论,它主要揭示了战争环境下人之存在的丰富侧面。

大屠杀期间的难民内部分层,可以作为观察整体历史的透镜。宏观者,其时中国国家在国际体系中地位的低下,条约体系在中国近代国家演变、整合过程中的复杂作用,作为未完成近代化、动员程度低、管理能力差的国家,国民在战争中承受不能承受之重时政府之缺位,等等,被放大呈现。微观者,南京大屠杀惨烈程度在空间、时间上的相对不同,住房、食物等久被宏观叙事

---

[1] 1938年2月17日,拉贝要告别南京,"大学难民收容所的难民,今天还有3 000个姑娘和妇女,她们围住了大门,要求我答应不丢下她们不管,就是要求我不离开南京。她们全都跪在地上,又哭又叫,当我要走时,她们干脆拉住我的衣服后摆不放。我不得不留下我的汽车。在我艰难挤出一条路走出大门后,身后的门立刻就被关上了"。拉贝1938年2月17日日记,约翰·拉贝:《拉贝日记》,第553页。

忽略的细节,和平时期"先在性"社会分层在战争环境下的"带入",等等,被显微"凝视"。对难民内部分层的关注,可以作为切入南京大屠杀史更深层面的楔子,并为以社会史、人类学、环境史等跨学科方法进入南京大屠杀史研究开辟路径。*

---

* 原文发表于《西南大学学报》2016 年第 6 期。

日内瓦藏李顿调查团档案文献的结构和价值

日本发动九一八事变后,国际联盟(League of Nations)应中国方面的请求,反复开会讨论东亚局势。1931年12月10日,国联理事会通过决议,决定组织调查团,全面调查事件经过和当地情形。

1932年1月21日,国联调查团正式成立。调查团团长由英国人李顿侯爵(The Rt. Hon. The Earl of Lytton)担任,故亦称李顿调查团(Lytton Commission)。除李顿外,美国代表为麦考益将军(Gen. McCoy),法国代表为克劳德将军(Gen. Claudel),德国代表为希尼博士(Dr. Schnee),意大利代表为马柯迪伯爵(H. E. Count Aldrovandi)。为显示在中日间保持中立,国联理事会还决定顾维钧作为顾问代表中国参加工作,吉田伊三郎代表日方。代表团秘书长为国联秘书处哈斯(Mr. Robert Haas)。代表团另有翻译、辅助人员。1932年9月4日,代表团完成报告书,签署于中国北平。

李顿调查团结束后的几十年间,相关档案文献沉睡在瑞士日内瓦的"国联和联合国档案馆"(League of Nations and United Nations Archives)和"国联和联合国图书馆"(League of Nations and United Nations Library)中。最近,我们依托国家社科基金"抗日战争专项工程"的支持,"歼灭性"地复制了相关档案,并连带复制了全部相关书籍、小册子。初步研究表明,这些档案文献将推动九一八事变的相关研究,强化中日战争史和中日关系史研究,全面深化我们对特定时—空环境中中国历史演进的国际因素的认识。[1]

一、李顿调查团档案文献的基本结构

相关档案和文献可分为 R 系列、S 系列和 BOOK 系列。其中，S 系列和 R 系列藏于国联和联合国档案馆中，BOOK 系列藏于国联和联合国图书馆中，档案馆和图书馆毗连，三个系列的内容亦高度关联。因卷帙浩繁，不能全部解读于一时，本文仅作简要的介绍，以窥全豹之一斑。

（一）S 系列是相关档案的主体，从 S29 到 S50，共含 98 个全宗。详细记录了调查团在日本与日本政要的谈话，在中国各地，特别是在北平与九一八事变直接相关人士如张学良、王以哲、荣臻等人的谈话记录，调查团在东北的实地调查、询问日军高层的记录，中共在九一八前后的活动，中国各界的陈情书，日本官方和东北伪组织人员、汉奸的表态，世界各国、各界的反应，等等，是九一八事变基本事实和各界反应的一手记录。

S29 保存了代表团与日本军政要人的谈话记录，其中包括：1932 年 3 月在东京日本外务省的座谈记录稿及与外务大臣芳泽谦吉的多次谈话记录；3 月、7 月与陆军大臣荒木贞夫在其官邸等处的谈话记录，包括从军事观点看日本在满洲的利益；3 月与海军大臣大角岑生的谈话记录；7 月 12 日、14 日与松冈洋右的多次谈话记录；国联代表团收集的日本媒体新闻评论；等等。

S30 保存了上海市政府关于一·二八事变的经过、市民伤亡情况等方面的报告，韩复榘邀请代表团访问济南的电文，广济医院、浙江医院等关于平民受到日军伤害的情况汇报，杭州市政府及浙江各界关于一·二八事变请求代表团主持公道的报告，李顿 1932 年 4 月 1 日与《中央日报》《新晚报》《外交月报》等媒体的座谈会记录，1932 年 3 月 30 日、31 日代表团与中国政府成员汪

---

[1] 目前，关于这一档案文献的前期研究成果主要有蒋杰：《瑞士日内瓦国联档案馆馆藏抗战史料述略》，《图书馆学研究》2017 年第 2 期；曹必宏、文俊雄：《联合国欧洲办事处所藏国联调查团档案概述》，《民国档案》2011 年第 3 期。

精卫等人的座谈会记录,中国妇女联合会、上海市商会、上海女权运动同盟会、盐业公会、华北商会、华北慈善联合会、上海战区难民临时救济会等团体拜会代表团的记录和说帖,天津各界人士关于日本侵扰华北的联合报告书,等等。

S31记录了1932年6月3日代表团在沈阳与日方的会谈记录,其中包括日方关于"九一八"当夜的"故事",1932年4月26日、4月27日、4月30日、5月1日、6月2日在关东军司令部与本庄繁的会谈记录,1932年6月2日代表团与"奉天督军"臧式毅的会谈记录,"满洲日本妇女联合会"致代表团函,河北昌黎13位美国传教士致麦考益将军函,1932年4月23日代表团与日本代理总领事森岛的谈话记录,伪满洲国"外交部长"谢介石致17国的说帖,维纳特(Louis C.Venator)关于日本占领7个月后东北的经济形势报告,克里斯托弗森(C.E.Christopherson)关于伪满工业政策的报告,代表团与何柱国将军会谈记录,东北各种反张势力与代表团会谈的记录,国民革命军第九旅关于九一八事变后果致代表团的报告,代表团在齐齐哈尔与日军指挥层的会谈记录,代表团与原东北军独立骑兵第二旅旅长程志远的会谈记录,代表团考察组从哈尔滨经齐齐哈尔和洮南到沈阳的考察报告,日本驻齐齐哈尔总领事关于中方在黑龙江"侵犯"其利益及黑龙江共产党活动的报告,等等。

S43保存了李顿调查团整体报告酝酿过程的资料,记录了其职责的厘定,即不为中日政府提供争议解决方案,而是为国联理事会提供参考;分析了"沈阳自治委员会"指导班的角色和功能,指出虽然其头目是一个中国人,实际上是关东军司令部第三课组织的,实权人物为日军军官;记录了"满洲国"的建立过程,分析了日本人如何通过与"头面人物"合作来统治当地居民;分析了东北地区当时的形势,描述了在日本支持下、穿着中国人衣服的外来移民占据东北土地、建立社区的过程,以及中国共产党建立自身力量的情况;记录了代表团拟给国联理事会的建议及其考虑;等等。

上述档案,是代表团最终形成结论性意见的重要依据。为示中立,代表团未向中日双方出示,近年来中日两国的数据库或出版物中亦未见及,其对于从国际视野研究九一八事变及其后果的意义自不容低估。

（二）R 系列下分：1862－1873、1874－1875、1876、3606、3609、3610、3610(1)、3611、3624、3626 和关于日本退出国联的 3631（Withdrawal of Japan from the League）。

R1865 包含国联理事会第六十五会期第 2、3、8、9、10、11、12、13、14、15、16、18、20 次会议处理中方根据《国联盟约》第二章提出的吁请，主要内容有：九一八事变后的形势演变和中方态度；上海银行业公会、国立中央大学法学院教职员工、英国华人、菲律宾华人、缅甸华人、古巴华人、东北民众联盟、里贾纳海外华人联合会等声讨日本侵略罪行，要求国联制止日本侵略、主持公道的英文电报；妇女国际联盟等国际组织、巴克莱父子珠宝眼镜商、美国新英格兰地区基督教青年会等支持中方立场、要求和平解决东北危机的电报；日本方面支持其政府的电报；徐道邻和齐楚（Chu Qi）关于中日冲突的德文著作；等等。

R1868 包含截至 1932 年 2 月 7 日上海一·二八事变过程的报告，日方关于中国军队行动的报告，日本代表团关于中国军队撤退后日军修复道路等"善举"的报告，日方关于其与英国等沟通而中国军队进入公共租界的报告，日本方面收到辛普森爵士关于日军造成难民营流血事件后立即前往赔礼道歉的报告，日方反复"忍让"而十九路军持续"进犯"闸北等地的报告，北平教育局要求教师教授日本侵华和帝国主义行径以及张学良鼓动"反日运动"的报告，等等。这一全宗反映了日本代表团的立场，是开展相关研究不可多得的"反面教材"。

R3612 收录了 1937 年 11 月 24 日布鲁塞尔会议记录，重申《九国公约》的约定，即保护中国领土和主权完整，会议认为减少东亚地区的敌意不仅符合中日两国的利益，也符合所有国家的利益。其中包括比利时政府邀请日本参加会议的文件，和日本政府认为会议无助于减少东亚敌意的答复，以及中国外交部对日本答复所作的声明。收录了抗战全面爆发后中国政府 1937 年 10 月 7 日、1938 年 2 月 1 日、2 月 2 日、5 月 14 日、9 月 22 日、9 月 29 日、9 月 30

日，1939年1月20日、5月25日致国联的迭次吁请书。收录了美国政府就日本轰炸中国不设防城镇致国联的函件，中国驻国联代表团就日本扩大侵略致国联要求干预的函件，等等。显示了李顿调查团结束以后，中国方面与国联就中日冲突进行的持续互动和历史延续性。

R3361包含日本政府1933年3月27日电报这一历史性文件，在此电文中，日本外相松冈洋右代表日本政府回顾了其根据《国联盟约》与国际社会"合作"的历史，主张盟约应根据形势发展而修改其准则，鉴于日本与大多数成员国深刻的分歧，日本认为继续留在国联并无益处，根据《国联盟约》第一章第三段，宣布退出国联。该全宗还包括国联的反应和举措，日本又表示与国联保持"合作"的电文以及中国外交部长罗文干对于日本退出国联的声明；罗文干富有远见地指出，日本与世界为敌，必将承受战后公理必胜的后果。

（三）与S系列和R系列紧密相关的，是收藏于国联和联合国图书馆的书籍与小册子，即"BOOK系列"。主要有：*China Speaks on the Conflict Between China and Japan*，美国中国研究院副院长孟治（Chih Meng）著，颜惠庆作序；*Pamphlets on Sino-Japanese Relations*，共10卷；*Memoranda Presented to the Lytton Commission*，顾维钧著；*The Koreans in Manchuria*，李顿调查团报告书摘录，辛曼·雷博士（Dr. Syngman Rhee）评论；*Japan Speaks on the Sino-Japanese Crisis*，河上清著，犬养毅作序；*The League of Nations Commission of Inquiry in Manchuria*，南满铁路株式会社编；*Japanese Consulate-General, Shanghai*，日本驻上海总领事关于一·二八事变的声明等文件汇编；*The Mukden Mandate: Acts and Aims in Manchuria*，日本丸善（Maruzen）株式会社编；*Views of the Chinese Government on the Lytton Report*，顾维钧著；*The Verdict of the League: China and Japan in Manchuria*，哈佛法学院教授曼利·哈德森（Manley O. Hudson）著；*Manchuria: Cradle of Conflict*，欧文·拉铁摩尔著；*Japan's Responsibility for Banditry in the Three Eastern Provinces（Manchuria）, China*，北平中国东北研究院著；*The Manchuria Arena: An Australian View of the Far Eastern Conflict*，卡特拉克

(F.M. Cutlack) 著; *The Manchurian Question: Japan's Case in the Sino-Japanese Dispute as Presented before the League of Nations*, 日本驻国联代表团编; *The Tinder Box of Asia*, 乔治·索科尔斯基(George E. Sokolsky) 著; *The World's Danger Zone*, 舍伍德·艾迪(Sherwood Eddy) 著; 等等。

以上书籍,系统地反映了中方、日方和第三方的意见。

如 *Pamphlets on Sino-Japanese Relations* 由国联装订成册,对中日双方提供的证据和意见加以编目。其中,"满铁"提供的所谓中方违反条约、失责的案例,日方提供的中国新教科书中的排外教育,日方人士致李顿调查团的信函等罗列在内。[①] 在 *China Speaks on the Conflict Between China and Japan* 中,中方全面介绍了东北的煤铁资源,日本与俄国在中国东北的争夺,东北的人口、构成及其与中国不可分割的联系,分析了九一八事变的由来,指出了日本蓄意阴谋策划的性质,系统驳斥了日本的"自卫"等种种借口,揭露了伪满洲国政权的傀儡性质。该书指出,日本对东北的独占和殖民,破坏了《九国公约》的神圣性,其军国主义和皇国崇拜具有极大的危害性,美国和国联必须采取措施,真正地捍卫世界和平。[②] 而欧文·拉铁摩尔则在 *Manchuria: Cradle of Conflict* 中指出,长城沿线是中国游牧区和"高度文明区"的分界线,长城以北地区是中国的"库区(Reservoir)",东北在清帝国的治下,没有改变这一功能,它不是中国"扩张"的结果,而是中国增长和发展的权利,是中国内部力量实践的关键。[③]

[①] *Pamphlets on Sino-Japanese Relations*, Vol.1, League of Nations and United Nations Library, Geneva.

[②] Chih Meng, *China Speaks on the Conflict Between China and Japan*, League of Nations and United Nations Library, Geneva.

[③] Owen Lattimore, *Manchuria: Cradle of Conflict*, League of Nations and United Nations Library, Geneva.

二、李顿调查团档案文献价值之初步观察

日内瓦所藏李顿调查团档案文献的价值,须在全面整理、翻译、研判的基础上完成,有待时日,本文只进行初步的发掘,以抛砖引玉。

(一)厘清了九一八事变的基本史实和中方态度

日本官员冈本(Okamoto)绘声绘色地向国联代表团介绍了"九一八"当天的情形,他说,大约晚上10点过后其带队赶到现场,他们5人遭到了400名中国人的三面包围。他们向守备队报告,守备队10点半或11点半赶到,中国人即逃到不远处的北大营中,而日方列车随即安全通过爆炸地点。李顿问明,当时冈本并没有带照明工具,却"发现"铁路上有爆炸装置;黑暗中,他"看到"敌人逃往1 000多米外的北大营;敌军众多而他们5人无一人伤亡。[1] 这一无法自圆其说的说法,显然是在九一八事变已经过去半年的情况下编造出来的,日方有时间打磨"故事"细节,但仍然漏洞百出。

1932年4月13日李顿在张学良的北平寓所里对其进行询问,张学良指出,事变之前日本陆军大臣和日军将领就散布将在东北制造事端的消息,所以他严格要求东北军力避冲突。档案收录了他1931年9月6日上午1点给东北政务委员会代理主席臧式毅和前敌指挥部总参谋长荣臻的电文,电文称:"今察对日关系日益紧张,吾等应特别小心应对。无论日人如何挑衅,吾等应极其耐心,不要对抗,防止冲突。命令应严格秘密发布,通知所有军官明白其中利害。"在与荣臻和王以哲的谈话记录中,还提道:荣臻9月18日午夜前与在北平的张学良通电话,张要求他避免冲突,并曾要求他与外国领事联系。[2]

---

[1] Record of interview with It. Kawamoto and It.-Col, Shimamoto, S31. League of Nations and United Nations Archives, Geneva.

[2] Record of conference held at the residence of Marshal Chang Hsueh-liang, Record of conversation with General Yung Cheng and General Wang Yi Chih, S32. League of Nations and United Nations Archives, Geneva.

代表团1932年6月15日在北京大饭店与王以哲等人的第二次谈话记录中,详细记述了1931年9月18日晚10点日军进攻北大营和东北军六二一团自卫抵抗,嗣后各部队撤退的具体情形。① 上述记录,明确地反映了东北军高层九一八事变发生前后的态度和举措,对于后人判明当事人的责任有极大的帮助。

档案也客观地记录了当时的国民政府行政院院长汪精卫在1932年6月20日与李顿等会谈时,明确表示中日间应该按照国联决议讨论日军撤退之事,但伪满洲国绝不可以充当谈判中的一员。汪还指出,由于日本的限制,代表团不能接触到相当一部分东北当地人,从而不能充分知道当地的实情。②

(二)体现了中日双方的立场和是非曲直

国联介入中日争端后,中日双方都努力向国际社会申说自己的主张和理由。但从国联和联合国档案馆与图书馆的现存资料看,中方更加主动和全面,而日方只能强词夺理,双方提供资料的数量差距甚大,而是非曲直亦显露无遗。

如由顾维钧提交给李顿调查团的"总备忘录",系统梳理了中日之间有关东北问题交涉的几乎所有重点,其中包括平行铁路和所谓1905年协约的备忘录,日本侵略东三省备忘录,"二十一条"和1915年5月25日协议备忘录,东三省朝鲜人地位备忘录,吉林—会宁铁路备忘录,南满铁路守备队备忘录,万宝山事件备忘录,1931年7月朝鲜排华暴动备忘录,包含注释、说明日本并不依赖东三省原料和粮食的统计表,对日方所谓53个突出事件的反驳,日本阴谋反对中国统一的备忘录,东三省、上海、天津等地中国城市中日本人的挑衅、仇恨行动备忘录,关于抵制的备忘录,日本企图独占东三省铁路的备忘录,中国教科书中所谓排外教育的备忘录,中国在东三省力谋发展的备忘录,

---

① Second conversation with Gen. Wang I-cheh,(笔者按:王以哲的名字在档案中有不同拼法)S32. League of Nations and United Nations Archives, Geneva.

② Conversation with members of Chinese Government at Waichiapu, S32. League of Nations and United Nations Archives, Geneva.

日本违反条约侵犯中国主权的 27 组代表性案例备忘录,东三省货币及其与大豆关系备忘录,上海事件爆发时中国政府决策备忘录,外蒙古备忘录,土匪备忘录,东三省中国海关被攫取备忘录,中国共产主义备忘录,日本攫取东三省盐税备忘录,东三省所谓独立运动备忘录,日本攫取东三省中国邮政备忘录,日本攫取东三省盐税贷款基金备忘录,以及日方附属机构和公司售卖走私毒品备忘录。[1] 可以看出,中方对日方在多年的中日悬案交涉中断断续续提出的几乎所有重要问题都给出了说明,并直指日本行为对中国利益和外国在华利益的侵犯。

理直气壮,所以孟治在 *China Speaks on the Conflict between China and Japan* 中直接指出:"不像阿尔萨斯和洛林,满洲数世纪以来没有改变主权和所属。人口同质,没有任何种族问题。事实上,较诸美洲百分之百属于美洲人,东北更加百分之百地属于中国人。"[2] 其要点,在指明中国对东北地区的主权,揭穿日本制造九一八事变的借口。

而日方的资料无法正面回应批评,以粉饰九一八事变的"正当性"和伪满洲国的"合法性",如在 *Japan Speaks on the Sino-Japanese Crisis* 中,河上清介绍了中俄密约、日本"拯救"中国的历史、中国对日本的抵制、"二十一条"问题等作为背景,然后介绍了东北的煤铁资源和大连、旅顺港口及日本的权益所在,日本在东北的"平行铁路"、租借地和铁路守备队,中国对朝鲜人的"暴力","门户开放"和"机会均等"政策,表明日本的"权利"由来有自和对各国权益的"尊重"。该书介绍了"新国家"的建设和东北对外贸易的进展,并以上海一·二八事变为例,说明中国的"暴虐"及对列强利益的轻视,最后指明东北作为日本"第一国防线"的意义,主张中国与"新和平秩序"合作,以赢得领土

---

[1] *General Memorandum on the Sino-Japanese Dispute*,Nanking,April 1932,League of Nations and United Nations Library,Geneva.

[2] Chih Meng,*China Speaks on the Conflict between China and Japan*,League of Nations and United Nations Library,Geneva.

主权的完整。① 这些似是而非的说辞,只是混淆视听,而不能正面回应中方就日本侵犯中国领土和主权完整、要求国际社会主持公道提出的主诉。

在自我满足的强权逻辑中转圈,是日方的一贯做法。比如日本顾问吉田在国联代表团1932年3月8日与日本外务省会谈时,指称国联本来有希望通过圆桌会议把中日双方拉到一起,解决上海一·二八事变,但由于中国方面的敌意,不能如愿。他说,日军可以撤军,但如果中国的抗日敌意不消退,就不能指望日军一直如此"厚道"。② 不说日本的侵略是中国抗日情绪不断高涨的根本原因,倒说因为中国抗日情绪高涨,所以日本要侵略("合法自卫")。这种倒因为果的说法至今在日本右翼中流传,值得警惕。

(三) 体现了九一八事变后中国各地爱国主义勃兴的事实

在上述海量的档案文献中,中国各界通过电报、快邮代电、信函等形式具名或匿名送达代表团的呈文引人注目,集中地表达了国难当头之时中华民族谴责日本侵略、要求国际社会主持公道、收回东北主权、确保永久和平的诉求,对代表团、国联乃至整个国际社会形成了巨大影响,显示了近代中国民族国家演进的内在动力。

东北各界身受亡国之痛,电函尤多。基层民众虽文化程度不高,坚守民族国家大义却毫不含糊。东北某兵工厂机器匠张光明致信代表团称:"我是中华民国的公民,我不是满洲国人,我不拥护这国的伪组织。"高超尘说:"不少日子以前,满洲国家即已成立了,但那完全是日本人的主使,强迫我辽地居民承认。街上的行人日人随便问'您是哪国人',你如说是满洲人便罢;如说是中国人,便行暴打以至死。"辽宁城西北大橡村国民小学校致函称:"逐出日本军,打到〔倒〕满洲国,宁做战死鬼,不做亡国民。"陈子耕揭露说:"自事变以后,日本恶势力已伸张入全东北,如每县的政事皆由日人权势下所掌握,复又

---

① K.K. Kawakami, *Japan Speaks on the Sino-Japanese Crisis*, League of Nations and United Nations Library, Geneva.
② *Draft record of conversation with the foreign minister*, March 8, 1932. S29, League of Nations and United Nations Archives, Geneva.

收买警察、军人、政客等,以假托民意来欺骗世界人的耳目,硬说建设满洲国是中华人民的意思,强迫人民,令出去游行,打着欢迎建设新国家的旗号……我誓死不忘我的中华祖国,敢说华人莫非至心不跳时、血停时,不然一定于〔与〕他们周旋。"小学生何子明来信说:"我小学生告诉您们满洲国成立我不赞成,因为他强于严(笔者按:原文如此,下同)压迫我们,有一天在学校,日本人去了,教我们家一齐说大日本万岁,我们要不说他就杀我们,把我迫不得已的就说了,其中有一位七岁的小孩,他说大中华万岁,打倒小日本,日本人听了就立刻把那个小同学杀了,真叫我想起来就愁啊。"

经济地位和文化程度较高者,则向代表团分析日本侵占中国东北的深远危害。哈尔滨商民代表函称:"虽然,满洲吞并,恐不惟中国之不利,即各国之经济,亦将受其影响。世界二次大战,迫于眉睫矣。"中国国民党青年团哈尔滨市支部分析说:"查日本军阀向有一贯之对外积极侵略政策,吾人细玩以前田中义一之满蒙大陆政策,及最近本庄繁等上日本天皇之奏折,可以看出其对外一贯之积极侵略政策,即第一步占领满蒙,第二步并吞中国,第三步征服世界是也。……以今日之日本蕞尔岛国,世界各国尚且畏之如虎,而况并有三省之后版图增大数倍,恐不数年后,即将向世界各国进攻,有孰敢撄其锋镝乎?……勿徒视为亚洲人之事,无关痛痒,失国联之威信,而贻噬脐之后悔也。"

不惟东北民众,民族危亡激起了全中国人的爱国心。清华大学自治会1932年4月12日用英文致函代表团指出:中国面临巨大的困难,好似1806年的德国和1871年的法国,但就像"青年意大利"党人一样,青年人对国家的重建充满信心。日本的侵略,不仅危害了中国,也对世界和平形成严重威胁。青年人愿意为国家流尽"最后一滴血"。而国联也面临着建立以来最大的危机,对九一八事变的处理,将考验它处理全球问题的能力。公平和正义能否实现,将影响到人类的命运。他们向代表团严正提出"五点要求":(1)日本从中国撤军;(2)上海问题与东北问题一起解决;(3)不承认日本侵略和用武力改变的现状;(4)任何解决不得损害中国的领土和主权完整;(5)日本必须对此事件的后果负责。南京华侨协会1932年3月16日致电代表团:日本进兵东三省和淞沪地区,"违反了国联盟约和凯洛格—白里安公约,因此扰乱了远东地区和世界的和平。同时,它一直用虚假的宣传竭力蒙蔽整个世界。我们诚挚地请求你们来到现场亲眼看看日军对中国人民的生命财产恣意破坏,并且依照国际法律及司法原则,施以制裁。除非完成这一使命,否则世界上将无公平正义可言。在这种情况下,为了我们民族的存亡,我们被迫自卫,永不会向武力屈服"。①

据初步统计,中国各界人士呼吁国联代表团主持公道的电函、信件达百余万字。

余　论

九一八事变后,国民政府引入国际机制来应对危机,其成败利钝,久为学界所争讼。

事变发生时,蒋介石愤激交加。其9月19日日记抱怨道:"内乱不止,叛逆毫无悔祸之心,国民亦无爱国之心,社会无组织,政府不健全,如此民族,以理论决无存在于今日世界之道,而况天灾匪祸相逼而来之时乎?"②并无具体的解决问题思路。20日,他检讨说:"内乱平定不遑,故外交不太注意。"③21日,蒋召集干部,经讨论,"主张日本占领东省事,先提国际联盟与非战公约国,以求公理之战胜"。④23日,蒋喜曰:"昨日国际联盟会决议中日两国停止战时行动,双方军队退回原防,听候联盟会派委员查察裁判,此实为以外交之转寄也,亦统一之良机。如天果不亡中国,则此次外交当不致失败也。"⑤

其时,张学良"派万福麟来京,要求外交早日解决,斤斤以官民之财产与

---

① 以上呈文均见 S39. League of Nations and United Nations Archives, Geneva.
② 蒋介石日记,1931年9月19日,美国斯坦福大学胡佛研究所藏。
③ 蒋介石日记,1931年9月20日,美国斯坦福大学胡佛研究所藏。
④ 蒋介石日记,1931年9月21日,美国斯坦福大学胡佛研究所藏。
⑤ 蒋介石日记,1931年9月23日,美国斯坦福大学胡佛研究所藏。

东北之痛苦为念"。蒋"闻之心痛",认为这是既不顾南京通过国际联盟正在进行外交努力,也不顾粤方正与日本"勾结"图谋推翻南京政府的短视之举,有"单独讲和"之嫌疑,乃劝其曰:"与其单独交涉,而签丧土辱国之约,急求速了,不如委之国际仲裁,尚有根本胜利之望,否则亦不惜与倭寇一战,以决存亡也。"①以此见之,东北军未以主力与日抗争,东北全境相继沦陷,与蒋之决策亦颇有关联。

但日本拒不接受国际联盟通知,要求中日直接交涉,蒋因之判断道:"国联态度因之软化,从此暴日势焰更张。如果直接交涉,或地方交涉,则必无良果,我不能任其枭张,决与之死战,以定最后之存亡。"②9月30日,施肇基接任外交部长,10月24日,国际联盟决议日本撤兵。蒋高兴至极:"国际联合会决议,倭寇虽未承认,但公理与正义已表显于世界。"③

日本未接受国联撤兵的决议,却无法阻止李顿调查团的成立(其经过之曲折,是另一篇文章的任务)。李顿调查团经过努力,获得了日本制造九一八事变、扶植"满洲国"的基本事实,其见解反映在《国联调查团报告书》中,报告书认为:"至九月十八日下午十时至十时半,在路轨上或路轨旁发生炸裂之事虽无疑义,惟铁轨纵有破坏,实际上并未能阻止长春南下列车之准时到站,断不能引为军事行动之理由。故前节所述日军在是夜所采之军事行动,不能认为合法之自卫手段。"九一八事变乃日本有计划的军事行动。报告书认为,东三省("满洲")在政治、经济、军事等方面与中国的联系远远超过日本,其主权属于中国,"东三省为中国之一部,此为中国及列国共认之事实"。所谓的"满洲国"系日本一手操纵而成立,"一般中国人对'满洲国政府'均不赞助,此所谓'满洲国政府'者,在当地中国人心目中,直是日人之工具而已"。④

但《国联调查团报告书》建议在国联行政院的指导下,对中国东北实行

---

① 蒋介石日记,1931年9月23日接24日日记,美国斯坦福大学胡佛研究所藏。
② 蒋介石日记,1931年9月25日,美国斯坦福大学胡佛研究所藏。
③ 蒋介石日记,1931年10月25日,美国斯坦福大学胡佛研究所藏。
④ *Report of the commission of inquiry*, League of Nations, Appeal by the Chinese Government, League of Nations and United Nations Library, Geneva.译文参照中方译本。

"国际共管",这是罔顾中国人民,特别是东北人民意愿的巨大错误,这一错误后来由《开罗宣言》《波茨坦公告》等加以纠正,成为第二次世界大战的重要成果。但其对日本侵略中国、扶植伪政权的揭露,对日本图谋独占东北的否定,以及对中国领有东北主权的确认,令当时军国主义日本当局严重不满。1933年2月24日,国联大会以42票赞成、1票(日本)反对,通过了19国委员会关于接受《李顿调查团报告书》的决议,宣布不承认伪满洲国。恼羞成怒的日本随即宣布退出国际联盟。

2015年8月14日,日本首相安倍晋三在战后70年讲话中承认:"日本迷失了世界大局。满洲事变以及退出国际联盟——日本逐渐变成国际社会经过巨大灾难而建立起来的新的国际秩序的挑战者,前进的方向有错误,而走上了战争的道路。其结果,70年前,日本战败了。"[①]从这个意义上说,九一八事变—李顿调查团—退出国联,成为日本近代史的转折点。利用李顿调查团档案文献,深入研究近代日本转折的关键,从而以更加广阔的视野讨论近代中国演变的内外制约因素,具有重要的学术价值和现实意义。*

[①] 《戦後70年の安倍談話(全文)》,《朝日新聞》(朝刊),2015年8月15日,第6頁。
* 原文与杨骏联名发表于《安徽史学》2019年第1期。

第三方压力下的殖民

——日本在南京建立殖民统治面临的外国因素

就人类的繁衍而言,"殖民"本为生物性的中性词。进入资本主义时代后,列强之殖民,其本质是为了获得原料、市场、人口,再生产资本主义生产关系及其母国的文化和政治体制,殖民而有"主义",是资本主义"异化"整个世界的明证。

日本先被殖民而后开展殖民,在其本身,是一种"现代性"转变;而这一转变的过程中,民族主义和民族国家崛起,它寄予"厚望"的中国,已经把反殖民的"反帝"作为自己建设新国家的纲领;而曾经"教导"其殖民的西方前辈,也在蜕变之中,不能不在某种程度上承认反殖民的政治正确,从而显示出与日本不同的姿态。日本的对华殖民,乃在不同于早期殖民者的外部环境下进行。

一

1939年10月1日,毛泽东为延安时事问题研究会编的《日本帝国主义在中国沦陷区》(当时即简称《日本在沦陷区》)作序,指出:日军正面的军事进攻、大规模的战略进攻可能性已经不大了,今后当转到政治进攻和经济进攻,"所谓政治进攻,就是分裂中国的抗日统一战线,制造国共摩擦,引诱中国投降","所谓经济进攻,就是经营中国沦陷区,发展沦陷区的工商业,并用以破坏我国的抗战经济","敌人为了确保占领地,为了灭亡全中国,它就用经营沦陷区来准备条件"。因此,他号召大家"研究沦陷区"。①

《日本帝国主义在中国沦陷区》讨论日军在南京的暴行时,引用了南京难民区国际委员会(今作"南京安全区国际委员会")向日本当局控诉的12个案例。文中提到,美国裴博士(Minner Searl Bates,今作贝德士,因贝德士在当时报刊中常译作裴志或裴滋,故曰裴博士)1938年12月曾作"南京之强奸"的报告,后又报告了日军在南京有组织的贩毒活动,日军特务部、伪维新政府、"独立"之日韩贩毒者、日本商店均与贩毒有关,而"属日军特务部所驱策者,最具势力"。②这一记载,在南京大屠杀认知史上具有重要地位。日本右翼分子曾断言,如果有南京大屠杀,中共方面和国民政府应有记载。松井石根生前的秘书田中正明20世纪90年代还说:"当时的国民党和共产党的杂志、报纸和报告里都详细地讲述了战况和被害情况。但是,无论怎么找上面都没有写存在南京大屠杀一事。"③东中野修道不厌其烦地一一列举国共两方的报刊和领导层著述,说当时国共两党无人提及南京大屠杀,可见大屠杀纯属编造。④事实证明,他们拿无知当证据。当然,这是另一篇文章的任务。

《日本帝国主义在中国沦陷区》的上述记载,实际上提示了一个重大历史情节——日军进攻占领南京,进行大屠杀,建立殖民统治秩序的过程中,其实一直有美、英、法等第三方力量的观察和介入,这极大地影响了日本在南京的殖民统治策略和模式。

第三方力量的存在和运用,其背后是"条约体系"。笔者所称之条约体系,既包括近代以来《南京条约》等一系列不平等条约所构建的涉及领事裁判权、片面最惠国待遇、"门户开放"、通商口岸和租界、内河航运、海关和协定关

---

① 毛泽东:《研究沦陷区》(1939年10月1日),延安时事问题研究会编:《日本帝国主义在中国沦陷区》,时事问题丛书之二,延安:解放社出版,1939年。上海:上海人民出版社,1958年重印出版,第1页。
② 延安时事问题研究会编:《日本帝国主义在中国沦陷区》,第275—277页。
③ 田中正明:《虚构的"南京大屠杀"》,历史研究委员会编:《大东亚战争的总结》,东英译,北京:新华出版社,1997年,第362页。
④ 东中野修道:《南京大屠杀的彻底检证》,严欣群译,北京:新华出版社,2000年,第223—253页。

税、传教和办学、路矿投资等诸项权利的外国在华利益体系,也包括《九国公约》等民国建立以后签订的涉及中国的国际条约。条约体系赋予列强在华地位及其"合法性",它是近代以来中国主权沦丧的产物,但在日本企图独占中国的特定历史时刻,也形成对日本的掣肘。

  本来,按照松井石根的计划,占领南京,即要推翻国民政府,扶植傀儡政权,复制日军在伪满洲国等地业已施行的殖民统治模式。他受命担任上海派遣军司令官时即表示,"我军应该以迅速进攻南京为目的,向中支那派遣必要兵力(约五个师团),必须一举推翻南京政府"。他认为,"日本的核心任务就是要推翻南京政府"。12月5日,松井向日军参谋次长多田骏说明了内心的隐秘:"方面军在攻占南京后,首先要将西山派、政学派和段字派以及支那的亲日派联合在一起,再将江苏、浙江和安徽合并在一起成立一个独立政府。接着逐步与北支那政权进行联系。"①但从占领南京前后的局势发展看,第三方的存在,使得日军建立殖民统治的计划受到制约,不断出现变数。

二

  日军制造的损及第三方的行动不断升级,使得日本面临巨大的国际压力。
  1937年8月26日下午,英国驻华大使许阁森在沿京沪公路去往上海的途中,遭到日军飞机的扫射,身受重伤。9月21日,经多次狡辩,日本政府向英国驻日大使克莱琪递交最终调查报告,承认系日军所为,但提出误以为是中国方面车辆。松井石根对此反复强调,此事未必能确定是日军所为,但"就算是我军开枪射击的,不发出警告而穿越正在进行战斗的战场的内外人员,挨了战斗之杖,也是在所难免的"。他认为日本政府、外交部门急于与英方和

---

① 《松井石根阵中日记》1937年8月16日、1937年10月23日、1937年12月5日,王卫星编:《日军官兵日记》,张宪文主编:《南京大屠杀史料集》第8册,南京:凤凰出版社、江苏人民出版社,2005年,第23、107、145页。

解是"过于慌张了"。① 松井认为英国不足为惧,所以在与英国舰队司令会晤后,他在日记中自得地记述道:"他以一副可怜的样子仰视着我,令人忍不住想笑。"不仅英国看来如此,松井说,英、美、法、意等"各国武官的态度都很谦逊,对日本军以及我本人都表示了深深的敬虔之情。看上去他们倒更像是惧怕皇军威力"。②

松井的骄狂,显然传染了他的部下。1937年12月12日下午,日本海军航空兵甚至将美国炮舰"帕奈"号炸沉于南京附近江面。美方认为,"帕奈"号当时正根据"合法"命令在长江上行驶,遭到了日方"史无前例和意料之外的暴力攻击"③,提出严厉交涉。日本政府被迫承认这是严重的错误。④ 海军和陆军当局向美方作了详细解释,日本外相广田弘毅在给美国驻日大使格鲁的照会中,答应道歉和赔偿,海军少将三并被召回,另有11名海军军官被处罚。为了防止发生类似事情,广田弘毅表示:"已经向陆军、海军和外交当局发出严格命令,鉴于目前不幸的事件,要更加注意过去三令五申的防止侵害或是不当干涉美国和其他第三国的权益的指令。日本政府正在仔细研究一切可能使上述目标得以实现的有效方式;与此同时,他们已经采取了措施,与在中国的美国当局进行更多的联系,以确认美国利益和公民的所在位置,并改进将情报迅速、有效地传递到现地当局的方法。""日本政府真诚地希望确保美国和其他第三国的权益。"⑤

占领南京以后,日军兽性机器全速开动,在给中国军民造成重大生命财产损失的同时,也给第三国造成巨大损失。美、英、德三国不断向日本提出外

---

① 《松井石根阵中日记》1937年8月30日,王卫星编:《日军官兵日记》,第39页。
② 《松井石根阵中日记》1937年11月10日,王卫星编:《日军官兵日记》,第124页。
③ 《美国亚洲舰队司令(亚内尔)致海军部长(斯旺森)》(1937年12月23日),杨夏鸣编:《美国外交文件》,张宪文主编:《南京大屠杀史料集》第63册,南京:凤凰出版传媒集团江苏人民出版社,2010年,第249页。
④ The secretary of State to the ambassador in Japan(Grew), December 13, 1937. FRUS, Volume Ⅳ, p.496.
⑤ 《美驻日本大使(格鲁)致国务卿》(1937年12月24日),杨夏鸣编:《美国外交文件》,第254—255页。

交官重返南京的要求,1938年1月6日,美国3名外交官首先返回;三天后,英、德各3名外交官返回,坚持在南京的外籍侨民的报告,加上他们实地观察的结果,使日军南京暴行随即传遍全世界。1938年1月21日,美国总统罗斯福总统就日军在南京的暴行发布指示:"几乎没有美国人能够反对我们保护美国人免遭一支军队的侵扰,而该军队已经不受其国内的民事政府的控制。"①1938年2月12日,美国驻华大使约翰逊根据上级指示,向南京发出处理当地事务的指令,指出:日军所作所为使其不能被视为管控得当的军事组织,美国财产遭受的损失和破坏必须得到"全面、彻底的赔偿"。② 德国外交部副部长魏茨泽克给德国驻华大使陶德曼的指示也非常明确:"请向日本政府对南京查明的由于日本部队不尊重德国人房子上的德国国旗和德国财产造成的损失提出抗议,并要求予以全部赔偿。请借此机会,再次着重指出必须保护德国人在中国的财产,以及给予德国在南京的代表和帝国公民以行动自由。"③

以南京外国权益为中心的交涉,牵动了日本政府和日军高层。曾任职外务省的石射猪太郎战后在远东国际军事法庭作证说,当时南京代理总领事福井淳到任后的首封电报就是关于日军暴行的,并立即送交陆军军务局长。外相广田弘毅看到电报,要他迅即采取措施加以掩盖。后来,福井淳送达了由南京的第三方人士用英语写成的报告。1938年1月,本间少将被派往南京传达军方高层意见,大规模暴行才渐渐停息。石射猪太郎还听广田说过,陆军大臣杉山曾被要求采取重大紧急举措平息南京事态。④ 这使得松井等人承受了巨大压力,牵制了其布局殖民统治的节奏和步伐,松井在其日记中"痛心疾

---

① 《罗斯福总统致国务卿》(1938年1月21日),杨夏鸣编:《美国外交文件》,第366页。
② IMTFE EXHIBIT NO. 328, RG 238, Entry 14, Box 137, Location: 190/10/21/03. National Archives II of USA, Maryland.
③ 《魏茨泽克给德国驻东京大使馆的电报》(1938年1月22日),德国政府档案,编号30,机密件,张生编:《外国媒体报道与德国使馆报告》,张宪文主编:《南京大屠杀史料集》第6册,南京:江苏人民出版社、凤凰出版社,2005年,第342页。
④ IMTFE EXHIBIT NO.3287, RG 238, Entry 14(PI-180), Box 290, Location: 190/10/24-25/5-1, National Archives II of USA, Maryland.

首"地写道:"我军士兵中又出现了抢夺驻南京各国使馆汽车和其他物品的事件,军队的愚蠢和粗暴行为令我大为震惊。皇军的声誉全毁在这类事件中了,真是遗憾至极啊。"①实际上,松井1938年2月上旬再次到南京时,已经毫无战胜者的豪迈,"也许是因为自从占领南京城后,部队的种种胡作非为以及其后的地方自治和政权建立工作进展的不顺利,才使我今天如此悲哀"②。不久,松井因南京大屠杀被替换回国。③

三

南京大屠杀期间,第三方人士以"安全区"为平台,庇护了数十万中国居民,其人道努力,使得中国居民产生向心力。日军为建立殖民统治,软硬兼施,进行争夺。

南京沦陷之时,在南京城及近郊区共有24名外国侨民和5名战地记者,侨民是德国人约翰·H.D.拉贝、爱德华·施佩林、克里斯蒂安·克勒格尔、R.黑姆佩尔、A.曹迪希和卡尔·京特,奥地利人R.R.哈茨,丹麦人辛德贝格,俄国人科拉·波德希沃洛夫和齐阿尔,美国人C.S.特里默、R.O.威尔逊、詹姆斯·麦卡伦、格瑞丝·鲍尔、伊娃·海因兹、M.S.贝德士、查尔斯·H.里格斯、刘易斯·S.C.史迈士、魏特琳、W.P.米尔士、H.L.索恩、乔治·菲奇、约翰·马吉、E.H.福斯特,其中多为传教士和商务人士。战地记者是美国人弗兰克·提尔曼·德丁、C.叶兹·麦克丹尼尔、阿瑟·门肯、A.T.斯提尔和英国路透社记者史密斯。侨民们组织了"南京安全区国际委员会"和"红十字会南京分会",运行城中20多个难民收容所;卡尔·京特和辛德贝格在城外江南水泥厂组织了难民营。战地记者们的存在,使得南京保卫战、南京大屠杀和第三方人士的人道努力广为人知。

---

① 《松井石根阵中日记》1937年12月29日,王卫星编:《日军官兵日记》,第156页。
② 《松井石根阵中日记》1938年2月7日,王卫星编:《日军官兵日记》,第176页。
③ 《畑俊六日记》(节录)1938年1月29日,王卫星编:《日军官兵日记》,第1页。

第三方人士创立"安全区"的初衷,是模仿上海南市难民区,战时为平民提供临时庇护,战争结束将城市和平地移交给占领军,以便减少平民伤亡。"安全区"当然并不是绝对安全,第三方人士手无寸铁,并不能直接对抗日军,但他们做了大量的人道工作,有效地减轻了日军的伤害。其工作大致可分为以下几方面:(1) 为最贫苦的难民提供食物、住所和部分药品,庇护人数最多时达25万之众;(2) 现场记录日军大屠杀暴行,实地调查战争损失;(3) 委员会成员不顾个人安危在安全区内外制止日军施暴;(4) 以鼓楼医院为中心,救治遭日军伤害的南京难民;(5) 向日军高层和南京日本外交人员抗议日军暴行,并通过各种公私途径向全世界传播日军暴行的实况,揭露日军遮蔽掩饰南京大屠杀真相的种种举措;(6) 大屠杀后对贫苦难民进行救济,开办各种有利于其谋生的培训班,为其提供精神慰藉;等等。①

安全区国际委员会在日军占领南京后的相当长一段时间内,实际上担负了南京的市政管理职能,自然为急于争夺民众、建立殖民统治的日军所不满。但安全区主要由美、德等国民间人士运行,而且站在正义和人道的高地,日军也颇为忌惮。上海派遣军参谋长饭沼守分析说:

> "帕奈"号事件以来,英美在相互接近。事件刚发生时,美国似乎注意不卷入其中,但由于受到权势人物的舆论导向而变得强硬起来。美国掌握着今后国际形势的"关键"。因此在正义、人道方面不要刺激美国舆论,要绝对避免无益的纠纷。②

饭沼守的分析,被事实证明颇有见地。日方评估"帕奈"号事件和南京暴行对美国民众的影响时发现,"来自在中国的传教士对公众思想所施加的影

---

① 据《南京安全区档案》整理,张生等编:《英美文书·安全区文书·自治委员会文书》,张宪文主编:《南京大屠杀史料集》第12册,南京:凤凰出版社、江苏人民出版社,2006年,第269—388页。

② 《饭沼守日记》1938年2月1日,王卫星编:《日军官兵日记》,第237—238页。

响",是美国社会中"反日情绪加剧"的重要因素。①

如何让难民们脱离安全区,以便其掌握?日军一方面扣留了原南京市政府交给安全区的粮食和燃料,造成其经济和财务困难;一方面以搜查"残败兵"为名,在安全区逮捕大量青壮年加以杀害,消解民众对于安全区国际委员会的信任;另一方面,以难民维生急需的粮食为饵,诱使难民走出安全区。安全区国际委员会主席拉贝记录了日军的"引诱"手段:"许博士(笔者按:指许传音,他在安全区担任住房委员)现在也是自治委员会顾问,他告诉我说,日本人准备向该委员会赠送5 000袋大米,条件是这些米不能在安全区内分发。他们要以此促使安全区的市民重返安全区外的住处。"②

但安全区国际委员会充满人性关怀的卓越努力,和返家难民被屠杀、强奸、抢劫的悲惨遭遇两相对照,使得南京难民继续愿意留在安全区。对此,日军南京"宣抚班"乐观地报告说:

> 国际委员会……在皇军入城后继续对难民实行免费医疗、发放粮食及其他各项救助。另一方面,对皇军在难民区的行动进行监视,并积极进行带有恶意的对外宣传。……国际委员会的上述行动如果继续下去的话,很明显有百害而无一利,因此,为了抑止其活动,通过自治委员会向其发出了通告,内容是从今往后由南京自治委员会接替其对难民的各项救助活动。自此,抓住机会抑制其蠢动,结果国际委员会的活动现在实际上已经基本停止了。③

而松井石根本人同期的日记的表露并不乐观:

---

① 《日本驻华盛顿大使馆致东京电报》,杨夏鸣编:《美国外交文件》,第509—510页。此电报被美国破译。

② 拉贝1938年1月8日日记,约翰·拉贝:《拉贝日记》,刘海宁、郑寿康等译,张宪文主编:《南京大屠杀史料集》第13册,南京:凤凰出版社、江苏人民出版社,2006年,第308页。

③ 《南京宣抚班报告》,王卫星、雷国山编:《日军军方文件》,张宪文主编:《南京大屠杀史料集》第11册,南京:凤凰出版社、江苏人民出版社,2006年,第345页。

目前,南京城内居住的30万人当中,现已有10万余人返回原来住所。回来中的大部分人正逐渐接近我部队人员。还有一半市民由于担心并得到了外国人保护而没有回来,这点十分遗憾,但情况正在明显好转。只是自治委员会的成员们看上去都是软弱无力的样子。①

1938年2月18日,与日军搏斗了三个月的安全区国际委员会最终决定改名为"南京国际救济委员会"继续其人道工作②,直到太平洋战争爆发之前。1938年3月28日,伪中华民国维新政府成立;4月,伪督办南京市政公署成立。至此,日军在建立南京"常态化"的殖民统治秩序。

在日军进攻、侵占南京并建立殖民统治的过程中,第三方因素一直是显性的存在。这一存在,打破了历史的"线性",比如日方内部矛盾对殖民进程的影响颇为论者忽略,而美国驻华大使约翰逊曾在其内部通报:来自英国方面的秘密情报显示,日本驻南京大使馆的外交官员随部队进入南京后,对日军公开随意杀人强奸等暴行也极为震惊;由于他们自己无法约束军队,"甚至建议传教士设法在日本公布事态真相,以便利用公众舆论促使日本政府管制军队"。③ 从上面石射猪太郎的材料看,他们也确实这么做了。

更值得注意的是,第三方人士并没有在南京大屠杀基本平息后就塞耳不闻日本在南京殖民统治的细节。贝德士就记录了日本扶持的"大民会"排演的名为《世界得到和平》的"精彩"剧目:

一个姓黄的家庭有4个兄弟和1个漂亮的妹妹(中国)。他们拥有宝贵的土地,但其中的两兄弟与坏人英吉利(英国)、佛朗西(法

---

① 《松井石根阵中日记》1938年2月7日,王卫星编:《日军官兵日记》,第176页。
② 《南京安全区国际委员会1938年2月18日理事会会议纪要》,载拉贝1938年2月20日日记,约翰·拉贝:《拉贝日记》,第565页。
③ IMTFE EXHIBIT NO. 328,RG 238,Entry 14,Box 137,Location:190/10/21/03. National Archives Ⅱ of USA, Maryland.

国)、美利坚(美国)的团伙同流合污。第三个兄弟更糟糕,与苏行赤(苏俄,字面意思是装扮成红色的姓苏的人)狼狈为奸。为了摆脱贫困无望的生活,前两个兄弟密谋把自己的妹妹转让给他们危险的同伙,但是他们发现第三个兄弟早已把她抵押给赤色分子了。争夺变成了武力抢夺,恰在此时,一个叫华德邻(中国的有道德的邻居)的人前来救助,这是来自东村的一个心甘情愿来帮助"黄家"的朋友,他很早想追求这个女孩,而且也获得她的芳心。第四个兄弟此前一直置身事外,最后其他兄弟的恶行让他不得不介入。转向华德邻部分是由于他的睿智,部分是由于女孩此前一直被压抑的对华德邻发自内心的感情。①

精通中国文化和历史的贝德士,甚至看出"第四个兄弟"其实就是指汪精卫。可以说,第三方力量的存在,成为日本在南京进行殖民统治挥之不去的"阴影"。

结　论

在第三方的目击下进行殖民,是日本近代侵略亚洲近邻时面临的明显的外部因素,这和西班牙、英国、法国早年往往在一块"新"大陆上独自肆意开拓不同,亚洲大陆尤其是东亚盘根错节的欧美利益,构成了日本近代殖民的"国际背景",日本几乎每一个侵略行动,都会直接或间接地与欧美大国发生关系,产生矛盾,甚至发生战争。羽翼未丰之时,日本往往选择妥协,如甲午战争之后,接受俄国、德国、法国的"三国干涉还辽";日俄战争后,接受美国等国的调停,签订《朴次茅斯条约》。从长时段看,接受《九国公约》和"华盛顿体

---

① 《世界得到和平,四幕剧》,张生编:《耶鲁文献》(下),张宪文主编:《南京大屠杀史料集》第70册,南京:凤凰出版传媒集团江苏人民出版社,2010年,第656—657页。

系",可能是日本最后一次谋求在与欧美大国的协调中实现自己的目标。

但殖民主义的本质是谋求利益独占,九一八事变后,日本霸占中国的本相日渐暴露,与欧美的利益冲突色彩不断加深,上述"国际背景"乃演变成为日本开展殖民的掣肘因素。1932年1月7日,美国国务卿史汀生照会中日两国政府,不承认用违反1928年《非战公约》的手段所造成的任何情势、条约或协定,坚持美国对中国的"门户开放"政策。史汀生主义是对九一八事变的表态,实际上意味着美国不承认日本侵占中国任何领土的合法性,这是日美近代通商以来的重大国策性变化,此后,虽然间有反复,日美关系总的方向是不断恶化,并由日美关系而连带造成"抗日"各国如中、英、法、荷与美国关系的深化,最终演变成东亚几乎所有关系国对日本一国的第二次世界大战东方战场,日本苦心孤诣营建的殖民统治秩序几乎一夕之间土崩瓦解。*

---

* 原文发表于《民国档案》2020年第1期。

在中国发现世界历史

中国历史,是世界历史的重要组成部分。中国历史中,蕴藏着世界历史演进的关键、动力和机制。离开中国历史谈世界历史注定是不周全的。只有充分发掘中国历史的世界意义,世界史才能获得真正的全球史意义。

中国有五千年以上延绵不绝、不断更新升级的文明史,构成了人类史的宏大篇章。近代以来,中国人以峻急的步伐实现了多个层次螺旋递进的发展阶段的跨越,其实践和认知具有重大的世界历史意义。

马克思和恩格斯在《德意志意识形态》中提出:在历史演进的过程中,人的"普遍交往"逐步发展起来,"狭隘地域性的个人为世界历史性的、真正普遍的个人所代替"。近代以来的中国人民的历史,与世界历史共构而演进。

发动革命:国民革命的起源
(1920—1925)

"走俄国人的路。"①1949年6月30日,毛泽东总结中国革命漫长的历程,得出这个结论。

俄国人的路,是俄国人先走出来的。如何被中国人接受,成为中国人的路?这是一个极为宏大、极为长期、极为复杂、极为精细的系统工程。

中国共产党是领导国人"走俄国人的路"的主体。她的诞生、发展和壮大,是实践俄国之路的关键。其过程,已经有非常多的论述。其中,她几乎一诞生,就被设定要和资产阶级民主派合作,以完成革命的第一步。

这是因为,俄国革命之路,就是分两步走的:第一步,与资产阶级民主派如孟什维克等合作,推翻专制残暴的沙俄政府,建立资产阶级民主政府;第二步,布尔什维克领导工人、农民和士兵,推翻资产阶级临时政府,建立苏维埃。俄国的经验,对后来的运用者来说,可能是宝鉴,也可能是五味杂陈的经历。

俄国革命的经验,移植到中国来,需要两个前提因素:一是一场伟大革命注定的最终胜利者——中国共产党——他们失去的只是锁链,获得的将是整个世界,在苏俄和共产国际的帮助下,她于1921年7月23日成立;二是中国的资产阶级民主派,共产党拟定合作的对象。

---

① 毛泽东:《论人民民主专政》(1949年6月30日),《毛泽东选集》第四卷,北京:人民出版社,1991年,第1471页。

谁是中国的资产阶级民主派？对此问题的答案，拥有后见之明特权的历史研究者自然指向孙中山及其党人，但在当时并不是不言自明的；更重要的是，他们能够担任并完成苏俄和共产国际设定的任务吗？

一批热忱的苏俄和世界各地的共产党人来到中国，他们带着俄共（布）—联共（布）和共产国际的指示，不仅"挑选"出了中国的资产阶级民主派，把他们引导到革命的道路上，而且"手把手"地教会了他们革命的思想、路线、方针、政策、策略和战略，让他们从一隅之地的小派系，真正地成为今后几十年中影响中国乃至世界历史的主要玩家之一。

中国的资产阶级民主派会欣然接受苏俄的引导和指导吗？他们没有自己的思想、理论和革命方略吗？答案当然是否定的，事实上，共产国际在实施指导、运作革命的过程中，不断地遇到孙中山及国民党人的反弹，特别是孙中山对共产国际理论和路线的"在地化"解释。他们实践的过程，也并不按照国际设定的路线，甚而是对国际路线的重大修正。然而，历史给了他们磨合、相容和合作的机会。

中国共产党人那时是"年轻的"，但并不像过去的很多论述所说的那样"幼稚"。国际的理论指导、组织架构和财政支持，对其意义重大，然而，她有自己的思想、独立思考的个性（尽管那时还不够）和行动的方向。在共产国际的指导出现重大错误的情况下，她能擦干同伴身上的血迹，走出苏俄和共产国际最后不得不认可的革命之路，说明最初几年的成长，带给了她受用无尽的教训和经验。

苏俄、共产国际、中国国民党和中国共产党共同造就的国民革命，是外部因素和本土力量结合，彻底改写中国历史的重大事件，即使在一百年后的今天，东亚和世界仍然可以切身感受到它带来的冲击和深远的影响。

让我们回到它最初开始的时刻……

一、孙中山的思考和困顿

"十月革命一声炮响,给我们送来了马克思列宁主义。"这是伟人气魄宏大的诗意语言。

炮响时刻,孙中山正为其倡导的主义和革命遭遇困难而苦斗。1917年3月,他提到了二月革命前后的俄国政局,说道"来日狂澜正难料也"[①]。果然,十月革命不久发生,1918年夏天,他致电列宁和苏维埃,对其"所进行的艰苦斗争,表示十分钦佩,并愿中俄两党团结共同斗争"[②]。相隔万里的中俄两党如何共同奋斗?在当时,并没有进入孙中山的实际思虑之中。

从第一次护法运动到1919年间,国内政局多变,"南与北一丘之貉"。中山先生屡起屡仆,颇不如意。为国奔走之时,他心忧国家民族命运,思考中国革命和国家建设的理论,形成一系列重要著述。举其要者,为《民权初步》《孙文学说》《实业计划》,1917年到1919年间次第发表。后调整顺序,加以编辑整理,合编为《建国方略》。

《建国方略》的第一部分是《孙文学说》,即"行易知难",或曰"心理建设"。孙中山对这一部分十分看重,许为"文奔走国事三十余年,毕生学力,尽萃于斯"[③]。为何写作此书?孙中山主要目的有二:一为破其党人之异议,二为国民心理问题。

孙中山认为,辛亥革命成功后,如以三民主义、五权宪法与《革命方略》指示的种种建设宏谟行事,中国必能登于富强之域。"不图革命初成,党人即起

[①] 《批朱某函》(1917年3月27日),中国社会科学院近代史研究所中华民国史研究室、中山大学历史系孙中山研究室、广东省社会科学院历史研究室合编:《孙中山全集》第四卷(以下编者信息略),北京:中华书局,1985年,第22页。

[②] 《致列宁和苏维埃政府电》(1918年夏),《孙中山全集》第四卷,第500页。

[③] 《建国方略·孙文学说·自序》,广东省社会科学院历史研究室、中国社会科学院近代史研究所中华民国史研究室、中山大学历史系孙中山研究室合编:《孙中山全集》第六卷,北京:中华书局,1985年,第157页。

异议,谓予所主张者理想太高,不适中国之用;众口铄金,一时风靡,同志之士亦悉惑焉。"革命本来是要救国保种,救民于水火,而现实"与革命初衷大相违背",这是由于党人同志惑于"知之非艰,行之惟艰"的老话。孙中山认为,"此说者予生平之最大敌也,其威力当万倍于满清"。"攻心为上",必须纠正旧说。① 国人之心理,也如党人,"则其以吾之计划为理想空言而见拒也",所以必须"出国人思想于迷津"。党人、国人都能改变旧思想、不以《建国方略》为空话的话,"万众一心,急起直追",必能把中国建设为"政治最修明、人民最安乐"的民有、民治、民享之国。②

《孙文学说》用列举事实证明其主张。第一章"以饮食为证",说明"身内饮食之事,人人行之,而终身不知其道者,既如此;而身外食货问题,人人习之,而全国不明其理者,又如彼。此足以证明行之非艰,知之实惟艰也"。③ 第二章"以用钱为证",说明"今日欧美普通之人,其所知于金钱者,亦不过如中国人士只识金钱万能而已,他无所知也。其经济学者仅知金钱本于货物,而社会主义家(作者名之曰民生学者)乃始知金钱本于人工也(此统指劳心劳力者言)。是以万能者人工也,非金钱也"。再证知难行易的道理。④ 第三章"以作文为证",指出"夫中国之文章富矣丽矣,中国之文人多矣能矣,其所为文,诚有如扬雄所云'深者入黄泉,高者出苍天,大者含元气,细者入无间'者矣。然而数千年以来,中国文人只能作文章,而不能知文章,所以无人发明文法之学与理则之学,必待外人输来,而乃知吾文学向来之缺憾"。"知难行易"又得一证明。⑤ 孙中山还以建屋、造船、筑城、开河、电学、化学和进化等七事,论证其学说,力图推翻"知易行难"和"知行合一"。

孙中山提出,"能知必能行",又谓"不知亦能行"。他系统介绍了军政、训政、宪政三阶段革命说,也以欧美各国的历史说明了建设一个强国的理路。

---

① 《建国方略·孙文学说·自序》,《孙中山全集》第六卷,第157—158页。
② 《建国方略·孙文学说·自序》,《孙中山全集》第六卷,第159页。
③ 《建国方略·孙文学说》,《孙中山全集》第六卷,第169页。
④ 《建国方略·孙文学说》,《孙中山全集》第六卷,第179页。
⑤ 《建国方略·孙文学说》,《孙中山全集》第六卷,第185页。

其要点,"夫事有顺乎天理,应乎人情,适乎世界之潮流,合乎人群之需要,而为先知先觉者所决志行之,则断无不成者也,此古今之革命维新、兴邦建国等事业是也"。① 他回顾了自己领导革命十次失败的历史,说明了有志者事竟成的道理。

到底是"知难行易","知易行难",还是"知行合一"? 不同经历的人当有不同的解说。以中山先生写作此书的背景言之,当时他周旋于西南各路军阀、实力派之间,遍生掣肘,腹心反侧,难有机会施展自己的抱负和主张,《孙文学说》的期望在于党人、国人接受他的革命和建设理论,由衷地服从孙中山的领导,按照其革命方略和建国方略行事,由全党同心而臻于全国同心,如此,中国亦可为美国、日本,不太长的时期内即可臻于富强。《孙文学说》特别把陈其美致黄兴函附于其书,内中陈其美称:"美以为此后欲达革命目的,当重视中山先生主张,必如众星之拱北辰,而后星躔不乱其度数;必如江汉之宗东海,而后流派不至于纷歧。悬目的以为之赴,而视力乃不分;有指车以示之方,而航程得其向。……足下其许为同志而降心相从否耶?"② 这一解说,可为理解《孙文学说》宗旨之指针。

《实业计划》原为英文文稿,名为 The International Development of China,收入《建国方略》第二部分"物质建设"。蒋梦麟、余日章等协助校阅了稿本,朱执信、廖仲恺等译成中文。这是孙中山关于中国现代化建设的通盘性蓝图,展示了他作为革命家和思想家的才华。

在英文本序言中,孙中山回忆说,第一次世界大战结束后,他就开始研究国际共同开发中国实业。揆诸巴尔干战史,他认为中国实业的发展,"大而世界,小而中国,无不受其利益"。理想的结果,可以打破所谓列强势力范围,可以消灭国际商业战争和资本竞争,还可以"消除今后最大问题之劳资阶级斗争"。③ 中文本序言中,孙中山指出,"中国富源之发展,已成为今日世界人类

---

① 《建国方略·孙文学说》,《孙中山全集》第六卷,第228页。
② 《陈英士致黄克强书》,《建国方略·孙文学说》,《孙中山全集》第六卷,第221页。
③ 《建国方略·实业计划·序》,《孙中山全集》第六卷,第247页。

之至大问题",谋中国之发展,须掌握发展之权,"操之在我则存,操之在人则亡"。① 孙中山还特别指出,国际共同开发中国,"必须设法得中国人民之信仰",否则将重蹈盛宣怀的覆辙。②

其"第一计划"主要着眼中国北方。第一个建设项目是建北方大港于直隶湾(按:今渤海)中,其具体位置拟在"大沽口、秦皇岛两地之中途,青河、滦河两口之间,沿大沽口、秦皇岛间海岸岬角上"。③ 第二个项目是西北铁路系统,共分8条线路,符合"抵抗至少""国民需要""必选有利之途"三原则。④ 第三个项目是开发蒙古、新疆,孙中山假定10年内从"人满之省"移民1 000万于西北,"垦发自然之富源,其普遍于商业世界之利,当极浩大"。⑤ 第四个项目是"开浚运河以联络中国北部、中部通渠及北方大港",包含整理黄河及其支流如陕西渭河、山西汾河,以及相连的运河,特别是一劳永逸地解决"中国数千年愁苦之所寄"的黄河水灾。⑥ 第五个项目是开发直隶、山西的煤铁矿源,设立制铁炼钢工厂。

"第二计划"主要着眼中国东部沿海沿江地区。第一个项目是"东方大港",最理想的选址是杭州湾中乍浦正南之地,或改造上海港,否则上海港将为"垂死之港"。⑦第二个项目是整治长江,从沿海直至汉口。第三个项目是建设内河商埠,分镇江及其北岸,南京及浦口,芜湖,安庆及其南岸,鄱阳港,以及武汉等6处。第四个项目是改良现存水路及运河,内含北运河、淮河、江南水路系统、鄱阳系统、汉水、洞庭系统和长江上游等7个子项。第五个项目是建设大士敏土(按:即水泥)厂。孙中山认为,"钢铁与士敏土为现代建筑之

---

① 《建国方略·实业计划·自序》,《孙中山全集》第六卷,第248页。
② 《建国方略·实业计划·篇首》,《孙中山全集》第六卷,第253页。
③ 《建国方略·实业计划》,《孙中山全集》第六卷,第255页。
④ 《建国方略·实业计划》,《孙中山全集》第六卷,第261—262页。
⑤ 《建国方略·实业计划》,《孙中山全集》第六卷,第264页。
⑥ 《建国方略·实业计划》,《孙中山全集》第六卷,第265页。
⑦ 《建国方略·实业计划》,《孙中山全集》第六卷,第268、274页。

基,且为今兹物质文明之最重要分子",所以,"拟欲沿扬子江岸建无数士敏土厂"。①

"第三计划"主要着眼中国南方及西南地区。第一个项目改良广州为世界港,作为南方大港。广州是中山先生多年革命的根据地,他自然对其厚爱有加,认为广州大港是三大港"最有利润之企业","恰称为中国南方制造中心",并可建设为花园都市,作为避暑地和避寒地。② 第二个项目是改良广州水路系统,包括广州河汊、西江、北江和东江。第三个项目是建设中国西南铁路系统,孙中山规划了7条线路,他认为西南铁路与西北一样,"于中国人民为最必要"。③ 第四个项目是建设沿海商埠及渔港,包括建设营口、海州、福州及钦州等4个二等港和葫芦岛、黄河埠、芝罘、宁波、温州、厦门、汕头、电白和海口等9个三等港。第五个项目是创立造船厂。

"第四计划"包括10万英里之铁路,即中央铁路系统、东南铁路系统、东北铁路系统、扩张西北铁路系统、高原铁路系统和创立机关车、客货车制造厂。其中,中央铁路系统规划约16 600英里;东南铁路系统规划约9 000英里;东北铁路系统规划约9 000英里;扩张西北铁路,共长约16 000英里;高原铁路系统,共长约11 000英里。

"第五计划"涉及粮食、衣服、居室、行动和印刷等5个工业部门,以解决国民的衣食住行。内中奇思妙想不断,超前构想十分惊人。如在粮食问题上,孙中山特地提出中国人以黄豆代替肉类的意义,所以,他规划"以黄豆所制之肉乳油酪输入欧美,于诸国大城市设立黄豆制品工场,以较廉之蛋白质食料供给西方人民"。④ 就住房问题,孙中山特别乐观,他说,"就中国之居室工业论,雇主乃有四万万人,未来五十年中至少需新居室者有五千万,每年造屋一

---

① 《建国方略·实业计划》,《孙中山全集》第六卷,第300页。
② 《建国方略·实业计划》,《孙中山全集》第六卷,第308页。
③ 《建国方略·实业计划》,《孙中山全集》第六卷,第324页。
④ 《建国方略·实业计划》,《孙中山全集》第六卷,第382页。

百万间,乃普通所需要也"。①

"第六计划"聚焦矿业。涉及铁矿、煤矿、油矿、铜矿、特种矿之采取、矿业机器之制造和冶矿机厂之设立。

孙中山的《实业计划》谋求同时解决世界"三大问题"——国际战争、商业战争与阶级战争,"欲使外国之资本主义以造成中国之社会主义,而调和此人类进化之两种经济能力,使之互相为用,以促进将来世界之文明也"②,可谓立意高远。在中国改革开放事业日新月异、基础设施建设一日千里的今天,对照之下,更凸显孙中山当年规划的远见卓识。而许多具体计划,如铁路、港口之安排,工业之布局,新材料之重视,百年过去,却在在超前,使后人有"穿越"之慨。

《民权初步》收入《建国方略》后,为其第三部分"社会建设"。该书原名《会议通则》,"为教吾国人行民权第一步之方法"。在孙中山先生看来,中国民智未开,行使民权力有未逮,需要教导之,"孩提之举步也,必有保母教之,今国民之学步亦当如是。此《民权初步》一书之所由作,而以教国民行民权之第一步也"。③

《民权初步》以实际案例讲解议事规则,初读难免枯燥。孙中山特别强调此书的"实战作用","譬之兵家之操典,化学之公式",他说:"若以浏览诵读而治此书,则必味如嚼蜡,终无所得。若以习练演试而治此书,则将如啖蔗,渐入佳境。一旦贯通,则会议之妙用,可全然领略矣。"他希望国民从操作性层面的演练开始,体会民主政治的实质内涵,内化为自身的常识和习得性天性,从而成为推动民国进步的真正主体。他乐观地估计:"倘此第一步能行,行之能稳,则逐步前进,民权发达必有登峰造极之一日。……苟人人熟习此书,则人心自结,民力自固。如是,以我四万万优秀之民族,而握有世界上最良美之

---

① 《建国方略·实业计划》,《孙中山全集》第六卷,第385页。
② 《建国方略·实业计划》,《孙中山全集》第六卷,第394、398页。
③ 《建国方略·民权初步·自序》,《孙中山全集》第六卷,第414、413页。

土地、最博大之富源,若一心一德,以图富强,吾决十年之后,必能驾欧美而上之也。"①

《民权初步》分"结会""动议""修正案""动议之顺序""权宜及秩序"五部分,并有"附录"。

第一部分"结会"。下分"临时集会之组织法""永久社会之成立法""议事之秩序并额数""会员之权利义务"等四章,共30节。

第二部分为"动议"。下分"动议""离奇之动议并地位之释义""讨论""停止讨论之动议""表决""表决之复议"等六章,共58节。

第三部分为"修正案"。下分"修正之性质与效力""修正案之方法""修正案之例外事件"等三章,共26节。

第四部分为"动议之顺序"。下分"附属动议之顺序""散会与搁置动议""延期动议""付委动议""委员及其报告"等五章,共33节。

第五部分为"权宜及程序问题",下分"权宜问题""秩序问题"等二章,共11节。

孙中山对此书颇为自得,他说:"此书可备为个人研究及会场参考之用,且可备为同好者常时集合玩索而习练之。一社会中,其会员人人有言论表决权于大小各事,则知识能力必日加,而结合日固,其发达进步实不可限量也。"②

就事实而言,《民权初步》所涉及的内容,取材于美国 Harriette Lucy Shattuck 所著 *Women's Mannual of Parlimentary Law* 尤多,为西方国家议会等各类机构团体开会、议决事项之规则、程序之翻译和改编,跟孙中山受教育的经历和投身革命以后的见闻有很大关系。为了向当时知识水准较低、民主意识薄弱的国民普及,孙中山在书中不厌其烦地模拟了多个开会、动议、复议的具体场景,可谓手把手地普及"初步"知识。

---

① 《建国方略·民权初步·自序》,《孙中山全集》第六卷,第414页。
② 《建国方略·民权初步·自序》,《孙中山全集》第六卷,第488页。

痛感于国人开会之"不正式、不完备、不规则"[①],孙中山实际上是为开会创设规矩,并希望通过实操演练,开发民智,普及民权。但在中山先生时代,民权不彰,其原因是多方面的,提出技术性解决方案,未始无因,终有所限;即就《民权初步》本身的功能设定和内容涵盖面而言,与"社会建设"的宏大指向,亦有相当的距离。

当然,必须指出的是,孙中山写作《建国方略》之时,书中几乎所有的理论和规划都没有付诸实践的机会,也和他身处的翻云覆雨、朝秦暮楚的复杂政治环境几无关系,对照他为护法战争和军政府的人事、军事、财政、外交等殚精竭虑的工作、生活实际,几乎是云泥之判,难怪当时不理解他的党人和外人有不知河汉之讥。然而,这些脱离于当时一般政治的思考,恰恰显示了中山先生忧国忧民和超越所处时代的伟大,也是他所以区别于同时期无数政治人物的重要标志。

当然,孙中山上述思想与时代之间的脱节,也可见在经历屡次失败后,他们已经出现了革命向何处去的迷茫。

与云游八极、超越时代的卓见神思相比,严酷而复杂的政治风云,是孙中山更加需要倾力对付的现实;而这现实中,蕴藏着将其引向人生高潮的草蛇灰线。

二、陈炯明的叛乱轨迹及其震荡

陈炯明(1878—1933年),字竞存,广东汕尾市海丰县人。早年追随中山先生革命,1909年加入同盟会。辛亥革命后,任广东副都督、代都督。1911年参加黄花岗起义,1913年参加反袁斗争。后参加护法运动,任援闽粤军总司令。

援闽粤军是在孙中山支持下,由广东省长朱庆澜拨出其军队20营而组

---

① 《建国方略·民权初步·结会》,《孙中山全集》第六卷,第415页。

成。粤军而被令援闽,一是为了避免和广州当地驻军冲突,二是为了"就食他省",三是让以孙中山为大元帅的军政府"无亲近军队"。① 但该军实为革命人掌握的不多的武力之一,孙中山对此非常重视,1918年5月,他辗转抵达大埔县三河坝援闽粤军司令部,与陈炯明等会商攻闽计划。7月,该军反击闽浙联军取得进展,8月进抵厦门。11月,援闽粤军与闽浙联军停战,获得闽南26县之地,部队扩充到2万余人。革命党人对该军支持不遗余力,一批后来担任要职的人物如朱执信、许崇智、邓铿、蒋介石等被派遣到其军中,充实力量。

陈炯明以漳州为基地,颇有改良社会之举,如禁毒、禁赌、鼓吹女权,邀请名人,创办刊物《闽星半周刊》《闽星日刊》等,刊发各类思想先进的文章,整个社会风气为之一新。陈炯明认为,少数人剥削多数人的脂膏,造成了社会痛苦,要"打破束缚而为自由,打破阶级而为平等,打破竞争而为互助",他认为宣传的作用胜过武力,"报纸胜过三千毛瑟",其价值"在反响的效果",反响一在于主义,二在于向着多数人的方面传播,要办一个"democracy的日刊"。②种种不同于当时武人的言行,让他异乎寻常。

陈炯明的作为,甚至引起了共产国际和列宁的注意。1920年,共产国际代表访问了漳州,并转交了列宁致陈炯明的亲笔信。陈在共产国际代表波塔波夫临行前,也请其带上了自己致列宁的信函。信中称:"当今人类的一切纷争与灾难皆源于国家的存在与资本主义制度。我侪唯有打破国界,方可制止世界战争,且亦惟有消灭资本主义制度,方可言人类平等。""今俄国人民及其领袖为人类利益计,勇敢坚毅刚强不屈,扫除人类前进道路上的一切障碍。近以布尔什维主义建立的新俄已开辟世界革命之新时代。此举实令世人幸甚。""我对新俄向中国人民表示的真诚深信不疑,坚信我国未来各种形式的新的革命运动必将得到你们的帮助。有新俄之同情,中国人民经过斗争前仆后继定能做到自决,冲破专制暴政,挣脱资本主义的桎梏,建立起新中国。"

---

① 李剑农:《中国近百年政治史》,南京:江苏人民出版社,2018年,第347页。
② 《〈闽星日刊〉宣言》(1920年1月1日),段云章、倪俊明编:《陈炯明集》上卷,广州:中山大学出版社,1998年,第426、428页。

"我更坚信,布尔什维主义带给人们的是福音,我将倾全力在全世界传播布尔什维主义。我们的使命不仅是要改造中国,而且要改造整个东亚。"①陈炯明信中表现出来的对于共产主义的信仰和热忱,对于资本主义表露出了超前于时代的唾弃,令人瞠目。而与其行为形成的反差,更令人不知今夕何夕。

1918年5月4日,孙中山感于桂系军阀等操纵护法军政府,发表声明怒称"吾国之大患,莫大于武人之争雄,南与北如一丘之貉"②,辞去大元帅之职。第二天,他还专门致电陈炯明,提醒他北兵入寇的危险③。1919年10月,孙中山改组中华革命党为中国国民党。其间,广东风云诡谲,朝云暮雨,各派政治势力反复组合,而陈炯明等在闽南等生息聚力。

1920年6月3日,孙中山、唐绍仪、伍廷芳、唐继尧发表"四总裁宣言",揭起反桂旗帜,宣布岑春煊、陆荣廷等与北方交涉之各事为无效。④ 直皖战争爆发后,广东督军莫荣新乘机攻闽,欲消灭陈炯明部。8月,陈炯明誓师反击,第一军邓铿、洪兆麟负责左路,攻击汕头;第一军叶举部负责中路,攻击饶平、潮安;第二军许崇智负责右路,攻击蕉岭、梅县、兴宁。邹鲁、姚雨平等组织民军策应。朱执信策动虎门要塞反正,失败牺牲。9月底,陈炯明等部进占惠州。10月24日,岑春煊等通电解职。11月,孙中山与伍廷芳、唐绍仪返回广州,恢复了军政府。孙中山以总裁兼内政部长,唐绍仪为财政部长(未就任),陈炯明为陆军部长,唐继尧为交通部长(王伯群署理)。⑤ 同时,军政府还"特任陈炯明为广东省长兼粤军总司令,管理广东军务,全省所属陆海各军,均归节制

---

① 《苏俄外交人民委员会通报》,1921年,第1—2期合刊,第17页,引自李玉贞:《国民党与共产国际(1919—1927)》,北京:人民出版社,2012年,第101—102页。
② 《辞大元帅职通电》(1918年5月4日),《孙中山全集》第四卷,北京:中华书局,1985年,第471页。
③ 《致陈炯明电》(1918年5月5日),《孙中山全集》第四卷,第472—473页。
④ 《孙文等四总裁第一次宣言》(1920年6月3日),中国第二历史档案馆编:《中华民国史档案资料汇编》第四辑(一),南京:江苏古籍出版社,1991年,第88—89页。
⑤ 《军政府组织系统表》(1920年),中国第二历史档案馆编:《中华民国史档案资料汇编》第四辑(一),第8—9页。

调遣"①。

回粤以后,孙中山感于"护法"之旗帜已旧,而北京政府得列强承认,乃倡议建立正式政府。1921年4月7日,国会非常会议选举孙中山为中华民国大总统。5月5日,孙中山宣言就职。6月26日,任命陈炯明为援桂军总司令,令其"荡平群盗,扶植广西人民,使得完全自治",并念陈等"备极劳苦","传意嘉奖"。② 9月,陆荣廷出逃,陈炯明声望日隆。两广克服,而始终胸怀中华统一大业的孙中山并不以区区为念,1922年1月,孙中山宣布北京政府徐世昌、梁士诒等罪状,下令通缉。③ 兵次桂林,宣布北伐。其间,加入国民党的湖南军阀赵恒惕拒绝"借道",负责接济军需的邓铿遇刺,孙中山不得已回军广东,5月8日,在韶关发布北伐总攻击令,以李烈钧为中路军,以许崇智为左翼军,以黄大伟为右翼军,全军约6万人。④ 而陈炯明军乘机云集广州,其部下叶举率部50余营进入省垣。⑤ 形势由高歌猛进突变阴云密布的背后,是陈炯明对孙中山不断革命、坚持北伐由不满而掣肘,最终竟发生纵兵叛变、炮轰总统府之事。

当孙中山回粤之际,对陈炯明等恃武自为、不支持他继续革命已经十分愤慨。1921年2月25日,孙中山即"声色俱厉"地指责军人企图据粤"享福",在军政府与列强争关余时,列强调集舰队干预,军人"应干预而不干预";一些议员反对孙中山组织正式政府,军人不应干预而干预,"乃以私娼之事业强加

---

① 《军政府特任陈炯明为广东省长兼粤军总司令令》(1920年11月1日),中国第二历史档案馆:《中华民国史档案资料汇编》第四辑(一),第10页。
② 《命陈炯明讨伐陆荣廷陈炳焜等令》(1921年6月27日),广东省社会科学院历史研究室、中国社会科学院近代史研究所中华民国史研究室、中山大学历史系孙中山研究室合编:《孙中山全集》第五卷,北京:中华书局,1985年,第555页。
③ 1922年1月9日条,桑兵主编,谭群玉、楚秀红著:《孙中山史事编年》第八卷(1922.1—1922.12),北京:中华书局,2017年,第4204—4205页。
④ 1922年5月8日条,桑兵主编,谭群玉、楚秀红著:《孙中山史事编年》第八卷(1922.1—1922.12),第4290—4291页。
⑤ 《致海外同志书》(1922年9月18日),《孙中山全集》第六卷,第551页。

予身",并且"任人以土匪、私娼待我"。① 陈炯明终不为所动,以"联省自治"为名,牵制孙中山北伐。其"联省自治"思想较为系统,并与湖南等地互通声息,一时颇为耸动听闻。

用孙中山的话说,"陈炯明自回粤后,对国事则有馁气,对粤事则怀私心。其所主张,以为今之所务,惟在保境息民,并窥测四邻军阀意旨,联防互保……"对此,孙中山反复劝诫:"所谓联省自治,又徒托空言。……况各省军阀利害安能相同,而伪中央政府又操纵挑拨于其间,祸在俄顷,何可不顾? 保境息民,亦为幻想。"想不到陈炯明执迷不悟,"昔惟欲据粤以自固,今更欲兼桂以自益,北伐大计,漠然不顾"。② 除"联省自治"这一分歧外,陈炯明另有说法是:"第一,孙先生走的太快,我赶不上;第二,孙先生轻身可以亡命,我不能再亡命。"③

北伐开始后,孙中山退而求其次,仅希望陈炯明接济军饷军械,仍未得要领。1922年4月,孙中山率北伐诸军出人意料地从桂林迅速转抵梧州。陈炯明慌张不已,拒不往见,引起孙中山的强烈愤怒。4月20日,孙中山准陈炯明辞去广东省长、粤军总司令等职,但保留其陆军部长一职。④ 孙中山不为已甚,实因"念其前功",之后还不断致电,以示倚界如故。⑤

气氛诡谲之时,1922年5月,陈炯明系统地发表了他的"联省自治"理论。按照他的想法,"政治组织之根本,在于规定中央与地方之权限",应组织"中华民国联省政府",设执政、副执政各一人;设参议院、众议院;各部部长由执政任命,不设总理;设大理院作为司法独立最高机关;审计院为中央财政监督机关。外交、军事、媾和缔约权属于中央;财政分国家和地方,国家取"列举主

---

① 《在广州海陆军警同袍社春宴会的演说》(1921年2月25日),《孙中山全集》第五卷,第467—468页。
② 《致海外同志书》(1922年9月18日),《孙中山全集》第六卷,第549—550页。
③ 《与某君的谈话》(1922年6月初中旬),段云章、倪俊明编:《陈炯明集》下卷,第951页。
④ 1922年4月20日条,桑兵主编,谭群玉、楚秀红著:《孙中山史事编年》第八卷(1922.1—1922.12),第4276页。
⑤ 《致海外同志书》(1922年9月18日),《孙中山全集》第六卷,第550页。

义",地方取"概括主义";设省议会;设审计处为省财政监督机关;省官吏按省宪法规定行之,中央不得干预;省可设警备队,直辖于省长。实行军民分治,"以各省之政事,完全还之各省人民;军事则超然于各省之外,由中央掌之"。其实行之道,"主张相同之各省应选出代表,组织联省会议,俾依据建设方略以制定联省大纲,然后由大纲以产生参议院,由参议院选举第一次执政副执政"。最后,他提出,"今日忠于民国之人为天下所知而有领袖之资格及有解决时局之力者,惟中山、合肥两公",所以"中华民国联省政府"正、副执政,以孙中山、段祺瑞为首选。①

对于公众推崇中山如故,陈炯明还送款劳军,实则积极谋叛。各方面舆论对孙、陈矛盾均有报道披露,对孙中山形成了压力;尤其是叶举要求恢复陈炯明的粤军总司令一职,形同勒索。1922年5月27日,孙中山以大元帅名义命令"陆军总长陈炯明办理两广军务,肃清匪患"。陈炯明一面表示"愿竭能力,以副委任",一面以生命人格担保"叶举等部必无不轨行动"。② 6月1日,孙中山留胡汉民于韶关大本营,自带卫兵返回广州。10日,孙中山因陈炯明不到广州晋谒,而所部集合于惠州,内中不安,派汪精卫前往劝慰。③ 更有媒体报道说,陈炯明部属开会决定三条件提出于孙中山——今后断不服从孙文命令,恳请陈炯明就任广东军司令,排斥孙文派之重要分子;而孙中山提出妥协条件。④ 12日,孙中山与报界公会及各通讯社谈话,严厉指责陈炯明:反对北伐;制造纠纷反对省银行钞票流通;要求会见陈之部下亦被拒;擅自撤退驻广西部队,占领广州。他警告陈炯明,限10天内撤退到广州30里外,否则大

---

① 《联省自治运动》(1922年5月),段云章、倪俊明编:《陈炯明集》下卷,第946—950页。
② 1922年5月26日条,桑兵主编,谭群玉、楚秀红著:《孙中山史事编年》第八卷(1922.1—1922.12),第4309页;《致海外同志书》(1922年9月18日),《孙中山全集》第六卷,第551页。
③ 1922年6月10日条,桑兵主编,谭群玉、楚秀红著:《孙中山史事编年》第八卷(1922.1—1922.12),第4334页。
④ 《孙陈最近之妥协条件》,天津《益世报》1922年6月11日,"要闻二",见1922年6月11日条,桑兵主编,谭群玉、楚秀红著:《孙中山史事编年》第八卷(1922.1—1922.12),第4335页。

炮相向。此一讲话,也被当时舆论认为激起了陈炯明的兵变。①孙中山的严厉态度,在粤军将领中激起强烈反应。13日,他们召开紧急会议,讨论请陈炯明返回广州"主持一切"。14日,陈炯明等在石龙召集会议,部署叛乱,决定先发难者记首功,并许叛乱士兵随意抢劫。②

对于陈炯明密谋策动反叛的种种细节,当时北伐军的主要作战对象赣督陈光远了如指掌。他将广东内部情形密报北京,内称:"陈炯明部叶举现将主力军屯集肇庆,本月十日叶举在肇密集所部长官(预请钟景棠等派代表与议)议决:二十二日通电公请陈炯明回省,维系地方,声讨孙文(笔者按:此处出版档案有句号,疑为句读错误)引滇、黔、赣客军入粤,骚扰地方,而粤重负担以驱之。第陈三师旅长陈章甫由梧率部回粤,是日抵肇,叶请其谦饮,微讽孙文不是,冀章甫从而拥炯明。章甫谓:我魏师长服从孙总统,我唯魏师长之命是听,不敢评他人长短,受人嫌疑。叶当知说不动,即以他语辩之。陈炯明得悉,力责钟景棠等不可妄动,立遣员赴肇,饬叶静待时机,陈谓:拥孙之魏邦平等军均在省,防卫之力不单,而海军已属孙,现在我动,省垣不能固守,许崇智、李烈钧等亦可提兵回战,并受民党群起斥弃,今时机尚未至,切不轻举妄动,静待我最后之命。"③陈光远对陈炯明的动作如此了解,其实另有玄机。

6月13日,北伐军前锋占领江西赣州,发现多份陈炯明与直系吴佩孚、陈光远沟通企图夹击北伐军的文件。廖仲恺、胡汉民研究后认为,北伐军"如打败仗,不能攻克赣州,则陈军必扼守粤边,不容北伐军退返粤境,或竟缴北伐军械,亦未可知。现既获胜,且克赣州,逆谋当可消弭于无形"。决定乘势攻

---

① 1922年6月12日条,桑兵主编,谭群玉、楚秀红著:《孙中山史事编年》第八卷(1922.1—1922.12),第4337页。
② 1922年6月14日条,桑兵主编,谭群玉、楚秀红著:《孙中山史事编年》第八卷(1922.1—1922.12),第4341页。
③ 《陈光远转报孙中山准备北伐遭陈炯明等反对情形致参陆部函》(1922年5月26日),中国第二历史档案馆编:《中华民国史档案资料汇编》第四辑(二),第691页。

克南昌,再设法对付。①

1922年6月16日,陈炯明部占领广州,宣布取消广州当地政府、服从旧国会,并炮轰总统府和孙中山住所粤秀楼。随即,叶举等发表宣言,要求孙中山下野。孙中山在事发前两小时得到林直勉、林拯民报告,离开总统府,登上军舰。据其判明,"首事者洪兆麟所统之第二师,指挥者叶举,主谋者陈炯明也"。②他说,叛军纵兵抢掠,擅杀卫兵职员,广州陷入萧条,明末以来二百七十余年未曾至此,而陈炯明悍然为之。

事变发生后,陈炯明对粤军将领发表谈话称:"旧国会既已恢复,则西南护法之目的已达。徐世昌既已去位,则西南北伐之目的已达。倘南北从此同心协力,共谋民国前途之幸福,则统一之成立,即在指顾间。若孙先生仍为一班宵小所蔽,不惜违反民意,只知贪恋权位,则必有人起而议其后,南方必从此多事。诸将领不患无立功之地,不必今日因余一人之位置,而与孙先生冲突。"③他致电魏邦平,要求他"力劝孙公丢去,再从选举设法。孙公问题解决,海军北征军,一视同仁,安置自易"④,直接将矛头指向孙中山。却又致电孙中山,"恳请开示一途",免得与北伐军兵戎相见。⑤孙中山气愤已极,开出"可赦"三条件:陈炯明能恢复政府,亲自出面谢罪,叛军退出广州。⑥

事变后,孙中山率"永丰"等海军军舰,指挥炮击叛军,从6月16日到8月9日,坚持50多天,备极艰难。其间,北伐诸军许崇智、李福林、朱培德、黄大伟等欲回师相救,但梁鸿楷部粤军第一师附逆,魏邦平部被击败,拥孙各军终

---

① 1922年6月13日条,桑兵主编,谭群玉、楚秀红著:《孙中山史事编年》第八卷(1922.1—1922.12),第4338—4339页。
② 《致海外同志书》(1922年9月18日),《孙中山全集》第六卷,第552页。
③ 《对粤军将领的谈话》(1922年6月18日报载),段云章、倪俊明编:《陈炯明集》下卷,第952页。
④ 《复魏邦平电》(1922年6月18日),段云章、倪俊明编:《陈炯明集》下卷,第952—953页。
⑤ 《致孙中山函》(1922年6月29日),段云章、倪俊明编:《陈炯明集》下卷,第958—959页。
⑥ 《批陈炯明调和代表来函》(1922年7月5日),《孙中山全集》第六卷,第496页。

被击退,向赣、湘边界撤退。孙中山不得已退往上海。另外值得一书之事,为电召蒋介石前来。① 蒋即托付二子与张静江等,赶赴广州随侍在侧,后著《孙大总统广州蒙难记》一书,获得重要政治资本。

1922年8月15日,孙中山发表《宣布粤变始末及统一主张》,指出,陈炯明及附逆者种种说辞支离破碎,本不足信,"徒以平日处心积虑,惟知割据,以便私图,于国事非其所恤,故始而阻挠出师,终而阴谋盘踞,不惜倒行逆施,以求一逞",陈炯明此举"不惟自绝于同国,且自绝于人类",号召"凡有血气,当群起以攻,绝其本根"。② 孙中山其后发表的《致海外同志书》,更加详细地回顾了陈炯明叛变的来龙去脉,他沉痛地指出:"文率同志为民国而奋斗垂三十年,中间出死入生,失败之数不可偻指,顾失败之惨酷未有甚于此役者。盖历次失败虽原因不一,而其究竟则为失败于敌人。此役则敌人已为我屈,所代敌人而兴者,乃为十余年卵翼之陈炯明,且其阴毒凶狠,凡敌人所不忍为者,皆为之而无恤,此不但国之不幸,抑亦人心世道之忧也。"③

陈炯明作为孙中山庇护多年、信任有加的党内同志,以举兵叛变的方式,不仅中断了势头不错的北伐,而且促使孙中山深思其自民国建立以来的政治运作方式——党权不彰,可有可无;依靠地方实力派,常被反噬;政纲老套,没有触及中国社会的核心问题。在痛苦的反省中,孙中山注意到了一直在其左右、期待甚殷的苏俄、中共,转而与其合作,从而掀开了其政治生涯最为壮观的最后篇章。

---

① 《孙文要蒋介石速来电》,中国第二历史档案馆编:《中华民国史档案资料汇编》第4辑(二),第697页。

② 《宣布粤变始末及统一主张》(1922年8月15日),《孙中山全集》第六卷,第520—523页。

③ 《致海外同志书》(1922年9月18日),《孙中山全集》第六卷,第555页。

三、关余事件和孙中山的转向*

所谓关余,乃"关税余款"或"关税盈余"之简称,是中国近代海关史上一特殊名词。按照孔祥熙的说法,关余有两层含义,其间经历了一个动态的变化。最初指偿付了1900年前所有外债之后的余额,用于支付庚子赔款。但是,当时海关税收除偿付所担保之外债外,余数不多,关余之称有名无实。后来随着银价上涨,各项金债之银币成本大大降低,再加上贸易日益发达,税款水涨船高,到1917年,海关税款除了偿还外债及赔款外,还有剩余。"关税情形既如此变化,民国三年间所谓关余之解释,自成陈迹,实亦与事实不符。于是遂有第二种解释之发生。自是关余字样,乃指海关税收净数,除按照原来条约及合同之规定,于偿付担保之外债及赔款后所余税款而言。"关余始名实相副。从这一年起,由列强驻华公使组成的公使团授权总税务司向北京政府支付关余。

1918年,经公使团同意,南北达成协议,决定关余按13.7%的比例拨付广东军政府。此后,北京公使团均按此比例如数拨付广东军政府关余。1920年3月孙中山迫于南方军政府内部的权力斗争,离粤赴沪,北京公使团随即以"避免助长内争"为由,停拨关余,交由总税务司代为存储,"不同意将原属中央政府之全部关余,摊交未经正式承认之政府",[①]后来甚至把这部分关余拨充内债基金。1920年11月,孙中山返回广州后,要求继续按原定比例拨付关余,被北京公使团拒绝。

此后,孙中山又因陈炯明事件被迫于1922年8月再次离粤赴沪,直到1923年2月才复返广州。当时孙中山一无大军,二无率兵之资,而关余是一笔收入稳定、数额较大的资财,若能收回,情况将大不相同。"大本营方面,以

---

* 该部分主体,与陈志刚联名发表于《历史研究》2010年第5期。

① 参见魏尔特原著,郭本校阅:《关税纪实》(全一册),海关总税务司公署统计科印行,1936年8月,第549—551、565页。

将来粤事解决后尚须北伐,策源之地,不可无巨款为之接济,于是乃有收回粤省关税之计划(粤海关每年税收约三四百万)。"①

1923年9月5日大本营外交部长伍朝枢通过英国驻广州总领事杰弥逊正式照会北京公使团,要求分拨关余,拉开了关余斗争的序幕。②北京公使团对此无甚反应。10月23日,伍朝枢再次照会公使团,否认北京有挪用关余的权力,主张关余分配应由各方核定。③公使团仍无切实答复。实际上,从9月到12月这段漫长的时间里,北京公使团都没有作出进一步的切实答复,因为他们认为,孙中山政府随时会垮台,此事终会不了了之。正如英国驻华公使麻克类所说:"我曾经一度寄希望于孙博士政府的垮台,因为随着陈炯明将军优势的不断提升,孙中山的政府在今年夏天已经岌岌可危,这将非常有效地阻止任何旨在截取关余企图的实现。与此同时,北京外交使团也不需要随之而采取果断的措施。④美国驻华公使舒尔曼也认为:"当前,陈炯明好像已经胜券在握,因此,孙中山也将面临无所事事的生活。"⑤因此直到孙中山击溃陈炯明,攻占石龙,站稳脚跟,列强才开始认真考虑此次关余事件。⑥ 12月1日北京公使团以领袖公使欧登科的名义致电杰弥逊,请其代为答复关余问题,态度至为强硬。在电文中,公使团对"孙文已有暂行管理广州海关骇人听闻

---

① 《粤当局收回关税之大交涉》,《申报》1923年12月16日,第7版。

② Cantons Claim for Customs Funds, Generalissimos Headmasters, Department for Foreign Affairs to Sir J.W. Jamieson, September 5, 1923. in Kenneth Bourne and D. Cameron Watt eds. British Documents on Foreign Affairs(以下简称 BDFA), part Ⅱ, Asia, volume 28, China, June 1923 - December 1924; Reports and Papers from the Foreign Office Confidential Print. University Publication of America, 1994. pp.139 - 142.

③ Generalissimos Headmasters Department for Foreign Affairs, to Sir J.W. Jamieson, BDFA, p.142.

④ Sir R. Macleay to the Marquess Curzon of Kedleston. December 21, 1923, BDFA. p.137.

⑤ The minister in China (Schurman) to the secretary of State, November 27, 1923, Foreign Relations of the United States(以下简称 FRUS), volume Ⅰ, p.557, http://digital.library.wisc.edu/1711.dl/FRUS.

⑥ The minister in China (Schurman) to the secretary of State, December 1, 1923, FRUS, pp.557 - 558.

之主张"提出严厉警告:"(一)任何方面如有干涉中国海关之事,本外交团均不予以容纳;(二)如有上述事情发生,本外交团即当采取相当强迫手段,藉凭办理。"①

12月5日,孙中山命令大本营外交部答复公使团,申明截用关余系中国内政问题,并允诺再延两星期。② 12月6日,列强派出军舰至广州进行武力恫吓。"广州外国炮舰今日派水兵携机关枪登陆占领海关,沙面外现共泊外国炮舰七艘,计为英舰马格诺里亚号,英海军大将莱佛森爵士驻舰中。此外尚有英舰三艘,日舰两艘,法舰一艘,法海军大将佛罗沙氏驻舰中。"③态度之强硬可见一斑。面对列强的武力威慑,12月12日孙中山与东方通讯社记者谈话时表示,列强若以武力阻止广东政府取得关余,他将以武力还击,"使列强以武力反对此要求,余亦惟有以武力对抗之。盖为曹、吴军所破,为余之耻辱。若依正当之理由,以列强为对手而为其所破,余意决不为耻。余故始终实行之,以期贯彻目的而后已"。④

随着两周日期的临近,列强深恐孙中山武力收关,遂继续增兵广州。据《申报》12月17日报道,孙中山拟派"永丰"舰赴江门收管此处海关,为沙面领团知道后,即派"摩轩"舰赴江监视"永丰"舰。孙中山试探性的进攻遭到失败。⑤ 12月19日是广州大本营照会公使团接收关余的截止之日,此时的列强更是调兵遣舰,以防万一。"现除沙面驻有美舰六艘,英舰五艘,法舰二艘,日舰二艘,葡、伊各一艘外,英政府并因该处税务司之请求,特拨陆军一队,实行保护税关,昨已运抵广州。"⑥列强显然高估了广州政府的能力和决心,"沙面各西人家眷多迁香港、澳门,惟十九日关余案到期,孙对海关尚无举动。又广州电,孙文曾于昨日(二十日)致函于广州海关当道,要求将收入交孙。对外

---

① 《粤海关事件之外交文书》,《申报》1923年12月20日,第6版。
② 《政府对关税事件之宣言》,《广州民国日报》1923年12月25日,第6版。
③ 《广东海关问题》,《申报》1923年12月7日,第4版。
④ 《大元帅对关税问题之决心》,上海《民国日报》1923年12月14日,第3版。
⑤ 《国内专电》,《申报》1923年12月17日,第3版。
⑥ 《广州关余问题之严重》,《申报》1923年12月20日,第13版。

人方面,接广东二十一日电,孙文现已决计抛弃其武力侵占海关之计划"①。孙中山在列强的强力威慑之下,并没有鲁莽行事。

除了武力威慑以外,列强也循着南方此前争拨13.7%关余的先例来说事。12月12日,北京公使团领袖欧登科再次致电杰弥逊,声明列强对于关余一无议决之权,二无分配之权。"尚有言者,外交团与中国政府于一九一二年一月三十日缔造之协订,委派外交团为海关收入之托付人,以便保障上述之债务。……广州护法政府于一九一九年及一九二〇年交出关余若干份之办法,已由广东政府与北京政府商议妥协。彼时外交团对于此节,既未提倡于前,又未参预于后,故现时对于此案,不能再有表示。"②言外之意,公使团作为关余的守护人,虽没有分配之权,却有保存其完整之责任,不容许广州方面强行收拨。且按照先例,广东政府若想取得关余,必须向北京政府寻求解决办法。"关余为中国之所有,外交团不过系其保管人,孙文如欲分润,当与北京政府协议,外交团无直接承诺孙文要求之理。如任何方面,果有干涉之举,则外交团只有采相当强迫手段,以为办理。"③很显然,在公使团眼中,北京政府是当时国际上承认的中国合法政府。公使团在巧妙地将"球"踢给北京政府的同时,将孙中山的行为认定为破坏海关管理权。

公使团软硬兼施的一系列举措,将孙中山截留关余的可能性概行封杀。但孙中山并没有顺从其意与北京政府交涉,反而一直抓着公使团缠斗。按理说,孙中山既然在争拨关余时已有前例可循,为什么还坚持如此?宏观分析,很可能会认为,作为当时中国的两个对立政府,自居正统的广东方面决不会向被其视为傀儡的北京政府乞求,而北京政府当然也不会同意在南北对峙的情况下分拨关余给南方,供其"造反"。何况,公使团俨然是当时的"太上政府",孙中山自然应以公使团为交涉对象。

---

① 《孙文对粤关税决不放松》,北京《晨报》1923年12月22日,第2版。
② 《粤海关事件之外交文书》,《申报》1923年12月20日,第6版。
③ 程道德等编:《广东方面的海关交涉》,《中华民国外交史资料选编(1919—1931)》,北京:北京大学出版社,1985年,第305—306页。

但放大历史的细部来看,深层原因可能并不在此。从关余斗争的过程可以看出,列强的态度不管如何变化,均基于政治考量,即中国内部政治的演进态势、南北政权的合法性、条约体系的完整性等,粤海关关余款项本身当然重要,但已经退居次要位置。体会到这场斗争的要义所在之后,广州大本营随之转移斗争策略。正如危机中大本营财政部长邹鲁在拜访日本驻粤总领事天羽英二时曾透露的,"发动关余事件主要是为了刺探各国态度,无论是冻结海关或是攻占海关计划均未形成定案"[①]。从后文的详细论述可知,孙中山进行的以西方为对象的关余斗争,包含着对西方的强烈政治诉求,并非仅仅出于表象显现出来的财政目的。

事实上,孙中山发表的一系列关余言论,总是倾向于将截留关余的行动同推翻北京政府联系在一起。他反复用"正义""公理"等言辞向列强言说,希望说服西方能站在"政治上正确"的立场,在北京与广州之间作出选择。《字林西报》记者曾经就截留关余问题提问,孙中山回答说:"列强若撤销所予北京政府之助力,自不难挽回此举也。"孙中山认为,"北京政府藉海关之机关、列强之保护,而得向一省取款,即用以与该省作战,不公孰甚,此实万不能忍者"[②],"必实行政府主权,阻止粤关税解北长乱,为拥护公理而战,亦所不辞"[③]。字里行间,透露出孙中山的深意,即通过关余危机来唤起西方列强的注意和承认,并赢得它们对推翻北京政府的理解与支持。

这虽是聪明的谋略,但完全是孙中山的一厢情愿。公使团既不愿放弃广东海关,也不愿放弃北京政府。事情陷入僵局。

无奈之下,孙中山只好诉诸群众。"惟国民为政府后盾,则此时甚希望再

---

① 日本外务省:『広東政府ノ海関乗取計畫二付財政庁長鄒鲁ヨリ申出アリタル件』、大正十二年、『日本の外交文書』第2冊、東京:外務省、1979年、第600頁。南开大学日本研究院藏。本文日文资料翻译,个别地方参照了俞辛焞《孙中山与日本关系研究》(北京:人民出版社,1996年)译文,特表感谢。
② 《孙中山表示截留关税决心》,《申报》1923年12月7日,第7版。
③ 《国内专电》,上海《民国日报》1923年12月14日,第2版。

召集国民大会,并派发英文传单,以义理劝告外人,外人知义理之所在,或得觉悟。"①1923 年 12 月 16 日,"在丰宁路西瓜园前,开公民大会。是日十二时开会,赴会者约万人。各团体代表,有工会联合会、社会主义青年团、女界联合会、工团总会、九大善堂、善团总所、高师学生会、机器工会、海员俱乐部、国民党各支部及各行工会,凡二十余社团。随由各行代表相继演说,均以外舰示威、干涉政府提取关余为无理,吾人当一致作政府后盾云云"。不过,不管是发表武力抗拒宣言,还是发动群众为收回关余造势,孙中山都底气不足。12 月 23 日孙中山不得不指出:"刻下东西两江战事正急,似难以武力对待外人,目前只有采取消极的抵制办法。"②同日伍朝枢发表声明,态度猛然一转:"政府对关余交涉,决用文明手段,不愿以武力解决。"③24 日,大本营就关余问题再次发表宣言,详述交涉始末,重申收回广东关余的理由,④不过,事后并无特别举动,等于是做了一次总结而静待其变。

实际上,此时孙中山已无计可施。列强方面的武力恫吓虽然迫使孙中山采取柔软姿态,但孙中山没有直接声明放弃收回关余,双方尝试通过外交斡旋各找台阶。1924 年 1 月 6 日,美国公使舒尔曼"顺道来粤",与孙中山商谈解决关余危机的办法,欲大事化小、小事化无。1 月 2 日抵达广州后,舒尔曼先与领事团英国领事杰弥逊、美国领事詹金斯、日本领事天羽英二以及美英海军将领等商议办法。6 日,舒尔曼在伍朝枢的陪同下拜谒孙中山,调停关余问题。双方议定"将广东应得关余,拨作治河经费"。⑤孙中山对此原则上表示接受。但此事一波三折。舒尔曼北上后虽取得了公使团的许可,却遭到总税务司安格联的反对。不久,安格联虽同意,却又被北京政府否决。1924 年 2

---

① 《公民力争关余详情》,《广州民国日报》1923 年 12 月 17 日,第 6 版。
② 《粤关交涉中之国民外交运动》,《申报》1923 年 12 月 23 日,第 7 版。
③ 《国内专电》,《申报》1923 年 12 月 23 日,第 4 版。
④ 《军政府对海关问题宣言》(1923 年 12 月 24 日),中国第二历史档案馆编:《中华民国史档案资料汇编》第四辑(二),南京:江苏古籍出版社,1986 年,第 1605—1607 页。
⑤ 王聿均:《舒尔曼在华外交活动初探(1921—1925)》,《"中央研究院"近代史研究所集刊》1969 年第 1 期。

月19日,北京政府就此次关余危机作出决定,报道称,"粤政府争分广州关余一案,曾引起外交上重大纷扰。后经美国公使舒尔曼调停,非公式提议拨广东海关关余一部分为西江浚河经费。经顾维钧提出阁议讨论,议定先交外交、财政及税务处三机关会同核议,再行提交阁议。现闻此案业经外、财、税处三机关会同审议结果,予以否决"。而孙中山方面,"据东郊民巷消息,某使馆现接广州领事来电报告,谓孙中山氏对于截留粤海关税之举动,已完全打消,来粤之意大利战舰,拟于日内决定开赴香港"。① 至此,孙中山发动的这场关余斗争暂告一段落。

关余危机中,孙中山对西方的举措和谋略,曾有"敏捷外交"之誉。孙中山在关余危机期间,在采取相对强硬姿态对付列强的同时,"仍不忘透过舆论,或经由个人等不同的途径,据理力争,以期减少列强的压力,外交手腕之灵活,在当时即被誉为'敏捷外交'"。② 这种看法,有欠允当。"敏捷外交"并不敏捷,反而将孙中山单方面谋求西方外交支持而不得的进退失据困境暴露无遗。更确切地说,孙的外交是不明时势的堂吉诃德式的天真。

首先是日本。早在关余危机未正式爆发前,孙中山就想引日本为奥援。孙中山曾经通过英国驻广州总领事提前向北京公使团和总税务提出分享关余的请求,为此特于1923年7月20日派大本营外交部长伍朝枢通告日本驻广州总领事天羽英二,希望日本对此有所承诺。③ 但天羽并无明确表示。

11月16日,孙中山得知他的好友犬养毅成为日本山本权兵卫内阁的邮电大臣兼文部大臣,欣喜若狂地立即致函犬养毅。适值日人山田纯三郎返国,此信便委托山田转交犬养。山田说:"发生东京大地震的一九二三年底,我向孙先生说想回东京一趟,而孙先生则要我稍微等一下。于是他花了两天

---

① 《北政府反对分拨粤海关余》,《申报》1924年2月19日,第7版。
② 吕芳上:《广东革命政府的关余交涉(1918—1924)》,李云汉主编:《中国国民党党史论文选集》第3册,第666页。
③ 《広東政府ヘ関税余剰配布方外交部長伍朝樞ヨリ請願ニ関スル件》,大正十二年,日本外務省:《日本 の外交文書》第2册,第596页。

两夜的功夫给犬养毅写了一封信交给我。"①在信中,孙中山批评日本以往唯欧美列强马首是瞻的政策,希望日本能将追随列强之政策取消,另树一帜,站在世界受压迫者的行列,内助孙中山以成中国革命,外逐列强以保东亚和平。同时要求日本承认苏俄,不要与列强一致。②对于此信,孙中山可谓用功颇多。据山田纯三郎回忆:"这是关于中日联盟的文章,这份由孙夫人宋庆龄整理,再经孙先生亲自修正、推敲的草稿,我现在还保存着。当时,看过这封信的中国人,只有胡汉民和廖仲恺。"孙中山对犬养毅寄予厚望,但事实上犬养并未公开这封信,"可能是认为它同时牵涉到苏联的问题,如果发表它,会引起很大的政治影响所致"。③孙中山的心血付诸东流。

随着关余危机的日益发展,英国欲通过对广东方面实行经济封锁来向其施压。此举颇让孙中山头痛,因为一旦遭到英国的经济封锁,广东方面的进出口贸易将遭受重大打击,进而使大本营的财政更加难以为继。为了打破封锁,孙中山寄望于日本,因为"只要日本船舶能自由出入,英国的经济封锁就不会给他们带来任何打击"。11月20日,孙中山通过井上谦吉表达了这一想法,天羽对此不但不为所动,还认为:"日本和列强均应反对此种暴行。"④24日,大本营财政部长邹鲁奉孙中山之命拜访天羽,并就应对英国经济封锁之事再叙前意,天羽依然无甚表示。⑤

11月29日,列强在荷兰公使馆召开公使团会议,就此次事件,驻粤领事团与各国军舰达成共同采取必要手段的共识。12月2日,日本驻华公使芳泽

---

① 山田纯三郎:《辛亥革命与孙中山先生的中日联盟》,宫崎滔天等:《论中国革命与先烈》,陈鹏仁译,台北:黎明文化事业公司,1979年,第244页。
② 《致犬养毅书》(1923年11月16日),中山大学历史系孙中山研究室、广东省社会科学院历史研究所、中国社会科学院近代史研究所中华民国史研究室合编:《孙中山全集》第八卷,北京:中华书局,1985年,第401—406页。
③ 山田纯三郎:《辛亥革命与孙中山先生的中日联盟》,宫崎滔天等:《论中国革命与先烈》,第244页。
④ 《広東政府ノ海関乗取リノ計畫二関スル同政府ノ内情二付井上謙吉内話報告ノ件》,大正十二年,日本外務省:《日本の外交文書》第2冊,第599頁。
⑤ 《広東政府ノ海関乗取計畫二付財政庁長鄒魯ヨリ申出アリタル件》,大正十二年,日本外務省:《日本 の外交文書》第2冊,第600頁。

专门向外务大臣伊集院建议:"帝国政府应请求与各国协同合作,在与美国协商的基础上,帝国驻粤舰队与领事团协作,且要与其他各国舰队保持一致态度,与他们共同行动。"①

不过,考虑到日本的利益及其与广州大本营的既往关系,12月6日,天羽曾建议伊集院:"如果公使团大部分都不倾向于拒绝向广州政府交付关余的话,则由我们日本主动承诺交付关余。并且根据实际情况,诱导公使团作出这样的决定,此乃贤策。"②同日,伊集院致电天羽英二,坚持认为:"广东政府的海关管理计划是极其不合法的,此必不待言。正如芳泽公使来电所言,我们日本与诸列强必须表明坚决反对的立场,这样广东政府就不敢再妄自独行了。我国一贯坚持采用和平手段来阻止孙中山的武力夺关,但是万一广东政府无视外国列强的意志,采取了违法措施,为阻止此事发生,我们应该与外国列强步调一致,要与军舰方面取得联系,采取适当的措施扫除障碍。但我们应尽量避免流露出主导的态度。"③在列强派至广州进行武力威慑的军舰中,各国军舰共计7艘,其中就有2艘日本军舰。④

12月17日,天羽与英美领事共同制定了海军陆战队登陆广州的作战计划:为了保护海关,必要时可派陆战队员登陆,其中英国50人、法国25人、日本20人、葡萄牙15人、意大利12人。⑤ 12月21日,伊集院致电英国驻日公

---

① 《広東政府広東税関管理通告二対スル対策二付外交団会議ノ申合セノ報告及ビ在広東我ガ方軍艦ノ必要ノ行動二付禀請ノ件》,大正十二年,日本外務省:《日本の外交文書》第2冊,第602頁。

② 《広東政府ノ税関管理計画二関シ我ガ方ノ執ルベキ態度二付意見禀申ノ件》,大正十二年,日本外務省:《日本の外交文書》第2冊,第606頁。

③ 《広東政府ヘ税関管理計画二対シ穏和手段ニテ阻止方望スシキモ萬一ノ場合ハ軍艦出動ノ置差支ナキ 旨訓令ノ件》,大正十二年,日本外務省:《日本の外交文書》第2冊,第604頁。

④ 《广州关余问题之严重》,《申报》1923年12月20日,第13版。

⑤ 《広東二於ケル必要ノ場合ノ置差二関シ在泊列国軍艦ノ首席將校集合協議決定セル事項報告ノ件》,大正十二年,日本外務省:《日本の外交文書》第2冊,第618頁。

使:"帝国政府将尽全力与各国保持一致。"①

12月22日,孙中山训令广州总税务司:(1)关款除应付赔款及利息外,余款解交广州政府;(2)1920年3月以后的关余均应照交;(3)限十日内答复,如不遵令,即另委关员。② 同日,广州大本营又发表了一个内容大致相当的英文外交声明。③ 24日,大本营发表关余问题宣言,详述始末,重申理由,之后静观待变。④ 由于形势稍缓,英国驻粤总领事提出各国军舰是否尚有留置之必要,天羽对此极力反对,称尚未得孙中山放弃管理关税企图之保证,且大本营在声明中有自行任命官员之意向,并称领事团依惯例无权令军舰撤退。他主张军舰仍须留在广州,继续向孙中山的大本营施加压力。⑤ 其他总领事对此表示赞同。

从以上史实可以看出,日本在如何对待孙中山发动的关余斗争问题上似乎并非铁板一块。天羽一方面承认北京政府,另一方面却不想放弃同南方孙中山政府的联系。不管他是何居心,他的建议可谓正中孙中山下怀,但是遭到了日本外务大臣伊集院的反对。很明显,考虑到列强在华利益一致的原则,日本不能也不会在此等涉及众多国家利益的外交事件中力排众议,独自承认广东政府截留关余的合法性。天羽此后也立即放弃自己的设想,积极投入到武力慑服孙中山的行动中。实践证明,日本不仅没有帮助孙中山,反而落井下石,使他"联日"的希望化为泡影。

孙中山在关余危机中对英国的所谓"敏捷外交",主要以与广东毗邻的香港为突破口。孙中山早在1923年2月重返广东之时,就把发展与香港、澳门

---

① 《孫文ノ広東海関押収阻止ニ協カスル旨回答ノ件》,大正十二年,日本外務省:《日本の外交文書》第2册,第623页。
② 《给粤海关总税务司的命令》(1923年12月22日),《孙中山全集》第八卷,第547页。
③ 《孫文ノ「ステートメント」内容》,大正十二年,日本外務省:《日本の外交文書》第2册,第625页。
④ 《军政府对海关问题宣言》(1923年12月24日),中国第二历史档案馆编:《中华民国史档案资料汇编》第四辑(二),第1605—1607页。
⑤ 《孫文ノ「ステートメント」ニ関シ日英米枠葡伊各領事及ビ在港各國軍艦首席將校協議ニ付報告ノ件》,大正十二年,日本外務省:《日本の外交文書》第2册,第624页。

两地外国殖民当局的关系作为广东外交的重中之重。他认为:"广东外交中占最重要之部分者为香港、澳门之外国官宪事。不待言,自驱陈炯明告成以来,香港、澳门政厅之对民党态度已改,甚为可幸。吾人不可不与广东门户之香港及澳门政厅[增强]了解及共助,而谋广东之开发。"①所以当关余危机爆发之后,孙中山围绕港英当局展开了"敏捷外交"。孙中山派陈友仁两次赴香港拜谒港督司徒拔,以谋港英之支持。

1923年12月8日,陈友仁到香港拜访司徒拔,并提交一封孙中山的宣言书,信中重申了广州大本营收回关余的立场。②港督司徒拔以为,"收用关余,乃中国南方政府之正当理由,惟必先认定关税几份之几为抵还外债,其余即可拨归粤东",对此立场,广州大本营当然甚为满意。港督的"友好"使孙中山觉得有隙可乘,12月19日陈友仁再次奉命到港。陈友仁希望司徒拔为港粤两地的贸易计,劝英国政府以和平手段化解关余危机。香港总督司徒拔为了香港的自身商业利益,确实积极为和平化解此次关余危机而奔走。据《广州民国日报》报道:"盖我外交当局交涉无结果时,尝宣言如关余不能收回,则将以正当而强硬之手段将粤海关收回。领事团方面,则有谓如我政府收回海关,即将以兵舰封锁我海港,断我粤与外洋之交通。此议一生,港督即不以为然。盖如实行封锁,香港商务,即首受其害也。港督即以此意电致驻京英使及英伦,是以英国近日态度之改变,港督与有力焉。"③

文中所提到的英国近日态度的改变,根据美国驻华公使舒尔曼所说,大体为两件事:一是截至12月底,近半数的英国舰队离开广东开赴香港;二是英国驻粤总领事杰弥逊请长假归国。因为杰弥逊和英国驻华公使麻克类是主张对孙中山强硬的人物,舒尔曼据此认为,这两件事同"香港政府所遭受的压力,给人一种英国政府的力量正在削弱的印象"。在他看来,香港当局对大本营的"暧昧"以及英国政府这两项决定,意味着英国在对粤政策上,正在与其

---

① 《与广州各报记者的谈话》(1923年3月18日),《孙中山全集》第七卷,第214页。
② 《粤人抵御外侮之坚决》,上海《民国日报》1923年12月22日,第2版。
③ 《关余交涉之经过及将来》,《广州民国日报》1923年12月15日,第3版。

他国家的"强硬"立场变得不一致。这引起了舒尔曼的严重不满,他向美国国务卿上书,认为"香港的一己私图不能影响我们在整个关余问题上政策的一致性和坚定性",要求美国国务院出面向英国驻美公使施压,以维持"华会之后各国对华政策一致的局面和原则"[①]。美国国务卿休斯立即召见英国驻美临时代办,对在广东政策上英国政府与香港殖民当局的不一致提出质疑,并真诚希望英国继续保持其与诸国在广东问题上政策的完整性和合作一致性。[②]

实际上,英国朝野对于大本营抱以同情态度的不乏其人,新当选的英国首相兼外交大臣麦克唐纳就是其中之一。在麦克唐纳给英国驻华公使麻克类的信中,他就主张对广州大本营妥协:"大量的事实证明,由北京政府控制的海关税收已经引起南方的不满和愤懑。从某种公平的角度讲,北京政府控制的日益增长的海关收入不仅用于清偿赔款及外债,而且镇压南方政府,这只能使形势更加恶化,进而助长南方的这种愤懑情绪。各国在对待南方态度上应该有个转变,不管这在当前看起来是多么困难。在现时来看,中央政府信誉的重建,至少在我看来,不过仅仅是出于一种令人怀疑的政治私利。从长远来看,北京政府的这种行为对于列国的在华声誉有百害而无一利。[③] 孙中山在麦克唐纳出任英国首相前,曾向他致电,表示诸国兵发广州白鹅潭,是从英国人的请求而为,要求英国主动放弃炮舰政策,代之以能得华人欢心之政策。[④] 这封电报可能对麦克唐纳产生了某些影响,虽然没有证据表明这封电报与其致麻克类的信有直接的联系。特别是英国外交部,从寇松到麦克唐纳,"一直希望公使团在关余问题上能有所作为,拟出一个令各派满意的摊分

---

① *The minister in China（Schurman）to the secretary of State*, December 26, 1923, FRUS, pp.577 - 578.
② *The secretary of State to the minister in China（Schurman）*, January 3, 1924, FRUS, p.579.
③ *Mr. MacDonald to Sir R. Macleay*, February 5, 1924, BDFA, p.134.
④ 《粤人抵御外侮之坚决》,上海《民国日报》1923年12月22日,第2版。

关余的方案,以求问题得到根本解决"。① 但是,英国方面也并非铁板一块,英国驻华公使麻克类和总税务司安格联就主张对广东方面持强硬态度。

1923年11月20日,英国驻广州总领事杰弥逊呈文驻华公使麻克类,就孙中山的举动向麻克类提出警告。"孙中山说,如果他的行动在我们深思熟虑后仍然导致战争,那么,被英国打败,他虽败犹荣。因为那样的话,英国就必须承担起扼杀中国民主,以及他同正在寻找同盟者的布尔什维克党人和印度的鼓吹者的结盟来推翻英国在东方势力的责任。"22日,伍朝枢直接致函麻克类,申明孙中山收回关余的公平性,但口气较为温和,试图通过麻克类改变英国对广州大本营截留关余的态度。麻克类就此问题也与伍朝枢私函频频,试图劝阻他放弃预期的行动。12月3日,麻克类做了最后一次尝试,拟就一封回函,通过杰弥逊转交给伍朝枢。在信中,麻克类希望通过"详细地强调北京外交团在处理此次关余事件时所做的全方位的考虑和重视程度,以及他在复函中所表现出来的友好口气来阻止孙中山的那些不谦恭的追随者们采取极端措施"②。对于关余的分配,麻克类表示:"外交团从来没有在不顾北京政府意愿的情况下声称对关余有分配之权,而且由外交团告知北京政府应该分拨一部分关余给广东或其他省份的做法将超出1912年规定的外交团的职责范围。海关从来都是被看作中国政府或国家的税收收入,中央政府是否应该按比例向有海关收入的省份重新摊分关余,完全是中国内部的事务,理应由中国人民自己解决。"表面上看似"中立",实际上还是把皮球踢给了北京政府。

对于广州大本营所说的"公平性"原则,麻克类也予以否定。麻克类认为:"公平性原则只有在一个条件下才能成立,那就是所有的税收盈余都归外国支配,同时在相关的省份对海关管理权以及这些收入不做任何干涉之举的情况下,外国必然会对这些收入作出公平合理的分配。而广东地方政府此时

---

① 张俊义:《南方政府截取关余事件与英国的反应(1923—1924)》,《历史研究》2007年第1期。
② *Mr. MacDonald to the Marquess Curzon of Kedleston*, December 21, 1923, BDFA, pp. 137-138.

已经将盐余收入私人囊中,因此也就根本没有资格再要求公平地分享关余。"最后,麻克类对南方大本营政府提出警告:"不管你们反抗中央政府是对还是错,出于自卫或是出于保护各国的利益,我必须向你郑重地强调,我们不会承认任何对海关管理权的干涉行为。我们无意于支持任何一方,但是如果孙博士真的铤而走险的话,那么后果自负,因为他的任何行动都将有可能刺激各国采取护关行动以保证海关的正常工作。"①

广州大本营寻求英国驻华公使同情和支持的行动遭到失败。当时,海关总税务司一职长期由英国人担任。因此,在此次关余危机中,总税务司安格联也是大本营拉拢交涉的对象。广州大本营曾于12月20日致函安格联,要求补还自1920年以来所有关余款项:"本政府管辖地域内,本年各海关一切税收,除对于关税作抵之外债及赔款,应按比例摊扣清还外,所余之款,须妥为保管,候本政府命令支付。嗣后亦须按照以上办法,每月结算一次,以重税收。至于自民国九年三月以后所有积存本政府应得之关余,着由海关税收项下如数补还,由部转行总税务司遵照。"②但是在12月31日,安格联却训令广州税务司:"自接到本训令以后,所有一切对外态度,宜力持严重。除北方政府,正式命令有服从义务外,其它任何方面请求或干涉之公事,一概不得承受。"③对大本营之蔑视至为明白。

其实,安格联早就对孙中山欲截留关余的行动痛恨至极:"孙文因知不易强占海关,故声明欲与海关华员家属为难,以为抵制。昨接该关税司报告:近有海关华员戴天泽之子,在街上为孙文党人用手枪由背后击毙等语。现已电令九龙关税司驰赴广州调查。近日情形因恐粤关所发电报为孙截留,俟得来电,当令粤关税司劝令中国关员先将家眷搬往香港暂避,俾可安心办公。告以孙文举动实属可恨,想因其近日强拉人夫,劳动界均甚切齿,必不为其鼓

---

① *Sir R. Macleay to Mr. Wu*,December 3,1923,BDFA,pp.144-145.
② 《伍朝枢等反对外人干涉关余致总税务司安格联函》(1923年12月),中国第二历史档案馆编:《中华民国史档案资料汇编》第四辑(二),第1603页。
③ 《孙文扣留关余之外人态度》,北京《晨报》1923年12月31日,第7版。

动,至关员家属自宜保护,个人宜应设法安置稳妥地方居住为要。"①其反对孙中山截留关余的立场,怎会轻易改变。

可见,列强之中,英国对关余问题的态度虽然较为复杂,但是在维护整个海关管理权完整的原则上,与其他列强别无二致,再加上麻克类和安格联的极端反对,对孙中山的强硬政策在实际工作中得到贯彻实行,英国外交部的妥协方案胎死腹中。同时,随着英国在远东的势力受到新兴的美日等国的排挤而衰弱,英国没必要也没有能力单独行动。迫于列强特别是美国的压力,也出于维护其在华利益,英国最终还是同其他列强一样,站在了反对孙中山的立场上。

对于美国,孙中山素来情有独钟,尽管孙中山的第一次争拨关余,因为美国的反对而失败,②正如陈友仁所说:"这就是孙博士的计划,即要求美国介入,并派一位强人到中国去,例如休斯先生这样的人。"③但事实上,此一时期的美国历届政府,从威尔逊到哈定,再到柯立芝,他们对孙中山及其广州大本营都是置若罔闻。舒尔曼甚至认为,孙中山是"中国再统一的一个显著障碍"。④而孙中山认为,华盛顿会议名义上是维护中国统一,实际上却是助长了战乱,"他们不是按照华盛顿会议的决议,以自己的干涉裁减督军的军队,反而支持督军",⑤但是孙中山一直相信,通过美国出面,再次召集一次和平会议,有利于中国的统一。1924年1月13日,孙中山在与《芝加哥报》远东记者胡特谈话时表示:"为今之计,只可利用列强之势力,惟列强必坚抱为助中国之好意。"接着提出了对美国的厚望:"余以为今美国当首先提倡此和平计划,

---

① 《新民国报关于美国使领阻挠广东政府接受南方关余报导》(1923年12月15日),中国第二历史档案馆编:《中华民国史档案资料汇编》第四辑(二),第1601—1602页。
② 参见陈诗启:《中国近代海关史(民国部分)》,北京:人民出版社,1999年,第103页。
③ 韦慕廷:《孙中山:壮志未酬的爱国者》,杨慎之译,广州:中山大学出版社,1986年,第153页。
④ The minister in China (Schurman) to the secretary of State, June 25, 1922, FRUS, vol I, p.724.
⑤ 《鲍罗廷笔记》(1924年),中共中央党史研究室第一研究部编:《共产国际、联共(布)与中国革命文献资料选辑(1917—1925)》,北京:北京图书出版社,1997年,第566—570页。

以美之商与列强，可使他国同调。况华人素信任美，如美国宣告将在上海或其它中立区，召集一和平会议，全国必响应之，各国必加入。"孙中山为了避免美国出面有干涉中国内政之嫌，认为这个会议可以由中国首先提倡，然后请美国和其他列强参与，"则天下皆不可以非之……武人谁敢不加入"。① 对美国信任之至，可见一斑。可是，美国在关余危机中的表现，对孙中山来说无异于当头一瓢冷水。

关余危机爆发后不久，美国驻华公使舒尔曼就向美国国务院建议，除了实施战争外，可采取任何措施防止中国海关的分裂。② 美国国务卿休斯则向总统柯立芝建议派美国海军联合舰队到中国，以阻止广东方面的威胁举动，得到柯立芝的同意。③ 事实上，美国向广东派驻军舰的数量为列强之最。④ 10月24日，美国公使舒尔曼与顾维钧会晤时表示："美政府仍持往昔看法，以为使团对于关余之关系，仅如信托人代表中国已经列国承认之政府，暂行经理而已。否则条约上之根据，将完全消失。"⑤ 显然，美国是从整个条约体系和海关制度的完整性不容破坏的角度来反对孙中山的行动的。战后美国在远东事务中发挥作用的办法就是维持均势，保障其条约权益。孙中山的行动极有可能导致他省的仿效，从而引发多米诺骨牌效应，进而危及美国在一战后构建的远东国际关系，所以这就决定了美国与列强在关余问题上的"颇能一致性"。

在关余危机后期，南方乃至全国的舆论浪潮一致针对美国，甚至有抵制美货的倾向，希望能促使其转变。12月15日的《新民国报》声称："日来广州

---

① 《与胡特的谈话》(1924年1月13日)，广东省社会科学院历史研究所、中国社会科学院近代史研究所中华民国史研究室、中山大学历史系孙中山研究室编：《孙中山全集》第九卷，北京：中华书局，1986年，第55—56页。
② The minister in China (Schurman) to the secretary of State, December 15, 1923, FRUS, p.559.
③ President Coolidge to the secretary of State, December 5, 1923, FRUS, p.562.
④ 《本社专电》，上海《民国日报》1923年12月21日，第2版。
⑤ 王聿均：《舒尔曼在华外交活动初探(1921—1925)》，《"中央研究院"近代史研究所集刊》1969年第1期。

市民闻此消息,异常激昂,群拟在十六日公民大会提议应付方法,大抵二十年前之抵制美货运动,又将见于今日。"①17日,广州海陆工人积极酝酿罢工,"惟有一致拒绝与其工作"②,"以制其交通上之死命"③。18日,湖南旅粤学会也指责美国的干涉行为:"嗾令该国泊菲舰队六艘驶入广州,藉示威胁,助桀为虐,实深发指。"④美国利益遭遇激烈的抵制,此乃舒尔曼出面调停之原因,《顺天时报》论称:"及遭南方舆论之猛烈攻击,并见南方各处排美热日盛,遂百方辨明其无藉武力解决劳动者之反抗也。"⑤由美国出面调停,并不意味着美国可以因此而脱离众列强而单独行动,从舒尔曼调停的结果看,拨关余一部分为治河经费也是列强商议一致的结果。⑥ 1924年1月9日舒尔曼再次表示:"华盛顿态度未尝丝毫改变,仍将与列国共求维持关政之统一。"⑦可以说,舒尔曼扮演的依然是列强"发言人"的角色。

1923年12月17日,孙中山为粤海关事件致书美国国民,痛斥美国的武装干涉政策,怀疑美国已经从一解放者而蜕化成压迫者。⑧ 关于此信,据美国驻粤总领事詹金斯声称,孙中山的致书对舒尔曼的调停行动产生了作用。"广州报纸指控美使舒尔曼赞同曹锟之贿选;孙先生致电美国国民,对美舰威胁广州,提出控诉。凡此情势,皆为舒尔曼访粤之主因。"但这丝毫没有改变美国对广州大本营的根本态度,舒尔曼指出:"目前美国亦无承认军政府之计

---

① 《新民国报关于美国使领阻挠广东政府接受南方关余报导》(1923年12月15日),中国第二历史档案馆编:《中华民国史档案资料汇编》第四辑(二),第1601—1602页。
② 《公团致各领事书》,《广州民国日报》1923年12月17日,第3版。
③ 《海员罢工之酝酿》,《广州民国日报》1923年12月27日,第6版。
④ 《湖南旅粤学会反对美泊菲舰队驶入广州干涉南方政府收回关余电》(1923年12月18日),中国第二历史档案馆编:《中华民国史档案资料汇编》第四辑(二),第1604—1605页。
⑤ 《广东截留关税问题》,北京《顺天时报》1924年1月27日,第2版。
⑥ 王聿均:《舒尔曼在华外交活动初探(1921—1925)》,《"中央研究院"近代史研究所集刊》1969年第1期。
⑦ 《美使述遨游粤滇之经过》,《申报》1924年1月11日,第13版。
⑧ 《致美国国民书》(1923年12月17日),《孙中山全集》第八卷,第521—522页。

划。"①另有资料显示,孙中山曾经派马素为代表远赴美国,为关余一事向美国总统询问。结果除了美国参议院史克逊和米克柯波表示同情以外,总统并无任何表示。②虽然关余事件最后经舒尔曼的调停,北京答应拨付一部分关余作为治河费用,但迟至1924年6月19日才拨付。这样的结果也仅仅是为了保全列强、北京政府与广州三方颜面的折中之计,没有达到孙中山的主要目的。

1924年1月6日,舒尔曼顺道赴粤,孙中山在与其会谈时,认为应该由美国出面择地召集会议,协助中国解决时局问题。③但是舒尔曼对此避而不谈,而是专注于海关问题:"美政府对于此举,是否表示提倡,与本使毫无关系,惟对于海关问题,本使当尽力讨论,因美国对此节极为注意。"④实际上,就此次关余问题而言,"美使之意,以为南政府未为外交团承认,不便与粤政府开谈判"⑤。在涉及外交承认的重大问题上,美国是慎之又慎。

此一时期,不仅孙中山及其广州大本营,而且整个社会民众,对美国的认识都经历了一个由期望到失望的过程。关余危机中孙中山对美国的倚重不可谓不大,但是,"当时美国的执政者,只认定谁是中国的实际统治者,谁为国际所承认,谁就是中国惟一合法的代表,美国就要为他尽'支持'的义务。至于这个政府是否建立在稳固的民意基础上,其施政是否能保障人民的福祉,其制度是否与民主制度兼容,美国的执政者似乎不愿多闻。此一观念,似乎已成为美国对外政策的不成文规律"⑥。当时中国的舆论也认为:"美国的对

---

① 王聿均:《舒尔曼在华外交活动初探(1921—1925)》,《"中央研究院"近代史研究所集刊》1969年第1期。
② 《马素代表孙文见美国总统谈粤关税》,《申报》1924年1月13日,第4版。
③ 《大元帅对美使解决时局谈》,上海《民国日报》1924年1月13日,第3版。
④ 王聿均:《舒尔曼在华外交活动初探(1921—1925)》,《"中央研究院"近代史研究所集刊》1969年第1期。
⑤ 《美使与关余问题》,《申报》1924年1月14日,第7版。
⑥ 李云汉:《中山先生护法时期的对美交涉》,张玉法主编:《中国现代史论集》第7册《护法与北伐》,第248,247页。

华政策,素来很博得华人的同情,但仔细计算,同情之下,实在空无所有。"① 关余危机中,孙中山对美国的"敏捷外交"及其失败,就是一个缩影。

综上所述,孙中山想通过关余斗争来获得列强的外交支持,而列强却时刻注意与他和他的广州大本营保持距离,列强所有的做法都是围绕一个目的:不要给孙中山任何一个可资解读为"承认"的借口或信号。正如英国驻华公使麻克类给英国外交部的电文里所说:"孙中山已经宣布,他不承认北京政府为中国的合法政府,如果列强鼓励这样的想法,允许孙中山保留关税或获得一部分关余份额,不管这些钱在地方上被用在何处,此举就等于承认他代表了一个独立的政府。"② 孙中山曾经请途经香港的葡萄牙公使符礼德居中调停,并提议召开有广东领事团和北京、广东两政府代表参加的会议。可是列强认为召开这种会议,"有事实上承认广东政府之虞",③ 况且各国公使"以葡国在广东有澳门之关系,与各国情形,又有不同,故雅不欲由符使出任调停之责"④,拒绝了孙中山的建议。北京公使团与孙中山所有交涉的公文,也都是由英国驻广州总领事杰弥逊代为转达。⑤ 舒尔曼的调停,也是借口"顺道而来"。所有这些,都是为了避免把广州大本营作为外交实体,变相地予以支持或导致带有承认之嫌疑。由此可见,孙中山和他的广州政府在关余危机中可谓四处碰壁,尴尬和"单相思"一再发生,何得"敏捷"之誉?环顾四周,唯有苏俄和中共正翘首以待。

---

① 《粤海关案中对美的国民态度》,上海《民国日报》1923 年 12 月 21 日,第 2 版。
② 张俊义:《南方政府截取关余事件与英国的反应(1923—1924)》,《历史研究》2007 年第 1 期。
③ 《孫文ヨリ関税剰余ニ関シ葡國公使ヲ通ジ北京外交団ヘノ申入レニ対シ外交団ハ之ヲ拒否スル樣広東 首席領事ヘ依頼ノ件》,大正十二年,日本外務省:《日本の外交文書》第 2 冊,第 629 頁。
④ 《粤海关交涉之搁置》,北京《顺天时报》1924 年 1 月 6 日,第 2 版。
⑤ 《广州关税风潮》,北京《晨报》1923 年 12 月 25 日,第 2 版。

四、苏俄和中共伸出援手

孙中山在关余危机中对美、日、英曲意图全,并没有使苏俄抛弃孙中山另作他图,反而是苏俄在危机后期成功地将孙中山纳入自己的阵营。这一方面是因为,苏俄放弃支持陈炯明、吴佩孚之后,孙中山及其广州大本营的地位得以凸显;另一方面是因为,孙中山面对关余危机后的内外交困,不得不转而作现实的考虑。但是,不管谁被苏俄选择来实施中国的资产阶级民主革命,都会被纳入其世界革命的政治战略之中。

为何要在中国发起资产阶级民主革命?如何在中国发动革命?按照苏俄革命的经验,革命分为两步:第一步,与资产阶级民主派如孟什维克等合作,推翻专制残暴的沙俄政府,建立资产阶级民主政府;第二步,布尔什维克领导工人、农民和士兵,推翻资产阶级临时政府,建立苏维埃。所以,苏俄一方面在中国促进中国早期共产主义力量的发展,帮助建立中国共产党;另一方面,促成其与资产阶级民主派合作,从而发展壮大力量。这是理解国共合作、国民革命整个历史过程的关键。

孙中山及其政党,是苏俄工作的重点。苏俄认知孙中山的历史非常悠久。1896年,孙中山伦敦蒙难,第二年《伦敦被难记》英文版出版,俄国革命者即与其联系,随后,孙中山蒙难的过程及相关访谈就在《俄国财富》上刊登。[①] 1906年,孙中山在日本遇见俄国民粹主义者鲁塞尔,二人颇为投契,同盟会的机关刊物《民报》称颂了鲁塞尔及其同志的暗杀革命。[②] 孙中山的革命活动引起了列宁的注意,列宁称赞其纲领"字里行间都充满了战斗的、真诚的民主主义","他们是正义的和有力量的","他们在主观上是社会主义者,因为他们反

[①] 李玉贞:《国民党与共产国际(1919—1927)》,第2—3页。
[②] 李玉贞:《国民党与共产国际(1919—1927)》,第10—11页。

对对群众的压迫和剥削"。①按照列宁的看法,中国上海等地的无产阶级成长起来后,将建立社会民主工党之类的组织,他们将批判孙中山的小资产阶级空想和"反动观点",但"大概会细心地挑选出他的政治纲领和土地纲领的革命民主主义内核,并加以保护和发展"。②

1919年3月2日,第三国际在莫斯科成立,中国代表刘绍周、张永奎参加。大会通过《共产国际纲领》,认为资本主义土崩瓦解、无产阶级革命的时代已经到来,苏俄革命的模式值得向全世界推广,无产阶级专政是革命的要点。③第三国际(共产国际),是世界革命的总参谋部。所谓世界革命,按照列宁在1920年召开的共产国际第二次代表大会上的指示,就是在资本主义大国及其殖民地之间,各打进一个楔子,从而削弱这些大国的一种战略。但是,所谓的"世界革命",已经打上了"以苏俄为中心"的烙印。同时,对于先进国家的工人运动与殖民地和被压迫民族的解放运动,列宁更把希望寄托于后者:"如果反对资本的欧美工人不和受资本压迫的千百万'殖民地'奴隶在斗争中充分地最紧密地团结起来,那么,先进国家的革命运动实际上不过是一种幻影。"④况且,"从殖民地所取得的额外利润,是现代资本主义财力的最主要源泉。欧洲工人阶级只有在这种源泉完全枯竭时,才能够推翻资本主义制度"⑤。为此,列宁在共产国际第二次代表大会上,专门起草了《民族和殖民地问题提纲初稿》,并得以通过,这成为指导中国等亚洲国家,乃至整个世界被压迫民族和殖民地民族革命的纲领性文件。

1919年10月10日,中华革命党改名为中国国民党。而苏俄的主动动作

---

① 列宁:《中国的民主主义和民粹主义》(1912年7月15日),中共中央马克思、恩格斯、列宁、斯大林著作编译局编:《列宁选集》第2卷,北京:人民出版社,1995年,第291、293页。

② 列宁:《中国的民主主义和民粹主义》(1912年7月15日),《列宁选集》第2卷,第296页。

③ 李玉贞:《国民党与共产国际(1919—1927)》,第34—37页。

④ 列宁:《共产国际第二次代表大会》(1920年8—9月),《列宁全集》第39卷,北京:人民出版社,1986年,第267页。

⑤ 列宁、斯大林:《列宁斯大林论中国》,北京:人民出版社,1965年,第51页。

也相继到来。苏俄较早与孙中山进行接触的是波塔波夫(又译为波达波夫),时间大约是1919年底到1920年初。从波塔波夫给契切林的报告中可以看出,早期孙中山对苏俄的基本态度是不支持、不相信,甚至把同苏俄交往看成是一种别扭甚至忌讳之事。孙中山认为,如果他同莫斯科的交往暴露,就会给他在外国租界逗留和在中国进行的工作造成麻烦。[①] 1920年3月,波塔波夫持阿穆尔州布尔什维克正式介绍信到上海拜访了孙中山。[②] 4月,吴廷康(维经斯基,又译为魏金斯基)奉俄共(布)远东局符拉迪沃斯托克(海参崴)处外事科之命到中国,会见了陈独秀,并经陈独秀晋谒了孙中山。[③] 根据吴廷康的忆述,此行的目的在于"认识了孙中山我就可能认识陈炯明将军和就近仔细观察他的'神奇的'空想和计划",吴廷康对陈炯明印象不错,觉得他"意志坚强,很能自我控制。就其谈吐和举止看,他是个清教徒。他敬重孙中山,但认为孙是理想家和脱离实际的人"[④]。6月,旅俄华工联合会在莫斯科举行第三次代表大会,选举孙中山和列宁同为大会名誉主席。[⑤] 同年10月,苏俄契切林致函孙中山,建议恢复双方的贸易关系。翌年8月,孙中山回应说,这是他收到的第一封来自苏俄的信,不必着急,等他取代了亲日的北京政府不迟。[⑥]

1921年6月3日,共产国际正式代表马林来到上海,7月,他与共产国际远东书记处的尼克尔斯基一起,参加了中国共产党第一次全国代表大会。1921年12月23日,在张太雷的陪同下,马林来到桂林,谒见正在筹备北伐的

[①] 《波达波夫给契切林的报告》(1920年12月12日),中共中央党史研究室第一研究部译:《联共(布)、共产国际与中国国民革命运动(1920—1925)》,北京:北京图书馆出版社,1997年,第48页。

[②] 李玉贞:《国民党与共产国际(1919—1927)》,第57页。

[③] 李玉贞:《国民党与共产国际(1919—1927)》,第58页。

[④] 维经斯基:《我与孙中山的两次会见》,中共中央党史研究室第一研究部编:《共产国际、联共(布)与中国革命文献资料选辑(1917—1925)》,北京:北京图书馆出版社,1997年,第99、101页。

[⑤] 李玉贞:《国民党与共产国际(1919—1927)》,第61页。

[⑥] 李玉贞:《国民党与共产国际(1919—1927)》,第53、63—64页。

孙中山。在随后的三次谈话中,双方坦诚地交换了意见。双方认为,华盛顿会议表明列强插手中国事务,中俄同为"受害者";马林介绍了苏俄的"新经济政策",孙表示赞许,但不能接受马林所介绍的共产主义;马林认为孙中山的《建国方略》在列强环伺的情况下根本不现实;孙中山表示马克思主义在中国古已有之,自己则继承了孔孟以来延续了两千多年的中国道统;马林表示革命政府应加强与苏俄的合作,增强国家地位,孙中山表示暂时不能与苏俄结盟,否则英国会破坏其进兵计划,"一俟义师北伐,直捣幽燕,再谋合作,未为晚也"。孙中山在会谈中表现出来的对中国文化和三民主义的自信,给马林留下了深刻印象。[①] 双方虽无具体成果,且孙中山此后也深为陈炯明的不合作所苦,但双方的近距离接触,影响了共产国际对孙中山的印象,随后共产国际采取了更加积极的动作。1922年1月21日至2月2日,远东人民代表大会在苏俄召开,马林运作之下,国共两党39人与会,代表团团长为中共党员张国焘,张秋白为孙中山任命的代表。会上,季诺维也夫批评了孙中山寄希望于美国的做法,张秋白则宣扬了三民主义,说苏维埃与三民主义"巧合",称国民党不会接受美国式民主,拒绝了土地国有化政策。[②] 1922年4月26日,共产国际远东书记处达林到广州谒见孙中山;至陈炯明叛变,双方多次会谈。达林宣扬了苏维埃的好处,鼓动孙中山与苏俄结盟。孙中山表示,苏维埃制度值得怀疑,提出给达林一个贫困山区作为试验田,"如果你们的经验是成功的,那么我一定在全国实行这个制度";至于结盟,一方面英国会反对,另一方面广州政府内部有异议,希望在未来进行。孙中山还讨论了在苏俄支持下,在中国西北地区发动革命的可能。[③]

也就在达林试图说服孙中山的同时,1922年6月15日,中国共产党发表

[①] 邓家彦:《马丁谒总理实纪》,罗家伦编:《革命文献》第9辑,第203—207页;李玉贞:《国民党与共产国际(1919—1927)》,第69—72页;1921年12月23日条,桑兵主编、谷小水著:《孙中山史事编年》第七卷(1920.1—1921.12),北京:中华书局,2017年,第4186—4188页。

[②] 李玉贞:《国民党与共产国际(1919—1927)》,第87—96页。

[③] 李玉贞:《国民党与共产国际(1919—1927)》,第112—113页;1922年4月26日条,桑兵主编,谭群玉、楚秀红著:《孙中山史事编年》第八卷(1922.1—1922.12),第4280—4282页。

了第一份《对于时局的主张》,指出军阀政治是中国外患的源泉,也是人民痛苦的源泉。执政的军阀,每每与帝国主义勾结,帝国主义也乐于提供"金力",一方面可以造成在中国的特殊势力,一方面可以把中国永远造成他们的市场。宣言分析说:"真的民主派,必须有两种证据表现于人民面前:(一)他的党纲和政策必须不违背民主主义的原则。(二)他的行动必须始终拥护民主主义与军阀奋斗。"照这个标准,"中国现存的各政党,只有国民党比较是革命的民主派,比较是真的民主派"。① 当年7月,中国共产党在上海召开第二次全国代表大会,决议加入共产国际,成为"国际共产党之中国支部"。大会因应苏俄与国民党人合作的态势,提出:中国人民的最大痛苦是资本帝国主义和军阀官僚的封建势力,"……审察今日中国的政治经济状况,我们无产阶级和贫苦的农民都应该援助民主主义革命运动"。"无产阶级去帮助民主主义革命,不是无产阶级降服资产阶级的意义,这是不使封建制度延长生命和养成无产阶级真实力量的必要步骤",中国共产党的最高目标是建立共产主义社会。② 这在思想、理论和组织路线上,为拟议中的与孙中山和国民党的合作铺平了道路。

在与孙中山逐步加强联系的同时,随着中国国内政治形势的发展,苏俄还与吴佩孚和陈炯明进行了接触。

后因为"叛乱",陈炯明第一个被苏俄否决。1923年1月13日,越飞给俄共(布)、苏联政府和共产国际领导人的信中说:"孙逸仙向陈炯明一发起进攻,陈炯明就无可依靠。有一种说法是他已逃跑,另一说法是还在勉强支持。但是谁也不会怀疑,他的戏已经唱完。"③

直皖战争,特别是第一次直奉战争后,吴佩孚引起了苏俄越来越多的关

---

① 《中国共产党对于时局的主张》(1922年6月15日),中央档案馆编:《中共中央文件选集》第一册(1921—1925),北京:中共中央党校出版社,1989年,第37页。

② 《中国共产党第二次全国代表大会宣言》,中央档案馆编:《中国中央文件选集》第一册(1921—1925),北京:中共中央党校出版社,1989年,第114—115页。

③ 《越飞给俄共(布)、苏联政府和共产国际领导人的信》(1923年1月13日),中共中央党史研究室第一研究部译:《联共(布)、共产国际与中国国民革命运动(1920—1925)》,第196页。

注。苏俄(联)驻华特命全权代表越飞1922年8月到华后,立即将吴佩孚夸耀一番:"我们都怀着特别关注和同情的心情注视着您,您善于将哲学家的深思熟虑和老练果敢的政治家以及天才的军事战略家的智慧集于一身。"[1]苏俄对吴佩孚的奉承和器重,以及对孙中山—吴佩孚"联合政府"的推动,既说明苏俄对于中国情形的隔膜,也说明孙中山只是它可选择的棋子之一。

但随着吴佩孚加入"反俄大合唱",反对苏俄对外蒙古的政策,又在1923年初"二七"罢工中镇压工人,枪杀共产党员,加之孙中山与他尖锐的矛盾,苏俄最终选择了孙中山:"吴佩孚和孙逸仙之间关系的尖锐化立即向我们提出了一个我早已提出的问题:一旦吴佩孚和孙逸仙之间发生公开冲突,我们应该选择谁。如果你们记得的话,我对这个问题早就坚定不移地回答:如果我们不得不作出选择的话,我们决不能支持吴佩孚去反对孙逸仙。"[2]

1923年1月4日,俄共(布)中央政治局决议向国民党提供援助。紧接着,1月12日,共产国际执委会确认:国民党是中国"唯一重大的民族革命集团",它"既依靠自由资产阶级民主派和小资产阶级,又依靠知识分子和工人"。因此,"年青的中国共产党"与之合作是必要的,"中国共产党党员留在国民党内是适宜的"。共产党应当对国民党施加影响,"以期它和苏维埃俄国的力量联合起来,共同进行反对欧洲、美国和日本帝国主义的斗争"。[3]

在此背景下,经马林斡旋,越飞与孙中山于1923年1月26日联名发表了《孙文越飞宣言》,要点有四:(1)孙中山认为,共产组织和苏维埃制度,不能引用于中国,越飞表示"同感";(2)应孙中山要求,越飞重申将以1920年9月27日宣言为基础,开始中俄交涉;(3)中东铁路维持现状,其管理法"权时改组",

---

[1] 《越飞给吴佩孚将军的信》(1922年8月19日),中共中央党史研究室第一研究部译:《联共(布)、共产国际与中国国民革命运动(1920—1925)》,第99页。

[2] 《越飞给俄共(布)、苏联政府和共产国际领导人的信》(1923年1月26日),中共中央党史研究室第一研究部译:《联共(布)、共产国际与中国国民革命运动(1920—1925)》,第210页。

[3] 《共产国际执行委员会关于中国共产党与国民党的关系问题的决议》(1923年1月12日),中国社会科学院近代史研究所翻译室编译:《共产国际有关中国革命的文献资料》(1919—1928)第一辑,北京:中国社会科学出版社,1981年,第76—77页。

孙中山允与张作霖商洽;(4)越飞表示苏俄无意在外蒙实施帝国主义政策,孙中山表示苏军不必立即撤退,以免"严重之局面"出现。① 因内中有苏维埃制度不适合中国的宣示,有人认为,这是苏俄"丧失原则的妥协让步,不管出于何种动机,都是一个原则性的错误"。② 如果孙中山联合苏俄发表的目的是借这个宣言刺激一下他的"西方朋友"以自重身价的话,那结果证明孙中山失败了。其实,宣言的发表,是苏俄寻求奥援、制造革命势力的成功,也是其外交围绕主目标、不纠缠细部的老辣之处,让步是故意的,而非孙中山的成功。这一点,在斯大林任命鲍罗廷为孙中山的政治顾问时说得很清楚,他要求鲍罗廷在与孙中山的工作中遵循中国民族解放运动的利益,决不要迷恋于在中国培植共产主义的目的。③

实际上,孙中山在和越飞谈判的同时,派他的外事顾问陈友仁向英国总领事保证,"他愿与英国改善关系,陈友仁还暗示,如果英国及其他'孙与之共同之处实多'的列强继续反对孙中山,孙中山就可能与日本、苏俄及德国联合。《孙文越飞联合宣言》发表后的第二天,陈友仁即向列强宣布,孙中山与苏俄一起走多远,将取决于西方的政策"。④ 孙中山如此费尽周折,西方对他这一行动的反应如何呢?事实上,美国和英国早已习惯孙中山四面八方周旋的做法,他们对孙越宣言的发表并不吃惊。"因为孙中山没有一支军队,因之无价值。《纽约时报》嘲笑说:一直被人们认为是日本扩张主义者的工具、现在又和张作霖混在一起的孙中山,焉能有助于中国的统一?该报社论还指

---

① 《孙文越飞联合宣言》(1923年1月26日),中山大学历史系孙中山研究室、广东省社会科学院历史研究所、中国社会科学院近代史研究所中华民国史研究室合编:《孙中山全集》第七卷,北京:中华书局,1985年,第51—52页。
② 萧甡、姜华宣:《第一次国共合作统一战线的形成》,朱甲成编:《中共党史研究论文选》上册,长沙:湖南人民出版社,1983年,第396页。
③ 中共中央党史研究室第一研究部译:《联共(布)、共产国际与中国国民革命运动(1920—1925)》,第266页。
④ 史扶邻:《孙中山——勉为其难的革命家》,丘权政、符致兴译,北京:中国华侨出版社,1996年,第194—195页。

发动革命:国民革命的起源(1920—1925)

出:"倘若越飞先生是真诚热心于中国的重新统一和独立,那他可就找错了人。"①西方的反应如此冷淡甚至是讥讽,这是孙中山始料未及的。从这个意义上讲,《孙文越飞宣言》的结果,是把孙中山逐步推向了他并没有充分准备好的联俄道路。可以说,1923年下半年的关余事件与上半年的《孙文越飞宣言》,是孙中山"一计不成,又生一计"的结果,孙中山的联俄举动并没有妨碍他借关余事件继续擘画他对西方的谋略,两者并行不悖。

1923年8月16日,以蒋介石为团长的"孙逸仙博士代表团"启程赴苏联考察。同年10月6日,苏联政府委派鲍罗廷为驻广州革命政府的代表(其官方身份仍为苏联驻北京使团的成员),鲍罗廷同时受聘为国民党的政治顾问。10月18日,孙中山亲书"委任鲍罗廷为国民党组织教练员"②。鲍罗廷开始了他影响国民革命至深且巨的生涯。

然而,不管苏联政府对此次鲍罗廷来华如何的寄予厚望,在他来到广州的最初几个月里,他与广州大本营的合作面临着诸多困境,在很多重要问题上双方难以契合。实际上,在后孙鲍关系转变之际,孙中山对于联俄还是心有不甘、若有所失。正如丹尼尔·雅各布斯所说:"孙中山竭力劝说自己的信徒'摆脱成见',接受'俄国的斗争方法',但他自己却时常不把这些忠告放在心上,他对同俄国人联合感到很不舒服。孙中山希望真正的西方出于某种原因,以某种方式前来解救他,他无法完全放弃这种希望。"③孙中山还在举棋不定,这个时候,关余危机中英、美、日的反应给了孙中山沉重一击,形势最终迫使其在他"单相思"的西方列强与对他"翘首以待"的苏俄之间作出选择。

1923年12月,关余危机达到高潮之时,鲍罗廷却不得不已于11月底离

---

① 史扶邻:《孙中山——勉为其难的革命家》,第194—195页。
② 《给鲍罗廷委任状》(1923年10月18日),《孙中山全集》第八卷,第300页。
③ 丹尼尔·雅各布斯:《鲍罗廷——斯大林派到中国的人》,殷罡译,赵果校,北京:世界知识出版社,1989年,第122页。

粤赴沪。① 当他再次返粤的时候,关余危机已经接近尾声。1924年1月,鲍罗廷询问谭平山:"(在关余危机中)孙得到些什么?"谭平山回答道:"暂时没有得到。最近几个星期来,他对这个问题没有发表自己的意思。'"谭平山并没有否认孙中山在精神上有所得,"当然这次行动在精神上具有某种影响"②,这种精神所得,指的应是孙中山在关余危机中所遭遇的失败对其外交思想的影响。实际上,在关余危机后期,孙中山的外交政策已经开始发生转变。12月22日,孙中山在广东基督教会学院演说时,声色俱厉地抨击英美等帝国主义国家的侵略政策,孙中山指出,在未来十年之内将会爆发一场世界大战,当今被帝国主义和军阀压迫的国家将会拿起武器、奋起反抗,"十年之内,你们将会体会到中国的舰队驻泊在旧金山港是一种什么感觉。中国正在与苏联联盟,而且在不久后的同你们这些所谓的'上等'国家的决战中,也将会同德国、印度以及日本结盟。"③12月31日,他在广州基督教青年会上演说时又表示:"我再也不指望西方列强了,我的立场转向俄国。"④

在舒尔曼调停期间,孙中山曾言及,"列强不是按照华盛顿会议的决议以自己的干涉裁减督军的军队,反而支持督军",这句话给人的印象是孙中山为了裁减督军而赞同外国人干涉中国事务。作为一位政治家说出这样的话当然不妥,为此孙中山忐忑不安,问计于鲍罗廷。鲍罗廷认为:"在这种场合,孙中山有极好的机会消除关于他同外国人妥协和拥护外国对中国进行干涉的一切臆测。这样的演说将在全世界发表,到那时美国大使舒尔曼利用孙中山的名字来为帝国主义对中国进行勒索的企图将遭到可耻的失败。"⑤孙中山终

---

① 在上海的国民党右派反对国民党的改组,同时在共产党内部也因是否加入国民党的问题而产生严重分歧,鲍罗廷不得不于1923年11月28日与廖仲恺、谭平山离粤赴沪。参见陈福霖、余炎光:《廖仲恺年谱》,长沙:湖南出版社,1991年,第207页。
② 《谭平山与鲍罗廷的谈话》(1924年1月10日),中共中央党史研究室第一研究部编:《共产国际、联共(布)与中国革命文献资料选辑(1917—1925)》,第557—562页。
③ Résumé of Dr. Sun's Remarks at Canton Christian College, BDFA, p.147.
④ 韦慕廷:《孙中山:壮志未酬的爱国者》,第203页。
⑤ 《鲍罗廷笔记》(1924年),中共中央党史研究室第一研究部编:《共产国际、联共(布)与中国革命文献资料选辑(1917—1925)》,第568—569页。

于识时务地放弃了对西方列强的"单相思"。孙中山精心推动的关余斗争以寻求西方的支持开始,却以与西方的背向而终。

但是,应当指出,孙中山最后选择联俄是非常具有策略性的,也可以说是他力图利用苏俄,这与苏俄利用孙中山达成其世界革命的目标,如出一辙。关余危机中,曾经有记者问过孙中山这样一个问题:"您认为苏维埃是民主吗?"孙中山毫不迟疑地回答说:"苏维埃是什么,我并不介意,只要他们能够帮助我反对北京,也就行了。"然而"(关余)危机增强了他的信念:西方政府是反对他的,唯一的希望在于苏维埃俄国"。[①] 1924年1月20日,随着国民党第一次全国代表大会的召开,孙中山的联俄外交在制度上正式确立,广州大本营外交的新陈代谢也得以阶段性完成,并直接导向以联俄为主要特色的国民革命的发动。

五、苏俄、中共引导国民党改组

如前所述,1919年以来,苏俄和共产国际积极主动地对孙中山开展工作,谋求合作乃至结盟。中国共产党在苏俄的影响和要求下,也做了一系列的准备。国内外形势的变化,也为促成他们之间的合作,创造了一系列有利条件。但合作,毕竟需要孙中山的首肯和国民党本身的变化;这当中,孙中山的态度又是关键。

陈炯明叛变,是孙中山一生中最为灰暗的时期之一。其时,达林留在广州。孙中山请叶夫根尼·陈(即陈友仁)转告他:"在这些日子里,我对中国革命的命运想了很多,我对从前所信仰的一切几乎都失望了。而现在我深信,中国革命的唯一实际的真诚的朋友是苏俄。""苏俄甚至在危难之中也是我唯一的朋友。我决定赴上海继续斗争。倘若失败,我则去苏俄。"[②]虽然从1923

[①] 韦慕廷:《孙中山:壮志未酬的爱国者》,第157、200页。
[②] C·A·达林:《中国回忆录》(1921—1927),侯均初、潘荣、张亦工、梁澄宇、刘敬忠译,李玉贞校,北京:中国社会科学出版社,1981年,第126页。

年关余事件前后可以看出,孙中山此时所述认定苏俄为唯一朋友,只是阶段性话语。但在当时,陈炯明事件成了促成一系列激剧变动的契机。

如何加强党的作用,如何防止陈炯明叛党叛国之类的事情再次发生,如何像苏俄党人那样集中在列宁旗帜下如臂使指,显然是孙中山改组国民党的动机。但说起来匪夷所思的是,这个党自建党以来,没有召开过全国代表大会,外间颇不了解它,其自身更不知道如何改组,以适合新的形势。苏俄和中共因此在国民党改组中发挥出巨大的作用,换言之,苏俄的引导和中共的加入,就是国民党改组的核心内容之一。

1922年6月中共第一份对时局的宣言和随后的中共二大,主旨是与国民党合作。8月,孙中山力竭回到上海后,李大钊陪同马林会见了孙中山。此后,马林回国,向共产国际建议共产党在国民党内开展工作;李大钊则经孙中山主盟,加入国民党,这还是在李大钊亲承为第三国际党员的情形下。孙、李废寝忘食,"讨论振兴国民党以振兴中国之问题"。[①]

但是,孙中山主张共产党以个人身份加入国民党,并不接受党外联合,而一些中共领导成员则担心加入国民党,会失去独立性。马林多次与孙中山交涉过,非常了解孙的思路。他建议实行党内合作,此议获得共产国际批准。1922年8月29日至30日,中共中央执行委员会在杭州西湖召开会议,陈独秀、李大钊、蔡和森、张国焘、高君宇、张太雷和马林与会,专门讨论国共合作方式。起初,执行委员会并不赞成马林,但经说服,最终同意,"在孙中山改组国民党的条件下,由共产党少数负责人先加入国民党,同时劝说全体共产党员以个人名义加入国民党"。[②] 中共三大时,陈独秀回顾了这个情况:"起初,大多数人都反对加入国民党,可是共产国际执行委员会的代表说服了与会者,我们决定劝说全体党员加入国民党。"陈独秀认为这是重大转变,"以前,我们的党的政策是唯心主义的,不切合实际的,后来我们开始更多地注意中

[①] 《李大钊文集》(下),北京:人民出版社,1984年,第890页。
[②] 中共中央党史研究室:《中国共产党历史》第一卷(1921—1949),上册,北京:中共党史出版社,2011年,第84页。

国社会的现状,并参加现实的运动"。①

西湖会议后不久,陈独秀发表了《造国论》,直接揭橥"国民革命"大旗。他说:"时局真正的要求,是在用政治战争的手段创造一个真正独立的中华民国",怎么创造?"组织真正的国民军创造真正的中华民国。""无产阶级革命的时期尚未成熟,只有两阶级联合的国民革命(National Revolution)的时期已经成熟了。"他总结"造国"的程序说:

第一步组织国民军;
第二步以国民革命解除国内国外的一切压迫;
第三步建设民主的全国统一政府;
第四步采用国家社会主义开发实业。②

在陈独秀发文之前的1906年,孙中山、黄兴、章太炎等也曾与"英雄革命"相对,使用过"国民革命"一词。他们在《中国同盟会革命方略》中提出:"前代为英雄革命,今日为国民革命。所谓国民革命者,一国之人皆有自由、平等、博爱之精神,即皆负革命之责任,军政府特为其枢机而已。"③因胡汉民、汪精卫也曾修改过该文件,未详"国民革命"一词究竟是独创还是集体智慧结晶,但孙中山自此以后多年未使用"国民革命"一词。从具体的内涵看,陈独秀所说的"国民革命"更接近1924—1927年那场革命的宗旨。该词随即风靡全国,成为一个时代的标识。

历史在这一瞬,似乎有意加快了演进速度,以成交相鼓荡之局面。1922年9月4日,孙中山在上海召集张继等53人,讨论改组国民党;6日,指定丁

---

① 《陈独秀在中国共产党第三次全国代表大会上的报告》,中央档案馆编:《中共中央文件选集》第一册(1921—1925),第169页。
② 独秀:《造国论》,《向导》周报第2期,第9—10页。
③ 《中国同盟会革命方略》(1906年秋冬间),广东省社会科学院历史研究室、中国社会科学院近代史研究所中华民国史研究室、中山大学历史系孙中山研究室合编:《孙中山全集》第一卷,北京:中华书局,1981年,第296页。

惟汾、陈独秀、张秋白等9人规划国民党改进方略。后因其中一些人北上,又增补叶楚伧、孙科等人。当时国民党有约20万党员,但质量参差不齐,孙中山认为"此皆以前秘密二字之所致,因拟将国民党扩充,以后纯取公开制度,无论何方人士,只要能守党规者均可入会"。汪精卫等"一致赞成"。①

1923年1月1日,《中国国民党宣言》发表。《宣言》将"溯自兴中会以至于今,垂三十年"的历史,均归结于中国国民党党史之下,"民国以前,吾党本主义以建立民国;民国以后,则本主义以捍卫民国"。《宣言》以三民、五权学说,提出三方面政纲,一为"民族"主义的新界定:"消极的为除去民族间之不平等,积极的为团结国内各民族,完成一大中华民族。""内以促全国民族之进化,外以谋世界民族之平等。"二为"民权"之新阐发:实行普选;人民以集会或总投票,行使创制、复决、罢免各权;确定人民有集会、结社、言论、出版、居住、信仰之"绝对自由权"。三为"民生"之再规定:由国家规定土地法、使用土地法及地价税法;铁路、矿山、森林、水利等,国家设立机关管理,工人参与管理;清查户口,整理耕地;改良币制;制订工人保护法;男女地位平等;改良农村,徐谋地主、佃户地位平等。② 同一天《中国国民党党纲》亦颁布,重申《宣言》的各项原则。③《宣言》和《党纲》是三民主义发展史上的重要文献,与《孙文越飞宣言》《造国论》及其他中共文件的契合,说明长期以来苏俄对孙中山及其政党"革命民主主义"的判定基本吻合事实,其中包含的国家资本主义倾向,也甚为符合共产主义者实现最高纲领之前蓄积无产阶级力量的基本理论;同时说明中国共产党的政策宣示,体现了当时共产国际的基本诉求。国民党、共产党和共产国际理论、路线、政策在这前后形成的多个方面的一致,是双方开展紧密合作的前提。

然而,中国共产党人非常强调自己的独立性,思想、组织和行动上的独立

---

① 1922年9月4日条,桑兵主编,谭群玉、楚秀红著:《孙中山史事编年》第八卷(1922.1—1922.12),第4533—4534页。

② 《中国国民党宣言》(1923年1月1日),《孙中山全集》第七卷,北京:中华书局,1985年,第1—4页。

③ 《中国国民党党纲》(1923年1月1日),《孙中山全集》第七卷,第4—5页。

性都有体现。中共二大强调了支持民主革命的立场,但同时坚定地指出:"我们无产阶级有自己阶级的利益,民主主义革命成功了,无产阶级不过得着一些自由与权利,还是不能完全解放。而且民主主义成功,幼稚的资产阶级便会迅速发展,与无产阶级处于对抗地位。因此无产阶级便须对付资产阶级,实行'与贫苦农民联合的无产阶级专政'的第二步奋斗。如果无产阶级的组织力和战斗力强固,这第二步奋斗是能跟着民主主义革命胜利以后即刻成功的。"[①]就历史事实而言,这"第二步"始终对中共领导人有莫大的吸引力,要迅速还是要稳健地取得第二阶段革命的目标,曾引发一系列争论。

共产国际执委会在力主国共合作的同时,明确要求:中共必须保持原有的组织和严格集中的领导机构。"在对外政策方面,中国共产党应当反对国民党同资本主义列强及其代理人——敌视无产阶级俄国的中国督军们的任何勾搭行为。"[②]

对于孙中山强调在"本党"主义的旗帜下建立的民国,蔡和森认为:"故中华民国,乃是革命阶级羽毛未丰,将就封建的旧支配阶级势力,与之调和妥协而后苟且成立的。"对国民党人的护法、北伐等,蔡和森另有评判的眼光:"十年以来的内乱与战争,既不是'南''北'地域之争,又不是'护法'与'非法'之争,更不是'统一'与'分离'之争;乃是封建的旧支配阶级与新兴的革命阶级之争。"把国民党人定位于"新兴阶级",让否定阶级斗争的他们颇为矛盾,蔡和森说:"这样的阶级战争,发生于一定的经济情形和国际情形之下,谁也不能否认。"蔡和森展望的中国统一局面,与孙中山颇异其趣:"我们惟望结合伟大的革命群众的势力,尤其是最能革命的工人阶级的势力来统一。统一的目的要建筑在最大多数贫苦群众的幸福和全国被压迫民族的对外独立上,才能

[①] 《中国共产党第二次全国代表大会宣言》,中央档案馆编:《中共中央文件选集》第一册(1921—1925),第114—115页。

[②] 《共产国际执行委员会关于中国共产党与国民党关系问题的决议》(1923年1月12日),中国社会科学院近代史研究所翻译室编译:《共产国际有关中国革命的文献资料》(1919—1928)第一辑,第76—77页。

够真正的统一。"①

这些思想、路线上的不同,表现于言行。西湖会议,本就设定孙中山改组国民党为共产党加入其中的前提。马林本人也认为,对孙中山的援助"要据他全面改组国民党的愿望而定"②。而孙中山有自己的节奏。

1925年春季以后,马林多次会见孙中山,推动其改组国民党。而孙中山专注于讨伐陈炯明,而且设定了其"无条件投降"的条件。③ 对于改组之事,似乎另有打算,言行枝蔓,不得要领。同年6月12日至20日,中共三大在广州召开,会议文件表示:"中国的无产阶级应当最先竭全力参加促进此国民革命,并唤醒农民,与之联合而督促苟且偷安的资产阶级,以引导革命到底。"④ 态度积极。此前,共产国际给中共三大的指示提出:在孙中山与北洋军阀的问题上,支持孙中山,但"要求国民党通过有系统的宣传鼓动建立广泛的民族政治运动,阐明孙中山军事行动的意义,并以国家的独立、统一和民主为行动纲领,吸引中国最广泛的民主力量参加反对北洋军阀和外国帝国主义者的斗争"。要"在国民党内部"防止孙中山与军阀"勾结",为此,共产党"应当要求尽快地召开国民党代表大会"。⑤ 这些主动之举,没有得到孙中山及时积极的回应。

而6月中旬,孙中山与李大钊谈话时曾提出,政党建设重于夺取北京领导权,广东问题解决后,将去莫斯科一趟。⑥ 但近在身边的马林得不到关于改组的确定的回答。于是,马林、张太雷等在《向导》上撰文点名批评国民党和孙

---

① 和森:《武力统一与联省自治——军阀专政与军阀割据》,《向导》周报第2期,第13—15页。
② 《收发函电记录》(1923年4月30日至7月18日),李玉贞主编,杜魏华副主编:《马林与第一次国共合作》,北京:光明日报出版社,1989年,第151页。
③ 1923年6月17日条,桑兵主编,曹天忠、周楠著:《孙中山史事编年》第九册(1923.1—1923.12),北京:中华书局,2017年,第4850页。
④ 《中国共产党党纲草案》,《中共中央文件选集》第一册(1921—1925),第139页。
⑤ 《共产国际执行委员会给中国共产党第三次代表大会的指示》(1923年5月),中国社会科学院近代史研究所翻译室编译:《共产国际有关中国革命的文献资料》第一辑,第79—80页。
⑥ 桑兵主编,曹天忠、周楠著:《孙中山史事编年》第九册(1923.1—1923.12),第4853页。

中山。马林(署名"孙铎")写道：

> 受外国教育的智识阶级中这样缺乏明了帝国主义的真正性质，真是令人惊异的。然而他们对于资本主义和帝国主义的智识或者能说是缺乏，他们总不应不知道外国势力在中国发达的历史，并且在过去的时期中曾经常常说及外国资本主义在中国的帮助。这帮助的结果，每个中国人必已知道了。国民党的领袖须找得英国帮助中国改造的路途，这种提议怎么能有的？就是假设明天孙中山靠了外国的帮助得着机会做了民国的总统，岂可说中国已距离他的自决和独立近了一步了吗？决没有，只造成了使孙中山丧失他是一位忠实的革命党的名誉之机会。①

张太雷(署名"春木")批评中国国民党"羞见国民"，他说："中国国民党辛亥革命以来十二年的奋斗一无所成，因为他完全和国民断绝关系，而只知道和军人政客交际。"国民党快要和安福系、交通系、直系、奉系没什么区别了，应当在各种国民运动中树立自己的旗子，"指导国民，鼓起国民精神"。②

陈独秀与陈炯明的友好关系，本就让视陈炯明为叛徒的国民党人侧目。对共产党人的批评，孙中山怒不可遏，他用英语对马林说："像陈独秀那样在他的周报上批评国民党的事再也不许发生。如果他的批评里有支持一个比国民党更好的第三个党的语气，我一定开除他。""如果我能自由地把共产党人开除出国民党，我就可以不接受财政援助。"语带讥讽。马林只得表示，批评文章有他的份，援助问题和共产党人能否留在国民党内没有关系。③

事实上，马林与孙中山步履蹒跚的交涉，显然不能满足莫斯科方面开展

---

① 孙铎：《中国改造之外国援助》，《向导》周报第29期，第214—215页。
② 春木：《羞见国民的中国国民党》，《向导》周报第29期，第214页。
③ 《致越飞和达夫谦的信》(1923年7月18日)，李玉贞主编，杜魏华副主编：《马林与第一次国共合作》，北京：光明日报出版社，1989年，第294—295页。

世界革命的期待。1923年7月21日,在即将离开中国之际,马林致信廖仲恺称:"考虑到眼下没有可能让我如愿以偿地参与国民党的改组和宣传工作,我很快将离此赴莫斯科。"他希望,"当形势有所改善即国民党清除了封建主义和家长制传统以后,当党的策略有了改变之后",能再次来工作。至于"策略",单纯依靠军事行动和军队将领,则新中国的前途将是黯淡的,"新中国,一个真正独立的共和国的诞生,只能依靠一个强大的、具有坚定革命信念和远见卓识的党员组成的现代化政党的不懈的革命斗争"。① 其中对孙中山的不满是显而易见的,而且有挑拨之嫌。孙中山可不会因为马林的态度而乱了自己的分寸,实际上,1923年下半年,除了以其自身节奏发动关余斗争、推动国民党改组外,他还在百忙之中东征陈炯明。②

马林走后,莫斯科方面调整了策略,派加拉罕作为驻中国全权代表,鲍罗廷则作为驻孙中山处代表。9月,加拉罕抵达北京,他与鲍罗廷仔细研讨了中国的形势和工作方案。10月6日,鲍罗廷抵达广州。

鲍罗廷一到广州,陈友仁立即向其报告关余事件中外国人的劣行:"外国人征收捐税,用来抵偿中国政府过去承担的债务,多余的部分交给北京独裁者。这种税收在广州每年达1 200万元左右。但孙的政府不能从中得到分文,当孙有一天想把海关控制在自己手里时,英国人则把海关迁到沙面(外国租界),在那里它可以在炮舰的保护下更平安地行使自己的职能。此外,他们还把外国列强互相承担的义务(向中国输入军火)用到孙的政府头上,并且不得不采取走私的办法。"孙中山则向其提出,他身后有英国殖民统治下的香港,束缚了他与帝国主义斗争的手脚,如果他能够在中国中部或蒙古建立根据地,则可自由地对帝国主义采取行动。③

---

① 《致廖仲恺的信》(1923年7月21日),李玉贞主编,杜魏华副主编:《马林与第一次国共合作》,第305页。
② 古应芬:《孙大元帅东征日记》,中国第二历史档案馆编:《中华民国史档案资料汇编》第四辑(二),南京:江苏古籍出版社,1991年,第725—736页。
③ 《鲍罗廷关于华南形势的札记》(1923年12月10日),中共中央党史研究室第一研究部译:《联共(布)、共产国际与中国国民革命运动(1920—1925)》,第365—366页。

发动革命：国民革命的起源（1920—1925）

鲍罗廷没有被具体的抱怨和请求限制住思路，他仔细观察广州的形势，围绕国民党改组这一中心工作，规划一场革命的最初几步。

六、国民党改组的预备工作

鲍罗廷是一个革命经验丰富的老共产党员。他1903年就加入布尔什维克，后根据党的安排侨居瑞士。后又在伦敦、波士顿、芝加哥等地俄国流亡者中工作。列宁认为，鲍罗廷热情拥护苏维埃革命，知识素养好。[1] 对鲍罗廷在广州的任务，加拉罕曾有顾虑，他说："当孙逸仙权威地证实他不仅在利用俄罗斯的经验和您的建议，而且您还是国民党的教导员和组织者，这比一般的'搞宣传'指责更有过之而无不及……资产阶级国家对这类事情往往很有预见性，它们最愿意把威胁它们统治的全部危险消灭在萌芽之中。如果它们得知，是鲍罗廷在改组国民党，这意味着，鲍罗廷本人在起草所有这些法令并在领导广东政府的这个整个'布尔什维克化'进程。那时我们将不仅面临各大国扼杀孙逸仙的威胁，而且我们也将面临不仅来自英国，也可能来自美国和法国的新的凯尔逊式的照会的威胁。"[2]

但是，鲍罗廷出色地开展了工作。他对广东形势的观察和分析，按照"我们的形势和任务"式的逻辑来进行，即从调查中发现问题，提出解决问题的思路和方法。

关于国民党，鲍罗廷发现：邓泽如负责广州党务，号称分部有党员3万，其中交党费的有6 000人。结果为了改组而登记时，发现只有党员3 000人。"党同党员没有任何联系，没有在他们当中散发书刊，没有举行会议，没有说明孙在各个战线上的斗争目标，特别是同陈炯明的斗争目标。国民党作为一

---

[1] 李玉贞：《国民党与共产国际》(1919—1925)，第203页。
[2] 所谓凯尔逊式的照会，指1923年5月英国照会苏联，要求其从伊朗和阿富汗召回外交代表，并为英国公民遭受的迫害而赔偿。《加拉罕给鲍罗廷的信》（1923年12月27日），中共中央党史研究室第一研究部译：《联共（布）、共产国际与中国国民革命运动（1920—1925）》，第386—387页。

支有组织的力量已经完全不存在。"这样的国民党要想发挥领导中国国民革命运动的作用,必须进行改组。"现在它既没有纲领,也没有章程,没有任何组织机构。它偶尔发布由孙签署的诸如民族主义、民权主义、民生主义等一般性题目的宣言,根本不涉及当前的事件,不对它们作出解释,也不利用这些事件来发展和巩固党。这些宣言作为趣闻被刊登在几家报纸上,然后国民党又沉睡一年又一年。"在鲍罗廷看来,"国民党的这种状况一方面导致许多出身于小资产阶级的国民党员为其自私的目的利用'国民党'这个曾受欢迎的名称,另一方面导致忠诚的国民革命分子完全失去了信心,而南方最优秀的国民党人对群众组织失去信心后,完全投身于军事工作,而在军事工作中,事物发展逻辑本身使他们变得更像所谓的军阀,在人民群众看来,不知道这些军阀在为什么打仗"。①

关于当地人民,"广东人民对孙的政府持强烈反对态度。广州的工人加上手工业者共有35万人。孙从上海回来时,他们曾热烈欢迎他,现在他们对他的政府的命运漠不关心,对其胜败根本不感兴趣"。②

孙中山本人,不看报,也不关心中国其他地方和国外的事情。"他把所有时间都花在同无数个将军的谈话上,这些将军各自为战,没有总指挥部。"③

广州的共产党和社会主义青年团,情况也不太好。鲍罗廷发现,党约有50人,其中9个在孙中山的大本营宣传委员会中,其余在工会、学校里。青年团约有150人。他们都脱离了群众性的工人运动,而工人有10万多会员加入各级工会组织。谭平山是"中国共产主义运动最有头脑和最积极的领袖之一",但忙于编写各种小册子,这些小册子很少送给农民,"也根本到不了军队

---

① 《鲍罗廷关于华南形势的札记》(1923年12月10日),中共中央党史研究室第一研究部译:《联共(布)、共产国际与中国国民革命运动(1920—1925)》,第367页。
② 《鲍罗廷关于华南形势的札记》(1923年12月10日),中共中央党史研究室第一研究部译:《联共(布)、共产国际与中国国民革命运动(1920—1925)》,第367页。
③ 《鲍罗廷关于华南形势的札记》(1923年12月10日),中共中央党史研究室第一研究部译:《联共(布)、共产国际与中国国民革命运动(1920—1925)》,第368页。

中"。①

尽管如此,鲍罗廷认为,不应当怀疑:孙中山和国民党是可以领导中国国民革命运动的"唯一代表"。② 为此,他为孙中山设定三大任务:(1)"继续在全国范围内进行在广州业已开始的国民党的改组工作。"为此,在上海成立国民党临时中央执行委员会的分部;成立中央新闻社,"以便为所有的中国报纸提供新闻和具有国民党精神的文章";筹备国民党全国代表大会代表的选举工作,以便来年1月在广州召开大会;用国民党的宣言进行鼓动和宣传,吸引民众。(2)"使广州作为向全中国发展和推进国民革命运动的根据地",缓解农民处境,"要在广东建立这样一种社会基础,它能证明孙的政府存在的合理性并使它能够提出全民族的任务"。(3)改组现有的5至10万人的部队,"使它完全服从国民党的领导"。为此要创立军事学校,培训政治工作人员。③

对照此后孙中山和国民党的一系列动作,鲍罗廷的上述规划可谓是国民党改组的顶层设计。

1923年10月19日,孙中山通知上海事务所,已经委派廖仲恺、汪精卫、张继、戴季陶、李大钊为国民党改组委员。④ 10月24日,通告党内,委派廖仲恺、邓泽如召开特别会议,"商量本党改组问题"。同时,特派胡汉民、林森、廖仲恺、邓泽如、杨庶堪、陈树人、孙科、吴铁城、谭平山为临时执行委员,汪精卫、李大钊、谢英伯、古应芬、许崇清为候补委员。⑤ 临时中央执行委员会由孙中山主导,至国民党第一次全国代表大会召开,举行会议多次,决定有关改组

---

① 《鲍罗廷关于华南形势的札记》(1923年12月10日),中共中央党史研究室第一研究部译:《联共(布)、共产国际与中国国民革命运动(1920—1925)》,第368页。
② 《鲍罗廷关于华南形势的札记》(1923年12月10日),中共中央党史研究室第一研究部译:《联共(布)、共产国际与中国国民革命运动(1920—1925)》,第371页。
③ 《鲍罗廷关于华南形势的札记》(1923年12月10日),中共中央党史研究室第一研究部译:《联共(布)、共产国际与中国国民革命运动(1920—1925)》,第375—377页。
④ 《致上海事务所电》(1923年10月9日),中山大学历史系孙中山研究室、广东省社会科学院历史研究所、中国社会科学院近代史研究所中华民国史研究室合编:《孙中山全集》第八卷,第310页。
⑤ 《致党内同志函》(1923年10月24日),《孙中山全集》第八卷,第334页。

的重大事宜,办理一系列复杂而具体的问题,排除国民党内外的干扰,从组织上为国民党改组准备了条件。

这时,鲍罗廷向孙中山进一步提出:国民党在改组前修改党纲,并在群众中广泛宣传;制定党章;在广州、上海建立国民党的核心组织,在全国建立地方组织;召开国民党全国代表大会,选举新的执委会,派优秀分子深入广州每个区建立党的分部;要使每一个全国代表大会的代表知道今后做什么,怎样建立基层组织。10月25日,50多名国民党知名分子开会讨论鲍罗廷提出的问题,孙中山在会上发表演讲。大家对孙中山的改组计划表示赞成。①

10月28日,国民党临时中央执行委员会召开首次会议,决定广州先行办理党员登记,邓泽如、吴铁城、谢英伯、谭平山为委员;推胡汉民、汪精卫、张继、叶楚伧、戴季陶组织临时执委会上海执行部,派廖仲恺去上海组织之。并讨论其他重要事项。②

11月13日,鲍罗廷在广州各区党部委员会上提出,为争取民众对讨伐陈炯明的支持,应当颁布对工人、农民和小资产阶级有利的法令,使其成为新政权的三大支柱,其中包括没收地主土地、加强国民党与工人阶级联系等内容。提议获得了廖仲恺的支持。③

11月25日,《国民党周刊》创刊,孙中山题词"革命尚未成功,同志仍须努力"。创刊号刊登了《中国国民党改组宣言》《中国国民党党纲草案》《中国国民党章程草案》。其中,《中国国民党改组宣言》提出,国民党已经"由秘密的团体而为革命的政党",其"志行之坚,牺牲之大,国中无二",但揆诸现实,"不得不自认为失败"。鉴于中国"政治不修,经济破产,瓦解土崩之势已兆,贫困

---

① 1923年10月25日条,桑兵主编,曹天忠、周楠著:《孙中山史事编年》第九卷(1923.1—1923.12),第4970页。
② 1923年10月28日条,桑兵主编,曹天忠、周楠著:《孙中山史事编年》第九卷(1923.1—1923.12),第4975页。
③ 1923年11月13日条,桑兵主编,曹天忠、周楠著:《孙中山史事编年》第九卷(1923.1—1923.12),第4996—4997页。

剥削之病已深",决心"本其自知之明,自决之勇",进行改组。①

11月26日,孙中山主持的第十次临时执委会通过决议,建立国民军军官军校。回国途中的蒋介石被任命为校长,广东省省长廖仲恺兼政治部主任,并负责筹备。鲍罗廷认为,设立政治部就是它区别于其他军校的地方。会议还推定林森、邓泽如、吴铁城筹备全国代表大会。代表名额每省6人,其中孙中山指定3人,党员互选3人,海外总支部、支部约12人;合计代表总数144人。大会预算5万元。②

11月27日,临时执委会第十一次会议议定国民党全国代表大会议程:一、孙中山负责中国现状和改组国民党之必要;二、秘书处负责临时执委会党务报告;三、廖仲恺负责党纲说明;四、孙科负责党章说明;五、戴季陶负责党略说明;六、推选总理、中央执行委员和中央审查委员;七、各省区书面报告政治及党务情况。③

1923年10月后孙中山突然加快改组动作,跟这前后包括关余事件在内一系列国内外政治变动有关,跟共产国际极力推动设定议题的努力有关,当然也跟鲍罗廷相比马林更擅长做孙中山的思想工作有关。孙中山告诉蒋介石,"谁是我们的良友,谁是我们的敌人,我们胸中都有十二分明了",盛赞苏俄党和政府派出鲍罗廷前来协助。④而鲍罗廷自己说,他利用孙中山等人为其举办的宴会,讲俄国革命的历史、胜利的原因,军队及其政治工作,帝国主义、殖民地和半殖民地,等等。"正是在这些宴会上为国民党改组的工作奠定

---

① 《中国国民党改组宣言》(1923年11月25日),《孙中山全集》第八卷,第429—430页。
② 见《鲍罗廷关于华南形势的札记》(1923年12月10日),中共中央党史研究室第一研究部译:《联共(布)、共产国际与中国国民革命运动(1920—1925)》,第377页,内中称决议是25日作出的。今人定为26日,见1923年11月26日条,桑兵主编,曹天忠、周楠著:《孙中山史事编年》第九卷(1923.1—1923.12),第5013—5014页。
③ 1923年11月27日条,桑兵主编,曹天忠、周楠著:《孙中山史事编年》第九卷(1923.1—1923.12),第5015页。
④ 《致蒋中正电》(1923年10月25日),《孙中山全集》第八卷,第335—336页。

了基础。"①不管鲍罗廷是否真的在宴会上规划了国民革命,他表现出了卓越的推动议题实现的能力,而代为起草重要文件,也显示出他颇得孙中山信任。

改组积极推进之际,1923年11月28日,共产国际作出《共产国际执行委员会主席团关于中国民族解放运动和国民党问题的决议》。决议分析了国民党人辛亥革命未能彻底的原因,在于"没有吸收城乡广大劳动群众参加斗争",仅仅寄希望于军事斗争。共产国际"满意地指出",以孙中山为首的国民党革命派已经认识到必须接近劳动群众,"必须通过广泛的宣传和组织工作同他们保持最密切的联系"。三民主义需作出新的解释,以表明"国民党是一个符合时代精神的民族政党"——"民族主义,就是国民党依靠国内广大的农民、工人、知识分子和工商业者各阶层,为反对世界帝国主义及其走卒、为争取中国独立而斗争。"关于民权主义,"只有那些真正拥护反帝斗争纲领的分子和组织才能广泛享有这些权利和自由,而决不使那些在中国帮助外国帝国主义者或其走狗(中国军阀)的分子和组织享有这些自由"。关于民生主义,"如果解释为把外国工厂、企业、银行、铁路和水路交通收归国有,那它才会对群众具有革命化的意义,才能在群众中得到广泛的反响"。但民生主义"不能解释为国家实行土地国有化"。共产国际表示:它"曾经而且还将指示"中国共产党、工人阶级和劳动农民,"必须全力支持国民党";国民党应当利用帝国主义间的矛盾,而且"必须"同苏联建立统一战线。②

这一决议是鲍罗廷和中共的行动指南。后来在上海举行的共产党和青年团联席会议上,鲍罗廷作了报告,他表示,共产国际的决议体现了我们"对国民党的总的态度",广州的事实证明,共产党和青年团"可以组织国民革命运动,使各地的国民党组织中都有自己的同志,他们同自己相应的机构保持

---

① 《鲍罗廷关于华南形势的札记》(1923年12月10日),中共中央党史研究室第一研究部译:《联共(布)、共产国际与中国国民革命运动(1920—1925)》,第372页。

② 《共产国际执行委员会主席团关于中国民族解放运动和国民党问题的决议》(1923年11月28日),中国社会科学院近代史研究所翻译室编译:《共产国际有关中国革命的文献资料》第一辑,第81—83页。

联系并在当地国民党组织中贯彻他们的决议,从而不仅不会削弱自己的党,而且会使得它变得越来越强大"。陈独秀的报告则承认中共三大以来有几个月中共在改组国民党方面"无所作为",一方面因为中共党内有分歧,一方面因为"国民党本身没有任何前进的动力"。但到 11 月,这个情况改变了,24 日至 25 日召开的中共中央执委会扩大全会决议没有加入国民党的中共党员立即加入,而且"应该在国民党内竭尽全力为自己争取领导权"。联席会议后来作出四项决议,其中包括:共产党员加入国民党后,应该反对"老国民党人对国民革命运动的错误理解","共产党员不应该在各种委员会中谋求职位",等等。①

然而,规划中的国民党改组当然不会一帆风顺。如前所述,孙中山本人就有通过关余事件运作西方列强的言行;而国民党内,对苏俄和中共的介入改组,也有人公开反对。其中,邓泽如、林直勉等 11 人上书孙中山,认为国民党改组的方案和文件,出自共产党议定,由鲍罗廷指挥;共产党企图"借国民党之躯壳,注入共产党之灵魂"。他们危言耸听地表示,"五年之后,将见陈独秀被选为总理"。②邓泽如等正是广东国民党的主要负责人,在改组中首当其冲,其表态当然无法轻易忽视。

孙中山表示,是他本人请鲍罗廷起草国民党党纲、党章草案,并亲自审定。原文为英文,廖仲恺译为中文。陈独秀并未与闻此事,"切不可疑神疑鬼"。他说:俄国革命成功,我的革命不成功,是"各党员至今仍不明三民主义之过也"。他说:"我国革命向为各国所不乐闻,故尝助反对我者以扑灭吾党,故资本国家无表同情于我党,所望为同情只有俄国及受屈之国家及受屈之人民耳。"③孙中山甚至警告邓泽如:不赞成改组,可以退出国民党;如大家都不

---

① 《鲍罗廷的札记和通报》(摘录),中共中央党史研究室第一研究部译:《联共(布)、共产国际与中国国民革命运动(1920—1925)》,第 441—443 页。
② 中国国民党中央党史史料编纂委员会:《国父年谱》下册,台北:"中华民国"各界纪念国父百年诞辰筹备委员会,1965 年,第 977—978 页。
③ 《批邓泽如等的上书》(1923 年 11 月 29 日),《孙中山全集》第八卷,第 458—459 页。

赞成,他将解散国民党,加入共产党。① 正因为有这样那样的异议,11月底,廖仲恺、鲍罗廷奉命到沪,向上海方面解释改组问题。

进入1923年12月,关余斗争更加激烈,列强拒绝了广州政府的建议,并警告采取强迫措施,各国军舰也纷纷派到广州。这对孙中山的改组计划,形成了客观上的推动作用。12月3日,孙中山主持临时执委会,决议确定每省由孙中山指派3人,上海本部介绍同志6人备拣;统一大本营党务处、大本营宣传委员会、广东宣传局等为一个委员会;党员发表意见于报纸,须委员会核准。② 12月7日,孙中山致电上海国民党事务所,因国民党中央执委会已经在广州成立,令撤销上海本部及中央干部会议,广东作为革命根据地的态势进一步凸显。12月9日,孙中山在大本营对国民党员发表演讲称:此次改组,"乃以苏俄为模范,企图根本的革命成功";国民党过去的失败,"由于党人不为主义奋斗之故","军队革命成功非成功,党人革命成功乃真成功"。所以,改组之后,国民党要"用党义战胜,用党员奋斗"。③

同时,廖仲恺主持上海党务,提出从基层改组国民党的思路:"以区分部为基本",设3人为执行委员,每周开会一次,并向上级报告;区内党员,每两周开大会一次。党员的吸收从基层做起,通过党员大会进行。区党部之上为县党部,再上为省党部,然后是重要执行委员会和全国党员大会。上海、广州作为重点,广州设12个区分部,成立临时执行委员会;上海由汪精卫等7人执掌上海执行部,下设7个区分部。④

关余斗争渐入高潮之际,1923年12月23日,上海国民党党员举行大会,

---

① 1923年11月29日条,桑兵主编,曹天忠、周楠著:《孙中山史事编年》第九卷(1923.1—1923.12),第5018页。
② 1923年12月3日条,桑兵主编,曹天忠、周楠著:《孙中山史事编年》第九卷(1923.1—1923.12),第5023页。
③ 《在广州大本营对国民党员的演说》(1923年12月9日),《孙中山全集》第八卷,第500—506页。
④ 1923年12月9日条,桑兵主编,曹天忠、周楠著:《孙中山史事编年》第九卷(1923.1—1923.12),第5031页。

选举全国代表大会代表。国民党之改组已成箭在弦上之势。24日,孙中山电催蒋介石来广州汇报苏俄之行,详筹中俄合作。① 1924年1月3日,孙中山主持临时执委会,决定回复旧金山华侨关于改组的疑问称:"当俄国革命之初,实行共产制度时,确与吾党三民主义不同。至俄国现在所施行之新经济政策,即是国家资本主义,与吾党之三民主义相同,故非吾党学俄国,实俄国学吾党。"②这种回复实际上是一种对不明情况者不愿节外生枝的说服技巧,但把三民主义等同于国家资本主义,也可见其与陈独秀等人强调的革命第二步中实行国家资本主义明投暗合。也就是在这次会议上,决议孙科、廖仲恺等人加紧筹备国民党讲习所。③

1924年1月6日,孙中山在指定广东、北京、上海代表后,又指定20省区代表57人,涉及直隶、湖北、江西、安徽、江苏、浙江、四川、云南、贵州、山东、山西、陕西、奉天、吉林、黑龙江、河南、新疆、甘肃、西藏、蒙古和广州特别市。尚有福建、湖南代表还未指派。④ 1月14日,完成湖南代表指派和选定。

同日,孙中山发表《关于建立反帝联合战线宣言》,宣言直接指控"帝国主义之英、美、法、日、意,各皆坚心毅力与中国少部分著名的封建督军、破产的官僚、投机的政客此三种人形成中国之军阀政客,买卖中国矣。彼等又助力反革命派完成地方封建政治矣"。号召"起!起!速起!形成反帝国主义联合战线!"⑤将反帝和反封建直接联系起来,是孙中山革命语言的重大变化,显示了改组前夕他在关余斗争中获得的新认知。但这并不意味着他已经铁心贴上反帝的标签,1924年1月15日,大本营和临时执委会召开联席会议,讨

---

① 1923年12月24日条,桑兵主编,曹天忠、周楠著:《孙中山史事编年》第九卷(1923.1—1923.12),第5051—5052页。
② 中国国民党中央党史史料编纂委员会:《国父年谱》下册,第988—989页。
③ 桑兵主编,敖光旭著:《孙中山史事编年》第十卷(1924.1—1924.8),北京:中华书局,2017年,第5065页。
④ 陈锡祺主编:《孙中山先生年谱长编》下册,北京:中华书局,1991年,第1788—1789页。
⑤ 《关于建立反帝联合战线宣言》(1924年1月6日),广东省社会科学院历史研究所、中国社会科学院近代史研究所中华民国史研究室、中山大学历史系孙中山研究室合编:《孙中山全集》第九卷,北京:中华书局,1986年,第23页。

论与被压迫国家民族革命运动结成联合战线的问题。鲍罗廷尖锐地质问："你们打算和哪些民族共同行动？……只要看一遍国民党的宣言就足以明了，你们是准备反对帝国主义的。民族和国家划分为被压迫的和压迫人的。你们打算同其中的哪些国家和民族携手前进呢？"临时执委会采纳的说法是："国民党将民族革命运动置于本国广大人民群众的支持的基础之上，并同时认为，同其他被压迫国家的民族革命运动，以及与我党有着共同目的——为争取殖民地、半殖民地国家的解放而斗争的世界革命运动建立反对帝国主义及其在华势力的统一战线是必不可少的。"但孙中山认为这种提法是不合时宜的，"会把一切事情都弄糟"，要等到时机成熟。①

1月16日，孙中山听取了"孙逸仙博士代表团"团长蒋介石访问苏俄的报告。他认为蒋介石对中苏关系未来的展望，"未免顾虑过甚"。共产党在国民党领导下，受其指挥，才能限制其制造阶级斗争；北伐成功后，三民主义可如期实行。而苏俄"只承认本党为唯一领导革命的政党，并力劝其共产党员加入本党，服从领导，而又不否认中国并无实行其共产主义的可能"。孙中山坚持进行改组。②

孙中山后来向记者表示，转向苏俄实非得已，"当时的中华民国就如落入急流中的孩子，随时都有溺毙的危险，英、美两国对此置之不理，而这时俄国成为飘过来的唯一的救命稻草"。③ 如何理解孙中山的这番与其一系列改组动作矛盾的话？对此，必须深入其语境。孙中山的并非全然心甘情愿，揆诸关余事件前后的种种表示，当是事实。鲍罗廷就很刻薄地评价孙中山说："无论给这头老狼喂多少东西，他还是盯着'自由民族'，他始终期待着以此来拯

---

① 亚·伊·切列潘诺夫：《中国国民革命军的北伐——一个驻华军事顾问的札记》，中国社会科学院近代史研究所翻译室译，北京：中国社会科学出版社，1981年，第62—64页。
② 1924年1月16日条，桑兵主编，敖光旭著：《孙中山史事编年》第十卷（1924.1—1924.8），第5099页。
③ 桑兵主编，曹天忠、周楠著：《孙中山史事编年》第九卷（1923.1—1923.12），第5057页。

救中国。"①一开始就埋下的种子,后来渐渐发酵,终于影响国民革命的结局,这也是国民党一大的各位参与者无法预料到的。

七、国民党第一次召开全国代表大会

1924年1月19日,中国国民党第一次全国代表大会预备会在广州召开,揭开了国民党一大的大幕。

当天上午11点开始的预备会,胡汉民任会议主席,讨论大会议事日程、组织主席团等事宜。汪精卫先请廖仲恺报告筹备大会的经过,廖说:大会代表,每省同志互选3人,总理指定3人;选举有在上海举行的,有在广州举行的;海外党员,每支部定派1人,由当地选出,分部亦派1人,但无表决权;议事日程,第一天组织主席团,上午9点到12点,下午2点到5点,晚上7点半开委员会。然后汪精卫临时中央执委会筹备大会内容以及改组理由、纪律与提案等问题。最后决定,临时中央执委会起草的议事规则交大会表决适用;至于主席团,由总理决定。②

1924年1月20日上午9点,中国国民党第一次全国代表大会在广东高等师范学堂开幕,约200人出席大会。其中,李大钊、毛泽东、谭平山、张国焘、于树德、李立三、韩麟符、于方舟、瞿秋白、袁达三、赵幹、夏曦、胡公冕、宣中华、廖乾五、朱季恂、王烬美、陈镜湖、李永声、谢晋、詹大悲、沈定一、林伯渠、李维汉等24名共产党员与会。③

孙中山致开幕词,他说,这次大会是国民党自有民国以来的第一次,"也是自有革命党以来的第一次",是"中华民国的新纪元"。

他回顾了辛亥革命的历史,说那时革命党"各自为战,没有集合,没有纪

---

① 《鲍罗廷的札记和通报》(摘录),中共中央党史研究室第一研究部译:《联共(布)、共产国际与中国国民革命运动(1920—1925)》,第434页。
② 陈锡祺主编:《孙中山年谱长编》下册,北京:中华书局,1991年,第1800—1801页。
③ 陈锡祺主编:《孙中山年谱长编》下册,第1802页。

律","革命仍然算失败"。武昌起义后,少数的革命党被多数的官僚包围。"那般〔班〕官僚说:'革命军起,革命党销。'当时的革命党也赞成这种言论,于是大家同声附和,弄到现在只有军阀的世界,没有革命的成绩,所以革命党至今仍失败。这就〔是〕我们失败的大原因。今天大家都觉悟了,知道这话不对,应该要说:'革命军起,革命党成。'所以从今天起,要把以前的革命精神恢复起来,把国民党改组。"

他说:"革命党三十年来为良心所驱使,不论成败去革命,革命成功了,对于国家不知道用甚么方法去建设。"现在,找到方法了,"这些新方法的来源,是本总理把先进的革命国家和后进的革命国家,在革命未成功之前、已经成功之后所得的种种革命方法,用来参考比较,细心斟酌,才定出来的",希望大家讨论后带回各地去实行。

他设定了国民党改组的任务:第一件是改组国民党,"要把国民党再来组织成一个有力量有具体的政党";第二件"就是用政党的力量去改造国家"。他分析了国民党组织上的弱点:"另外有一件事要大家注意:就是从前本党不能巩固的地方,不是有甚么敌人用大力量来打破我们,完全是由于我们自己破坏自己,是由于我们同志的思想见识过于幼稚,常生出无谓的误解。所以全党的团结力便非常涣散,革命常因此失败。我们便要团结一致,都要把自己的聪明才力贡献到党内来,自己的聪明才力不可归个人所用,要归党内所用。大家团结起来,为党为国,同一目标,同一步骤,像这样做去,才可以成功。""本党以前的失败,是各位党员有自由,全党无自由;各位党员有能力,全党无能力。中国国民党之所以失败,就是这个原因。"①

会上,根据廖仲恺的建议,孙中山指定大会主席团由胡汉民、汪精卫、林森、谢持和李大钊5人组成。接着,孙中山主持通过大会会议规则和秘书处组织规则。②

---

① 《中国国民党第一次全国代表大会开幕词》(1924年1月20日),《孙中山全集》第九卷,第95—98页。

② 陈锡祺主编:《孙中山年谱长编》下册,第1803页。

当天下午2点开会,孙中山发表演讲。他说,"现在的问题,是国民党改组问题"。其原因在于,"我们自办同盟会以来,有很大的力量表现出来,就是把满洲政府推倒。但推倒之后,官僚之流毒日益加甚,破坏虽成功,建设却一定没有尽[力]。这十三年来,政治上、社会上种种黑暗腐败比前清更甚,人民困苦日甚一日。故多数反革命派即以此为口实而攻击革命党,谓只有破坏能力,而无建设能力。此种话我们革命党虽不肯承认,然事实上确是如此。……故从各方面看来,中国自革命后并无进步,反为退步。……今人民皆以此归咎于革命党,我党亦不能不受。"

政权不在革命党手中,革命党无从进行政治建设,这与反革命派旧官僚混入革命队伍有关。孙中山说:"俄国有个革命同志曾对我言,谓中国反革命派之聪明本事,俄国反革命派实望尘莫及。俄之反革命派之为官僚和知识阶级,当革命党发难时,均相率逃诸外国,故俄国革命党能成功。而中国的反革命派聪明绝顶,不仅不逃避,反来加入,卒至破坏革命事业。""若当时有办法、有团体,先事防范,继续努力奋斗下去,建设起来,则只需三年之时期。"俄国革命党有方法,结果,革命比中国晚六年才发生,却成功了。

"此次改组,就是从今天起,重新做过。"孙中山提出,"将十三年前种种可宝贵最难得的教训和经验来办以后的事",解除人民痛苦,消灭国家障碍。他在大会上提出《中国国民党宣言案》,表示,"此宣言将国民党之精神、主义、政纲完全发表","今后即可管束吾人之一切举动"。①

大会秘书长刘芷芬宣读中国国民党宣言草案后,廖仲恺请孙中山指定宣言审查委员。孙中山指定胡汉民、戴季陶、茅祖权、李大钊、恩克巴图、叶楚伧、王恒、黄季陆和于树德等9人为宣言审查委员。②

孙中山暂离会场,胡汉民代为主席,林森向大会说明《组织国民政府之必要案》。孙中山返回会场后,又就此做了说明,宣布与"护法"做历史性切割:

---

① 《中国之现状及国民党改组问题》(1924年1月20日),《孙中山全集》第九卷,第99—101页。

② 陈锡祺主编:《孙中山年谱长编》下册,第1804页。

"今次本总理再回广州,不是再拿护法问题来做功夫。现在的政府为革命政府,为军事的时期政府。"他总结关余斗争过程说:"今日之事,实缘我们没有正式组织,没有明明白白与北方脱离关系,故组织国民政府实为目前第一问题。"他重申国民党一大一为了改组党,二为了建设国家。关于建设国家,要研究两个问题:一是立即将大元帅政府变为国民党政府;二是将建国大纲表决后,"四出宣传,使人民了解其内容,结合团体,要求政府之实现"。

他向大家说明了师法苏俄、建设新体制的想法:"现尚有一事可为我们模范,即俄国完全以党治国,比英、美、法之政党,握权更进一步;我们现在并无国可治,只可说以党建国。待国建好,再去治他。"他回顾了俄国革命史,提出:"……可见俄之革命,事实上实是三民主义。其能成功,即因其将党放在国上。我以为今日是一大纪念日,应重新组织,把党放在国上。""党有力量,可以建国。故大家应有此思想与力量,以党建国。"①党国体制的预想与设计,一改民国建立以来的各种政治设计方案,成为国民党一大的崭新内容。

虽然孙中山非常强调设立国民政府的必要性,但事实上,大会召开之前,鲍罗廷已经就此与孙中山进行了"很严肃"的谈话。事情的起因是关余事件中,英国方面希望同"地方性的"而不是"全国性"的广州政府建立"某种直接接触"。孙中山为此大怒,决定把自己的政府改组为全国性政府。鲍罗廷认为,这"会断送召开代表大会的宗旨",大会不是为了选总统,"而是为了通过国民党的行动纲领,为了改组党"。经与孙中山沟通,孙中山同意取消决定,"只限于由代表大会表示赞成有必要成立全国政府,并指示党在群众中进行有力的宣传鼓动工作,支持全国政府的口号"。②

当天晚宴,孙中山宴请各省代表和外蒙古代表,再次发表重要演讲,称:"俄国人立志革命,希望一百年成功,现在不过二十多年便完全达到成功的目

---

① 《关于组织国民政府案之说明》(1924年1月20日),《孙中山全集》第九卷,第101—104页。

② 《鲍罗廷的札记和通报》(摘录),中共中央党史研究室第一研究部译:《联共(布)、共产国际与中国国民革命运动(1920—1925)》,第439—440页。

的。我从前希望数年成功,现在已经到了三十年,还没有大功告成。这是因为中国人革命的方法和气魄不及俄国人。"他谦虚地表示:"后来能够推翻满清,且免去列强瓜分,都是无意中作出来的,预先毫没有料到。"他说,自己发明了"知难行易"学说,"从前的革命,不知还能行;此后的革命,能知当更能行。知了才去行,那种成功当然像俄国一样"。

他还提到,外蒙古巴先生"不远万里而来,想联合成一个大中华民国,就是因为我们有主义。由此便可见主义大过武力。用主义来建国,万万里都是来朝的;用武力去征服别人,近在咫尺都是反叛的"[①]。

1月21日,孙中山在代表大会上专门就民生主义做说明,"庶几本党同志因此主义所发生之误会、怀疑、暗潮,可以完全打破"。他说,"老同志"和"新同志"均未明白民生主义真谛。共产党人"心悦诚服"加入国民党,"老同志"多有怀疑,实际上此次改组,绝不是要将国民党改组为共产党。民生主义包括社会主义,社会主义又包括"集产主义"和"共产主义"。[②] 1月22日,临时中央执委会将《中国国民党章程草案》交付大会审查。

《中国国民党第一次全国代表大会宣言》系共产国际和鲍罗廷关注的焦点。1月23日,其草案被提交给大会。因为国民党内特别是一些"前辈"对此中反帝等内容有争议,孙中山曾想取消,代之以"提出他本人为全国政府起草的纲领"。鲍罗廷认为,取消宣言,大会就"毫无用处","而宣言作为对中国迫切问题的反应和回答,将成为运动的指导性和决定性文件"。舒尔曼就关余问题进行的拜访、交涉,显然影响了孙中山,经过反复冗长的讨论,鲍罗廷要求孙中山作出抉择:"是同帝国主义营垒中的2.5亿人前进,还是同遭受帝国主义压迫的12.5亿人前进。"孙中山对此雄辩频繁肯定,拉住鲍罗廷的手走入会场,《宣言》在孙中山第一个投票赞成的加持下,得以通过。[③] 同一天,《国民

[①] 《欢宴国民党各省代表及蒙古代表的演说》(1924年1月20日),《孙中山全集》第九卷,第106—107页。

[②] 《关于民生主义之说明》(1924年1月21日),《孙中山全集》第九卷,第110—112页。

[③] 《鲍罗廷的札记和通报》(摘录),中共中央党史研究室第一研究部译:《联共(布)、共产国际与中国国民革命运动(1920—1925)》,第471—476页。

政府建国大纲》提交大会审议,其核心内容为本三民五权之旨建设民国,政府训导人民行使选举、罢免、创制、复决等权,将建国分为军政、训政、宪政三阶段,地价增溢归地方政府经营公共需要,县为自治单位,颁行宪法后中央统治权归国民大会行使,等等。①

1月24日,就加拉罕致电祝贺国民党一大,孙中山复电确认,国民党一大的目的,"在继续辛亥革命事业,以底于完成,使中国脱除军阀与夫帝国主义之压迫,以遂其再造"。这一事业,"全世界之自由民族必将予以同情,而俄国人民来此先声,尤为吾人所感激"。②

大会召开之际,1924年1月25日,孙中山等接到了列宁21日逝世的消息。孙中山结合改组事宜,发表悼念演讲,对列宁作了高度的评价:"故其为人,由革命观察点看起来,是一个革命之大成功者,是一个革命中之圣人,是一个革命中最好的模范。"他号召学习列宁,巩固党基。他说,这次改组由总理制改为委员制,是因为"有很多有新思想的青年出来了,人民的程度也增高起来了,没有人觉得中国的革命应在二十年以后了。我们从事革命的事业,国民只以为太慢,不以为太快了。故此次改组,即把本党团结起来,使力量加大,使革命容易成功,以迎合全国国民的心理"。

孙中山自比于列宁说:"此次改组,就是本总理把个人负担的革命重大责任,分之众人,希望大家起来奋斗,使本党不要因为本总理个人而有所兴废,如列宁先生之于俄国革命党一样。这是本总理的最大希望。"孙中山提议广州各机关下旗三日志哀,并请鲍罗廷介绍列宁的为人。③ 随后,大会发唁电给苏联代表加拉罕,决定国民党一大休会三天,以志哀悼。

不管孙中山身上还存留多少鲍罗廷担心的亲西方尤其是亲美思想,孙中山在国民党一大期间表现出来的以俄为师的态度,引起了苏俄人士的注意,并得到了他们极高的评价:"现在国民党不仅想成为党,而且它以自己的行动

---

① 《国民政府建国大纲》(1924年1月23日),《孙中山全集》第九卷,第126—129页。
② 《复苏联代表加拉罕电》(1924年1月24日),《孙中山全集》第九卷,第130页。
③ 《关于列宁逝世的演说》(1924年1月25日),《孙中山全集》第九卷,第136—138页。

证明,它确实想成为党。孙逸仙实现了这个有意义的演变。当你考虑到这个问题时,你就会不由自主地得出结论,孙逸仙对于国民党来说,就像伊里奇对于俄国共产党一样。"他的说服技巧同样令人印象深刻,一些国民党老党员认为国民党布尔什维克化了,孙中山说,并非如此,而是共产党人向国民党的纲领靠近了;有人提出这次改组是外部因素强加的,但孙中山让所有反对派都同意按新的原则改组党。①

1月28日,代表大会通过了《中国国民党总章》。规定:国民党一大为促进三民主义之实现、五权宪法之创立而制定《总章》,《总章》分"党员""党部组织""特别地方党部组织""总理""最高党部""省党部""县党部""区党部""区分部""任期""纪律""经费""国民党党团"等13章和"附则"。按《总章》规定,"凡志愿接收〔受〕本党党纲,实行本党决议,加入本党所辖之党部,依时缴纳党费者",均得为国民党党员。各级党部以全国代表大会、地方代表大会和地方党员大会为"高级机关",各级党部设中央执行委员会、省执行委员会、县执行委员会、区执行委员会和区分部执行委员会,下级受上级管辖。热河、绥远、察哈尔、蒙古、西藏、青海等地党部与省同。国民党最高机关为全国代表大会,常会每年召开一次,有必要时,召开临时全国代表大会。全省代表大会六个月召开一次,县代表大会三个月召开一次,区代表大会或党员大会每个月召开一次。中央到区的执行委员会委员任期一年,区分部半年。纪律惩罚包括:党内惩戒,公开惩戒并登党报,暂时或永久开除党籍。党员每月需缴纳二角党费,未经批准,三个月不交者停止党员资格。在工会、议会、学校、商会等机构中,组织国民党党团,"受所属党部执行委员会之指挥及管辖"。

《总章》特设"总理"一章,以示对孙中山的尊崇,按规定,总理为全国代表大会主席,为中央执行委员会主席,"对于全国代表大会之议决,有交复议之权","对于中央执行委员会之议决,有最后决定之权"。② 这一特别规定,有其

---

① 《斯列帕克给维经斯基的信》(1924年2月8日),中共中央党史研究室第一研究部译:《联共(布)、共产国际与中国国民革命运动(1920—1925)》,第407—408页。

② 《中国国民党总章》(1924年1月28日),《孙中山全集》第九卷,第152—162页。

历史原因;其后的演变,对中国现代政治产生了重大影响。

1月30日,经孙中山提议,大会选举孙中山、胡汉民、汪精卫、张静江、廖仲恺、李烈钧、居正、戴季陶、林森、柏文蔚、丁惟汾、石瑛、邹鲁、谭延闿、覃振、谭平山、石青阳、熊克武、李守常(大钊)、恩克巴图、王法勤、于右任、杨希闵、叶楚伧、于树德等25人为国民党中央执行委员会委员。邵元冲、邓家彦、沈定一、林祖涵(伯渠)、茅祖权、李宗黄、白云梯、张知本(难先)、彭素民、毛泽东、傅汝霖、于方舟、张苇村、瞿秋白、张秋白、韩麟符、张国焘等17人为候补委员。①

这一天下午,孙中山发表了闭幕词。他说,会议的大事,要立刻去做"宣传材料的",是《中国国民党第一次全国代表大会宣言》。他介绍了《宣言》的结构,提出,"主义是永远不能更改的,政纲是随时可以修正的",但要有时限和程序,不可"自作自为"。党员的奋斗如同军队作战,"一致行动就是党员的好道德"。这次大会,像一个大的军事会议,下达了许多攻击命令,又像大兵工厂,造了很多枪炮子弹,都需要各位代表带回去实行。他祈愿,"从今以后拿了好办法去革命,便可一往直前,有胜无败,天天成功,把三民主义、五权宪法宣布到全国的民众"。②

在中国现代革命史上,国民党一大始终占有重要的位置。大会的运作者之一鲍罗廷本人,对国民党本身评价并不高,他说:

> ……对于劳动人民来说,民族主义具有非常具体的内容:把国家从帝国主义的统治下解放出来,同时也把自己从本地的剥削中解放出来。所有这些是毫无疑问的。只要国民党不明白这一点,它就永远不能成为真正的国民革命的政党(国民党第一次代表大会的意

---

① 《中国国民党第一届中央执行委员会名单》(1924年1月30日),《孙中山全集》第九卷,第180—181页。
② 《中国国民党第一次全国代表大会闭幕词》(1924年1月30日),《孙中山全集》第九卷,第176—180页。

义正在于它破天荒第一次试图弄明白这一点)。如果我在这里讲国民党不仅不是以人民群众为基础,而且甚至没有为自己提出足够明确的民族任务,那么我是想用这一点来说明,国民党不仅不是一个国民革命的政党(为此就应该以群众为基础),而且即便从资产阶级的角度来看,它甚至也不是一个捍卫中国利益的民族主义的政党。①

即便如此,他也高度认可国民党一大的意义:"1924 年 1 月 20—30 日在广州召开的国民党第一次代表大会开辟了中国国民革命运动的新纪元。"②

中国共产党和中国社会主义青年团中央局分析了国民党一大的成绩,认为对于"幼稚"的国民党不应奢求,要着眼双方合作的未来,因为"现在及最近的将来,我们确实有在国民党内竭诚的和国民党合作之必要"。关于"对外恢复国权,对内民众的政治宣传及为人民利益奋斗的表示","决不能让步";同时,"须一致一切感情并抛弃鄙视国民党之旧观念,努力深入其群众,以期达到国民革命的联合战线之目的"。因为上述原因,也因为知道"幼稚的国民党初次全国大会代表分子非常复杂,不愿以希望过奢,致碍我们合作的初幕",所以只就其中五项提出最低限度主张:(1) 对于党纲草案,大致赞同,对其中的民族主义,有所补充;(2) 对于章程草案,大致赞成,对于地方组织,主张当地选人,不得由旅粤或旅沪党人遥领;(3) 对于政纲,拥护国际代表的八条意见;(4) 对于中央执行委员会,同选谭平山;(5) 对于宣传事业,在党的主义政策之外,须兼及有关人民利害的每个实际问题。③

年轻的共产党人认为国民党"幼稚",而给予同情之理解,这是观察国民革命不可缺位的视角。

---

① 《鲍罗廷的札记和通报》(摘录),中共中央党史研究室第一研究部译:《联共(布)、共产国际与中国国民革命运动(1920—1925)》,第 423 页。
② 《鲍罗廷的札记和通报》(摘录),中共中央党史研究室第一研究部译:《联共(布)、共产国际与中国国民革命运动(1920—1925)》,第 419 页。
③ 《中国共产党中国社会主义青年团对于国民党全国大会意见》(1924 年 1 月),中央档案馆编:《中共中央文件选集》第一册(1921—1925),第 215—216 页。

八、三民主义的新阐发

《中国国民党第一次全国代表大会宣言》是国民党一大的标志性成果。其诞生的复杂过程，反映了苏俄、孙中山等多方理论和思想的碰撞和磨合，是国民革命的旗帜。

《宣言》的内容，按照鲍罗廷1924年1月27日早晨给孙中山的修改意见，"它由三部分组成——评论、最终目标和为建立一个不仅得到国民党支持的全国政府的真正的行动纲领"，"更简单地说：宣言就是国民党的过去、未来和现在"。[①] 这是就宣言的思想逻辑而言。1月23日通过的成文的《宣言》分"中国之现状""国民党之主义""国民党之政纲"三大部分。

"中国之现状"回顾了甲午以后革命党人追随孙中山革命、推翻清政府的简要历史。然而，"革命虽号成功，而革命政府所能实际表现者，仅仅为民族解放主义。曾几何时，已为情势所迫，不得已而与反革命的专制阶级谋妥协。此种妥协，实间接与帝国主义相调和，遂为革命第一次失败之根源"。在这里，国民党人不仅承认辛亥革命"失败"，而且认为失败的原因是与封建势力和帝国主义妥协。这个认知极大地影响了此后中国史学界对于辛亥革命的评价。

《宣言》认为，反袁失败，是因为"尚未能获一有组织、有纪律、能了解本身职任与目的之政党故也"。袁世凯死后，革命仍然归于失败，"所谓民国政府，已为军阀所控制，军阀即利用之结欢于列强"，而列强亦利用之，"使中国内乱纠缠不已"。"可知中国内乱，实有造于列强"，内乱又造成经济凋敝。"中国深入半殖民地之泥犁地狱"，急于寻找出路。出路何在？立宪派、联省自治派、和平会议派、商人政府派等等之方案，徒托空言，而国民党"以国民革命、

[①] 《鲍罗廷的札记和通报》（摘录），中共中央党史研究室第一研究部译：《联共（布）、共产国际与中国国民革命运动（1920—1925）》，第477页。

发动革命：国民革命的起源（1920—1925）

实行三民主义为中国唯一生路"。

"国民党之主义"分门别类地介绍了三民主义的新内涵。

民族主义有两层意思："一则中国民族自求解放；二则中国境内各民族一律平等。"一方面，国民党求中国的民族解放，"恃为后盾者，实为多数之民众，若知识阶级、若农夫、若工人、若商人是已"。所以民族主义"实为健全之反帝国主义"。另一方面，"国内各民族宜可得平等之结合"，革命成功以后，"当组织自由统一的（各民族自由联合的）中华民国"。

国民党的民权主义，既有间接民权，也有直接民权。国民不但有选举权，还有创制、复决、罢官各权。民权运动的方式，以立法、司法、行政、考试、监察五权分立为原则。"凡真正反对帝国主义之个人及团体，均得享有一切自由及权利"，反之不得享有。

国民党的民生主义，重要原则有二：平均地权，节制资本。平均地权的要旨是，"私人所有土地，由地主估价呈报政府，国家就价征税，并于必要时依报价收买之"。节制资本的要旨是，"凡本国人及外国人之企业，或有独占的性质，或规模过大为私人之力所不能办者，如银行、铁道、航路之属，由国家经营管理之，使私有资本制度不能操纵国民之生计"。

在阐释三民主义新内涵的基础上，《宣言》提出："国民革命之运动，必恃全国农夫、工人之参加，然后可以决胜，盖无可疑者。国民党于此，一方面当对于农夫、工人之运动，以全力助其开展，辅助其经济组织，使日趋于发达，以期增进国民革命运动之实力；一方面又当对于农夫、工人要求参加国民党，相与为不断之努力，以促国民革命运动之进行。"至于革命军人，革命完全成功后，"革命政府行将给以广田"。

本着这样的三民主义，《宣言》指出，将训练其党员，使之成为"宣传主义、运动群众、组织政治之革命的人才"。

"国民党之政纲"分对外、对内政策。对外政策有七条：（1）"一切不平等条约，如外人租借地、领事裁判权、外人管理关税权以及外人在中国境内行使一切政治的权力侵害中国主权者，皆当取消，重订双方平等、互尊主权之条约。"(2)凡自愿放弃一切特权的国家,及愿意废除破坏中国主权之条约者,中国皆给予最惠国待遇。(3)中国与列强订立的条约有损中国利益者,要重新审定,以不有害双方主权为原则。(4)中国所借外债,应当在政治、实业上不受损失的范围内,"保证并偿还之"。(5)(退还的)庚子赔款,应当完全划作教育经费。(6)"中国境内不负责任之政府"如北京政府,所借外债,不是为了增进人民幸福,而是为了维持军阀地位,"此等债款,中国人民不负偿还之责任"。(7)召集各省职业团体、社会团体,讨论偿还外债方法,"以求脱离因困顿于债务而陷于国际的半殖民地之地位"。

对内政策有16条:关于中央及地方权限,采均权主义;各省自定省宪法,自举省长;确定县为自治单位;实行普选制;厘定各种考试制度;确定人民有集会、结社、言论、出版、居住、信仰的完全自由;将募兵制逐步改为征兵制;设法安置土匪流民,使之从事有益工作;严定田赋地税法定额,禁止额外征收,如厘金等;清查户口,整理耕地,调整粮食产销;改善农村组织,提高农民生活;制订劳工法;确认男女平等;励行教育普及;国家规定土地法、土地使用法、土地征收法及地价税法;国家经营管理具有独占性质或私人力量不足以办理的企业。

以上政纲,比较具体,《宣言》称,"皆吾人所认为党纲之最小限度,目前救济中国之第一步方法"。①

就在《中国国民党第一次全国代表大会宣言》酝酿、修改、公布前后,孙中山开始系统演讲三民主义。孙中山本来准备在《建国方略》的《心理建设》《物质建设》《社会建设》出版之后写作《国家建设》的,而《国家建设》中包括《民族主义》《民权主义》《民生主义》等8册内容,不料陈炯明叛变,草稿尽毁,"并备参考之西籍数百种,悉被毁去"。国民党改组,需要"宣传之资",1924年1月27日,孙中山乃开始演讲三民主义,由黄昌谷做笔记,邹鲁读校。② 这一次的

---

① 《中国国民党第一次全国代表大会宣言》(1924年1月23日),《孙中山全集》第九卷,第114—125页。

② 《民族主义·自序》,《孙中山全集》第九卷,第183页。

系统演讲,虽有各种遗憾,如无参考书,《民生主义》也未讲完,但代表了孙中山晚年的思考,与《中国国民党第一次全国代表大会宣言》等国民党一大诸文件一起,构成三民主义的新内容。

孙中山说,三民主义就是"救国主义"。所谓"民族主义"就是"国族主义",这只适用于中国。国家和民族的区别在于:"由于王道自然力结合的是民族,由于霸道人为力结合而成的便是国家。"民族的起源有五个要素:血统、生活、语言、宗教和风俗习惯。中国人眼下只有家族和宗族,"要救中国,想中国民族永远存在,必要提倡民族主义"。日本发扬民族主义精神,成为亚洲榜样,"我们可以学到像日本,也可知将来可以学到像欧洲"。俄国革命,造成一个新趋势:"将来白人主张公理的和黄人主张公理的一定是联合起来,白人主张强权的和黄人主张强权的也一定是联合起来",世界免不了一场大战。

孙中山说,人为的力量,最大的是政治力和经济力。中国人口增长过慢,本就有做列强奴隶而不得的危险,这样就受到天然力、政治力和经济力的三种压迫。政治力容易被感受到,如关余事件中列强调集军舰前来威吓;经济压迫比较隐形,海关、银行、货币、汇兑、运输等等,每年令中国损失不下12亿,所以中国民穷财尽,面临亡国灭种。

当年在"满洲政府"的压迫下,中国的民族主义消亡了。靠着民间的会党,中国民族主义的余火还保存了,但左宗棠做了"大龙头"以后,归于灭亡。中国民族主义这么容易被消灭,就是因为长期讲世界主义。世界主义是强者的逻辑,"民族主义是人类生存的工具。如果民族主义不能存在,到了世界主义发达之后,我们就不能生存,就要被人淘汰"。世界上分两种人:2.5亿压迫者,12.5亿被压迫者。要"提倡民族主义,自己先联合起来,推己及人,再把各弱小民族都联合起来,共同去打破二万万五千万人,共同用公理去打破强权"。

孙中山提出,第一次世界大战,美国总统威尔逊提出十四条("十四点原则"),其中最紧要的就是民族自决,但英、法、意等国认为这和帝国主义利益冲突,"他们想永远维持这种垄断的地位,再不准弱小民族复兴,所以天天鼓吹世界主义,谓民族主义的范围太狭隘"。其实,"他们主张的世界主义,就是变相的帝国主义与变相的侵略主义"。但是第一次世界大战中,俄国革命发生了,"世界人类便生出一个大希望"。中国人要把民族主义恢复起来,用四亿人的力量"为世界上的人打不平",这是我们的天职。中国人爱和平,讲文明,"以后要讲世界主义,一定要先讲民族主义"。

那么,用什么方法恢复民族主义呢?孙中山说,方法有两种:第一种,"要令四万万人皆知我们现在所处的地位"。我们所受的祸害,"是从列强来的",即政治力、经济力和"列强人口增加的压迫"。提倡民族主义,"便先要四万万人都知道自己的死期将近"。第二种,就是把各姓的宗族团体结合起来,"更由宗族团体结合成一个民族的大团体"。

怎样能恢复我们的民族地位呢?孙中山说:中国现在的地位,不止是半殖民地,而是"次殖民地",比"完全殖民地"的地位还要低一级。要恢复民族地位,需要恢复民族精神。还要把"固有的旧道德先恢复起来",中国固有的道德,是忠孝、仁爱、信义、和平。"还有固有的智能也应该恢复起来",也就是格物、致知、诚意、正心、修身、齐家、治国、平天下的政治哲学。当然,"还要去学习欧美之所长",做到后来者居上。将来中国强大了,要体会今天身受的列强之苦,"济弱扶倾",帮助弱小民族,用固有的道德和平做基础,去统一世界,成一个大同之治"。[①]

关于民权主义。孙中山说,"民权就是人民的政治力量",而"管理众人的事就是政治"。"人类庶物由二十万年以来,逐渐进化,才成今日的世界。……就是民权世界。"民权时代,是人类进化的第四个时代。中国两千年前,即有民权的议论。民权是世界大势所趋,所以革命党人一开始革命,便提倡民权。自古以来,无数人想做皇帝,所以提倡民权,建设共和国家,"就是想免了争皇帝之战争"。陈炯明就是想做皇帝而附和革命的,至今帝心不死。

孙中山提出,讲民权,不能不讲自由、平等、博爱。"简单言之,在一个团体中能够活动,来往自如,便是自由。"欧美最初的战争是为了自由,争自由的

---

① 《三民主义·民族主义》(1924年1月至8月),《孙中山全集》第九卷,第183—254页。

结果就是得到民权。欧美人听到自由,就像中国人听到'发财'一样很欢迎,是因为当初他们受专制的痛苦,就像今天中国人受贫穷的痛苦一样。中国不一样,"如果一片散沙是中国人的本质,中国人的自由老早是很充分了"。"我们的革命主义,便是集合起来的士敏土,能够把四万万人都用革命主义集合起来,成一个大团体。这一个大团体能够自由,中国国家当然是自由,中国民族才真能自由。"他认为,博爱与民生主义相通,民权与平等相对待,而法国人说的自由,其实和民族主义相同。

平等问题上,孙中山的思考是辩证的。他说:"近来科学昌明,人类大觉悟了,才知道没有天赋平等的道理。""我们讲民权平等,又要世界有进步,是要人民在政治上的地位平等"。中国今天的弊病,不是不自由、不平等,拿这个去提倡民气,"离事实太远"。"三民主义能够实行,便有自由平等",真正的自由、平等,要附属到民权上。就天赋而言,人分三种:"先知先觉者为发明家,后知后觉者为宣传家,不知不觉者为实行家","天之生人虽有聪明才力之不平等,但人心则必欲使之平等,斯为道德上之最高目的"。

孙中山回顾了美国革命史,他提出,不顾事实学习美国,搞联省自治,可谓"习而不察"。因为美国富强,是各邦统一的结果,不是分裂的结果。在中国讲联省,是"为武人割据作护符"。法国革命的历史表明,"人民得到了充分的民权,拿去滥用,变成了暴民政治"。欧美民权的历史,有很多流弊,不能步其后尘。民权主义,是"把中国改造成一个'全民政治'的民国,要驾乎欧美之上"。

孙中山说,义和团失败之后,国人迷信欧美,对于民权也是如此。实际上,欧美在民权问题上没有好发明,"不足为我们的师导"。欧美物质科学进展甚速,而政治思想不然,不能一味模仿。国会议员成了猪仔议员,是学国外的民权政治"学坏了"。怎样趋利避害,孙中山提出"权能分别":"如果政府是好的,我们四万万人便把他当作诸葛亮,把国家的全权都交到他们;如果政府是不好的,我们四万万人可以实行皇帝的职权,罢免他们,收回国家的大权。""民国的人民,便是股东;民国的总统,便是总办。""国家的政治,根本上要人民有权；至于管理政府的人，便要付之于有能的专门家。"

孙中山认为，欧美物质机器进步很快，而"民权政治的机器，至今有了一百多年，没有改变"，"只有一个选举权"，原因在于，如果政府过于强大，人民便无法驾驭。照搬欧美并不能彻底解决问题。他所发明的"权能分别"就是解决思路，政府好比大马力机器，人民就是管理工程师，通过国民大会来管理。在此基础上，把"政权"和"治权"分开，政权交给人民，治权交给政府，"建设一个很完全、很有力的政府，发生极大力量运动全国，中国便可以和美国马上并驾齐驱"。孙中山设想，充分的民权可以包括选举、罢免、创制、复决四权，就是"管理政府的权"；政府的权，就是"政府来替人民做工夫的权"，政府要做好，就要用行政、立法、司法、考试、监察等五权宪法。这九权，保持平衡，"民权问题才算是真解决，政治才算是有轨道"。①

什么是民生？孙中山说，"民生就是人民的生活——社会的生存，国家的生计，群众的生命"，他用民生来讲社会问题，"故民生主义就是社会主义，又名共产主义，即是大同主义"。他说，社会主义很复杂，社会党内部也很复杂，但"研究最透彻和最有心得的"，是马克思。"马克思所著的书和所发明的学说，可说是集几千年来人类思想的大成"，"是科学的社会主义"。但是，"当初详细研究，反覆〔复〕思维，总是觉得用'民生'这两个字来包括社会问题，较之用'社会'或'共产'等名词为适当、切实而且明了"。孙中山提出，民生问题是"社会进化的原动力"，"马克思认定阶级战争才是社会进化的原因，这便是倒果为因"。在孙中山看来，马克思学说的缺陷，恰恰证明了他的"知难行易"学说。今后，"要把历史上的政治、社会、经济种种重心都归之于民生问题，以民生为社会历史的中心"。

孙中山提出，平均地权，节制资本，"便可以解决中国的民生问题"。他并不贬低共产主义，毋宁说是试图结合其主义于共产主义，"共产主义就是最高的理想来解决社会问题的。我们国民党所提倡的民生主义，不但是最高的理

---

① 《三民主义·民权主义》(1924年1月至8月)，《孙中山全集》第九卷，第254—355页。

想,并且是社会的原动力"。"共产主义是民生的理想,民生主义是共产的实行",分别只在方法。主义是不断发展的,孙中山说:过去革命党人对三民主义往往只知道革命"排满",眼下"我们国民党的旧同志,现在对于共产党生出许多误会,以为国民党提倡三民主义是与共产主义不相容的"。其实,三民主义和共产主义是好朋友。民生主义,"就是要把社会上的财源弄到平均",必须要用平均地权、涨价归公的办法解决土地问题。另外,不仅要节制资本,还要照《物质建设》开具的方法,"发达国家资本","所得的利益归大家共享"。

"民生主义的第一个问题,便是吃饭问题。"孙中山引用外来数据称,"中国人口在这十年之中所以少了九千万的原故,简而言之,就是由于没有饭吃"。其原因,就是农业不进步,同时受外国经济的压迫。民生主义,"就是要四万万人都有饭吃,而且要有很便宜的饭吃"。解决民生,农业为先,"'耕者有其田',那才算是我们对于农民问题的最终结果",另外还要解决机器、肥料、换种、除害、制造、运送、防灾等七个问题。不但要解决生产问题,还要解决分配问题,孙中山甚至提出要解决粮食储备制度:将盈余粮食存储起来,粮食足够三年之用,才能准许外运。"资本主义是以赚钱为目的,民生主义是以养民为目的",这是双方的根本区别。

吃饭之外,穿衣为第二重要之事。孙中山说,目前解决民生问题,不是要解决安适问题,不是解决奢侈问题,而是解决需要问题,穿衣也是如此。穿衣首先要解决材料的生产,也就是丝、毛、棉、麻,还要解决制造问题。解决这些问题,涉及政治,"保护本国工业不为外国侵夺,便先要有政治力量,自己能够来保护工业"。"现在欧美列强都是把中国当做殖民地的市场,中国的主权和金融都是在他们掌握之中",所以,专从经济入手,是不能解决问题的,要"打破一切不平等的条约"。①

《中国国民党第一次全国代表大会宣言》和系统演讲的《三民主义》,集中体现了苏俄和中共影响下的孙中山在理论建设上达到的新高度,成为推动国

---

① 《三民主义·民生主义》(1924年1月至8月),《孙中山全集》第九卷,第355—427页。

民革命从酝酿到发动的思想准备。

九、黄埔军校的建立

黄埔军校的建立,亦与苏俄植入革命的通盘规划有着密切的关系。1921年12月,马林在张太雷陪同下赴桂林晋谒孙中山,提出两条建议:"(一)组成一能联合各革命阶级,尤其是工农大众的政党。(二)要有真正的革命武装,应设立一军官学校。"[1]

这一设想,长期滞留在纸面上,直到孙中山和苏俄建立密切联系后,才被付诸实际的讨论。1923年下半年,孙中山对苏俄帮助其开展军事工作兴趣甚大。"孙逸仙博士代表团"的派出,即负有这方面的重大使命。1923年9月9日,"孙逸仙博士代表团"的蒋介石、沈定一、王登云和张太雷拜访了苏联革命军事委员会副主席斯克良斯基和红军总司令加米涅夫,双方交换意见后,在三个方面提出具体看法:

第一,双方认为在俄国境内为中国人成立军校是可取的。一是高级军校,培训30人左右,校址在彼得格勒或莫斯科;二是中级军校,招收500人左右,放在符拉迪沃斯托克(海参崴)或伊尔库茨克。选送学员必须严格把关。

第二,对于代表团希望得到了解红军的机会,这一想法可以接受,将有专人负责。

第三,鉴于南方英美帝国主义势力强大,代表团出发前,国民党和孙中山决定把战场转移到中国西北地区。这也是派出代表团的目的所在。蒋介石介绍说,"西北计划"的要点是:在陕西建立对付吴佩孚的兵团;在库伦以南中蒙边境建立孙中山的新军,"按照红军的模式和样子组建军队"。[2]

---

[1] 陈锡祺主编:《孙中山年谱长编》下册,第1410页。
[2] 《巴拉诺夫斯基关于国民党代表团拜会斯克良斯基和加米涅夫情况的书面报告》(1923年9月10日),中共中央党史研究室第一研究部译:《联共(布)、共产国际与中国国民革命运动(1920—1925)》,第284—287页。

但是，苏俄运作植入国民革命的过程中，根据自身的经验，始终认为政治和组织准备活动优先于纯粹的军事行动。1923年11月，托洛茨基在给契切林和斯大林的信中，严肃地否决了越飞派2名飞行员和5名参加过俄国国内战争总参谋部军官去中国的想法，他说："我认为，应该极其果断地和坚决地向孙逸仙和他的代表们灌输这样一种思想，即现在他们面临着一个很长的准备的时期：军事计划以及向我们提出的纯军事要求，要推迟到欧洲局势明朗和中国完成某些政治准备工作之后。"[①]

11月13日，当"孙逸仙博士代表团"的蒋介石、王登云、张太雷和邵元冲再次拜会斯克良斯基和加米涅夫时，斯克良斯基说："目前，孙逸仙和国民党应该集中全力在中国做好政治工作，因为不然的话，在现有条件下的一切军事行动都注定要失败。"蒋介石争辩说，在孙中山和越飞见面之后，国民党已经加强了政治活动，"但党认为同时也有必要开展军事活动"，因为地球上几乎所有的帝国主义都反对中国，而俄国革命时只有一个敌人——沙皇政府。斯克良斯基再次指出对群众的政治工作在革命中具有的重大意义，同时也可以做些军事准备工作，派中国同志到苏联军校学习，总参谋部学院可以接收3—7人，军事学校可以接收30—50人。蒋介石建议增加派出数量，斯克良斯基提出要看第一期开办的质量。[②]

1923年11月27日，托洛茨基亲自接见了"孙逸仙博士代表团"的蒋介石、沈定一、张太雷、王登云和邵元冲等五人，他坚决地指出："国民党应当立即坚决地、急剧地改变自己的政治方向盘。目前，它应该把全部注意力集中在政治工作中来，把军事活动降到必要的最低限度。你们的军事工作不应当超过政治活动的1/20，无论如何不要超过1/10。"他批评孙中山只从事军事

[①] 《托洛茨基给契切林和斯大林的信》(1923年11月2日)，中共中央党史研究室第一研究部译：《联共(布)、共产国际与中国国民革命运动(1920—1925)》，第308—309页。

[②] 《巴拉诺夫斯基关于国民党代表团拜会斯克良斯基和加米涅夫情况的书面报告》(1923年11月13日)，中共中央党史研究室第一研究部译：《联共(布)、共产国际与中国国民革命运动(1920—1925)》，第309—312页。

行动,这让他在群众眼里跟张作霖、吴佩孚没有区别。[①]

  托洛茨基等人对政治的强调,自有其论据。但如前述,在中国的鲍罗廷认为有必要建立军校,以改造国民党的武装;而且此时的广州,面临着陈炯明来犯的严峻考验,理论无法取代生存的迫切现实需要。1923 年 11 月 19 日,孙中山主持国民党临时中央执委会,决定"先招有军事学识党人约十数人,日间为学生讲习高深军事学及党义,夜间教练义勇军"。[②] 打退陈炯明后,有将"国民义勇军"的临时组织变为"本党军官学校之永久组织"之议。[③] 延续这一思路,11 月 26 日,孙中山主持临时执委会第十次会议,决定义勇军学校叫"国民军军官学校",蒋介石为校长,陈翰誉为教练长,廖仲恺为政治部主任,由廖仲恺负责筹备。[④] 1924 年 1 月 24 日,孙中山派蒋介石为陆军军官学校筹备委员长,王柏龄、邓演达、沈应时、林振雄、俞飞鹏、宋荣昌和张家瑞为筹备委员。[⑤] 1 月 28 日,孙中山指定广州黄埔岛上的原广东陆军学校和海军学校为"陆军军官学校"校址[⑥]。故该军校又称黄埔军校。

  国民党一大期间,孙中山就开始委托各省代表推荐军校考生,国共要人均为此付出巨大努力,像毛泽东就负责了上海地区招生复试工作[⑦]。报名地点一是"中国国民党中央执行委员会本校驻省办事处",二是"中国国民党上海执行部"。年龄要求在 18 至 25 岁之间;学历要求旧制中学毕业或与之相当

---

 ① 《巴拉诺夫斯基关于国民党代表团拜访托洛茨基情况的书面报告》(1923 年 11 月 27 日),中共中央党史研究室第一研究部译:《联共(布)、共产国际与中国国民革命运动(1920—1925)》,第 340 页。
 ② 中国国民党中央党史史料编纂委员会:《国父年谱》下册,第 975 页。
 ③ 曾庆榴:《关于黄埔军校》,广东省立中山图书馆、广州市社会科学院、中山大学图书馆编:《黄埔军校史料汇编》第一辑第一册,广州:广东教育出版社,2012 年,第 1—2 页。
 ④ 中国国民党中央党史史料编纂委员会:《国父年谱》下册,第 976 页。
 ⑤ 中国第二历史档案馆编:《蒋介石年谱(1887—1926)》,北京:九州出版社,2012 年,第 140 页。
 ⑥ 另一说为"以黄埔旧水师学堂和陆军小学的旧址为校址",见《黄埔军校简介》,广东革命历史博物馆编:《黄埔军校史料(1924—1927)》,广州:广东人民出版社,1982 年,第 2 页。
 ⑦ 中共中央文献研究室编:《毛泽东年谱(1893—1949)》,北京:中央文献出版社,2013 年,第 123 页。

程度;身体健康,无花柳等疾病;思想上的要求是"中国国民党党员,能了解国[民]革命速须完成之必要者,或具有接受本党主义之可能性,无抵触本党主义之思想,有本党党员之介绍者"。①

1924年2月6日,黄埔军校筹备委员会成立,8日召开筹备会议。不久,蒋介石于2月21日径自赴沪,经孙中山、廖仲恺、胡汉民等多次催促,蒋介石至4月26日才施施然进校视事。被迫无奈,2月23日,孙中山委派廖仲恺负责筹备,廖开会多次,事无靡遗,实际上对黄埔军校的建立发挥了关键作用。1924年3月27日,黄埔军校在广州举行总复试,4月28日放榜。录取学生中,大学毕业生18人,大学肄业生63人,专科毕业生26人,专科肄业生46人,师范毕业生46人,高中毕业生159人,高职毕业生60人,并有留学法、德、日者。② 全国录正取生360余名,备取生120余名,合计黄埔一期录取490余名。③ 1924年5月2日,孙中山以大元帅名义,任命蒋介石为"陆军军官学校"校长,同日,任命其为粤军总司令部参谋长。④

以"投机"二字形容蒋介石一生的经历并不公允,但在黄埔军校问题上,其行实属投机。过去在援闽粤军中,蒋介石即多次辞职,孙中山以党中军事人才稀缺,多次温言鼓励,反复催促,以示重视,蒋乃一再得售其计,食髓知味,反复操练。蒋在2月21日擅离职守,苏联军事顾问分析说:"显然是因为他当时还不完全明白这所军校对于大资产阶级和对他本人来说是一笔多么可观的财富。"⑤文中除了"大资产阶级"为时代性话语外,其余可谓洞悉其微。

---

① 《招生简章》,广东革命历史博物馆编:《黄埔军校史料(1924—1927)》,第36页。
② 容鉴光、叶泉宏:《黄埔军校一期研究总成》,台北易风格数位快印有限公司,2003年,第161页。引自曾庆榴:《关于黄埔军校》,广东省立中山图书馆、广州市社会科学院、中山大学图书馆编:《黄埔军校史料汇编》第一辑第一册,第3页。
③ 郭一予:《毛泽东负责上海地区考生复试》,广东革命历史博物馆编:《黄埔军校史料(1924—1927)》,第38页。
④ 《特任蒋中正职务令》(1924年5月2日)、《任命蒋中正职务令》(1924年5月2日),广东省社会科学院历史研究所、中国社会科学院近代史研究所中华民国史研究室、中山大学历史系孙中山研究室合编:《孙中山全集》第十卷,北京:中华书局,1986年,第159页。
⑤ 亚·伊·切列潘诺夫:《中国国民革命军的北伐——一个驻华军事顾问的札记》,第91页。

果然,蒋辞职后,2月23日,孙中山即批示其辞呈,"务须任劳任怨,百折不回,从穷苦中去奋斗",不准其辞职。① 蒋不为所动。2月29日,孙中山再次抬举蒋介石,说"军官及学生远方来者逾数百人,多为慕兄主持校务","不应使热诚倾向者失望而去"。② 其推崇之重,蒋介石也只得承认"知遇之隆,并世稀有",但他笔锋一转,全面攻击孙中山的用人为藏污纳垢:"惟闻先生之门,身为军府僚属,而志在西南统帅者有之;暂且蜷伏一时,而谋竖独立旗帜者有之;至如为国为党而又为先生尽力者,殆无其人也。今日先生之所谓忠者、贤者及其可靠者,皆不过趋炎附势、依阿谄谀之徒耳。"而"无难不从,无患不共"者,只有故去的陈其美和他蒋介石。③ 蒋的攻击,不符事实,自不待言;而国民党人中如此反噬孙中山,近乎辱骂者,只怕也是空前绝后。攻击孙中山本人之后,蒋介石又致函廖仲恺,除断言"俄党对中国之惟一方针,乃在造成中国共产党为其正统,决不信吾党可与之始终合作,以互策成功者也",又对孙中山讥评不已:"孙先生回粤已阅十五月,为时不可为不久,而对于民政、财政、军政,未闻有一实在方案内定,如期施行。"④后来,杨西岩被免职,胡汉民任秘书长,财政等事宜亦加变更,廖仲恺告知蒋,"皆兄所期望,而先生所赞同,且既实行以示更始之意",⑤蒋才慢吞吞回到广州。其时,军校开学已经基本就绪。

5月5日,黄埔军校第一期学生进校,编为第一、二、三队,7日,备选生120名进校,编为第四队。9日,孙中山任命廖仲恺为黄埔军校党代表。校本部之下,设政治、教授、训练、管理、军需、军医六部。政治部主任为戴季陶(邵元冲、周恩来),副主任周恩来(后为张崧年);教授部王柏龄为主任,叶剑英为副主任;训练部以李济深为主任,邓演达副主任;军需部周骏彦为主任,俞飞鹏为副主任;管理部林振雄为主任,陈适为副主任;军医部宋荣昌为主任,李

---

① 《批蒋中正函》(1924年2月23日),《孙中山全集》第九卷,第507页。
② 《致蒋中正电》(1924年2月29日),《孙中山全集》第九卷,第526页。
③ 中国第二历史档案馆编:《蒋介石年谱(1887—1926)》,第145页。
④ 中国第二历史档案馆编:《蒋介石年谱(1887—1926)》,第150、148页。
⑤ 中国第二历史档案馆编:《蒋介石年谱(1887—1926)》,第151页。

其芳为副主任。何应钦为军事总教官。共产党员茅延桢、金佛庄、胡公冕等参与了军校筹建。① 5月13日,孙中山特任汪精卫、胡汉民、邵元冲为黄埔军校政治教官。

1924年6月16日,黄埔军校举行开学典礼。蒋介石、廖仲恺、胡汉民、汪精卫、林森、程潜、张继、伍朝枢、许崇智、谭延闿、杨希闵、刘振寰、孙科、吴铁城等参加典礼,孙中山发表长篇讲话,指出"中国十三年的革命完全是失败",而俄国革命,面对着更强大的敌人,却获得了"彻底的成功",原因在于他们组织了革命军。相比之下,"我们革命,只有革命党的奋斗,没有革命军的奋斗",让军阀把持了民国。"开办这个学校,就是仿效俄国。"黄埔军校的目的,"就是要从今天起,把革命的事业重新来创造,要用这个学校内的学生做根本,成立革命军","来挽救中国的危亡"。他勉励诸生,"我因为要维持共和,消灭这般贪暴无道的军阀,所以要诸君不怕死,步革命先烈的后尘,更要用这五百人做基础,造成我理想上的革命军"。② 黄埔学生唱校歌五阕,另唱《国民革命歌》:"打倒列强,打倒列强,除军阀,除军阀,国民革命成功,国民革命成功,齐欢唱,齐欢唱。"胡汉民宣读了孙中山给黄埔军校的训词:"三民主义,吾党所宗,以建民国,以进大同。咨尔多士,为民先锋,夙夜匪懈,主义是从。矢勤矢勇,必信必忠,一心一德,贯彻始终。"③

从1924年到1927年,黄埔军校共在广州办学六期,毕业生8 107人,其中前四期毕业4 971人。④ 早期的黄埔军校,为国共双方都培养了大量的军政人才。

苏俄的参与,是黄埔军校的重要特色,国民党一大期间,孙中山接见了鲍

---

① 钱大钧:《黄埔军校开创时期之组织》,广东革命历史博物馆编:《黄埔军校史料(1924—1927)》,第97页;曾庆榴:《关于黄埔军校》,广东省立中山图书馆、广州市社会科学院、中山大学图书馆编:《黄埔军校史料汇编》第一辑第一册,第2—3页。

② 《在陆军军官学校开学典礼的演说》(1924年6月16日),《孙中山全集》第十卷,第290—300页。

③ 中国第二历史档案馆编:《蒋介石年谱(1887—1926)》,第183页。

④ 曾庆榴:《关于黄埔军校》,广东省立中山图书馆、广州市社会科学院、中山大学图书馆编:《黄埔军校史料汇编》第一辑第一册,第5—6页。

罗廷和苏俄军官切列潘诺夫、波利亚克、捷列沙托夫、格尔曼等,孙中山表示:"我们的首要任务是按照苏联式样建立一支军队,准备好北伐的根据地。"①这些苏俄军官与上年6月一起抵达中国的斯莫连采夫担任了学校顾问。后来苏联还派出红军军长巴甫洛夫来黄埔军校。另有各军兵种专家乌格尔、萨赫诺夫斯卡娅、楚芭列娃、斯密尔诺夫、沙尔菲耶夫、艾蒂金、舍瓦尔金、别斯恰斯诺夫、雅科夫列夫、基列夫、格米拉、杰涅克、帕洛、齐利别尔特、科楚别耶夫、马采利克、罗加乔夫、斯捷潘诺夫等约20人。②1924年下半年,布留赫尔(也译为布柳赫尔,化名加伦)将军来到黄埔,统领、加强了顾问力量。

除了军事顾问,苏联还给了黄埔军校、黄埔学生军和后来的国民革命军大量军火金钱援助。因为史料散佚,今天很难完全准确地辨明援助的具体数量和去向,但俄共(布)中央政治局中国委员会档案中,保留了较多线索:

1925年5月29日,中国委员会讨论决定,"中国的一切军政工作和经费发放统一集中于中国委员会"。在讨论到在中国南北设置军事小组时,"契切林同志说,有200万卢布由外交人民委员部支配,这笔钱用于支持广州小组、黄埔军校、政训班,资助组建一个新的师团,援助国民党和中国共产党。目前这笔经费已经花光"。会议决定的事项包括:"资助在南方组建两个新的师团和黄埔军校";"拨出45万卢布用于组建两个新师团,维持一个老师团以及黄埔军校。指示加伦同志,上述款项为9个月,即到1926年1月1日的费用"。③

6月5日,中国委员会再次开会,决定在两个月内在预算外再给加伦拨款10万卢布,"资助黄埔军校和一个老的师团"。它同时"指示北京和加伦,我们资助的45万卢布只用于组建部队的开支。师团建成以后的费用应当完全由

---

① 亚·伊·切列潘诺夫:《中国国民革命军的北伐——一个驻华军事顾问的札记》,第90页。
② 李玉贞:《国民党与共产国际(1919—1927)》,第255—256页。
③ 《俄共(布)中央政治局中国委员会会议第2号记录》(1925年5月29日),中共中央党史研究室第一研究部译:《联共(布)、共产国际与中国国民革命运动(1920—1925)》,第623—624页。

中国人承担"。① 9月,中国委员会讨论了在广州建立骑兵、加强冯玉祥部和广州空军的问题。②

9月30日,在给斯大林的报告中,温施利赫特等人说,中国委员会在9月的两次会议上议决为加强黄埔军队,给广州调拨了总额为3 988 242卢布的武器,还有给广州15架飞机的事项。该报告称,中国委员会建议,给冯玉祥部和广州方面,调拨18 834 147卢布的炮兵器材和飞机,加上运费,共20 557 136卢布12戈比。而在1924—1925年度中,共计已经发运了6 056 990卢布的炮兵器材,运费445 273卢布12戈比,所以建议在1925—1926年度调拨12 777 157卢布的器材,加上运费,共14 054 873卢布。③

10月,已经从广州回到莫斯科的斯莫连采夫起草了支持广州方面的计划:将黄埔军队扩充到2.5万人(现有6 000人),加强其空军和"技术作战手段",打算给广州调拨步枪1.5万支、机枪100挺、子弹2 000万发、带炮弹的火炮24门、带炮弹的掷弹炮50门、飞机15架。他说,广州面临的任务有三:彻底消灭广东境内的敌对军阀集团;统一全省,财政掌握在政府手里;确保不受北方攻击。黄埔军达到2.5万人以后,"组成改组后的政府军的坚强核心,不仅能完全胜任上述任务,而且能扩大自己对邻近省份的影响"。他精明地表示:"将财政集中到政府手中,广州政府则能够偿还我们的债务。"④

以国民党、苏俄和中共合作建立的黄埔军校为核心,国民革命军的建立,成为水到渠成的事实。

---

① 《俄共(布)中央政治局中国委员会会议第3号记录》(1925年6月5日),中共中央党史研究室第一研究部译:《联共(布)、共产国际与中国国民革命运动(1920—1925)》,第629页。
② 《俄共(布)中央政治局中国委员会会议第11号记录》(1925年9月23日),中共中央党史研究室第一研究部译:《联共(布)、共产国际与中国国民革命运动(1920—1925)》,第680页。
③ 《温施利赫特和博尔特诺夫斯基给斯大林的书面报告》(1925年9月30日),中共中央党史研究室第一研究部译:《联共(布)、共产国际与中国国民革命运动(1920—1925)》,第696—697页。
④ 《斯莫连采夫对向人民军和广州提供物质支援计划的说明》(1925年10月7日),中共中央党史研究室第一研究部译:《联共(布)、共产国际与中国国民革命运动(1920—1925)》,第709页。

十、苏俄、中共帮助建立国民革命军

国民革命军由黄埔军校首创其体制,并为其核心,逐步扩大。

从黄埔建军的第一天起,苏俄和中共,就给予了重视,这就使得国民革命军创生时就打上了深深的红色印记。当然,当时的中共,被共产国际指令主要从事工农运动,重视程度上颇有差别。

黄埔招生时,中共中央发出通告:"广州黄埔军校正拟招收三千名入伍生,望各地速速多选工作不甚重要之同学、少校同学及民校左派同学,自备川资和旅费,前往广州投考,以免该校为反动派所据"①,其中,"同学"指"同志","少校"指"共青团","民校"指"国民党"。黄埔的前三期师生中,共产党员除周恩来、叶剑英外,尚有第一期的刘仇西、李之龙、蒋先云、张其雄、杨其纲、王尔琢、游步仁、许继慎、杨溥泉、曹渊、唐同德、曹石泉、毛〔茅〕延桢、金佛庄、彭干臣、傅维钰、张继春、陈赓、徐象谦(向前)、王逸常,第二期的周逸群、王伯苍,第三期的饶荣春、周恩渭等人。② 另有统计称,第一期结业645人中,中共党员41人,占6.5%,第二期毕业449人中,中共党员占4.45%,第三期毕业1 233人,中共党员占0.973%。③ 前热后冷态势明显,之所以如此,是因为指导方针有变。中共中央1926年发布通告称:"我们的同志宜少派人前往,总以多找左派为原则。凡已任有工作同志——尤其是工运、农运同志——绝对不可令之抛弃工作前去。惟能力幼稚,尚不能独立工作而生活又难自维持,想入黄埔者,亦可允其前去。"④人数虽不占优势,但周恩来作为军校政治部主任,

---

① 《中国共产党通告第六十二号》,广东革命历史博物馆编:《黄埔军校史料(1924—1927)》,第70页。

② 王逸常:《中共黄埔特别支部的领导和主要成员》,广东革命历史博物馆编:《黄埔军校史料(1924—1927)》,第116页。

③ 李云汉:《中国国民党史述》,台北:中国国民党中央党史委员会,1994年,第496—497页。

④ 《中国共产党通告(钟字第二十二号)》,广东革命历史博物馆编:《黄埔军校史料(1924—1927)》,第80页。

被认为是中共"渗入政工之始"。① 由于周恩来等人的领导,黄埔军校中,中共党员极为活跃。1924年7月6日,黄埔军校第一届特别区党部执监委选举,共产党员金佛庄、李之龙两人和蒋介石、严凤仪、陈复等当选。②

苏俄则不同,它根据在中国的苏俄外交工作人员对国民党的判断,采取了积极的支持态度。加拉罕报告契切林说,"国民党正在变成一个真正生气勃勃的、积极的、组织良好的国民革命党,这是我们在任何其他国家都没有的。无论在印度,还是在土耳其、波斯,都没有这样一个举足轻重的国民革命党",他强调,"正是国民党处于我们的影响之下,正是国民党对我们的威望充满尊敬和崇拜,正是这个党,它如此驯服地接受我们的指示和共产国际的决议"。③ 如前所述,黄埔军校成立过程中,苏俄全程参与;军校成立后,主要依赖其挹注。对此,参与组建黄埔军校的王柏龄有生动的记述:

> 革命是靠精神的,不错。不能全无凭借,徒手是不能打倒枪炮的。……远远见白色三烟囱的兵船出现了,满船挂起旗饰,船尾上悬的一面红旗,角上有白的,是斧头镰刀。……斜刺里尾巴上插着一支青天白日满地红的国旗的小汽艇飞跃而出,浪花四溅。……却原来校长、校党代表,及顾问先去慰访。……八千枝完全有刺刀,俄国式的步枪,每枪有五百发子弹,是一个很大的数量,无不欢天喜地。……我们不能不感谢我们革命的朋友苏联。也惟有革命的朋友,才有这样的帮助……④

---

① "国军政工史稿编纂委员会"编:《国军政工史稿》(上),台北:"国防部"总政治部,1960年,第89页。
② 《本校特别党部简况》,广东革命历史博物馆编:《黄埔军校史料(1924—1927)》,第108页。
③ 《加拉罕给契切林的信》(1924年2月9日),中共中央党史研究室第一研究部译:《联共(布)、共产国际与中国国民革命运动(1920—1925)》,第414页。
④ 王柏龄:《苏联援助军校枪械》,广东革命历史博物馆编:《黄埔军校史料(1924—1927)》,第71—73页。

苏俄和中共在黄埔军校中合法立足,其氛围便异于寻常。"关于社会主义、共产主义、马克思主义等书籍,以及表同情于本党或赞成本党政策而极力援助本党之一切出版物,除责成政治部随时购置外,本校学生皆可购阅。"①

苏俄帮助之下,蒋介石访苏期间早已经实地考察过的苏军党代表制,便顺理成章地在黄埔落地,廖仲恺被任命为党代表。党代表的设置,乃"为灌输国民革命之精神,提高战斗力,巩固纪律,发展三民主义之教育"。"党代表在军队中,为中国国民党之代表,关于军队中之政治情形及行为,党代表对党员负完全责任。""党代表为军队中党部之指导人,并施行各种政治文化工作。""党代表为所属军队之长官,其所发命令,与指挥官同,所属人员须一律执行之。"至于党代表与部队指挥官的关系,规定"党代表不干涉指挥官之行政命令,但须副署之","党代表于认为指挥官之命令有危害国民革命时,应即报告上级党代表,但于发现指挥官分明变乱或叛党时,党代表得以自己的意见,自动的设法使其命令不得执行"。②

廖仲恺作为孙中山亲自任命的党代表,又是黄埔军校的实际筹建人,被授予极大的权力。但廖仲恺身兼数职,为了把孙中山开创的事业落到实处,异常忙碌。黄埔学生张治中回忆说:

> 我们廖先生本来是一个革命党员,对于这一班军阀的情形怎么能看得惯。但是他为了要养活这五百个革命青年,他不得不为我们牺牲身分,而并且也靠在大烟床上陪着军阀谈笑,等到军阀高兴了,他才提出某一个地方有一笔款子可以让他去收一收……③

廖仲恺分身乏术,而蒋介石决心以黄埔为基石开创自己的事业。1924 年

---

① 《汪党代表训令》,广东革命历史博物馆编:《黄埔军校史料(1924—1927)》,第 79 页。
② 《国民革命军党代表条例》,广东革命历史博物馆编:《黄埔军校史料(1924—1927)》,第 139—140 页。
③ 张治中:《五百师生的艰苦创校》,广东革命历史博物馆编:《黄埔军校史料(1924—1927)》,第 67 页。

8月10日，他奉令扣留为广州商团运输军火的挪威籍轮船，"商团事件"于焉爆发。① 8月11日，蒋介石上书国民党中央政治委员会，提出，"以中正之意，如果三营干部能于三个月之内成立，则广州根据地可以策安全而无虑，迨至革命军三团成立以后，不特广东全局可以肃清，即底定中原，亦易着手"。② 9月3日，蒋介石派何应钦按照苏俄军制筹备教导团。③ 当月，广州商团事件持续发酵，孙中山曾命令将收缴的枪械"分给军官学校长枪六百杆，教导团长枪一千杆"，旋即又令发还。④ 但可见教导团已经在这段时间内成立。此为黄埔学生转为军队的重要节点。后何应钦担任教导团团长，王登云为党代表（缪斌继之），刘秉粹为参谋长，陆续地，沈应时被任命为一营营长，陈继水〔承〕为二营营长（文素松继之），王俊为第三营营长。⑤

1924年10月9日，孙中山因商团事件愈发严峻，广州危急，密电蒋介石放弃黄埔，将枪弹与学生一起送往韶关，"为北伐之孤注"。⑥ 蒋介石则以苏俄新枪已到，"新练部队暂足应用，而商械并不精锐"，决意"死守孤岛"，等候孙中山来援。⑦ 黄埔军校教导团在商团事件中发挥了重要作用，王柏龄称："开校三四个月，其一泻千里的进步，固足使人惊叹。"⑧ 挺过危机以后，1924年11月3日，孙中山辞别黄埔军校师生，准备北上因应北京政变造成的新局面。11月11日，孙中山令将黄埔新军称为"党军"。13日，孙中山启程北上。11月

---

① 中国第二历史档案馆编：《蒋介石年谱（1887—1926）》，第202页。
② 中国第二历史档案馆编：《蒋介石年谱（1887—1926）》，第202页。
③ 中国第二历史档案馆编：《蒋介石年谱（1887—1926）》，第207页。
④ 《给蒋中正的命令》（1924年9月12日），广东省社会科学院历史研究所、中国社会科学院近代史研究所中华民国史研究室、中山大学历史系孙中山研究室合编：《孙中山全集》第十一卷，北京：中华书局，1986年，第50页；中国第二历史档案馆编：《蒋介石年谱（1887—1926）》，第209页。
⑤ 钱大钧：《黄埔军校开创时期之组织》，广东革命历史博物馆编：《黄埔军校史料（1924—1927）》，第99页。
⑥ 《孙文为平定广东商团叛乱致胡汉民等密电》（1924年10月），中国第二历史档案馆编：《中华民国史档案资料汇编》第四辑（二），南京：江苏古籍出版社，1991年，第786页。
⑦ 中国第二历史档案馆编：《蒋介石年谱（1887—1926）》，第218页。
⑧ 王柏龄：《孙文主义学会的成立》，广东革命历史博物馆编：《黄埔军校史料（1924—1927）》，第336页。

30日,蒋介石呈请任命胡公冕为教导团第一营党代表,茅延桢为第二营党代表,蔡光举为第三营党代表。① 共产党员角色吃重,令人瞩目。诚所谓"本党建军自黄埔始,军队政工亦自黄埔始"。② 1924年12月2日,蒋介石呈请成立教导第二团,王柏龄为团长,郭大荣为参谋长,顾祝同为第一营营长,林鼎祺为第二营营长;原教导团改为教导第一团。③ 后以张静愚为第二团党代表,金佛庄为第二团第三营营长。④ 同月,军校成立参谋处,钱大钧为处长。1924年3月29日,蒋介石呈请任命周恩来为军法处处长。⑤ 同年4月11日,蒋呈请任命张治中为入伍生总队长。

蒋介石主导的黄埔军校及其军队在苏联援助下迅速发展,苏联是满意的。接替溺水身亡的巴甫洛夫将军担任军事顾问的加伦将军写道:"国内发生的每一政治事件,都会反映到学校中来。到(1924年)10月,军校的政治影响即已超出黄埔的范围,成为广州时局中举足轻重的(因素)……军校在政治上日益活跃,它通过在工人组织中工作的共产党员,同工人组织取得联系,成为广州群众社会政治运动的指导力量。"⑥

而年轻的中国共产党对其中蕴含的危险因素进行了非常深邃和有远见的批评,而且批评对象正是苏俄代表鲍罗廷及其执行的政策。

1924年10月,中国共产党中央执行委员会全体会议认为,共产国际代表鲍罗廷和瞿秋白在广州的工作"犯了一些错误"。执行委员会直率地提出:

> 共产国际代表未弄清楚国民党的人员构成,以后也未意识到,除了共产党人,在国民党中没有另一个左派。国民党中被称为左派

---

① 中国第二历史档案馆编:《蒋介石年谱(1887—1926)》,第240页。
② "国军政工史稿编纂委员会":《国军政工史稿》(上),第86页。
③ 中国第二历史档案馆编:《蒋介石年谱(1887—1926)》,第240页。并见钱大钧:《黄埔军校开创时期之组织》,广东革命历史博物馆编:《黄埔军校史料(1924—1927)》,第99页。
④ 中国第二历史档案馆编:《蒋介石年谱(1887—1926)》,第247页。
⑤ 中国第二历史档案馆编:《蒋介石年谱(1887—1926)》,第294页。
⑥ А.И.卡尔图诺娃:《加伦在中国(1924—1927)》,中国社会科学院近代史研究所翻译室译,北京:中国社会科学出版社,1983年,第41页。

的那一部分,实际上不仅不是左派,而且也未必能认为是中派,因为他们的主要观点和行动(如试图利用反动军阀来进行战争,回避捍卫工农利益等)与右派的活动完全一致,他们始终同右派实行妥协来镇压左派(共产党人)。共产国际代表在军事政策上对国民党的帮助,实际上扩大了右派的反对势力。在中派拒绝接受鲍罗廷同志关于镇压反动派的建议和反对进行北伐来援助张作霖和卢永祥之后,鲍罗廷同志在关于不镇压反动派,停止反英斗争,停止反对孙以进行北伐为借口离开广州等问题上同孙逸仙妥协了。他还犯了另一个错误,促使孙博士发表一个宣言,宣布对广东的管理权归广东人,广州市长实行民选。

执委会认为,"鲍罗廷同志犯了许多错误",其中"特别大的错误是他支持国民党的军事行动"。执委会还批评鲍罗廷与其联系甚少。[①]

不仅如此,中共中央直接致函鲍罗廷,对其进行严厉的批评和指责。批评的依据是在黄埔军校和教导团中担任要职的共产党员金佛庄的报告:

> 黄埔有很大的缺点:(1)右派军官千方百计阻挠工作(政治工作),国民党中央委员会派去的政委(笔者按:指党代表廖仲恺)实际上没有把工作开展起来,而蒋介石校长参加的国民党支部什么事都不能做。(2)在学校里无政府主义者占上风,新改编的模范团也落到他们手中。(3)你们的资金不知他们用到何处去了。因此,除了我们的同志以外,受他们(右派和无政府主义者)影响的学员很容易涣散。俄国的血汗(你们的资金),或许还有世界无产阶级的血汗花在这种学校上,我们认为很不值得,因为这个军校与其它任何一个

[①]《中国共产党(中央)执行委员会全体会议就瞿秋白同志关于广东政治路线的报告作出的决议》(不晚于1924年10月8日),中共中央党史研究室第一研究部译:《联共(布)、共产国际与中国国民革命运动(1920—1925)》,第533—534页。

军阀的军校没有什么区别。①

对照黄埔军校和国民革命后来的演变,年轻的中国共产党人提出的批评,显然比鲍罗廷更有远见。而且也证明,后来大革命的失败,并不能归咎于中共的"幼稚"。

黄埔军队日益扩充之际,制度建设亦在加快。1925年1月6日,制订了《革命军连坐法》,以制止临阵退却行为。② 随即,蒋介石制订《革命军陆军官佐进级及任免条例》《陆军官佐薪饷表》,还有《革命军编制草案》《革命军士兵逃亡惩处赏罚条例》《革命暂行陆军士兵开补规则》等。③ 而陈炯明趁孙中山北上,兵分三路,进逼广州。1月20日,广州政府和国民党中央执行委员会任命蒋介石为东征总指挥以对付之。至3月,东征以击溃陈炯明部主力告一段落。第一次东征,黄埔军经常以一当十,以寡击众,显示了新式军队巨大的战斗力,广东革命形势大为好转,也让苏俄力主的政治建军理路获得广泛的认同。"校军的胜利,亦即政工的胜利",政工的作用,体现在"宣传之普遍深入","民运之卓著成效","情报之灵通正确","而党代表之身先士卒,奋不顾身,尤能激发士气,争取胜利"。④

黄埔军的卓越表现,引起国民党中央的重视。1925年4月,廖仲恺提请国民党中央将教导第一、二两团组成"党军第一旅",以教导第一团团长何应钦为旅长。蒋介石曾私下认为廖仲恺此举乃"有意防范、撤我兵权",但党军设"司令官",蒋介石为之。⑤ 党军扩大之时,军校政治部也随之扩大组织,分设前后方政治部。"随军作战者称前方政治部,以周恩来为主任,留校教育者

---

① 《中共中央给鲍罗廷的信》(不晚于1924年10月10日),中共中央党史研究室第一研究部译:《联共(布)、共产国际与中国国民革命运动(1920—1925)》,第536—537页。
② 中国第二历史档案馆编:《蒋介石年谱(1887—1926)》,第261页。
③ 中国第二历史档案馆编:《蒋介石年谱(1887—1926)》,第263、267页。
④ "国军政工史稿编纂委员会"编:《国军政工史稿》(上),第150—151页。
⑤ 蒋介石日记,1925年5月10日,斯坦福大学胡佛研究所藏;中国第二历史档案馆编:《蒋介石年谱(1887—1926)》,第303、312页。

称后方政治部,以包惠僧为主任。"紧接着,以党军并非军校,学校政治部自然不能统辖其政工,乃改前方政治部为"党军政治部",仍以周恩来为主任。"至此军队政工始脱离军校政工而独立。"①共产党员主持黄埔军校和党军的政治工作,清晰地表明,国民革命军孕育的过程之中,中共即有相当大的贡献。

黄埔军东征过程中,在兴宁发现滇军杨希闵部、桂军刘震寰部与陈炯明勾结的证据,并发现刘、杨与段祺瑞、唐继尧等暗通款曲。乃在1925年6月以主力回师,迅速击溃刘、杨部6万余人而缴械之,再次获得巨大胜利。②广州终于成为国民党人控制下稳固的根据地。

在此背景下,1925年6月15日,国民党中央执行委员会全体大会决议:(1)改组原"大元帅府"为国民政府;(2)取消各地方军名义,统一改称"国民革命军";(3)成立军事委员会,统辖各军,谋军令政令统一。7月3日,军事委员会成立,委员8人:蒋介石、廖仲恺、汪精卫、朱培德、胡汉民、谭延闿、伍朝枢、许崇智,以汪精卫为主席。③关于军队的名称,曾有"国民军""革命军""国民革命军"三种提议,终以"国民革命军"定议。④随后,因应形势,进入实际编组阶段,至8月获得具体成果。

国民革命军第一军由党军改编,军长蒋介石,副军长何应钦;第二军由湘军改编,军长谭延闿,副军长鲁涤平;第三军由滇军改编,军长朱培德;第四军由粤军改编,军长李济深。此为初编成之国民革命军。后以李福林的"福军"为第五军,李为军长;以援鄂军、豫军、山陕军、赣军等零星部队,加上吴铁城的一个师,编为第六军,以援鄂军总司令程潜为军长。国民革命军乃得有6军之众,后设"总监"统领之,蒋介石为总监。⑤ 1926年春,新桂系李宗仁等部编为第七军,湖南唐生智部编为第八军。此为北伐正式开始前的国民革命军基

---

① "国军政工史稿编纂委员会"编:《国军政工史稿》(上),第153页。
② "国军政工史稿编纂委员会"编:《国军政工史稿》(上),第152—153页。
③ 中国第二历史档案馆编:《蒋介石年谱(1887—1926)》,第340页。
④ "国军政工史稿编纂委员会"编:《国军政工史稿》(上),第157页。
⑤ 《国民革命军之编成》,文公直:《最近三十年中国军事史》,沈云龙主编:《近代中国史料丛刊》第64辑,台北:文海出版社,1971年,第445—446页。

本阵容。

按照苏联顾问加伦等人的意见,国民革命军的三三制编制方案得以确定:

每师3个团,9个营,27个步兵连。每连士兵99人,勤务兵9人,共108人。

每团另配属机枪连(10人)、侦察连(11人)、技术连(通讯兵和工兵12人)、卫生连(13人)、后勤连(14人)和补充连(15人),这样,每团15个连。

每师另设警卫营、炮兵营、通讯连、工兵连、供给连、补充营和若干其他兵种小分队。

每师共有5 500人,其中士兵4 100人,特殊技术兵种450人,后勤850人,其余为参谋人员。独立旅下辖两个团,共有3 200人,士兵与后勤人员的人数比例与师相同。[1]

国民革命军组建的过程中,共产国际对中国共产党开展军事工作给予了详细的指示,提出了组建革命军队、游击队和战斗队的任务:

> 考虑到国民党的社会和政治性质,共产党(中央委员会和地方委员会)应当(坚定地,但又必须非常谨慎地)争取做到,使共产党(中央、地区、省和地方的)军事部的领导人一定成为相应的国民党军事部的首脑,只有在因局势不可能这样做的情况下才把不是来自军事部工作人员中的可靠共产党员或者在政治上经受过特别严峻的考验并在国民党左派的工作中同我们有联系的人推荐为国民党军事部的首脑。
>
> 为了秘密工作和避免同国民党不必要的摩擦,共产党的所有军事工作人员在形式上一般都应按国民党的组织系统调动(在个别情况下隐瞒自己的共产党身份)。共产党军事部的工作同国民党有关部的协调应当通过国民党军事部机关党的工作人员来实现。共产

---

[1] А. И. 卡尔图诺娃:《加伦在中国(1924—1927)》,第208—209页。

党和国民党的一般军事工作问题的协调一般应当通过两党的日常联系和相互关系进行。①

指示的精神,在共产党员大批担任国民革命军尤其是政工系统要职的背景下,具有特别现实又影响深远的意义。

十一、黄埔军的狂飙突进

黄埔军校建立后,广东形势瞬息万变,政治、军事、人事各方面的新陈代谢,在联俄与国共合作的背景下,加速进行。而军事斗争是各种矛盾爆发后真正解决问题的基础,也是把广东建设为国民革命大本营、根据地的前提。

广州商团成立于辛亥年间,本为保境安民之设置,其后日渐扩大,至1924年间,已经扩充至1.3万人左右,成为广州一股重要的力量,汇丰银行买办陈廉伯总其事。多年间,商团在各派争斗中持中立立场。及至此时,广州驻军众多,财政紧张,挹注困难。尤以刘震寰、杨希闵部"假借革命旗帜,横征暴敛,商民不堪其苦,迁怒于政府",乃"密组中国反动党,托言商民自卫",向香港德商"顺全隆洋行"订得大批枪械,8月4日向广州政府军政部领得护照,过了4天,即以货轮"哈辅"悬挪威旗入口,被孙中山知悉,即令大本营副官邓彦华和蒋介石率"江固"舰前往缉拿。②

8月10日,"江固""永丰"两舰将军火船拿获。后押至黄埔军校门外,经检查,确为陈廉伯以商团名义购运的军火。按陈廉伯等自承,内共有步枪4

---

① 《共产国际执委会东方部关于中国共产党军事工作的指示草案》(早于1925年8月21日),中共中央党史研究室第一研究部译:《联共(布)、共产国际与中国国民革命运动(1920—1925)》,第658—659页。

② 中国第二历史档案馆编:《蒋介石年谱(1887—1926)》,第201—202页。而按杨希闵呈报孙中山,广州商团激发与其所部滇军矛盾,有"陈逆炯明极力运动商团,意图在省捣乱"的背景。见《大元帅关于认真查究广州商团枪杀卫戍司令部排长蔡海清等指令》(1924年2月8日),中国第二历史档案馆编:《中华民国史档案资料汇编》第4辑(二),第769页。

850支、子弹115万发,驳壳枪4331支、子弹206万发,大小手枪660支、子弹16.42万发。① 数量巨大且不说,而背景尤深。事发之时,商团即酝酿总罢市,并威胁"万一激成意外,固非职团之力所能制止"②。北京政府也介入其中,不仅称广州方面为"伪军政部",还由外交部"向驻京那〔挪〕威使馆交涉,转令该那〔挪〕威船,勿得将此项军械交付;并请驻京英、美、法、义、日本各国公使转行驻粤领团,暂将该械等起存沙面"。③ 至于作为当事人主角之一的蒋介石,明确地对黄埔军校学生说,这批军火"乃是本党的军械"。④

8月23日,商团提出解决事件的三个条件:无条件全部发还扣留的军械;准许商团成立联防总部;取消对陈廉伯的通缉。孙中山未予理睬,商团即在25日发动总罢市。⑤ 29日,经范石生、廖行超调解,双方订立妥协条件:陈廉伯通电谢罪;省署撤销对陈廉伯、陈恭受的通缉令;商团报效政府50万;政府发还枪械;政府撤退新驻市区军队。⑥ 事件发酵过程中,黄埔军校谋成立教导团。孙中山一面令将所缴军械分发朱培德等各部,一面再次布置北伐,"另谋生路"。他告知蒋介石,广东为死地,原因有三:其一,"英国之压迫",罢市再延续下去,英国将对付大本营、"永丰"舰、黄埔三处,"数十分钟便可粉碎";其二,东江敌人之反攻,"鹿死谁手,殊难逆料";其三,"客军贪横,造出种种罪孽"。他提出,"现在之生路,即以北伐为最善"。⑦ 9月12日,孙中山移大本营于韶关。对孙中山的态度转变,中共洞若观火,陈独秀向共产国际提出:

---

① 《陈廉伯等致内政部呈》(1924年8月11日),中国第二历史档案馆编:《中华民国史档案资料汇编》第四辑(二),第770页。按此文件,军火系向"南利洋行"订购。
② 《粤省商团军要求发还购械致大本营内政部等电》(1924年8月24日),中国第二历史档案馆编:《中华民国史档案资料汇编》第四辑(二),第776页。
③ 《北京外交部致大总统府军事处函》(1924年9月3日),中国第二历史档案馆编:《中华民国史档案资料汇编》第四辑(二),第774页。
④ 中国第二历史档案馆编:《蒋介石年谱(1887—1926)》,第205页。
⑤ 中国第二历史档案馆编:《蒋介石年谱(1887—1926)》,第206页。
⑥ 中国第二历史档案馆编:《蒋介石年谱(1887—1926)》,第207页。
⑦ 《复蒋中正函》(1924年9月9日),广东省社会科学院历史研究所、中国社会科学院近代史研究所中华民国史研究室、中山大学历史系孙中山研究室合编:《孙中山全集》第十一卷,第32页。

关于广东商团问题,孙中山和中派(只有共产党人代表国民党中的左派)一开始决定用武力来镇压这些商人和帝国主义者为代表的反动派,但后来,当商团同滇军和国民党右派联合(特别是外交使团)向他和中派施加压力时,一方面他们知道,他们无力镇压反动势力,另一方面由于直隶与江苏开战,他们改变了最初计划,决定开始进行北伐,并任命孙为总司令。现在孙已去韶关。所有这些情况导致放弃了对商团的镇压计划。[1]

孙中山是矛盾的。离开广州之际,他一方面认为"商团已就范围",军械"当先发还商团",并以可得百万"出发费",令蒋介石发还枪械。[2] 另一方面,他痛斥英帝国主义为商团"叛乱"的指挥者,因为国民党政府"实今日中国唯一之革命团体,反抗反革命运动之中心势力",他号召说:"吾人前此革命之口号曰:'排满',至今日吾人之口号,则改为'推翻帝国主义者之干涉,以排除革命成功之最大障碍'。"[3] 10月7日,苏俄军舰运送军械抵达黄埔,10月9日,孙中山即手谕将这批军械运往韶关。[4] 如前所述,蒋介石决意死守黄埔。而当天,孙中山应李福林之请,又有令发还军械之电。[5] 10月10日,蒋介石电告孙中山已经将商团军械交李福林发还,子弹则等其缴足20万再发。而当天孙中山通电广州各要人,认为商团"叛迹显露,万难再事姑息",成立革命军事委

---

[1] 《陈独秀给共产国际远东部的信》(1924年10月10日),中共中央党史研究室第一研究部译:《联共(布)、共产国际与中国国民革命运动(1920—1925)》,第538页。
[2] 《孙文取消发给范石生枪枝令》(1924年9月12日),中国第二历史档案馆编:《中华民国史档案资料汇编》第四辑(二),第781页;中国第二历史档案馆编:《蒋介石年谱(1887—1926)》,第207页。
[3] 《东三省民报登载孙中山抗议外人干涉内政电》(1924年9月22日),中国第二历史档案馆编:《中华民国史档案资料汇编》第四辑(二),第784—785页。
[4] 中国第二历史档案馆编:《蒋介石年谱(1887—1926)》,第217页。
[5] 中国第二历史档案馆编:《蒋介石年谱(1887—1926)》,第218页。

员会,亲任会长。① 10月11日,孙中山令许崇智、廖仲恺、汪精卫、蒋介石、陈友仁、谭平山为革命委员会全权委员,并得以会长名义打消商团罢市、收回关余,同时又令蒋介石收束黄埔,专力北伐,而俄国武器,"一枝不可分散",全部运往韶关。② 10月14日,胡汉民电请孙中山以杨希闵为戒严总司令,并令解散商团,各军分街把守;令警卫军、工团军、农民自卫军、飞机队、甲车队、兵工厂卫队、陆军讲武学校、滇军干部学校学生等均归蒋介石指挥。③ 商团则群起出动,双方发生交火。经14、15两日激战,10月16日,商团副团长陈恭受乞和,商团事件告一段落。黄埔军校用所缴获商团军械,又"成立了一个教导团"。④

"商团军('纸老虎')在广州酝酿叛乱反对孙中山政府时,在南方谁人不知,商团军司令部既同香港的英国人有联系,也同陈炯明有联系。"⑤自叛乱以来,陈炯明部一直对广州政权形成严重威胁;在解决商团这个肘腋之患后,广州方面集中力量发动了东征。

1925年1月30日,蒋介石举行东征军总指挥就职仪式,讲明讨贼责任,滇军任左翼,由河源、老隆,趋兴宁、五华,对付林虎所部;桂军任中路,围攻惠州;黄埔军计划与粤军一起,担任右翼,沿广九铁路,攻击淡水、平山、海陆丰,趋潮汕,攻击洪兆麟。⑥ 第二天,蒋介石召集两教导团及入伍生,在黄埔军校

---

① 中国第二历史档案馆编:《蒋介石年谱(1887—1926)》,第220页。
② 中国第二历史档案馆编:《蒋介石年谱(1887—1926)》,第221页。
③ 《孙文着用革命委员会会长名义打消商团罢市和收回关余令》(1924年10月11日),中国第二历史档案馆编:《中华民国史档案资料汇编》第四辑(二),第791页;中国第二历史档案馆编:《蒋介石年谱(1887—1926)》,第223页。
④ 蒋介石:《平定商团经过》,广东革命历史博物馆编:《黄埔军校史料(1924—1927)》,第241页。因教导一团已经在9月间成立,并有苏俄军械,此处当指教导第二团。
⑤ 维经斯基:《国民党军队战胜陈炯明的意义》(1925年3月10日),中共中央党史研究室第一研究部编:《共产国际、联共(布)与中国革命文献资料选辑(1917—1925)》,北京:北京图书馆出版社,1997年,第626页。
⑥ 蒋介石日记,1925年1月30日,斯坦福大学胡佛研究所藏;《第一次东征记略》(1925年2—6月),中国第二历史档案馆编:《中华民国史档案资料汇编》第四辑(二),第819页;中国第二历史档案馆编:《蒋介石年谱(1887—1926)》,第267页。

大操场誓师。① 东征部队,以黄埔军为先锋。2月2日,黄埔东征队组成,以教导团和炮兵营为主力,工兵队、辎重队、步兵一二三队为总预备队,另有政治宣传队一队。② 也有人称这些部队为"校军","所谓校军,实系军校在动员作战中之别称"。③ 顾问加伦将军随军指导。

2月6日,粤军占领东莞、石龙,至10日,肃清广九路,而中路、左路未动。④ 2月14日,黄埔军与粤军张民达师、许济旅追击至淡水。下午6点,蒋介石发表攻击命令,但敌守军交叉射击,教导团遇挫。夜11点,蒋命令组织"奋勇队"7组,每组15人,配备攻城梯,决心在敌援军抵达前攻陷淡水。15日拂晓,教导团第一团何应钦等敌前指挥,掌旗手奋勇冲锋,首登城门。第二团和粤军随之亦攻入城中。15日上午,敌援军赶到,许济第七旅弹药耗尽,被迫退却,但教导团和粤军攻击敌军右翼,敌7 000余众溃逃。⑤ 在淡水,教导团俘虏2 000余人,缴枪1 000多支,获得孙中山嘉奖。第一营营长沈应时作战英勇,升任第二团团长,第二团七连连长孙良则因退却被枪毙。⑥

2月20日,东征军与洪兆麟、叶举等在羊塘围再度激战。蒋介石以粤军为右翼队,第十六团为右侧支队,以教导团为左翼队,以第十五团为左侧支队,图歼敌于平山。洪兆麟作战,"惯用冲锋队",教导团将其冲锋队副营长一人、连长一人、士兵六七人同时击毙,"冲锋队遂退",其左翼崩溃。右翼粤军等亦将敌击溃。"自此以后,则已胆寒,失其战斗力矣。"⑦

东征军追击敌军,粤军在三多祝击溃敌军的有限抵抗,攻克海丰,与教导

---

① 蒋介石日记,1925年1月31日,斯坦福大学胡佛研究所藏。
② 中国第二历史档案馆编:《蒋介石年谱(1887—1926)》,第268页。
③ "国军政工史稿编纂委员会"编:《国军政工史稿》(上),第153页。
④ 《第一次东征记略》(1925年2—6月),中国第二历史档案馆编:《中华民国史档案资料汇编》第四辑(二),第819页。
⑤ 《第一次东征记略》(1925年2—6月),中国第二历史档案馆编:《中华民国史档案资料汇编》第四辑(二),第820—824页。
⑥ 中国第二历史档案馆编:《蒋介石年谱(1887—1926)》,第274—276页。
⑦ 《第一次东征记略》(1925年2—6月),中国第二历史档案馆编:《中华民国史档案资料汇编》第四辑(二),第824—825页。

团会师。随即在鲤湖击败敌军,克服潮汕。2月26日,陈炯明由汕尾逃往香港。

3月13日,发生棉湖之战。前一日,林虎来攻,蒋介石以教导团和第七旅对付之,以粤军第二师留驻潮汕,防备洪、叶残敌。教导第一团负责攻击河左敌军,在和顺附近遭遇敌王定华部六七千人,第一营先受巨创,官兵伤亡,武器亦被缴去若干,何应钦令第二营刘峙率部白刃冲锋,炮兵亦连续命中,乃夺回曾塘。第二营乃得加强左翼,学生连长曹石泉亦率部加入左翼,对峙到天黑,因陈铭枢、吴铁城两旅堵住河婆圩,敌军退却。

右翼同时被攻击,但第七旅午前赶到,增援了第三营,一时稳住了局面。随即,第三营和第七旅攻击敌军至和顺村,敌军以总预备队反击,第三营党代表章琰、副营长杨厚卿及连排长多人阵亡,营长蒋鼎文受伤。敌军攻击至离教导团团部五六百米处,何应钦故布疑兵,而钱大钧、刘尧宸率第二团终于攻击前来,直扑和顺敌司令部,敌军向五径富、河婆方向逃遁。教导第一团以千余兵力当敌万余,伤亡四五百人。① 棉湖战斗得到苏联顾问加伦的高度评价,他说:"棉湖一战的成绩,不独在中国所少见,即世界上亦是少有的。""这样好的军队,这样好的官长,将来革命可以成功!"②

3月18日,教导第一团袭夺五华。20日,粤军陈铭枢旅和教导第二团得兴宁,林虎"仅以身免",逃往赣南。第一次东征取得巨大成功。

第一次东征后不久,刘震寰、杨希闵形迹败露。代理大元帅胡汉民发表通电称:东征之中,刘震寰桂军、杨希闵滇军"观望不战"。东征军在兴宁缴获杨希闵密电后,"始尽悉其勾结奸谋"。刘震寰亲自去云南纳款于唐继尧,"引兵入桂,以为图粤之张本";杨希闵潜赴香港,"与北京密使共谋颠覆革命政府"。行动自由,不听政府;捏造谣言,蛊惑人心。"六月四日遂公然占领广东

---

① 《第一次东征记略》(1925年2—6月),中国第二历史档案馆编:《中华民国史档案资料汇编》第四辑(二),第826—830页。
② 《嘉伦将军对教导团全体官兵演说》(1925年3月16日),广东革命历史博物馆编:《黄埔军校史料(1924—1927)》,第162页。

省长公署、财政部等机关,反形尽揭。"①

鉴于刘、杨军种种反迹,"廖仲恺及党中同志,乃力持旋师之议"。党军和粤军乃于6月1日由潮汕出动,于11日抵达龙眼洞附近。与此同时,广州政府发动各工团罢工、商界罢市,"钳制逆军运输及给养";并令湘军及朱培德部在北江扼要布防,切断刘、杨与北军联络。

刘震寰乃调所部驻新街;杨希闵部滇军集中广州东北郊区及龙眼洞,图谋抵抗。回师部队与黄埔联络后,以主力由龙眼洞进击白云山;黄埔入伍生由赤冈塔、猎德渡河,向东山进攻;舰队则炮击石牌、猎德附近敌军阵地。战斗中,陈铭枢部料敌机先,蒋介石誉其为"实为粤中第一将领也"。而新式炮兵威力惊人,赤冈塔附近为野炮所击杀者"约有数百名"。②11日午,回师军占领龙眼洞。12日,滇军指挥赵成梁被炮击毙,滇军遂溃退石井一带;刘震寰部被击溃后,亦退往石井,于是一同缴械。"为时不过两日,数万逆军,三年虎踞羊城,雄视一切,至是一扫而荡除之矣。"③

战斗中,黄埔军亦不断壮大。6月16日,蒋介石委任何应钦为师长,并以俘虏滇桂军士兵,编成黄埔第四团,刘尧宸为团长。④

十二、从国民政府成立到两广统一

孙中山在酝酿改组国民党、进行关余斗争时,感于英国方面视之为地方政权,讨论成立正式政府以应对之。他提出:护法名义已不宜援用,"目前政府地位,外交团常视同一地方政府,外交上极受影响"。讨论中,李烈钧建议新政府叫"建国政府",刘震寰建议成立"国民政府",杨沧白建议叫"建设政

---

① 《胡汉民关于严重处分叛军杨希闵刘震寰部通电》(1925年6月7日),中国第二历史档案馆编:《中华民国史档案资料汇编》第四辑(二),第846页。
② 蒋介石日记,1925年6月12日,斯坦福大学胡佛研究所藏。
③ 讨伐刘、杨经过,见《第一次东征记略》(1925年2—6月),中国第二历史档案馆编:《中华民国史档案资料汇编》第四辑(二),第835—836页。
④ 蒋介石日记,1925年6月16日、22日,斯坦福大学胡佛研究所藏。

府"。经多数表决,定为"建国政府"。① 孙中山将此事视为1924年开始的三件大事之一,"希望千万年后",以此日为"大纪念日"。② 当晚,孙中山召集各方反直人士举行会议,决定当年2月1日组织建国政府,以孙中山为"元首"。后因担心与张作霖、段祺瑞的合作反直,终告搁置。③

其时,国民党一大的召开已在弦上,苏俄的影响日益扩大。1924年1月23日,孙中山感于党内"老同志"的压力,突然向鲍罗廷提出,是否取消宣言,代之以为"全国政府"起草的纲领。鲍罗廷坚决反对,他认为孙中山的纲领"根本没有触及中国目前的形势,也没有指出摆脱这种局面的任何出路,而是充满了令人难以置信的空想","正是宣言,而不是孙的纲领,将成为以真正革命的国民党为首的中国国民革命运动的基础"。最后,孙中山"为了把他的纲领也印出来,作出了对宣言有利的决定"④。这一纲领,就是《国民政府建国大纲》。

《国民政府建国大纲》的三民五权构想,未必像鲍罗廷所贬低的那样价值甚微,因为揆诸后来的历史,它是经过实践操作的顶层设计,在中国和世界历史上自有其价值。但在提出的当时,广州政府危机四伏,并无现实的可能。

经过镇压商团叛乱、第一次东征及平定刘、杨,广东局势大为改善。1925年6月15日,国民党中央决议组织国民政府。6月21日,蒋介石和粤军司令许崇智这两位国民党内掌握军队的实力派讨论政府人选,蒋"力辞加入政府,以为政府直接指挥者,不宜加入政府委员之内","惟军事委员会则不能辞也"。⑤

---

① 《在大本营军政会议的发言》(1924年1月4日),《孙中山全集》第九卷,第10—11页。
② 《在帅府欢宴各军政长官的演说》(1924年1月4日),《孙中山全集》第九卷,第12页。
③ 1924年1月4日条,桑兵主编,敖光旭著:《孙中山史事编年》第十卷(1924.1—1924.8),第5066—5067页。
④ 《鲍罗廷的札记和通报》(摘录),中共中央党史研究室第一研究部译:《联共(布)、共产国际与中国国民革命运动(1920—1925)》,第471—473页。
⑤ 蒋介石日记,1925年6月21日,斯坦福大学胡佛研究所藏;中国第二历史档案馆编:《蒋介石年谱(1887—1926)》,第336页。

酝酿政府之时,6月23日,"沙基惨案"发生。当时,广州各界为声援五卅运动,举行6万余人规模的大游行,教导团官兵多有参加。行至沙田附近,英兵扫射游行队伍,死伤500余人,其中教导第一团第三营营长曹石泉等20多名黄埔党军官兵牺牲。蒋介石在日记中痛呼:"国势至此,不以华人之性命为事,任其英贼帝国主义所惨杀,闻之心肠为断,几不知如何为人矣。"天地含悲,"天色顿呈不可思议之红灰色及黯淡色",自此以后,蒋介石在日记中将英帝国主义称为"阴番""阴逆",立志报仇雪恨。①

1925年6月24日,"大本营总参议代行大元帅职权"胡汉民发表通电,表示接受国民党中央执行委员会关于政府改组的决议案。决议案称,"以诚实坚挚之决心,接受遗嘱,继续努力"。对于政府改组,"决定采用合议制,以期收集思广益之效":(1)设置国民政府,"掌理关于全国之政务"。以委员若干组织会议,并于委员中推定常务委员5人,处理日常政务。设置军事、外交、财政各部,各部长以委员兼任之,将来如需添设,以委员会决议之。(2)设置军事委员会,"掌理全国军务",以委员组织之,于委员会中推定1人为主席。军事命令由主席及军事部长署名。军事委员会内,设军需等处。(3)设置监察部,监察政府各级机关官吏之行动,考核款项之收支。(4)设置惩吏院,惩治官吏之贪污不法及不服从政府者。(5)设置省政府,分内政、外交、财政等厅,厅长联席会议推定主席一人。(6)设置市政委员会,在"现代职业团体"农会、工会、商会、教育、自由职业等6种团体中,各委任3人,合计18人为委员(现在委任,将来选举),以组织市政委员会,任命委员长1人为市政委员会主席。下设财政、工务、公安、教育、卫生五局,而以委员18人,分6种委员会,以监察之。②

沙基惨案的阴云之中,1925年7月1日,国民政府成立,按苏式制度,采合议制,委员16人为:汪精卫、胡汉民、张人杰、谭延闿、许崇智、于右任、张继、

---

① 蒋介石日记,1925年6月23日,斯坦福大学胡佛研究所藏。
② 《胡汉民宣布施行政府改组决议案电》(1925年6月24日),中国第二历史档案馆编:《中华民国史档案资料汇编》第四辑(一),第35—36页。

徐谦、林森、廖仲恺、戴季陶、伍朝枢、古应芬、朱培德、孙科、程潜;常务委员为:汪精卫、胡汉民、谭延闿、许崇智、林森(后胡汉民出洋,许崇智去沪,改伍朝枢、古应芬为常务委员);汪精卫为主席。① 同一天,发表《中华民国革命政府宣言》,宣言称,接受先大元帅之遗嘱,继续国民革命,"国民革命之最大目的,在致中国于独立、平等、自由,故其最先著手即在废除不平等条约"。国民党将从帝国主义及依附于帝国主义的军阀手中收回主权,召开国民会议,还之国民。宣言指出,沙面惨案(即沙基惨案)为帝国主义企图扼杀国民革命"方新之气"的证据,故国民党在22日至28日间发表了立即废除不平等条约的宣言。它表示,"最近东江及近郊两役,肘腋之患稍得清除,决当乘此时会,以从事于政治、军事之整理"。② 宣言点出了前此一系列事件与国民政府成立的关系。

当天,蒋介石草成"军政意见书",并致函军事委员会各委员,认为"近见英人暴戾,更不能不准备实力与之决一死战",并建议在军委会中设立"备战专门委员会"。③ 7月3日,国民政府军事委员会成立。

紧张形势之中,1925年8月20日,黄埔军校党代表廖仲恺在国民党中央执行委员会门前遇刺。当天下午,国民党中央任命汪精卫、许崇智和蒋介石组织"特别委员会",授予其"政治、军事及警察权",以应付时局。④ 鲍罗廷和苏联顾问罗加乔夫参加会议。⑤ 中共中央第二天发布的唁文指出,廖仲恺"正死在国民政府努力与英国帝国主义奋斗的时候","帝国主义者和反革命派的互相勾结而实行刺杀国民革命领袖的阴谋,实在再也用不着什么别的证据,已经明了到极点的了"。唁文激励国民党"用果决奋勇的精神扑灭反革命派,

---

① "国军政工史稿编纂委员会"编:《国军政工史稿》(上),第157页。
② 《中华民国国民政府宣言稿》(1925年7月1日),中国第二历史档案馆编:《中华民国史档案资料汇编》第四辑(一),第36—38页。
③ 中国第二历史档案馆编:《蒋介石年谱(1887—1926)》,第339—340页。
④ 蒋介石日记,1925年8月20日,斯坦福大学胡佛研究所藏。
⑤ 亚·伊·切列潘诺夫:《中国国民革命军的北伐——一个驻华军事顾问的札记》,中国社会科学院近代史研究所翻译室译,北京:中国社会科学出版社,1981年,第263页。

发动革命：国民革命的起源（1920—1925）

努力与帝国主义者奋斗,巩固国民革命的势力"。①

蒋介石也判断其为"阴逆走狗所害"。8月24日,决定缉拿嫌犯胡毅（生）、林直勉、林树巍、赵士觐等人,25日,抓获林直勉、张国桢,其余逃遁,但在粤军总部扣留梁鸿楷、招桂章等人,"发现英逆谋害政府,以梁鸿楷为总司令、魏邦平为省长之大阴谋",即宣布戒严,缉拿魏邦平,并开军事会议,解散梁鸿楷等部。②8月26日,军事委员会决议编组国民革命军,党军改组为第一军,蒋介石为军长。③下辖2个师,何应钦为第一师师长,王懋功为第二师师长。其余4个军,如前所述。后周恩来担任第一军政治部主任。9月1日,廖仲恺送葬仪式在国民党中央党部举行,参加送殡的有工人、农民、黄埔官兵等20余万人,规模之盛在广州前所未有。④当天,鲍罗廷、汪精卫、蒋介石等商定三事：一、财政问题用委员制,共同监督,强制交财政部,"否则以武力讨伐之";二、出兵东江（因陈炯明残余势力反攻,粤军节节后退）;三、胡汉民问题（因涉及其弟胡毅生）,决定其出洋。后决定赴苏俄。⑤

廖仲恺案促使国民政府以更令人眼花缭乱的速度和场景进行重组。廖遇刺后,军政部长、粤军总司令、财政监督许崇智带领其主力回到广州,加入了至关重要的汪、许、蒋三人小组,并被任命为拟议进行的第二次东征的总指挥。但他被广州方面认为"与右派分子彻底同流合污了",而广州军事实力的对比发生了对其不利的变化：粤军第一军梁鸿楷部因涉及廖仲恺案被解散；李济深部第四军"不承认他"；关键的,"蒋介石的第一军和黄埔军校的威信和影响无可估计地增强了"。据蒋本人9月8日在黄埔的演讲,其时,"党校与党

---

① 《中国共产党为廖仲恺遇刺唁国民党》,《向导》周报第127期,第1159页。
② 蒋介石日记,1925年8月24日、25日,斯坦福大学胡佛研究所藏。
③ 中国第二历史档案馆编：《蒋介石年谱（1887—1926）》,第363页。
④ 亚·伊·切列潘诺夫：《中国国民革命军的北伐——一个驻华军事顾问的札记》,第262页。
⑤ 蒋介石日记,1925年9月1日、5日,斯坦福大学胡佛研究所藏；并见中国第二历史档案馆编：《蒋介石年谱（1887—1926）》,第365页。

军,合计约一万三千人"。① 这支新式军队的战斗力令人生畏。而许崇智"以万五千人而占九十万至一百万之饷,使各友军衣食无着",汪精卫、李济深等深表不满。② 9月18日,军事委员会命蒋以广州卫戍司令"全权处置粤局",是日晚,黄埔第一师围住许崇智私人住所。③ 9月19日,蒋介石以黄埔军和粤军第四师,"解决反革命各军",并致函许崇智,指责其把持财税,中饱私囊,遏止东征,破坏革命,且与廖仲恺案关系牵连,要求其"暂离粤境"。④ 9月20日,国民党中央政治委员会讨论许崇智事,许虽勉力支撑,终被决定"准其赴沪养疴"。当晚,许崇智在陈铭枢"护送"下离粤。⑤ 第一军随即解除粤军最精锐的第二师和第六旅的武装;粤军第四师的许崇智系军官被驱逐,包括师长许济,部队则作为第三师编入第一军。⑥ 谭曙卿为第三师师长。9月23日,国民政府公告对廖案各犯的处置。28日,蒋介石被任命为东征总指挥。廖案以许案作结,系蒋介石崛起于国民党的一大重要结点。

第二次东征开始之前,敌军环伺广州国民政府:陈炯明旧部林虎、洪兆麟等卷土重来,席卷粤东,约有三万人;惠州杨坤如部二三千人,莫雄余部数百人;北江熊克武部万余人;广南八属邓本殷部数千人。但东征军阵容亦很壮观:何应钦为第一纵队长,李济深为第二纵队长,程潜为第三纵队长。9月28日,蒋介石下达出发令,第一军分三批开拔。而第一军党代表阵容为:第一军党代表为汪精卫;周恩来为第一师党代表,贺衷寒为其第一团党代表,金佛庄为第二团党代表,包惠僧为第三团党代表;徐坚为第二师第四团党代表,严凤〔奉〕仪为第五团党代表;蒋先云为第三师第七团党代表,张际春为第八团党

---

① 中国第二历史档案馆编:《蒋介石年谱(1887—1926)》,第370页。
② 蒋介石日记,1925年9月17日,斯坦福大学胡佛研究所藏。
③ 中国第二历史档案馆编:《蒋介石年谱(1887—1926)》,第376页。
④ 中国第二历史档案馆编:《蒋介石年谱(1887—1926)》,第377—379页。
⑤ 蒋介石日记,1925年9月17日,斯坦福大学胡佛研究所藏;中国第二历史档案馆编:《蒋介石年谱(1887—1926)》,第379页。
⑥ 许崇智案的前后,除注明者外,见亚·伊·切列潘诺夫:《中国国民革命军的北伐——一个驻华军事顾问的札记》,第267页。

代表,王逸常为第九团党代表。① 共产党员在第一军政工系统中占据了显著位置。

出发之际,蒋介石得朱培德之助,将与陈炯明暗通的熊克武、余济唐诱捕。熊曾为四川督军、国民党中央委员,率部来粤就食。② 广州得以排除隐患。

惠州为粤东名城,为东征第一目标。攻击各军均有苏联军事顾问:蒋介石的顾问为罗加乔夫,第四军顾问为萨赫诺夫斯基,三水部队顾问什涅伊杰尔,吴铁城部顾问捷斯连科,程潜部顾问康奇茨,另有切列潘诺夫、帕纽科夫、舍瓦尔金等。③ 1925年10月9日,蒋介石发布攻击令。13日上午9点半,攻击各军完全占领阵地,野炮兵轰击惠州,飞机亦空投助战,但刘尧宸等攻击受挫阵亡。蒋介石、何应钦与苏联顾问连夜筹划,14日中午再兴攻势,当日下午攻入惠州。④ 苏联顾问认为:"惠州要塞实际上是共产党人拿下的,他们的意志比攻不破的城墙还要坚硬。"⑤

惠州既下,东征军扑向华阳。10月25日至29日,第一军第三师"抗敌万余之众,酣战竟日,不为不勇"。与此同时,第三纵队在程潜指挥下,攻向河源,22日攻击得手,但24日又为敌军夺去;得到子弹等支援后,卫立煌等部28日再下河源。10月30日,第一纵队攻击前进,遇到洪兆麟等部反攻河婆,双方相持多日。接着,东征军在双头等地大量俘虏敌军。11月4日,第一纵队克服汕头、潮州后,继续向闽边、赣南方向追击。同时,蒋介石以程潜等部组

---

① 中国第二历史档案馆编:《蒋介石年谱(1887—1926)》,第381—382页;"国军政工史稿编纂委员会"编:《国军政工史稿》(上),第158—159页。
② 蒋介石日记,1925年10月3日,斯坦福大学胡佛研究所藏;中国第二历史档案馆编:《蒋介石年谱(1887—1926)》,第384页。
③ 亚·伊·切列潘诺夫:《中国国民革命军的北伐——一个驻华军事顾问的札记》,第268—269页。
④ 《第二次东征记略》(1925年9—11月),中国第二历史档案馆编:《中华民国史档案资料汇编》第四辑(二),第859—867页。
⑤ 亚·伊·切列潘诺夫:《中国国民革命军的北伐——一个驻华军事顾问的札记》,第287页。

成左翼追击队,11月13日,占领闽边永定。11月20日,蒋介石下令停止追击,三纵队各驻防潮汕、澄海、揭阳、大埔、梅县、惠州等各要点,总指挥部驻汕头。① 第二次东征中,政工干部宣传主义,极大地改善了军队形象,密切了军民关系,"一路人民观者如堵"②,"可知民众对于革命已觉悟,非昔日之必也"③;而战斗中,政工人员"争先恐后,参加敢死队","伤亡率最高"。④ 这体现了新式军队的特色和力量所在。

第二次东征,消灭、驱逐了陈炯明的残余势力,缴获步枪8 000余支,机关枪50余挺,大炮15门。大势所在,中共乐观地表示,这标志着"广东省以土地疆域而论,已经统一"⑤。南路邓本殷部,勾结魏邦平、梁鸿楷等作乱,国民政府先派陈铭枢进剿,后第二、三、四军相继加入,朱培德、李济深先后担任总指挥,将其扑灭。其他各路叛者,力量较弱,亦次第削平。到国民党二大召开时,已经有8.5万兵力,枪械6万余支。⑥ 广州国民政府进一步巩固。

国民革命军、国民党和国民政府迅速发展的同时,共产国际和中国共产党为团结国民党的大多数继续进行国民革命,进行了策略的调整。1925年9月28日,共产国际执委会"建议"中国共产党根据以下原则"立即审查"同国民党的关系:

(1) 对国民党工作的领导应当非常谨慎地进行。

(2) 党团不应发号施令。

(3) 共产党不应要求必须由自己的党员担任国家和军队的领导职位。

---

① 《第二次东征记略》(1925年9—11月),中国第二历史档案馆编:《中华民国史档案资料汇编》第四辑(二),第867—877页。
② 蒋介石日记,1925年11月5日,斯坦福大学胡佛研究所藏。
③ 蒋介石日记,1925年12月11日,斯坦福大学胡佛研究所藏。
④ "国军政工史稿编纂委员会"编:《国军政工史稿》(上),第164—165页。
⑤ 《东江胜利后之广东》,《向导》周报第137期,第1251—1252页。
⑥ 中国第二历史档案馆编:《蒋介石年谱(1887—1926)》,第451—452页。

（4）相反，共产党应当竭力广泛吸引（未加入共产党的）国民党员而首先是左派分子参加本国民族解放斗争事业的领导工作。

（5）同时中共中央应当经常仔细地研究国民党所依靠的社会阶层中发生的各种进程和军阀中社会重新组合。①

随即中共中央发布的《中国共产党与中国国民党关系决议案》指出：反对国民党左派和共产党的势力在增长之中，共产党"更加应当继续与国民党合作的政策而与大多数群众接近，竭力赞助他的左派，使他进行发展革命运动的工作"，反对右派。要实现"中国共产党的政治宣传及组织之独立与扩大，尤其是在广东"，"非必要时，我们的新同志不再加入国民党，不担任国民党的工作，尤其是高级党部（完全在我们势力支配之下的党部不在此限）"。决议案特别提出了关于国民党左中右派的策略问题，"把国民党的领袖们都列到中派，这不但在理论上不正确，而且在策略上也不适当"。国民党的中派已经分化，一部分是"现在的左派"，"一部分变成了新右派"；识别国民党左派，单看论调是否左倾是不够的，要看行动和实际的政治主张；"与共产派亲密结合这一点，是这一时期中国民党左派之特征"。② 这一决议案经过维经斯基等人的讨论。当时，维经斯基提出，中共的同志犯了两个错误：一个是没有在广州建立"革命时期的客观形势允许建立"的党组织；一个是"过于突出他们要占有国民党机关的意图"。所以建议在中共四届二中全会上讨论陈独秀起草的上述措施。维经斯基说："我们采取的方针是，在同国民党的关系中，要从联盟转向联合。"③

广东政局刷新之际，广西局面也进入新阶段。先是1921年5月孙中山就

---

① 《共产国际执委会给中共中央的指示草案》，中共中央党史研究室第一研究部译：《联共（布）、共产国际与中国国民革命运动（1920—1925）》，第694—695页。

② 《中国共产党与中国国民党关系决议案》，中央档案馆编：《中共中央文件选集》第一册（1921—1925），第489—490页。

③ 《维经斯基的书面报告》（1925年9月28日），中共中央党史研究室第一研究部译：《联共（布）、共产国际与中国国民革命运动（1920—1925）》，第692—693页。

任非常大总统后,桂系陆荣廷企图卷土重来。孙中山乃决定攻桂,但陈炯明反复犹豫。6月中,陆荣廷多路犯粤,陈炯明乃率叶举、许崇智、黄大伟等反攻。桂军刘震寰部响应。6月26日,粤军占领广西门户梧州。27日,孙中山正式发布讨伐陆荣廷、陈炳焜命令,要求陈炯明"扶植广西人民,使得完全自治"[①]。不久,广西全境被孙中山麾下各军占领。两广统一,孙中山乃设大本营于桂林,任马君武为广西省长,陈炯明为广西善后督办,图谋北伐,惟受陈炯明掣肘,迟迟未能成行。李宗仁部即在此期间被改编,任粤桂边防军第三路司令。

1922年4月,孙中山决定从桂林改道韶关北伐,率北伐诸军回占梧州,陈炯明震动,回师广东,策划叛乱。广西又陷入混乱。李宗仁乃自为广西自治军第二路司令。黄绍竑一度为李宗仁部第三支队,后离开自谋发展。1923年,孙中山任命黄绍竑为广西讨贼军第一军总指挥,白崇禧为参谋长。1924年7月,三人在南宁成立"定桂讨贼联军总指挥部",李为总指挥,黄为副总指挥,白为参谋长。1924年10月,孙中山致电黄绍竑,要求其底定全桂后肃清余孽[②]。其时,广西另一实力派沈鸿英经多次反复后,尚在广州方面阵营中,头衔为"广西总司令"。李、黄、沈讨论广西善后时,孙中山突然于1924年11月5日任命刘震寰为广西省长[③],李、黄、沈推李宗仁为广西善后督办,黄为会办兼省长,以为抵制。11月下旬,黄绍竑赴广州,经与胡汉民商议,以李宗仁为"广西绥靖处"督办,黄为会办。沈鸿英无所得,乃与李、黄等决裂,李、黄得

[①] 《命陈炯明讨伐陆荣廷陈炳焜等令》(1921年6月27日),中山大学历史系孙中山研究室、广东省社会科学院历史研究所、中国社会科学院近代史研究所中华民国史研究室合编:《孙中山全集》第五卷,北京:中华书局,1985年,第555页。

[②] 《孙文慰勉全桂底平协力肃清余孽致黄绍雄电》(1924年10月15日),中国第二历史档案馆编:《中华民国史档案资料汇编》第四辑(二),第887页。黄绍竑在当时多种文献中也作"黄绍雄"。

[③] 《特任刘震寰职务令》(1924年11月5日),广东省社会科学院历史研究所、中国社会科学院近代史研究所中华民国史研究室、中山大学历史系孙中山研究室合编:《孙中山全集》第十一卷,北京:中华书局,1986年,第282页。

到了同为广西人的李济深的帮助,1925年2月,沈宣布兵败①。

沈鸿英失败后,云南军阀唐继尧趁孙中山北上病重,以杨希闵、刘震寰为内应,率部侵入广西,占领南宁等地。孙中山病逝后,唐居然通电就任"副元帅",扬言"贯彻主义,奠定邦家,以慰大元帅在天之灵"②。广州政府调驻粤滇军范石生部前往,支持李、黄堵住唐继尧。5月12日,唐继尧以副元帅名义任命刘震寰为广西军务督办兼省长。不久,东征军回师广州,解决了刘、杨。7月,势孤力竭的唐继尧军回滇。③ 7月,蒋介石提出统一两广,以广西为"第二根据地",尤其是建设计划,要"视同一体"。④ 国民政府委员会议主席汪精卫致函李、黄,推林森、李济深前往商讨六个方面问题:(1)广西省政府组织问题;(2)广西省关于党事组织、宣传诸问题;(3)广西现在军政、民政情形及其整顿办法;(4)熊(克武)军由黔经桂入粤问题;(5)范(石生)军由桂入滇问题;(6)对于北京及邻省如何应付。⑤ 1925年8月,国民政府令裁撤广西总司令、广西省长,命令李宗仁、黄绍竑以"广西全省绥靖处"名义处理广西军政、民政。⑥ 国民政府第二次东征及讨伐邓本殷部过程中,广西派出俞作柏部参与。1925年11月,李宗仁派代表赴粤报告广西政治状况。⑦ 半年中,广西进步明显,1926年1月,蒋介石在国民党二大作军事报告时就指出,"现在广西当局,是很忠实于我们国民政府的",其力量足以对付唐继尧。⑧

---

① 《沈鸿英为被李宗仁等部击退大宁一带请求解职电》(1925年2月17日),中国第二历史档案馆编:《中华民国史档案资料汇编》第四辑(二),第895页。
② 《唐继尧乘孙文逝世就副元帅职通电》(1925年3月19日),中国第二历史档案馆:《中华民国史档案资料汇编》第四辑(二),第896—897页。
③ 以上广西政局变化之大概,除注明者外,见李剑农:《中国近百年政治史》,第452—453页。
④ 中国第二历史档案馆编:《蒋介石年谱(1887—1926)》,第347—348页。
⑤ 《汪兆铭等关于组织广西省政府问题函稿》(1925年7月22日),中国第二历史档案馆编:《中华民国史档案资料汇编》第四辑(二),第907页。
⑥ 《国民政府令李宗仁等负责广西军政令》(1925年8月6日),中国第二历史档案馆编:《中华民国史档案资料汇编》第四辑(二),第908页。
⑦ 《李宗仁派代表报告桂省政治状况函》(1925年11月28日),中国第二历史档案馆编:《中华民国史档案资料汇编》第四辑(二),第909页。
⑧ 中国第二历史档案馆编:《蒋介石年谱(1887—1926)》,第452页。

1926年2月,国民政府设立"两广统一委员会"。1926年3月,国民政府"筹议两广政治军事财政统一委员会"议决各事项,决定:广西省政府在中国国民党指导监督下,处理全省政务,其省政府之组织,按国民政府颁布的省政府组织法行之,交涉员、高等审判厅等由国民政府直辖;广西军队全部改编为国民革命军第八、九两军,以李宗仁、黄绍竑为军长,组织军队改组委员会,李宗仁为主席,李宗仁、黄绍竑、白崇禧等及中央特派员组成之;两广财政,受国民政府财政部指挥监督,收入统一由财政部征收,支出拟具预算后由国民政府核准,财政官吏由国民政府委任;等等。① 6月1日,黄绍竑任广西省主席。

自平定商团事件,到两广统一,一年多的时间里,国民革命的形势焕然一新。中国共产党在孙中山逝世纪念日来临之前提出:"要求一个统一全国的革命的政府,这个国民政府,一定要在中国国民党指挥之下,能实行反帝国主义的职责。"②以统一全国为目标的新北伐,提上了议事日程。

十三、国民革命高潮的来临

国民党人的"北伐"情结由来已久。孙中山在世时,1921年到1922年间即在桂林、韶关组织北伐;1924年下半年,他在商团事件的乱云之中,再次到韶关组织北伐。

---

① 《国民政府抄送筹议两广政治军事财政统一委员会议决事项令》(1926年3月19日),中国第二历史档案馆编:《中华民国史档案资料汇编》第四辑(二),第910—912页。具体实施时,广西军队统编为国民革命军第七军。关于广西预留第八、九两军番号,蒋介石认为与"倒蒋运动"阴谋有关,"中山舰事件"后,他对第一军将士分析说:"现在广东统俞有六军,广西有两军,广东是第一、二、三、四、五、六各军,照次序排下去,广西自然是第七、八军了,但是第七军的名称偏偏搁起来,留在后面不发表,暗示我的部下先要他离叛了我,推倒了我,然后拿第二师和第二十师编成第七军,即以第七军军长报酬我部下反叛的代价。"见中国第二历史档案馆编:《蒋介石年谱(1887—1926)》,第506页。蒋基于此判断,先发制人将第一军第二师师长王懋功革职,并称:"(王懋功)狡狷恶劣,惟利是视……外人不察,思利用以倒我,不知将来为害党国与革命至于胡底,故决心革除之。"见蒋介石日记,1926年2月26日,斯坦福大学胡佛研究所藏。

② 《中央关于孙中山先生纪念日宣传大纲》(1926年2月26日),中央档案馆编:《中共中央文件选集》第二册(1926),北京:中共中央党校出版社,1989年,第49页。

倡议北伐,有身处广东、革命易受英国等列强干涉的考虑,这一点,孙中山曾多次言明;也有苏俄及其控制下的外蒙古地理上位于北方的考虑,孙中山当年的"西北计划"就是明证;在冯玉祥获得苏俄垂青和支援的背景下,联合冯部,更易于直接威胁华北和北京,亦是考虑;自然,当时中国各主要军阀均在广东以北,国民革命既以打倒军阀为目的,不能不向北进军。

不惟孙中山,蒋介石对于在北方革命,亦有思考。国民政府成立后,他就提出"革命六大计划"。内中提到香港与商团事件、陈炯明顽抗、刘杨事变等各种牵连,蒋认为沿海、沿江、沿铁路均不足为革命根据地:"中国革命发展之途径,当由西南延长至西北。"①

1926年1月1日,国民党第二次全国代表大会在广州召开。1月4日,蒋在演讲中分析,"本党打倒军阀的目的必可达到","统一中国的,只有本党"。②在国民党二大所作的军事报告中,他表达了与孙中山类似的担忧:"香港差不多是一切省内外敌人之巢穴……是世界帝国主义压迫中国的中心点,他们种种的势力,实在可制我们政府的死命。"③他也分析了当时国民革命军和黄埔军校的势力,认为"我们的政府已经确实有了力量,来向外发展了","本党的力量就不难统一中国"。④ 向北发展,更易实现夺取整个中国的目标,是蒋介石的新考虑,他在与苏联顾问季山嘉讨论北方军事政治时,承认"实决心在北方得一根据地,其效亦必大于南方十倍"⑤,在向北发展的过程中,如何处理与苏俄的关系,蒋介石与汪精卫商议:"中国国民革命未成以前,一切实权皆不宜旁落,而与第三国际必能一致行动,但须不失自动地位也。"⑥即在国民革命中掌握领导权。孙中山在世时,由他和国民党人领导国民革命,几乎是各方一致共识,所以没有引起大的争论和斗争;在其逝世后,国民党人随着形势的

---

① 中国第二历史档案馆编:《蒋介石年谱(1887—1926)》,第341—342页。
② 中国第二历史档案馆编:《蒋介石年谱(1887—1926)》,第446页。
③ 中国第二历史档案馆编:《蒋介石年谱(1887—1926)》,第447页。
④ 中国第二历史档案馆编:《蒋介石年谱(1887—1926)》,第452页。
⑤ 蒋介石日记,1926年1月28日,斯坦福大学胡佛研究所藏。
⑥ 蒋介石日记,1926年3月8日,斯坦福大学胡佛研究所藏。

发展,重新提出领导权问题,这就成为此后国民革命和国共合作的核心问题。

　　北伐以造成新的革命形势,得到了苏俄和共产国际几乎"排除一切障碍"式的支持。3月22日,苏俄参议(即后文的布勃诺夫)即访问蒋介石,询问刚刚发生的中山舰事变是对人还是对俄。蒋答以对人,俄参议即表"心安",表示"今日可令季山嘉、罗茄觉夫(笔者按:即罗加乔夫)各重要顾问离粤回国"。① 就"中山舰事件"发生后如何看待和应对,甫到广州几天的联共(布)中央书记、苏联红军政治部主任、苏联革命军事委员会委员 A.C.布勃诺夫(化名伊万诺夫斯基,蒋介石日记中称为"伊万诺夫司堪")在广州顾问团全体成员大会上作了长达6小时的讲话,提出"中山舰事件"由三种矛盾造成:集中统一的国家政权同尚未根除的中国军阀统治陋习之间的矛盾,城市小资产阶级和工人阶级之间的矛盾,国民党左派和右派之间的矛盾。他告诫,要防止"过火行为",以免国民政府遭遇危机,从而危及国民革命。关于北伐问题,他说,已经与国民革命军各军军长谈过,不是是否需要进行的问题,而是何时进行北伐的"时间问题"。他说,"现在就要开始促使广州对吴佩孚采取更积极的行动"。他承认,"中山舰事件"是针对苏联顾问和中国政委的"准暴动",但它起因于前述矛盾,而且因为苏联顾问的"大错误"而复杂化、尖锐化了,如司令部、后勤部、政治部、顾问和政委,构成了对国民党将领的"五条锁链";还有,要黄埔校长向苏联顾问报告,简直是"反革命行为"。他决定撤销苏联驻华南军事顾问团团长季山嘉、副团长罗加乔夫和拉兹贡(奥尔金)的职务。②

　　在随后给鲍罗廷的信中,布勃诺夫再次提出:中山舰事件"只不过是针对俄国顾问和中国政委的小规模准暴动"。它是广州内部矛盾的产物,同时也由于他们在军事工作中"犯了一些大错误"而变得复杂激烈。这些错误包括六个方面,包括"政委有权签发每一道命令","俄国顾问常常把自己突出到首

---

① 蒋介石日记,1926年3月22日,斯坦福大学胡佛研究所藏。
② 《布勃诺夫在广州苏联顾问团全体人员大会上的报告》(1926年3月24日),中共中央党史研究室第一研究部译:《联共(布)、共产国际与中国国民革命运动(1926—1927)》(上),北京:北京图书馆出版社,1997年,第162—171页。

要地位",等等。①

布勃诺夫使团当然有策略上的考虑,"使团决定迁就蒋介石并召回季山嘉,是将此举作为一个策略步骤,以便赢得时间和做好准备除掉这位将军"。当然,季山嘉等人的工作也被认为有失误,他们忘记自己只是顾问而不是指挥官。② 另外,苏俄以"中山舰事件"合法化来推动北伐,跟吴佩孚、张作霖联手击败苏俄已经支持多年的冯玉祥这一背景有很大的关联,中国北方革命形势的低落需要南方的振奋。

然而,就像此前表现出来的一样,中国共产党人对于北伐有自己的思考。"中山舰事件"后,曾有小册子记录蒋介石剖白自己何以暴起,陈独秀在给蒋介石的公开信中专门分析了自己反对立即北伐的过程和考量,他说:

> 关于这一问题,我和某几个同志有不同的意见,他们当然也不是根本反对北伐,他们是主张广东目前要积聚北伐的实力,不可轻于冒险尝试;我以为要乘吴佩孚势力尚未稳固时,加以打击,否则他将南伐,广东便没有积聚实力之可能,为此我曾有四电一函给先生及精卫先生,最近还有一函给先生详陈此计;两方对于北伐主张,只有缓进急进之分,对广东及先生都无恶意……③

信中可见,陈独秀对立即北伐多次发表不同意见。1926年7月初,北伐已经开始,陈独秀提出:"北伐的意义,是南方的革命势力向北发展,讨伐北洋军阀的一种军事行动,而不能代表中国民族革命之全部意义。""中国民族革命之全部意义,是各阶级革命的民众起来推翻帝国主义与军阀以自求解放;

---

① 《布勃诺夫给鲍罗廷的信》(1926年3月27日),中共中央党史研究室第一研究部译:《联共(布)、共产国际与中国国民运动(1926—1927)》(上),第186页。
② 《索洛维约夫给加拉罕的信》(1926年3月24日),中共中央党史研究室第一研究部译:《联共(布)、共产国际与中国国民运动(1926—1927)》(上),第117页。
③ 独秀:《给蒋介石的一封信》,《向导》周报第157期,第1528页。

全民族经济解放,尤其是解除一般农工平民迫切的困苦。"陈独秀认为,"现在国民政府之北伐还不是由于革命力量澎〔膨〕胀而向外发展,乃是因为吴佩孚进攻湖南,国民政府不得不出兵援湖南以自卫"。实际上,不应北伐,而应该是如何"防御反赤军势力之扰害广东,防御广东内部买办土豪官僚右派响应反赤"。①

形势没有按照陈独秀主张的轨迹发展。"中山舰事件"后,国民党改组以来的权力结构发生根本性巨变:此前,廖仲恺遇刺,胡汉民放洋,而这一次汪精卫选择远遁,蒋介石嘲笑说:"无怪总理平生笑其为书生。"②"三巨头"或陨或隐,蒋得以在国民党内地位迅速上升至最高层,而且有机会推行其北伐计划。1926年4月16日,国民党中央党部与国民政府召开联席会议,推谭延闿为政治委员会主席,蒋介石为军事委员会主席。③蒋对第一军官兵宣称:"我以为广东已经统一了,如果不能北伐,那不仅对不起总理,还对不起我们已死的同志。我们办这学校是为什么?不是统一广东就算的,乃是要北伐,就是要统一中国。"④其时,北伐在国民党军中颇有共识,李济深、陈铭枢等"催出兵北伐甚急"。⑤ 蒋一面慨叹:"难怪二十四史以政治人物为中心也!"⑥一面与谭延闿、朱培德、宋子文、张静江、李宗仁等频繁商议,"定北伐计划","会议北伐计划","谈北伐援湘事"。⑦

1926年5月19日,国民党中央执行委员会选举蒋系人马张静江为中央常务委员会主席。21日,国民党中央发布对时局的宣言,决定"接受海内外请愿北伐"。⑧

北伐既定,当有人为总司令。1926年6月3日,张静江、谭延闿等谈总司

---

① 独秀:《论国民政府之北伐》,《向导》周报第161期,第1584页。
② 蒋介石日记,1926年3月31日,斯坦福大学胡佛研究所藏。
③ 蒋介石日记,1926年4月16日,斯坦福大学胡佛研究所藏。
④ 中国第二历史档案馆编:《蒋介石年谱(1887—1926)》,第507页。
⑤ 蒋介石日记,1926年4月29日,斯坦福大学胡佛研究所藏。
⑥ 蒋介石日记,1926年5月9日,斯坦福大学胡佛研究所藏。
⑦ 蒋介石日记,1926年5月11日、12日,斯坦福大学胡佛研究所藏。
⑧ 中国第二历史档案馆编:《蒋介石年谱(1887—1926)》,第520页。

令人选,蒋"惶愧力辞",反推谭延闿,谭自然"不允"。其余各军军长又连番劝进,"否则视为不负责任"。鲍罗廷也加入了合唱,"力说"蒋"任总司令负担首领责任",否则他也辞任。6月4日,蒋介石被国民党中央党部和政治委员会任命为总司令。6月5日,国民政府发表任命。① 随即,蒋与回归广州的加伦将军讨论了"总司令部组织法"。②

接下来公布的《国民革命军总司令部组织大纲》规定,国民政府特任国民革命军总司令一人,"凡国民政府下之陆海军均归其统辖";国民革命军总司令对国民政府和中国国民党"在军事上须完全负责";国民革命军总司令"兼任军事委员会主席";总司令部参谋长,以军事委员会参谋长兼任,或由总司令呈请国民政府任命;总司令部设置参事厅,以参谋长、总参议、高等顾问等组织之,"参赞戎机,襄助总司令";总司令部设置于军事委员会内,"随时进出于前方";政治训练部、参谋部、军需部、海军局、航空局、兵工厂等,直属于总司令部;"出征动员令下后即为军事状态","凡国民政府所属军民财政各部机关均须受总司令之指挥,秉其意旨办理各事";"总司令出征时,设立治安委员会,代行总司令职权,该会受政治委员会之指挥,其议决案关于军事者,交由总司令部执行之"。③ 总司令职权之大,整个国民政府系统无出其右。

就在6月,国民革命军北伐战斗序列确定:总司令蒋介石,前敌总指挥唐生智,总参谋长李济深,行营参谋长白崇禧。下辖第一军,军长何应钦;第二军,军长谭延闿,鲁涤平代;第三军军长朱培德;第四军,军长李济深,陈可钰代;第五军,军长李福林;第六军,军长程潜;第七军,军长李宗仁;第八军,军长唐生智;航空队,处长林伟成(由党代表张静愚指挥);兵站,总监俞飞鹏。④ 蒋介石踌躇满志,目光投向了无垠的天际。他说,会师武汉,克复北京,统一

---

① 蒋介石日记,1926年6月3日、4日、5日,斯坦福大学胡佛研究所藏。
② 蒋介石日记,1926年6月8日,斯坦福大学胡佛研究所藏。
③ 《国民革命军总司令部组织大纲》,陈训正编:《国民革命军战史初稿》卷二,沈云龙主编:《近代中国史料丛刊》第79辑,台北:文海出版社,1972年,第36页。
④ 《国民革命军北伐战斗序列》(1926年6月),中国第二历史档案馆编:《中华民国史档案资料汇编》第四辑(二),第913—916页。

中国,"是极容易的一件事";而且,黄埔军校中,韩国、安南(越南)等各处境外同志已经有一百多人,"我们不仅做中国的革命,并且要解放东方被压迫民族……东亚被压迫民族由此解放出来,那末世界革命亦可由此实现成功了"。①

1926 年 6 月 21 日,蒋决定 7 月 1 日进行总动员,以第四、三、一、六各军为出发次序。② 7 月 1 日,国民革命军动员令发布,决定先定三湘,规复武汉,再与冯玉祥国民军会师,"统一中国,继成遗志"。③ 7 月 9 日,蒋介石就任国民革命军总司令,广州举行了盛大的誓师大会,到场群众 5 万余人。吴稚晖代表国民党中央党部,谭延闿代表国民政府,分别致训词。蒋介石发表通电,并发布"北伐誓师词"。④

此前的 6 月 4 日,唐生智已经在衡州设立"湖南临时省政府",就任省长。⑤ 第四军第十师陈铭枢部、第十二师张发奎部已在 6 月 28 日受命援湘。⑥ 北伐,以事先无法预料的方式拉开帷幕。而这也意味着,苏俄和共产国际规划的中国国民革命,从纸面走入了实践的高潮阶段。

尾声:复盘国民革命

北伐不到一年,作为国民革命军总司令的蒋介石发动"四一二清党"。4 月 14 日,武汉方面的政治委员会宣布撤销蒋介石的总司令职务,开除其党籍,并下令逮捕他。共产国际驻中国代表团内部为究竟是向东南发展还是继续北伐发生分歧,共产国际代表罗易主张向东南,甚至回到广东,但在鲍罗廷的

---

① 中国第二历史档案馆编:《蒋介石年谱(1887—1926)》,第 528—529 页。
② 蒋介石日记,1926 年 6 月 21 日,斯坦福大学胡佛研究所藏。
③ 中国第二历史档案馆编:《蒋介石年谱(1887—1926)》,第 533 页。
④ 蒋介石日记,1926 年 7 月 9 日,斯坦福大学胡佛研究所藏;《蒋介石北伐誓师词》(1926 年 7 月 9 日),中国第二历史档案馆编:《中华民国史档案资料汇编》第四辑(二),第 917 页。
⑤ 中国第二历史档案馆编:《蒋介石年谱(1887—1926)》,第 526 页。
⑥ 中国第二历史档案馆编:《蒋介石年谱(1887—1926)》,第 532 页。

强烈坚持下,中共中央同意北上。但在预定出发的日子,鲍罗廷又转而主张向东,消灭蒋介石。① 罗易企图通过与蒋介石直接联系解决危机,而蒋介石冷冰冰地告诉他,"在武汉垄断我党权力的那些人不能不对此承担责任",而罗易听信了一面之词,并不了解情况。② 鲍罗廷为程潜未能及时逮捕蒋介石而可惜,他批评了去南方、去广东的想法,主张"革命应当集约和粗放式地发展,否则,在狭小的根据地,受到敌人包围的革命会被窒息,因为我们会由于帝国主义的局部封锁而脱离整个世界"。他认为,再坚持三四个月,"我们就必将取得胜利"。③ 内部的分歧和混乱,表明局势正在脱离共产国际——这场革命的培育者和指导者——的掌控,这是非常令人沮丧的。

曾经的"孙逸仙博士代表团"成员邵力子即将回国,得到了斯大林的接见。斯大林说,蒋介石解除工人自卫队的武装,而我却把照片给他,工人们会怎么想?邵力子只得悻悻然地归还了斯大林、李科夫和伏罗希洛夫的照片。④ 此时,他们还以"同志"相称,但这样"甜蜜"的日子即将一去不复返。

随着武汉"七一五分共",过去四年间一直在国民革命中担当操盘者的鲍罗廷被迫回到了莫斯科。复盘这一段历程,没有人比他更为合适。对后世的历史学家来说,幸运的是,他确实做了这样的复盘。尽管近距离观察自己参与制造的历史,会留下许多缺憾。

1927年10月23日,在莫斯科老布尔什维克协会会员大会上,鲍罗廷作了长篇报告,回顾国民革命的历程。他的报告副本送给了斯大林、布哈林、莫洛托夫、契切林、加拉罕和别尔津,表明鲍罗廷是经过认真准备的。这是一份

---

① 《罗易给共产国际执行委员会的电报》(1927年4月18日),中共中央党史研究室第一研究部译:《联共(布)、共产国际与中国国民革命运动(1926—1927)》(下),北京:北京图书馆出版社,1997年,第200—204页。

② 《蒋介石给罗易的信》(1927年4月22日),中共中央党史研究室第一研究部译:《联共(布)、共产国际与中国国民革命运动(1926—1927)》(下),第213页。

③ 《鲍罗廷关于中国政治局势的报告》(1927年5月初),中共中央党史研究室第一研究部译:《联共(布)、共产国际与中国国民革命运动(1926—1927)》(下),第220—229页。

④ 《邵力子给索洛维约夫的信》(不早于1927年4月23日),中共中央党史研究室第一研究部译:《联共(布)、共产国际与中国国民革命运动(1926—1927)》(下),第214页。

无比珍贵的文本,反映了国民革命的操盘者对国民革命背景、过程、重大关节和失败原因的认知。

鲍罗廷的思绪一直回溯到1923年9月他刚到中国的时刻。在他看来,此前的中国发生了一系列的历史性事件:(1)从《南京条约》开始,帝国主义通过不平等条约控制了中国,"统治阶级宁愿让帝国主义掠夺也不让群众起来造反"。(2)太平天国起义,"资产阶级害怕农民起义,因而加入了满清反动派和帝国主义的联盟",镇压了起义。(3)辛亥革命,国民党向帝国主义承担义务,同时拜谒明朝皇陵,说明他"不会同旧制度即封建的土地关系决裂"。

鲍罗廷说,孙中山对"民主国家"抱有幻想,所以不愿意与帝国主义进行坚决的斗争。袁世凯向帝国主义贷款,就是为了镇压本国的资产阶级,保留清政府统治的基础。第一次世界大战,中国一无所得,然后出现了苏维埃共和国,反帝运动开始兴起,参加者是小资产阶级和知识分子的上层(主要是大学生)。

中国工业化的过程中,无产阶级产生了。他们一方面受着阶级的压迫,另一方面受到外国资本和在华国家机关的压迫。领导这样一个无产阶级的政党,"必然要率领无产阶级去同外国压迫和本国民族资产阶级进行斗争"。这样的背景下,党既要保持自己的阶级纯洁性,又要"与非无产阶级人士一起反对外国压迫","很难做到随机应变"。鲍罗廷说,他到中国时,中共党员,甚至包括上层领导在内"对为什么要当共产党员,认识是模糊不清的"。对土地问题,对农民,对工人阶级的认识也一样。

"建立一个真正的共产党",是主要任务。由于大规模群众工作的结果,中共已经有5万党员,但"这并不意味着,中国共产党已经成为一个能够站在广大群众的前列并带领这些群众去夺取政权的党"。需要创造开展群众工作的条件,而孙中山领导的国民党拥有现实的力量,中共需要与之结盟,"共同打击中世纪残余,打击中国反动势力"。为此,需要帮助国民党成为有组织的力量,否则国民党不可能"解放广东"乃至解放半个中国。共产党员应该加入国民党,"并在这个国民党内成为团结和组织一切可以被我们用来为群众运动铺平道路的力量的主要杠杆"。1924年1月,国民党进行了改组,在中共促进下,提出面向工农以实现三民主义,其三大政策是:"(1)联共;(2)扶助农工;(3)联俄。"

国民党改组过后,受英帝国主义影响和控制的买办资产阶级立即起来反对,当时,如果国民党选择妥协,"国共联盟就被废除了"。但国民党当时"毫不动摇",击溃了商团,广州乃至广东的群众运动"出现了空前的大发展"。然后,就有了进攻陈炯明的力量。

孙中山去世后,国民党右派组织了俱乐部,戴季陶理论则为"在国民党内出现有组织的中派奠定了基础,并且代表中等资产阶级的利益"。鲍罗廷说,汪精卫之类的左派同意我们的看法,即阶级斗争是中国解放运动的主要动力之一。共产国际和中共联合左派,与右派、中派进行斗争。国民党讨伐了陈炯明残余后,又发动了对广东其他军阀、广西和云南军阀的讨伐,成立了国民政府。1925年6月,英帝国主义枪杀中国人,激发了省港大罢工,广东就是与帝国主义斗争的根据地。在16个月的斗争中,"国民党中央和中央政治委员会变成了罢工委员会下面的书记处"。外交部长陈友仁与英国谈判前,得先征求罢工委员会的意见。

这种形势,引起了英帝国主义的反击,也"引起了国民党内业已存在的派别组合和重新组织的深化"。1925年8月,"英帝国主义和广东买办地主阶级的代理人雇用的杀手",制造了廖仲恺案。但"我们"与中派联合,"向粤军和右派发动了一起总攻",解决了许崇智和胡汉民。

这时,按照戴季陶理论组织起来的孙文主义学会,聚集了反对群众运动、反对中国共产党及其在国民党内施加影响的分子,蒋介石支持该学会,出于对"无产阶级和农民领导权的恐惧",制造了"中山舰事件"。事件的原因大致有六种解释:以蒋介石为首的军队将领要摆脱党的监督,摆脱政治委员和政治指导员的束缚;有人想搞掉蒋介石,并送往符拉迪沃斯托克(海参崴),"似乎俄国同志也参与了";资产阶级要夺取国民革命领导权;中派分子戴季陶和蒋介石要打破国民党二大上形成的国民党左派和共产党人的联盟;中国无法同时容纳(争夺职位的)汪精卫和蒋介石;某些共产党人和维经斯基等人的解释,与上一条相似,即共产党人追求国民党内职位这一职位斗争问题。

鲍罗廷辩称,因为当时仍然存在着共产党人"在国民党内继续掌权"而发展群众运动的可能,所以"中山舰事件"后向中派分子所作出的"非本质性的"让步是正确的,否则正中帝国主义下怀,工农运动也不会向广东之外发展。所以,似乎形成了一种"默契":资产阶级要去投奔自己的"天然基地"长江流域,而共产党人亦须去华中开展大规模工人运动,"这对双方都有利"。

北伐设定了四项任务:以农民和城市无产阶级为基础开展群众运动;在反帝旗帜下集结力量;利用军事集团间的矛盾削弱"三月分子"(按:指蒋介石集团)的军事力量;加强和组建共产党的部队。但当蒋介石挑起"迁都之争",即主张将国民党中央和国民政府设在南昌而不是武汉时,鲍罗廷承认"我们"感到"惊恐"了:蒋介石向南京、上海进军,投向资产阶级基地,会破坏"国民革命阵线"。鲍罗廷等提出"反对军事独裁"等口号以对抗,孤立了蒋介石。这是取得的"很大成绩和功劳"。"我们利用了蒋介石,并准备抛弃他,就像抛弃一个挤干了的柠檬一样。"当第二军和第六军占领南京时,"我们"有机会"迅速除掉蒋介石",可是没有这样做。这是"第一个大错误"。

"四一二清党"发生后,鲍罗廷承认,开始时,共产国际代表团和苏联顾问中,一些人主张回到广东,打击蒋介石的后方,而他自己则主张继续北伐。然后,"最致命的一个大错误"发生了:一些人,包括布柳赫尔,主张经河南向北挺进,打败张作霖,让冯玉祥进入河南,把反张作霖的任务交给他,而"我们"沿陇海线东进,袭击南京;另一些人,包括鲍罗廷,主张先"消灭南京",再从那里北伐。但是,鲍罗廷"屈从"了前面的方案。鲍罗廷结合武汉经济形势等要素分析了这一错误造成的后果,并提出了改变历史的"偶然"因素,即与莫斯科通讯情况糟糕,得不到及时的指示。本来有机会动员各军向南京进军,却在最后关头被布柳赫尔和邓演达的说服工作改变了。进军河南又被迫撤回湖北的期间,武汉的经济形势恶化了,而蒋介石却强化了力量。国民党左派"被土地革命和城市阶级斗争的空前高涨吓坏了",他们"迟早会脱离革命",

但其速度却无法预料;一系列反复出现的错误,使得"我们失去了以国民党左派为代表的这个民主派",与小资产阶级的决裂实属过早。叶挺、贺龙的(南昌)起义非常英勇,但这"是不可能成功的","现在我们只好吞食这个错误的苦果"。

鲍罗廷对国民革命甫入高潮就戛然而止的解释颠三倒四,说明他还没有走出运作革命失败的巨创,但这不妨碍他最后几乎不可理喻地对莫斯科的老布尔什维克们宣称:根据其对形势的分析,"中国革命正在走向高潮"。[①]

正如本文一再指出的那样,按照俄国革命分两步走的经验,挑选中国的"资产阶级民主派"并与其合作,是苏俄运作国民革命的基本理路。现在,被一再界定范围、实际上严重偏离实际的"资产阶级民主派"已经进入"反革命"的阵营,尽管不久之前,它还曾以"反革命"的罪名审判吴佩孚手下将领;尽管此后,它还以"反革命"的罪名审判共产党。苏俄运作中国革命一时间失去了抓手。

年轻的中国共产党人,被鲍罗廷讽刺为"像一个图书评论员:他等待着书籍的出版,然后阅读,写书评——加以赞扬或指责"[②]。实际上,如前文一再申说的那样,中国共产党恰恰早就指出鲍罗廷运作国民革命的错误之处。共产党人没有沉湎于抱怨,更没有慑于蒋介石的镇压,毅然走上了自己理解的中国革命之路,最终改写了中国历史,也改写了世界历史。

[①] 《鲍罗廷在老布尔什维克协会会员大会上所作的〈当前中国政治经济形势〉的报告》(1927年10月23日),中共中央党史研究室第一研究部译:《联共(布)、共产国际与中国国民革命运动(1926—1927)》(下),第462—511页。

[②] 《鲍罗廷在老布尔什维克协会会员大会上所作的〈当前中国政治经济形势〉的报告》(1927年10月23日),中共中央党史研究室第一研究部译:《联共(布)、共产国际与中国国民革命运动(1926—1927)》(下),第509页。

后　记

"天不生仲尼,万古如长夜。"

孔老夫子当然重要,公元前六世纪前后,是人类精神的焕发期,中西大儒竞出,带领人类走向文明新境界。

然而,真要从人类史的角度看,该说的是:人类无历史,万古如长夜!

虽然历史一定处在"时—空"四维结构中,但没有历史,时空就失去了意义——因为没有历史,时空就只是无知无觉的"自然";没有历史,人类也永远只是自然的造物和成分。

历史,使人类获得了自己,也对象化了整个宇宙。

研究历史,不仅使我这个高邮湖畔的乡村少年走出自己的蛮荒,还让我获得巨大的精神性满足。我很感激历史,它长长的身影引领着我,进入一个个闻所未闻的世界。

1984年盛夏,一纸录取通知书,把我从生产力水平尚处于铁制农具时代的安徽农村,带入中国繁华大都会上海。我看到了据说仰着脖子看帽子会掉下来的国际饭店,看到了曾经叫作"十里洋场"的外滩和居然搂在一起喋喋不休谈恋爱的男女,也看到了令人震悚的天空。《庄子·知北游》云:"天地有大美而不言,四时有明法而不议,万物有成理而不说。"天地无言,只有当年那个张皇失措的少年的心情,常常在心中泛起。

"人事有代谢,往来成古今。"研究历史的人,虽然享有后见之明的特权,却丝毫无助于改变我面对历史时的震撼——它可以是时空交错的"放电影",

带你穿越到亿万年前的侏罗纪;也可以是深入人心的体验,让你和已经逝去的灵魂再来一次面对面的交谈和诘问;更可以是沙盘推演,看一个个新的玩家加入你自以为设定好的场景中,一场本来就复杂无比的博弈会让语言也失去描述和阐释的能力。

历史,是一列不知道起点、也不知道终点的绿皮火车,在一个无名的站台,它捎上了你,带你踏上再也不会停歇的旅程。在无风的夜晚,明月拂上了山岗,你静静地回望来路,落英缤纷,还有远方。

从1990年发表第一篇论文起,三十年过去了,虽然有过小别,却始终信守了和历史最初的约定。少作稚嫩,今天却无人文俱老的优越;"产量"日增,自己满意的却仍然有待下一篇。我用"范式转换",框架化了自己前三十年的努力,也保存了"想当年"思虑不纯的痕迹,供同好者批评指正。

终南有捷径,历史学人无。所有的路都要自己走,但这不妨碍我看到以前的文字,想起曾经陪伴过我的旧雨新知、亲朋师友。

张　生

2020年5月于仙林南雍山下